제2판

데이터 사이언스의 매력

데이터·AI 경제 시대의 미래경쟁력

제2판

데이터 사이언스의 매력

데이터·AI 경제 시대의 미래경쟁력

박성현 · 오진호 · 권순선 지음

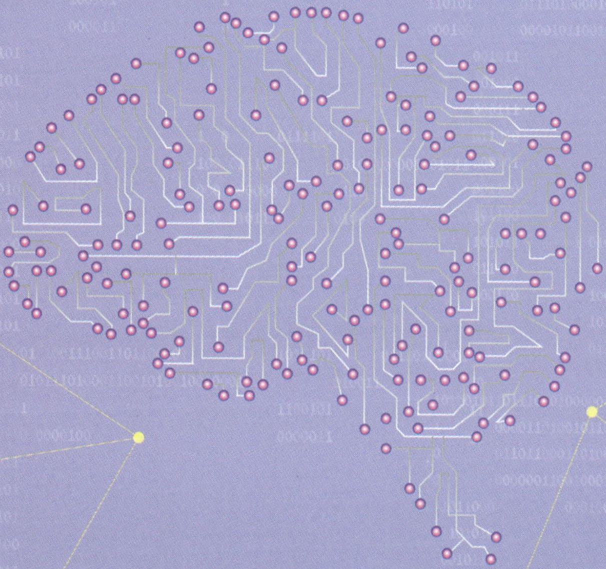

자유아카데미

머리말

우리는 실로 데이터 경제data economy 시대에 살고 있다. 데이터를 누가 얼마나 잘 수집하고 분석하고 활용하는가에 따라 개인이나 조직이나 국가의 경쟁력이 좌우된다. 약 100년 전 영국의 허버트 웰스Herbert Wells라는 미래학자는 "통계적 사고statistical thinking가 읽고 쓰는 것만큼이나 중요해지는 시대가 올 것이다."라고 예측하였다. 시간이 흐르면서 그의 말이 점점 맞아 들어가고 있다. 지금 우리는 주위의 수많은 데이터로부터 통계적 해석을 통해 정보를 얻는 것이 읽고 쓰는 것만큼 기본적인 국민 소양이 되어 가고 있는 시대에 살고 있다.

18세기에 시작된 통계학과 20세기부터 발전된 컴퓨터 과학은 데이터로부터 지식을 획득하는 학문으로 발전하였다. 통계학의 데이터 분석기술과 컴퓨터 하드웨어·소프트웨어의 급속한 발전은 이들의 융합인 데이터 사이언스data science라는 새로운 학문을 창출하였고, 우리 주위에 있는 엄청난 데이터로부터 유용한 지식을 추출할 수 있다는 것을 입증해주고 있다. 데이터 사이언스의 핵심 기술은 바로 빅데이터와 인공지능이다. 이들은 모두 데이터 기반 기술들이며, 그 응용범위는 제한이 없이 의학, 공학, 경영학, 유전학, 금융 등 모든 분야의 지식과 연결되어 새로운 지식을 창출하는 새로운 융합학문으로 발전하고 있다. 데이터 사이언스는 아마도 21세기가 낳은 가장 위대한 학문이 될 가능성이 크다. 이에 빅데이터의 개념과 효용성의 안내서인 "통계로 풀어가는 빅데이터(2016)"에 이어 21세기를 선도하는 데이터 사이언스 교육을 위해 이해하기 쉬운 교양서적이 필요하다는 저자들의 공감대가 형성되었다.

이에 본 도서는 2021년 8월 초판을 시작으로 2쇄를 거쳐 1년 만에 2022년 세종도서 학술부문 우수도서로 선정된 후 개정판을 출간하게 되었다. 이 모든 성과와 결과를 이끌어준 독자들에게 감사를 표하고 싶다. 특히 개정판에는 새로운 데이터 사이언스 분야 소개와 관련 문제은행을 수록하였다. 문제은행은 데이터 사이언스와 빅데이터 관련 학과 전공 및 교양 교과목의 시험문제 수준으로, 본 도서를 데이터 사이언스 관련 전공, 교양 교과목 주교재로 채택해도 손색이 없을 것이다.

본 도서는 대학생들의 교양서적을 목표로 작성된 것으로 모두 6개의 장으로 구성되어 있다. 1장은 데이터 사이언스가 왜 21세기의 주인공이고 그 매력이 무엇인지 설명한다. 2장은 데이터 사이언스로 보여주는 세상을 살펴보고, 3장은 다양한 데이터의 모습을 보여준다. 4장은 데이터 사이언스에서 사용되는 기계학습과 심층학습에 대한 설명과 주로 사용되는 인공지능 소프트웨어를 소개하고 5장은 데이터 사이언스의 매력적인 분석법으로 지도학습, 비지도학습, 데이터 마이닝 등을 설명한다. 마지막으로 6장은 데이터 사이언스라는 학문의 미래 도전에 대해 살펴본다. 종합적으로 볼 때, 이 책은 21세기 신학문인 데이터 사이언스가 가지는 본질, 다양한 데이터의 세계, 분석법, 분석 소프트웨어, 가치 창출 등을 보여줌으로써, 독자들에게 데이터 사이언스의 매력과 도전을 제시해 주는 안내서인 셈이다. 또한, 이 책에는 대학생들과 일반 국민에게 데이터 기반의 빅데이터와 인공지능의 다양한 얼굴과 그 효용성을 이해할 수 있는 데이터 리더러시data Literacy를 배양하기 위한 내용도 집약되어 있다.

개정판을 출간하면서 초판의 오타, 문맥 수정, 문제은행 수록 등 다양한 내용을 수정 보완했지만, 부족한 부분이 있을 수 있다. 이 점은 양해를 바라며 추후 수정사항이 있을 때는 자유아카데미 홈페이지(www.freeaca.com) 자료실을 통해 제공할 예정이니 참고하기를 바란다.

4차 산업혁명으로 대변되는 21세기에 우리나라가 데이터 사이언스 분야에서 선진화되어 앞으로 세계를 선도하는 나라가 되었으면 한다. "아는 것이 힘이다Scientia est potentia"라고 갈파한 프랜시스 베이컨Francis Bacon의 지혜가 더욱 와 닿는 요즘이다. 지식(아는 것)이 데이터를 통해 귀납적으로 얻어지고, 이를 통한 새로운 가치 창출이 새로운 세상을 열어가는 시대에 우리는 살고 있다.

데이터 경제 시대에 데이터를 분석하는 전문 인력을 데이터 사이언티스트data scientist라고 부르며, 그 수요가 여러 분야에서 점점 급증하고 있다. 독자들도 이 책을 소화하여 빅데이터와 인공지능 기술을 습득하고 데이터 사이언티스트로 향하는 한 걸음을 내딛기를 저자들은 희망한다. 또한, 저자들은 이 책이 미래의 주역이 될 많은 젊은이들에게 널리 읽히는 과학 서적이 되고, 더 나아가 데이터 기반 지능 디지털 변혁data-based intelligent digital transformation을 주는 4차 산업혁명 시대에 우리 국민의 과학기술 정신을 제고하는 데 조금이나마 도움이 되기를 희망한다.

2023년 1월

저자 일동

차례

Chapter 4

데이터 사이언스 학습과 인공지능 분석 소프트웨어

Chapter 5

데이터 사이언스의 매력적인 분석법

Chapter 6

데이터 사이언스의 도전

부록

Chapter 1

21세기 주인공 데이터 사이언스의 매력

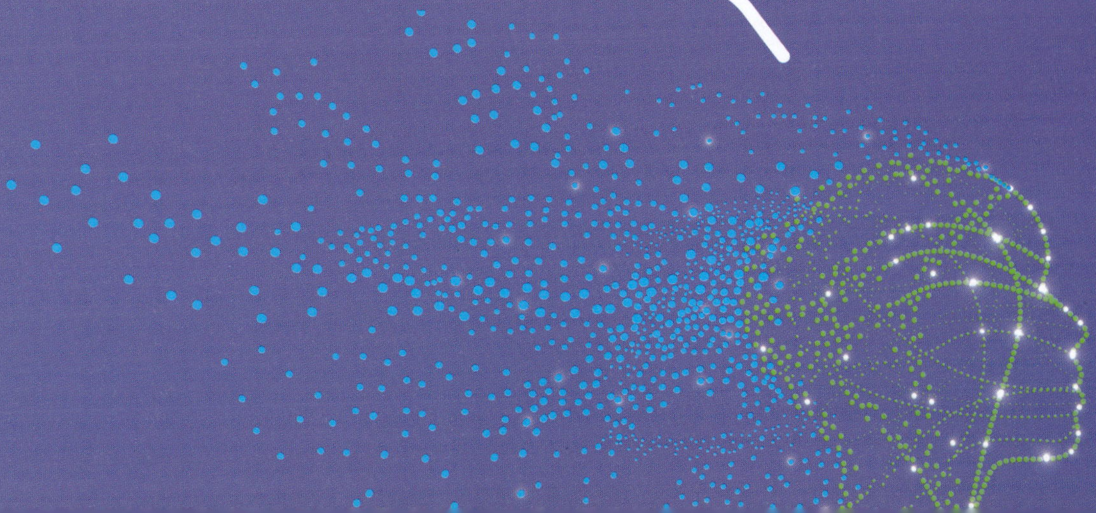

01 데이터 사이언스의 정의와 역사

데이터 사이언스란?

지금은 데이터 기반의 인공지능Artificial Intelligence; AI, 빅데이터, 사물인터넷Internet of things; IoT 등의 기술이 중심이 되어 발전하고 있는 4차 산업혁명의 시대이다. 이 시대에는 데이터로부터 신속하고 정확하게 정보를 창출하고 활용하는 과학이 중요해지고 있다. 이런 학문을 데이터 사이언스data science 혹은 데이터 과학이라고 부른다.

데이터 사이언스는 "박성현 외(2016)"에서 밝힌 바와 같이 데이터의 수집과 저장에 필요한 데이터 프로세싱 기술과 데이터 분석에 관한 지식(통계학, 데이터 마이닝, 기계학습 등)을 기반으로 다량의 데이터로부터 패턴을 찾아내고, 통계적 추정, 예측 모델링 등을 통해 필요한 정보를 창출하여 이를 실제로 활용하는 것을 연구하는 융합과학convergence science이다.

넓은 의미의 데이터 사이언스는 〈그림 1.1〉에서 보는 바와 같이 데이터로부터 빅데이터와 AI 기술을 이용하여 통찰력insight 있는 정보를 만들어내

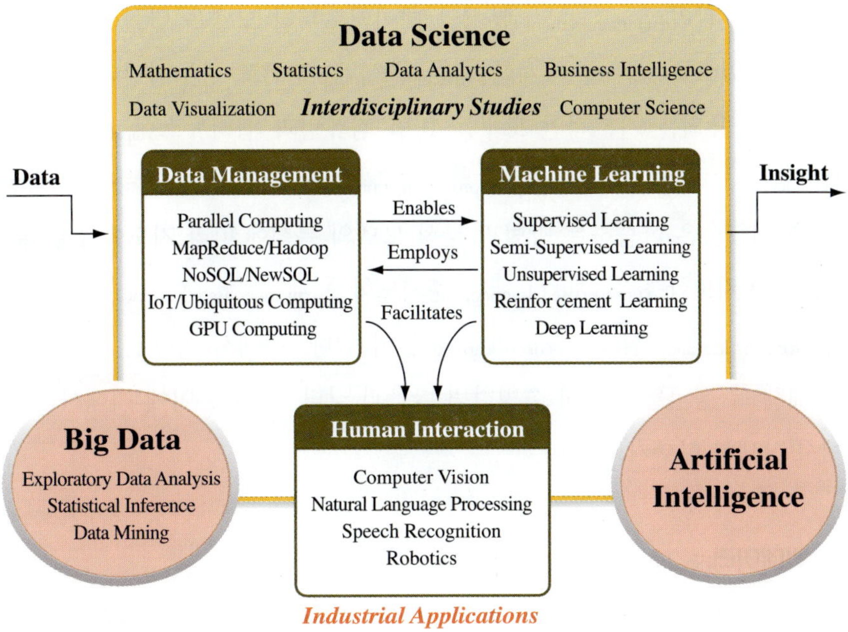

그림 1.1 데이터 사이언스 전체 조감도
자료: 한국과학기술한림원, 2019

는 21세기에 태어난 새로운 학문이다. 좁은 의미의 데이터 사이언스는 데이터로부터 통계학의 탐색적 데이터 분석exploratory data analysis, 통계적 추론statistical inference, 데이터 마이닝data mining 등으로 빅데이터 기술을 활용하여 정보를 창출하는 학문이다. 그러나 최근에는 넓은 의미의 데이터 사이언스가 더 많이 통용되는 추세라고 볼 수 있다.

데이터 사이언스의 밑바탕이 되는 기존의 학문들은 수학, 통계학, 컴퓨터과학, 데이터 분석학analytics, 데이터시각화data visualization, 비즈니스 인텔리전스business intelligence 등으로 명실공히 다학제간 연구 학문이다. 데이터 사이언스는 빅데이터를 처리·분석·저장할 수 있도록 물리적 환경을 조성해 주는 데이터 관리data management 분야와 데이터로부터 모델을 만들어 AI로 구현할 수 있도록 해주는 기계학습machine learning 분야로 나누어진다. 데이터 관리에 사용되는 기본적인 도구는 병렬 컴퓨팅과 맵리듀스MapReduce와 하둡Hadoop, 그래픽 처리장치graphic processing unit; GPU 컴퓨팅 기술 등을 포함한다. 기계학습은 학습하는 방법과 분석 모델의 특성에 따라 지도학습supervised learning, 비지도학습unsupervised learning, 준지도학습semi-supervised learning, 강화학습reinforcement learning, 심층학습deep learning 등이 있다. 위에서 사용된 주요 용어에 대해 그 정의를 간단히 설명하면 다음과 같다. 기타 용어에 대해서는 뒤에서 상세히 다루기로 한다.

빅데이터big data, BD

기존 데이터베이스의 데이터 수집·저장·관리·분석의 역량을 넘어서는 구조적 및 비구조적 데이터를 포함하는 대용량의 데이터로, 의사결정에 필요한 정보와 지식을 추출하는 관리·분석 기술로서 대용량volume, 다양성variety, 빠른 속도velocity로 얻어지는 '3V'의 특징을 가지고 있다(박성현 외, 2018).

인공지능artificial intelligence, AI

인간의 인식, 판단, 추론, 문제 해결, 그 결과로서의 언어나 행동 지령, 더 나아가서는 학습 기능과 같은 인간의 두뇌 작용을 이해하는 것을 연구하는 학문 분야이다(정보통신용어사전).

데이터 마이닝data mining, DM

대규모의 저장된 데이터에서 통계적 규칙이나 패턴을 사용하여 체계적이고 자동적으로 정보를 추출하는 것으로, 데이터베이스에서는 지식을 발견한다는 의미로 KDDknowledge-discovery in databases라고도 한다(박성현 외, 2018).

기계학습machine learning, ML

인공지능의 한 분야로 컴퓨터가 데이터를 이용하여 학습한 내용을 기반으로 새로운 데이터에 대한 적절한 작업을 수행할 수 있도록 하는 알고리즘과 기술을 개발하는 분야를 말한다(정보통신용어사전).

심층학습deep learning, DL

컴퓨터가 많은 데이터를 이용하여 마치 사람처럼 스스로 학습할 수 있도록 인공신경망artificial neural network; ANN을 기반으로 하는 기계학습의 한 기술이다(정보통신용어사전).

〈그림 1.1〉의 데이터 사이언스 조감도를 살펴보면, 모든 단계마다 사람이 개입하여 조절 및 통제하는 인간과의 상호작용human interaction이 적용된다. 이때 사용되는 기술로는 컴퓨터 비전, 자연어 처리natural language processing, 음성인식speech recognition, 로보틱스robotics 등이 활용된다. 데이터 사이언스의 궁극적인 활용범위는 다양한 산업에 적용industrial applications되어 새로운 제품 및 서비스를 창출함으로써 인간의 삶을 풍요롭게 해주는 것이다.

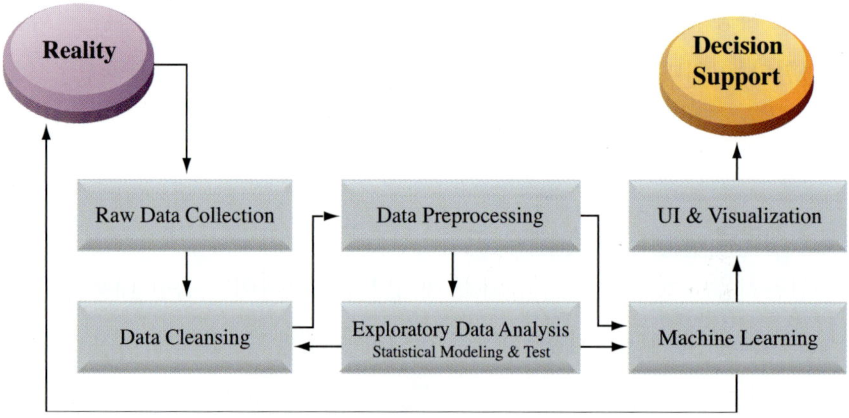

그림 1.2 데이터 사이언스의 업무 프로세스
자료: ONeil & Schutt, 2013

데이터 사이언스의 프로세스

데이터 사이언스를 적용하여 실무에 활용하는 프로세스는 〈그림 1.2〉와 같다. 현실 세계reality로부터 미가공 데이터raw data를 수집하고 이를 정제cleansing하는 과정에서부터 시작된다. 정제된 데이터는 데이터 전처리data preprocessing를 통해 초기의 데이터 세트data set를 구성하고, 탐색적 데이터 분석exploratory data analysis 과정을 거쳐 통계 모델링과 테스트를 수행한 뒤 정보를 얻는다. 그다음 기계학습 등을 통해 필요한 알고리즘을 구성한다. 알고리즘의 결과물은 사용자 인터페이스user interface; UI로 시각화visualization하여 사람이 보기 쉬운 보고서의 형태로 제공한 후, 의사결정을 지원decision support하는 데 활용되어 현실에 적용되는 것이다.

데이터 사이언스의 역사

데이터 사이언스는 언제부터 시작되었고, 어떤 과정을 거치면서 발전되어 왔을까? 그 역사를 살펴보자. 데이터 기반으로 정보와 지식을 추출하는 기술은 통계학, 전산학, 문헌정보학, 경영정보학 등의 학문에서 오래전부터 연구되어왔으나, '데이터 사이언스'라는 용어가 사용된 지는 불과 40여 년 정도밖에 되지 않았다. "Naur(1974)"는 그의 저서 『Concise Survey of Computer Methods』에서 여러 응용에서 사용되고 있는 데이터 처리 기법을 정리하면서 '데이터 사이언스'라는 용어를 처음으로 사용하였다.

데이터 사이언스의 모태는 데이터 분석data analysis이다. 오래전 유명한 통계학자 튜키John Tukey는 그의 논문 "Tukey(1962)"에서 데이터 분석을 과학의 한 분야로 간주해야 한다고 역설하였고, 이를 체계화한 저서가 "Tukey(1977)"의 『Exploratory Data Analysis』이다. 통계 분야에서 가장 권위 있는 국제통계기구인 ISIInternational Statistical Institute에서도 그 산하의 IASCInternational Association for Statistical Computing를 1977년에 발족시키고, 전통적인 통계 기법, 컴퓨터 기술, 도메인 전문가의 지식을 결합하여 컴퓨터의 도움으로 데이터를 정보와 지식으로 변화하려는 노력을 지원하였다.

그림 1.3 IFCS-96 학술대회 자료

1995년부터는 현재 최고의 데이터 사이언스 국제학술대회인 ACMAssociation for Computing Machinery의 SIGKDDSpecial Interest Group on Knowledge Discovery and Data Mining Conference가 열리기 시작하였다. 1996년에 일본 고베에서 개최된 국제분류학회연합IFCS; International Federation of Classification Societies의 회의에서 공식적으로 데이터 사이언스라는 용어를 채택하면서 "Data Science, Classification and Related Topics"를 발표하였고, 〈그림 1.3〉과 같이 학술대회의 제목으로 처음 사용하였다. 그리고 2002년에는 국제학술지로 "Data Science Journal"이 발행되면서 세계적으로 보편화되기 시작하였다. 데이터 사이언스가 새로운 학문 분야로 자리 잡음에 따라 이를 연구하는 학자나 데이터 사이언스 실무에 종사하는 전문 엔지니어를 데이터 과학자data scientist로 칭하고, 새로운 직업으로 인식되기 시작하였다.

빅데이터의 역사

빅데이터는 데이터 사이언스라는 학문의 응용기술로서 4차 산업혁명 기술들 중 주요 기술이다. 빅데이터란 용어가 학술적으로 처음 등장한 곳은 "Bryson 외(1999)"의 논문이며, 이 논문에서 'Big Data for Scientific Visualization'이라는 용어를 사용하면서 과학적인 시각화를 위하여 큰 규모의 데이터 분석이 필요함을 역설하였다. 그러나 빅데이터의 개념은 이미 1977년, Tukey에 의해 탐색적 통계분석이 제안되었고, 80년대에 전산과학에서 데이터베이스DB 이론이 연구되었으며, 90년대에는 데이터 마이닝data mining이 발전되면서 정립되었다고 볼 수 있다. 빅데이터 연구를 촉진시킨 것은 2000년대에 경영학에서 비즈니스 데이터 분석학business analytics과 생물학에서의 통계학이 결합된 바이오 정보학bioinformatics이다. 이러한 실용적인 학문이 데이터 사이언스의 발전과 더불어 컴퓨터의 저장 능력이 획기적으로 확장되면서 빅데이터가 21세기 대표적인 데이터 활용 기술로 부각되고 있는 것이다.

2000년대 초기에 빅데이터의 구축 사례를 보면, 2004년에 구글은 주요 학술 도서관에 소장된 2,000만 권 이상의 책을 디지털화하여 인터넷으로 열람할 수 있는 구글 북스 서비스를 시작하였고, 2006년에는 대표적인 분산 병렬 처리 프레임워크인 아파치 하둡Hadoop의 0.1 버전이 발표되어 빅데이터 분석을 어느 정도 쉽게 하였다. 2007년에는 웹 2.0 시대(O'Reilly(2007) 참조)가 열려 대부분의 콘텐츠가 사용자에 의해 제작·공급되기 시작하면서 본격적인 빅데이터 시대가 열렸다고 볼 수 있다. 빅데이터에서 앞서가는 구글은 2009년부터 미국에서 자율주행 테스트에 의한 엄청난 양의 빅데이터를 축적하였으며, 2016년 11월 기준 구글의 자율주행 자동차 프로젝트의 월간 보고서에 따르면 약 234만 마일에 대한 데이터가 축적되어 있다고 한다. 대단한 일이다.

Cisco의 2016년 보고서에 의하면 2030년까지 지구상에는 5천억 개의 장치device가 사물인터넷IoT에 연결될 것으로 추산하였다. 각 장치에 내장된 센서로 데이터를 수집하고 주변 환경과 상호 작용하며 네트워크를 통해 서로 통신할 수 있는 시대가 온다는 것이다. 인터넷은 빅데이터의 주요 원천 중의 하나이다. 'visualcapitalist.com'에 의하면 현재 인터넷에서 1분 동안에 발생하는 데이터의 양은 우리가 상상하기도 힘든 엄청난 양이라고 한다. 예를 들면, 구글에서는 매분마다 약 3.8백만 건의 검색이 세계적으로 수행되고 있으며, 약 1.88억 건의 이메일이 전송되고 있다.

02 4차 산업혁명과 데이터 사이언스의 핵심 기술, 빅데이터

4차 산업혁명의 본질과 그 영향

4차 산업혁명The Fourth Industrial Revolution은 인공지능, 빅데이터, 사물인터넷, 클라우드 컴퓨팅, 자율주행 자동차 기술 등으로 불리는 소프트웨어와 데이터 기반의 지능 디지털 기술intelligent digital technology 혁명을 말한다. 이 혁명은 우리의 산업과 생활방식을 급격히 바꾸어 놓고 있으며, 인류 문명에 주는 충격도 엄청날 것으로 예상하고 있다. 4차 산업혁명이란 용어가 세상에 널리 알려지게 된 것은 2016년 1월에 열렸던 세계경제포럼(WEF, 일명 다보스 포럼)에서 이를 주제로 다루었기 때문이다. 4차 산업혁명의 본질은 〈그림 1.4〉와 같이 물리적 세계physical planet와 사이버 세계cyber planet가 소프트웨어와 데이터 기반의 인터넷 기능과 만물everything이 연결되어 디지털 세계digital planet를 만들어 가는 혁명이다. 마치 지구가 초연결되어 한 손안에 있게 되는 것과 같다.

그렇다면 왜 1차나 2차가 아닌 4차 산업혁명인가? 1차 산업혁명은 영국

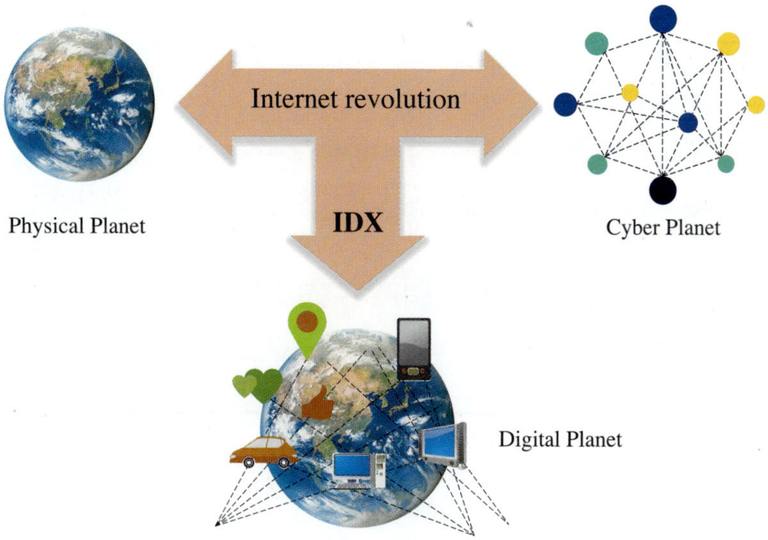

그림 1.4 4차 산업혁명의 본질

에서 18세기 말에 증기기관의 발명과 더불어 철강과 섬유산업이 발전한 산업혁명(이를 기계혁명이라고도 부른다)이다. 다음으로 2차 산업혁명은 20세기 초에 미국을 중심으로 전기의 발명과 더불어 화학, 자동차, 통신수단 등이 발전한 혁명을 의미하며, 20세기 중후반에 미국에서 컴퓨터의 등장과 더불어 정보통신기술ICT과 인터넷이 발전하기 시작한 정보화 혁명을 3차 산업혁명이라 한다. 마지막으로 최근의 지능 디지털 기술 혁명을 4차 산업혁명이라고 부르는 것이다. 이를 간략히 정리하면 〈표 1.1〉과 같다.

1차 산업혁명과 더불어 영국이 세계 제1 문명국가로 부상하였으며, 지구 곳곳에 영연방 국가를 건설하여 '해가 지지 않는 나라'로 떠올랐었다. 1차 산업혁명에 동참한 유럽 국가들은 선진국을 이루었지만, 이 혁명에 동참하지 못한 동양의 국가들(한국, 중국, 일본 등)은 상대적으로 뒤처지게 되었

표 1.1 1, 2, 3, 4차 산업혁명의 분류와 특징

혁명의 분류	시기	주도 국가	주요 특징
1차 산업혁명	18세기 후반	영국	증기기관, 도시 공장, 공장 기계 등
2차 산업혁명	20세기 초반	미국	전기, 대량생산, 자동화, 테일러 생산 시스템, 표준관리 등
3차 산업혁명	20세기 중후반	미국	컴퓨터, ICT 발전, 정보화 발전, 인터넷 등
4차 산업혁명	21세기 초반	?	빅데이터, IoT, AI, 지능형 로봇, 3D 프린팅, 드론, 자율주행 자동차, 스마트 공장 등

다. 그나마 일본은 메이지유신明治維新(1841~1877)을 통해 발 빠르게 봉건적 신분제도의 폐지, 징병제의 실행, 산업에 관한 제한 철폐, 학제學制의 개편, 서구 문명의 이식移植 등을 실시하여 유럽의 선진 과학기술문명을 받아들이면서 동양에서 먼저 앞서갈 수 있는 계기를 마련한 것이다.

2차와 3차 산업혁명은 오늘날 미국이 초강대국으로 군림하게 하는 바탕이 되었다. 4차 산업혁명은 미국과 독일 등의 선진국에서 이제 막 시작되었다고 볼 수 있다. 4차 산업혁명의 디지털 기술은 자연과학, 공학, 농학, 의학 등의 모든 영역과 기하급수적으로 빠르게 융합되면서 세상을 변화시키고 있다.

빅데이터의 성격

빅데이터는 4차 산업혁명 기술의 총아이며, 우리 사회 전반에 주는 영향은 막강하다고 볼 수 있다. 데이터는 그 생산방식에 따라서 구조적 데이터structured data(정형 데이터)와 비구조적 데이터unstructured data(비정형 데이터)로

나눌 수 있다. 구조적 데이터는 정해진 서식에 따라 특정 형식에 맞춰 잘 구조화되어 관리되는 데이터이다. 반면에 비구조적 데이터는 데이터 하나 하나마다 크기와 내용이 달라 통일된 구조로 정리하기 어려운 데이터로, SNS 관련 데이터, 언론사나 포털 사이트에 뜬 뉴스 게시물, 유튜브에 업로드된 동영상, 음악, 사진, CCTV 정보 등의 다양한 데이터를 말한다.

일반적으로 빅데이터는 앞에서 정의한 바와 같이 데이터의 형식이 다양하고 생성 속도가 빨라 새로운 관리·분석 기법이 필요한 대용량의 데이터를 말하고, 흔히 대용량Volume, 빠른 속도Velocity, 높은 다양성Variety의 3V 속성을 가진 정보 자원으로 정의한다. 여기에 최근에는 데이터의 신뢰성Veracity, 그리고 가치Value 또는 불안전성Volatility을 포함하여 5V의 속성을 가진 데이터로 정의하기도 한다.

빅데이터 분석의 흐름도

데이터 사이언스의 핵심 기술인 빅데이터의 분석 흐름도는 〈그림 1.5〉와 같다. 이 그림을 살펴보면 먼저 미가공 데이터를 수집raw data collected하고, 이를 프로세싱하여data is processed 정리하고 저장해야 한다. 다음으로 잘못된 데이터를 제거하여 깨끗한 데이터clean dataset를 만드는 작업을 수행해야 한다. 여기까지는 주로 전산과학 분야의 연구영역이다. 다음 단계부터는 탐색적 데이터 분석과 모델링models & algorithms 단계로 이는 통계학 및 응용수학 분야의 연구영역이다. 그다음 단계로는 소통하고 시각화하여 보고서communicate, visualize and report를 작성하고 의사결정에 중요한 정보를 제공하는 것이다. 이는 전문 학문(경영학, 산업공학, 보건학 등) 분야의 영역이라

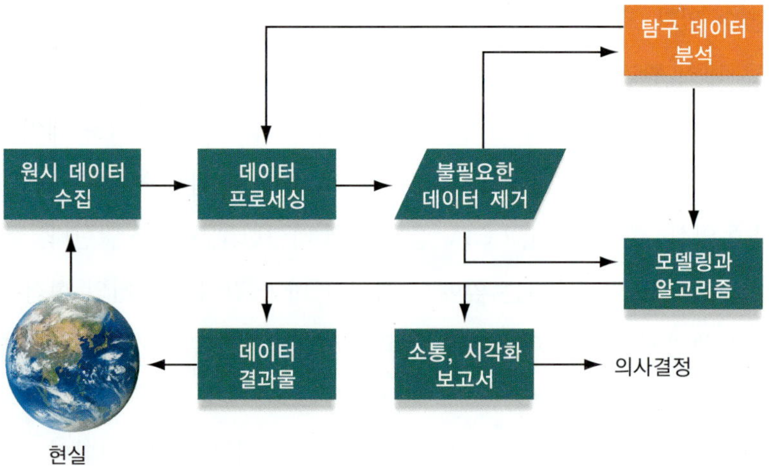

그림 1.5 빅데이터 분석의 흐름도
자료: Wikipedia

고 볼 수 있다. 데이터 결과물data product은 현실을 정확히 반영하여야 하며, 이는 다음 단계의 원시 데이터 수집에 가이드라인 역할을 하는 것이다. 즉, 빅데이터 분석을 제대로 하려면 전산과학, 통계학, 응용수학, 전문 학문(경영학, 산업공학, 보건학 등) 등의 협업이 필요한 경우가 대부분이다.

빅데이터의 역할과 사례들

과거 1, 2, 3차 산업혁명에서는 석탄과 철, 전기, 컴퓨터가 각 혁명의 주요 역할을 하였다. 이제 4차 산업혁명의 정보폭발 시대를 맞아 다양한 경로를 통해 취합된 빅데이터에서 숨은 정보와 새로운 지식을 발굴하여 혁신을 도모하려는 노력이 모든 분야에 확산되면서 빅데이터와 데이터 사이언스가 차세대 지식혁명을 이끌 주역으로 부상하고 있다. 이미 2011년 5월에 미국의 일간지 '뉴욕 타임스'에서는 빅데이터를 분석 및 가공하여 새로운 비즈니스 기회를 발굴하고 소비자 행동과 시장 변동을 예측하는 것이 기업 혁신을 폭발적으로 증가시킬 것으로 예측하였고, 이 예측은 정확히 맞았다. 오늘날 4차 산업혁명 시대에서 빅데이터는 기업은 물론 모든 조직에 혁신을 가져오고 있다.

기업의 빅데이터 활용은 고객의 행동을 미리 예측하고 대처방안을 마련해 기업경쟁력을 강화시키고 생산성 향상과 비즈니스 혁신을 가능하게 한다(McKinsey, 2011). 기업은 보유하고 있는 고객 데이터를 활용하여 마케팅 활동을 활성화하는 고객관계경영CRM 활동을 1990년대부터 시작하였다. 이를 위해 기업은 보유하고 있는 데이터를 데이터웨어하우스에 보관하고, 데이터 마이닝을 통한 고객 유지와 이탈방지 등과 같은 다양한 마케팅 활동을 진행해왔다. 이러한 고객분석은 빅데이터 시대를 맞이하여 전환점을 맞고 있다. 분산처리방식과 같은 빅데이터 기술을 활용해서 과거와 비교가 안 될 정도의 대규모 고객정보를 빠르게 분석하는 것이 가능하다. 구매 정보와 위치기반 서비스의 결합을 통해 소비자가 원하는 서비스를 적재적소에서 제안할 수 있을 뿐만 아니라, 트위터와 인터넷에 생성되는 기업 관련 검색어와 댓글을 분석해 자사의 제품과 서비스에 대한 고객 반응을 실시간으로 파악해 즉각적으로 대처하고 있다.

특히, 빅데이터에 기반한 분석방법론은 과거에 생각하지도 못했던 일을 가능하게 만들고 있다. 구글은 독감과 관련된 검색어 빈도를 분석하여 독감 환자 수와 유행 지역을 예측하는 독감 동향 서비스를 개발했다. 이는 미국의 질병통제본부보다 예측력이 뛰어난 것으로 밝혀졌다. 빅데이터의 중요성을 확인시킨 또 다른 사례로는 구글의 자동번역 시스템이 있다. 구글은 수천만 권의 도서 정보와 유엔과 유럽의회, 웹 사이트의 자료를 활용하여 64개 언어 간 자동번역 시스템의 개발에 성공하였다.

빅데이터의 초기 사례 중 2008년 네덜란드에서 창업한 스파크드Sparked라는 회사의 사례를 살펴보자. 이 회사는 수만 마리의 소에 센서를 부착해 소에 대한 정보를 실시간으로 수집하였다. 이렇게 연간 약 200MB의 정보를 축적 및 분석하여 축산업자가 소에 대한 움직임, 건강 등을 수시로 확인할 수 있게 하였으며, 기후 변화 등 외부 빅데이터와 결합하여 소의 사육 방식을 정밀화하여 더 많은 소를 건강하게 키울 수 있도록 지원하였다. 이런 시스템 덕분에 스파크드는 소 한 마리당 세계 최고 수준의 우유 생산량을 기록할 수 있었다.

또한, 빅데이터는 필요한 정보를 신속·정확하게 창출하여 사회적 문제를 해결하는 데도 큰 역할을 하고 있다. 대표적인 예를 들어보면, 2005년 런던 지하철 폭탄 테러 사건의 용의자 검거의 일등공신은 CCTV였다고 한다. 용의자들의 모습이 찍힌 버스와 지하철 내의 CCTV의 빅데이터 분석을 통해 결정적 단서를 잡을 수 있었다. 이는 영국 경찰청의 빅데이터 분석 실력이 높음을 증명하고 있는 것이다. 이처럼 빅데이터 분석은 사회의 중요한 문제를 해결하기 위해 과거에는 하기 어려웠던 새로운 정보를 창출하는 능력이 탁월하다.

우리나라의 2014년 서울시장 선거도 새로운 데이터 분석의 효과를 입증한 사례다. 전통적인 여론조사 결과는 선거 당일까지도 '박빙'의 승부를 예측했지만, 트위터를 통한 빅데이터 분석은 박원순 당선자 측의 우위를 예측했기 때문이다. 공공 기관에서도 빅데이터의 등장은 시민이 요구하는 서비스를 제공할 수 있는 기회로 작용한다. 이는 사회적 비용 감소와 공공 서비스 품질 향상을 가능하게 만든다.

03 인공지능의 발전 역사

인공지능의 연구 분야

4차 산업혁명의 신기술 중에서 가장 주목받는 기술은 빅데이터와 인공지능이다. 인공지능은 인간 두뇌의 기능을 기계로 구현하는 것을 목적으로 하고 있으며, 인공지능 연구는 다음의 3가지 분야로 크게 나눌 수 있다.

외계 정보의 인식에 관한 분야

시각에 의한 2차원 패턴의 인식, 3차원 세계의 인식, 음성의 인식, 언어의 인식 등을 연구한다. 이들은 지식과 추론규칙을 사용한 검색에 근거해서 이루어지며, 화상 이해, 로봇 비전, 음성 이해, 자연언어 이해의 분야를 구성한다.

지식의 체계화

각종 사실로서의 지식을 어떠한 형식으로 컴퓨터에 기억시키는가 하는 지식 표현문제, 추론규칙으로서의 지식을 어떠한 형식으로 만들어서 입력되는 정보와 사실 지식에서 희망하는 결론을 얻느냐 하는 검색 문제, 정리 증명 등 주어진 문제를 푸는 순서를 발견하는 문제 해결 등을 다루는 분야이다.

학습에 관한 분야

외계로부터 정보를 얻어서 사실 지식을 축적하여, 추론규칙을 자가 형성하는 방법을 명백히 밝히고, 더 나아가서는 몇 가지 지식의 구조가 그 어떤 의미에서 유사하다는 것을 검출해서 이들을 통합하는 메타 지식 metaknowledge을 형성해 가는 방법을 연구한다.

놀라운 발명품; 컴퓨터

1946년에 미국 펜실베이니아 대학의 한 연구실에서 에커트John Presper Eckert와 모클리John William Mauchly의 주도로 개발한 ENIACElectronic Numerical Integrator and Computer이라는 컴퓨터가 세계 최초의 전자식 디지털 범용 컴퓨터로 알려져 있으며, 그 후 사회변혁에 엄청난 영향을 주면서 정보화 사회로 이끄는 기폭제 역할을 하였다. 이 컴퓨터는 진공관 18,800여 개와 계전기relay 1,500여 개로 구성되고, 무게 약 30t, 폭 1m, 높이 2.5m, 길이가 25m에 이르는 엄청난 크기를 가졌다(그림 1.6). 원래의 목적은 포탄의 탄도 계산을 위한 군용으로 개발되었으나, 그 후에도 난수 연구, 우주선 연구, 풍동 설계, 일기예보 연구 등의 각종 과학 분야의 복잡한 계산에 사용되기 시작하였다.

학계 일부에서는 ENIAC 대신에 아이오와 주립대학에서 1942년에 개발된 ABCAtanasoff–Berry Computer를 세계 최초의 전자식 컴퓨터라고 주장하고 있다. ABC는 아타나소프John Vincent Atanasoff와 베리Clifford Berry가 개발한 것으로,

그림 1.6 세계 최초의 컴퓨터인 ENIAC
자료: Wikipedia

ENIAC보다는 크기는 작고 280여 개의 진공관과 320kg의 무게를 가진 것으로 책상만 한 크기였다. 그러나 크게 주목받지는 못하였다. ENIAC 이후 컴퓨터에 관한 연구가 진전되었고, 1951년에는 수와 알파벳 데이터를 다룬 최초의 상업용 컴퓨터인 UNIVACUNIVersal Automatic Computer이 만들어졌다. 이것들이 진공관을 사용한 제1세대 컴퓨터이다.

컴퓨터는 발전을 거듭하면서 1950년대 후반에는 컴퓨터 회로에 트랜지스터를 내장한 제2세대 컴퓨터인 디지털 컴퓨터가 상업적으로 이용되기 시작하였다. 트랜지스터는 진공관과 비교하여 효율·크기·속도가 월등하게 좋았다. 1960년대에는 집적회로IC 장치를 사용함으로써 컴퓨터의 크기가 작아지고 초당 백만 회에 가까울 정도로 데이터 처리 속도가 향상하였으며, 메인 프레임(대용량) 컴퓨터를 비교적 저렴하게 만들 수 있었다.

1970년대 초부터 시작한 제3세대 컴퓨터의 시작은 고밀도 집적회로LSI의 발전과 더불어 실리콘 칩 위에 수천 개의 트랜지스터 관련 부품을 집적하는 것이 가능하면서부터이다. 이런 기술을 통해 1971년에 상업용 마이크로프로세서인 '인텔 4004'가 최초로 출시되었다. 휴대가 가능한 최초의 전자계산기가 출현한 것이다. 마이크로프로세서는 점점 더 컴퓨터를 소형화시키고 보다 강력하게 하였다.

1980년대에 시작된 제4세대 컴퓨터는 초고밀도 집적회로VLSI의 공헌으로 애플Apple이나 IBM과 같은 회사에서 개인용 PC를 보급할 수 있게 하였다. 오늘날 이동식 컴퓨터 시대가 시작된 것이다. 이 당시 생산된 마이크로컴퓨터 대다수는 프로세서, 기억장치, 인터페이스 기능을 모두 1개의 칩에 구성할 수 있었으며, 정교한 칩은 호주머니 정도의 크기밖에 되지 않았음에도 산업용 공장의 기계나 고성능 제트 비행기에 사용할 수 있을 정도였다. 또한, 컴퓨터 그래픽스 분야가 발전되면서 영상, 게임, 디자인 등의 분야까지 발전을 가져왔고, 더 나아가 우리 생활과 밀접한 로봇, 손안의 스마트폰이나 웨어러블 손목시계 등으로까지 발전해왔다. 이 4세대 컴퓨터는 1초에 1,000만 번의 계산을 할 수 있을 정도이고, 이는 3세대 컴퓨터보다 10배 정도 빠른 계산 속도이기도 하다.

현재 인류는 제4세대 컴퓨터를 사용하고 있다. 앞으로 개발될 제5세대 컴퓨터는 어떤 컴퓨터일까? 제4세대 컴퓨터까지는 노이만형 컴퓨터(제어, 전달, 함수연산, 입출력의 직렬형 컴퓨터)로 직렬 과정을 거쳤다면, 제5세대 컴퓨터는 비 노이만 형인 병렬 과정을 거치게 될 것으로 많은 학자들은 예측하고 있다. 이 컴퓨터들은 스스로 생각한다고 느껴질 만큼 사람의 음성을 직접 받아들이고 말도 할 수 있는 인공지능을 사용하게 될 것이다. 이미 음성합성 장치를 통해 말할 수 있는 컴퓨터가 등장하고 있기도 하다.

인공지능의 아버지 앨런 튜링과 독이 든 사과

인공지능의 연구는 컴퓨터의 탄생과 거의 같은 시기에 개시되었다. 인공지능의 아버지라고 불리는 영국의 수학자 튜링(Alan Mathison Turing, 1912~1954)은 "Turing(1950), 계산 기계와 지능computing machinery and intelligence"이라는 논문에서 기계가 생각할 수 있는지 테스트하는 방법(튜링 테스트Turing test), 지능적 기계의 개발 가능성, 학습하는 기계 등에 관해 썼으며, 이것이 인공지능에 관한 최초의 연구였다. 〈그림 1.7〉은 튜링의 젊은 시절 사진이고 〈그림 1.8〉은 그가 생각한 튜링 테스트의 방법이다.

1950년, 아직 컴퓨터시대 여명기라고 할 수 있는 때에 튜링은 시대에 앞서 "기계가 생각할 수 있는가Can machine think?"라는 질문을 이 논문에서 던지고 있다. 튜링은 "컴퓨터가 생각할 수 있다면 그것을 어떻게 표현해야 하는가?"라는 질문에 대해 "만일 질문하는 사람이 인공지능 기계(컴퓨터)와 사람과의 반응 사이에서 그 차이를 구별

그림 1.7 인공지능의 아버지 엘런 튜링
자료: Wikipedia

할 수 없다면, 그 컴퓨터는 생각한다고 판단할 수 있다."라고 주장하였다. 〈그림 1.8〉과 같이 질문자가 텔레타이프로 질문을 하면 질문대상인 사람(A)은 충실한 답변을 하고, 컴퓨터(B)도 사람인 것처럼 답변한다. 만일 질문자가 어느 쪽이 사람이고 어느 쪽이 컴퓨터인지 제대로 밝혀내지 못한다면, 그 컴퓨터는 지능을 가진 인공지능 기계라 할 수 있다는 것이다. 이런 테스트는 반세기 이상이 지난 지금까지도 계속되고 있는 인공지능에 대한 특유의 매우 도발적인 논란으로 튜링 테스트는 인공지능 분야에 지속적으로 중요한 기여를 하고 있다.

튜링은 1912년에 영국 런던에서 태어났고, 대학 학창 시절은 캠브리지의 킹스 대학에서 수학을 전공하였다. 대학원은 1936년부터 미국의 프린스턴 대학에서 수학과 암호학을 전공하였으며, 1938년에 작성한 그의 암호학과 관련이 있는 박사학위 논문 "순서 숫자 기반의 로직 시스템systems of logic based on ordinals"은 프린스턴 대학에서 작성된 가장 우수한 논문 중의 하나로

그림 1.8 튜링 테스트

알려져 있다.

튜링은 1939년에 영국으로 돌아와 정부 암호학교Government Code and Cyber School에서 연구하였으며, 세계 제2차 대전에서 독일군의 암호를 해석하여 영국 승리에 크게 기여하였고, 1945년에는 영국 정부로부터 대영제국 훈장Order of the British Empire을 받기도 하였다. 그는 1945년부터 영국에 있는 국립물리연구소National Physical Laboratory; NPL에 근무하면서 자동계산장치Automatic Computing Engine; ACE의 디자인을 연구해 프로그램이 내장된 ACE 컴퓨터를 만들어 후대의 컴퓨터 개발의 기초를 닦았다. 그는 지능 기계intelligent machinery의 신경회로망에 대해서도 선구적인 연구를 하였다. 1949년부터는 맨체스터 대학 계산연구소로 옮겨 부소장을 하면서, 앞에서 언급된 인공지능의 최초의 논문 "계산 기계와 지능"이라는 논문을 발표하는 등 암호학, 컴퓨터 제작, 인공지능 연구 등에 혁혁한 공적을 남겼다.

그러나 그의 말로는 비극적이라고 할 수 있다. 1952년, 그가 40세일 때 그는 맨체스터의 길거리에서 만난 19살의 실업자와 동성애 관계를 시작하였다. 동성애는 그 당시 영국에서 불법이었고, 이로 인해 그의 비밀정보 취급허가security clearance가 취소되었다. 또 영국 정부를 위한 암호화 자문직도 박탈되었고, 정부로부터 푸대접을 받게 되었다. 이런 일련의 조치로 튜링은 1954년 6월 8일, 42세의 나이에 자살로 생애를 마감하였다. 청소부가 그의 방에서 청산가리에 중독된 반쯤 먹은 사과가 놓여 있는 것을 발견하였다.

세계적인 굴지의 기업 애플Apple사의 로고가 한 입 베어 먹은 사과인데, 이것이 컴퓨터와 인공지능의 아버지인 튜링이 베어 먹고 죽은 사과를 나타낸다고 말하기도 하고, 에덴동산에서 선악과를 베어 먹은 이브의 창조적 반란을 나타낸다고도 한다. 애플사가 여기에 대해 설명한 적이 없으므로 무엇이 맞는지 모르지만, 튜링이 베어 먹은 사과라는 설이 유력하다.

인공지능의 발전 과정

인공지능에 관한 튜링의 기여를 기반으로 1956년 여름 미국의 다트머스 대학에서 10명의 젊은 과학자가 모여 6주간 워크숍을 가졌다. 다트머스 대학의 메카시John McCarthy 교수가 주최하고, MIT 대학의 민스키Marvin Lee Minsky 교수 등이 참여한 이 워크숍은 인공지능학의 시초를 구축하였다. 이 모임에서 인공지능AI이란 용어가 처음 사용되었다고 한다. 초기에는 추론과 탐색을 핵심으로 한 인공지능 연구가 활발하였고, 1960년대 전반에 걸쳐 정리의 자동증명, 게임 프로그램, 일반문제 해결기GPS와 같은 해답을 발명하는 프로그램, 수식의 미분, 적분, 인수분해 등을 자동으로 수행하는 수식처리 프로그램 등 많은 지능적인 프로그램이 만들어졌다.

하지만 1970년대 초반까지 인공지능은 인간처럼 문제를 풀 수 있는 수준은 아니었다. 그래서 1970년대 중반부터 인공지능 연구가 애초의 기대를 만족시키지 못할 것이라는 인식이 펀딩 삭감으로 이어지고, 컴퓨터 성능의 한계로 1980년대 중반까지 AI 연구의 암흑기가 이어졌다.

1980년대 중반에 들어와서야 자연언어의 이해, 지식표현의 문제가 적극적으로 다루어지게 되었고, 로봇의 시각과 행동의 연구도 진전되었다. 인공지능 응용 시스템의 하나로서 결정권자의 판단을 돕는 전문가expert 시스템이 만들어지기도 하였다. 재정적 여유가 있던 일본 정부는 AI에 대한 대규모 펀딩으로 '5세대 컴퓨터 시스템 프로젝트Fifth-generation Computer System Project'를 시작하면서 AI 연구에 돌파구가 생기기 시작하였다.

1990년대 초반에는 다양한 데이터들을 축적하고, 축적된 데이터를 빠른 속도로 분석해주는 논리 알고리즘이 개발되면서 AI 연구는 다시 중흥기를 맞이하게 되었다. 이때 신경망neural network 기술이 발전되면서 경험을 통해 배우고, 사례들로부터 자연스럽게 일반화하는 방식을 찾아냈으며, 숨은 통계적 패턴을 발견하게 되었다. 따라서 신경망 기술은 패턴인식pattern recognition과 분류classification에 매우 유용했다.

1990년대 후반부터는 AI 연구에 급진전이 이루어졌다. 1997년에는 IBM의 인공지능 슈퍼컴퓨터 딥블루Deep Blue가 세계 체스 챔피언전에서 승리하였고, 1998년에는 소니 최초의 AI 로봇 애완동물 아이보Aibo가 개발됐다. 2011년에는 IBM이 개발한 슈퍼컴퓨터 왓슨Watson이 미국의 유명한 퀴즈쇼 제퍼디Jeopardy에서 우승하는 사건이 발생하였고, 애플사에서는 인공지능 음성인식 소프트웨어 시리Siri가 발표됐다. 2016년에는 구글 딥마인드Google DeepMind가 개발한 AI 바둑 프로그램인 알파고AlphaGo가 한국의 이세돌 9단과의 공개대국에서 4승 1패로 승리하였고, 2017년 바둑 세계 랭킹 1위 프로기사인 중국의 커제 9단과의 3번기에서 모두 승리함으로써 AI 바둑 프로그램이 이미 인간을 넘어섰음을 증명하였다.

알파고의 핵심 알고리즘은 심층학습deep learning 기술이다. 이 기술은 수십만 건의 빅데이터 기보棋譜 학습을 통해 인간과 거의 비슷한 방식으로 학습·기억·판단할 수 있도록 고안된 컴퓨터 프로그램을 말한다. 심층학습은 빅데이터와 컴퓨터 알고리즘의 협업의 뛰어난 산물이다. 왓슨은 자연어 형식으로 된 질문들에 답할 수 있는 AI 컴퓨터 시스템으로 왓슨의 적용 범위는 종양학, 방사선학, 법학, 세금 규정, 소비자 서비스 등으로 매우 다양하다. 각 분야별로 전문 왓슨이 따로 만들어져 있는데, 그렇게 해야 각 시스템에 맞는 데이터를 입력하여 정확하게 훈련할 수 있기 때문이다.

04

데이터·AI 경제 시대의 도래

데이터 경제란?

2011년 3월에 세계적인 시장조사 업체인 가트너는 "데이터는 21세기의 원유이며, 데이터가 미래 경쟁의 우위를 좌우한다."라고 강조하였다. 이에 대한 증명은 세월이 흐르면서 점점 더 명확해지고 있다. 우리는 지금 4차 산업혁명 시대에 살고 있고, 그 주요 기술들인 빅데이터, 인공지능, 사물인터넷, 자율주행 자동차 등이 모두 데이터 기반의 기술들이다. 즉, 데이터 강국이 4차 산업혁명에 앞선다는 것이고, 데이터가 국가나 기업의 미래경쟁력을 좌우할 수 있다는 것이다. 특히 데이터를 매개체로 비즈니스를 하는 데이터 플랫폼 기업들이 급성장하면서 우리 사회가 디지털 사회로 나아가고 있으며, 개인 정보는 물론 공공 부분이나 민간 부분에서 생산되는 모든 데이터의 수집·관리·활용 등이 매우 중요한 국가적 과제로 부상하고 있다.

실로 우리는 '데이터 경제data economy' 시대에 살고 있다. 데이터 경제란 개념은 유럽연합 집행위원회EC가 발표한 "유럽 데이터 경제 육성책Building a

European Data Economy(2017)”에서 제시한 것으로 데이터의 활용이 모든 산업의 발전과 새로운 가치 창출에 촉매 역할을 담당하는 시대의 경제라는 뜻이다. 이 육성책의 골자를 보면 유럽연합 내에서의 데이터의 자유로운 공개와 사용을 보장하고, 데이터 분석 역량을 강화해 새로운 비즈니스 모델을 발굴하는 데 각국이 역량을 강화하도록 권장하고 있다. 특히 영국은 공공분야 정보를 공개하는 오픈 데이터 정책에 주력하고 있는 대표적인 국가로서 오픈 데이터의 글로벌 선두 국가이다. 영국은 2014년에 이미 “오픈 데이터 전략Open Data Strategy”을 발표하면서 데이터 공개 의무화, 데이터의 양적·질적 수준 향상, 혁신을 위한 데이터 이용 개방 등 데이터 경제를 활성화하기 위한 원칙을 발표하고 이를 실천하고 있다.

우리나라는 현재 통계법에 따라 통계청이 국가통계의 컨트롤타워 기능을 하고 있으나, 분산형 통계시스템을 운영하는 우리나라는 수없이 많은 통계작성 기관을 가지고 있으며, 각 기관에서 생산되는 통계데이터의 종합적인 관리, 표준화 및 통합, 개방, 활용 등에서 미흡한 것도 사실이다. 데이터 경제 시대에 특히 중요한 민간 부분에서 생산되는 데이터의 관리는 중진국 수준을 못 벗어나고 있다. 따라서 우리나라는 우리 사회의 모든 분야(공공·민간·개인 등)와 관련된 데이터의 생산·관리·개방·유통·활용 등을 종합 지원하고, 데이터 거래를 위한 인적·물적·제도적 기반 조성을 전담하면서 데이터 경제 활성화의 중심 역할을 담당할 조직으로서의 컨트롤타워인 ‘(가칭)데이터청’의 설립이 필요하리라 판단된다.

인공지능의 발전단계와 특이점

미래 사회에서 인공지능의 역할은 아무리 그 중요성을 강조해도 지나침이 없다. 인공지능은 사람과 유사한 사고방식을 구현하는 인지적 모델링을 통해 컴퓨터의 학습결과를 의사결정에 반영하는 기술을 의미한다. 최근의 인공지능 기술은 현실에 적용될 수 있는 수준으로 비약적으로 발전하고 있다. 이는 수십 년에 걸쳐 축적된 연구 성과들이 그동안의 한계점을 넘으면서 가능해진 것이다. 예를 들면, 최근 심층학습 기술은 이미지 분석, 음성인식, 번역 등에 적용되어 탁월한 성과를 내고 있다. 이는 기계학습의 인공신경망 기술이 빅데이터를 이용하여 학습할 수 있었으므로 가능한 것이다. 빅데이터를 학습할 수 있는 기계학습 알고리즘들은 대용량 데이터 처리를 짧은 시간에 처리할 수 있는 효율적인 알고리즘 및 강력한 컴퓨팅 인프라를 요구한다. 최근의 소프트웨어 및 하드웨어 기술은 이러한 요구를 충족시킬 수 있는 기술 수준으로 발전하고 있으므로 지금의 인공지능 기술의 고도화를 이끌어 내고 있는 것이다.

인공지능은 일반화 수준에 따라 그 발전단계를 세 가지로 구분할 수 있다. '약 인공지능weak/narrow AI'은 특정 분야에 대해서는 지능을 갖추고 있지만, 스스로 사고하며 문제를 해결할 수 있는 일반화 능력이 없는 컴퓨터 기반 인공지능을 의미한다. 현재가 이 수준이다. 다음으로 '강 인공지능strong AI'은 스스로 사고하며 문제를 해결할 수 있는 컴퓨터 기반의 인공지능으로 자각 능력과 독립성을 갖추고 있다. 앞으로는 강 인공지능의 시대는 도래할 것이다. 마지막으로 '초인공지능super/general AI'은 인간보다 훨씬 뛰어난 지능을 가진 인공지능으로 효율성, 가치보존의 의미, 창의성 등의 원초적 욕구를 기반으로 끊임없는 자가발전이 가능한 단계이다.

초인공지능이 가능한 시점을 특이점singularity point이라고 부른다. 특이점이 오는 시기는 기계의 지능이 자신의 창조자인 인간의 지능을 넘어서고, 생물학적인 생명이 기술의 하위 범주가 되는 시기를 말한다. 미래학자이자 구글의 엔지니어링 이사인 커즈와일Ray Kuzweil은 2005년 출간된 그의 베스트셀러 저서 『특이점이 온다: 기술이 인간을 초월하는 순간』에서 다음과 같이 주장하였다. "생물학적 인체는 유지 · 관리하기가 까다로울뿐더러 허약하고 기능에 문제가 생기기 쉽다. 인간의 지능은 가끔 창조성과 의미 표현에서 뛰어난 면을 드러내기도 하지만, 대부분 독창적이지 못해서 보잘것없고 제한적이다. 특이점을 통해 우리는 생물학적 몸과 뇌의 한계를 극복할 수 있을 것이다." 따라서 특이점이 오면 인간이 만든 인공지능 로봇이 인간을 지배할 수도 있는 것이다. 커즈와일은 현재의 기술 발전 속도라면 특이점은 2045년경에 찾아올 것으로 예측하였다〈그림 1.9〉.

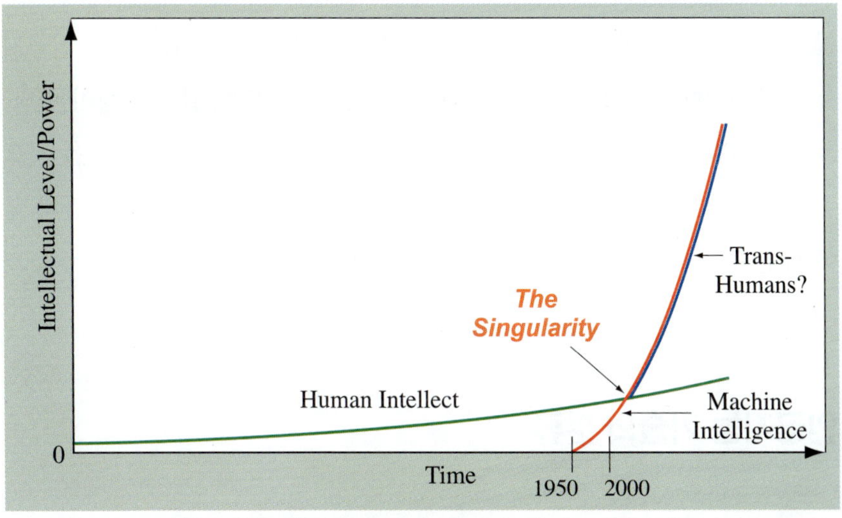

그림 1.9 인공지능의 특이점이 오는 시기
자료: https://brunch.co.kr/@freddykim/3

인공지능과 뇌과학 및 생체과학의 급속한 발달을 보면 특이점이 올지도 모르겠다는 생각이 들기도 하지만, 인체의 오묘한 사고방식, 마음과 정서, 감정, 사랑 등의 섬세함을 기계가 온전히 대체하기 어려울 것이란 생각도 든다. 인간의 감각, 지능, 수명 같은 인간의 생물학적 한계를 넘어서려는 과학기술 운동을 트랜스휴머니즘transhumanism이라고 부르며, 이 운동에서도 커즈와일과 같은 생각을 하고 있다. 이 운동의 지지자들은 장애, 고통, 질병, 노화, 죽음 같은 인간의 타고난 한계를 인정하지 않고, 인지증강, 스마트 약물, 유전자 선택, 뇌 임플란트 등으로 신체적 능력은 물론 지능까지도 획기적으로 개선할 수 있다고 믿는다. 트랜스휴머니즘을 믿는 트랜스휴먼들은 궁극적으로 사람의 뇌를 스캔해 외부 기계장치로 옮기는 '마음 업로드mind upload'를 통해 늙지도 죽지도 않는 새로운 몸으로 살 수 있다고 주장한다.

하지만 필자들의 생각에는 특이점은 오지 않으며, 인간이 무병장수하지 않을 것으로 생각한다. 그 이유는 특이점이 오면 인간을 뛰어넘는 인공지능이 존재함에 따라 영화 터미네이터처럼 인간을 멸망시킬 가능성이 있다. 그리고 인간의 능력으로는 인간을 뛰어넘는 인공지능을 만들 수 없을 것으로 판단되며, 혹 인간이 무병장수한다면 지금까지의 자연스러운 인간의 삶에 대한 질서가 완전히 깨질 것이기 때문이다.

인공지능 기술의 분류

인공지능 기술은 기계학습을 어느 분야에 어떻게 적용하는지에 따라 크게 지식 추론, 시각지능 및 언어지능으로 구분된다.

지식 추론

지식 추론은 정보에 대한 가정과 전제로부터 지식을 도출해내는 기술이며, 개별적 정보를 이해하는 단계를 넘어 정보 간의 복잡한 관계를 파악하여 표현하는 기술이다. 단순 응답·추천하는 기술에서 상대적인 관계를 유추하는 기술로 발전하였으며, 추론형 질의응답에도 놀라운 발전이 이루어지고 있다. 질문과 연관성이 있는 정보를 유추하거나 데이터에 존재하지 않더라도 부분 정보들의 조합을 통해 답을 찾아가는 기술이 활발히 개발되고 있다. 구글 딥마인드Google DeepMind의 관계형 네트워크relational network가 대표적이다.

시각지능

시각지능은 이미지·영상 등 시각 정보로부터 객체(사람, 사물 등)를 인식하고 감정이나 상황 등을 이해하는 기술이다. 이미지·영상 데이터 기반의 시각지능은 이미 인간 수준을 넘어선 인식률을 달성했고, 상황을 이해하고 새로운 이미지를 생성하는 기술로 발전하고 있다. 시각지능은 시각인식, 시각이해, 이미지 생성 기술의 세 분야로 나누어진다.

시각지능의 초기 기술인 시각인식은 이미지·영상으로부터 물체를 구분하는 경계를 인식하고 해당 물체가 무엇인지 판별하는 기술이다. 더 나아가 시각이해는 이미지·영상으로부터 요소 간 상관관계를 분석하여 전체의 특징을 파악하는 기술로서 눈, 코, 입 모양 등의 상관관계를 분석하여 표정을 이해하거나 감정을 추측하고, 상황을 정확히 이해해서 언어로 표현하는 기술이다. 이미지 생성 기술은 데이터가 부족한 환경에서 실제와 매우 유사한 이미지를 생성하는 기술로 GANgenerative adversarial networks이 대표적이다.

언어지능

언어지능은 인간의 언어를 텍스트나 음성 형태로 컴퓨터가 인식하고 이해하며 지식을 도출하는 기술이다. 최근 언어지능 기술은 사람에 의존하지 않고 스스로 언어를 이해하며 인간의 억양과 유사한 음성을 생성하는 단계로 진입하였다. 여기에는 크게 자연어 처리기술, 음성인식 및 생성 기술이 있다.

자연어 처리기술은 전문가가 각 단어 간 의미 관계를 일일이 설정하여 접근하는 존재론ontology 기반 기술에서 인간의 개입을 최소화하고 데이터 기반 학습을 통해 스스로 언어를 이해하게 하는 워드 임베딩word embedding 방식으로 전환되고 있다. 워드 임베딩 방식은 단어를 벡터로 표현하는 방법으로 단어를 좌표 평면 위에 위치시키게 되면, 특징에 맞춰 군집clustering을 형성하게 되고, 새로운 단어가 입력으로 들어올 때 어떤 군집과 더 유사한지 그 유사점을 찾을 수 있게 된다. 밀집 표현으로 변환하는 것이며, 유사성 및 관련성 등을 방식으로 확장성이 높고 도메인 의존성이 낮다. 구글은 'word2vec'이라는 워드 임베딩 알고리즘을 활용하여 약 1,000억 개의 단어를 군집화하여 뉴스 서비스에 활용하고 있다.

데이터·AI 경제 시대의 발전 전략

정부도 데이터와 AI가 우리나라의 선진국으로서의 도약에 필수적인 요소임을 인지하고 있다. 지난 2019년 1월 16일에 과학기술정보통신부는 경제부총리 주재 제1차 혁신성장전략회의에서 관계부처와 합동으로 수립한 5년간(2019~2023)의 '데이터·AI 경제 활성화 계획'을 발표하였다. 이 계획의 비전을 '데이터와 AI를 가장 안전하게 잘 쓰는 나라'로 설정하고, 〈그림 1.10〉에서 보는 바와 같이 구체적인 비전-목표-추진전략-정책과제의 체계도를 발표하였다. 이 계획을 보면 데이터와 AI를 국가 발전의 핵심적인 요소로 보고 있는 정부의 의지를 읽을 수 있다.

이 계획의 구체적인 목표는 3가지로 〈그림 1.11〉과 같다. 데이터 시장의 규모를 2018년의 14조 원에서 2023년에는 30조 원으로 키우고, AI 유니콘 기

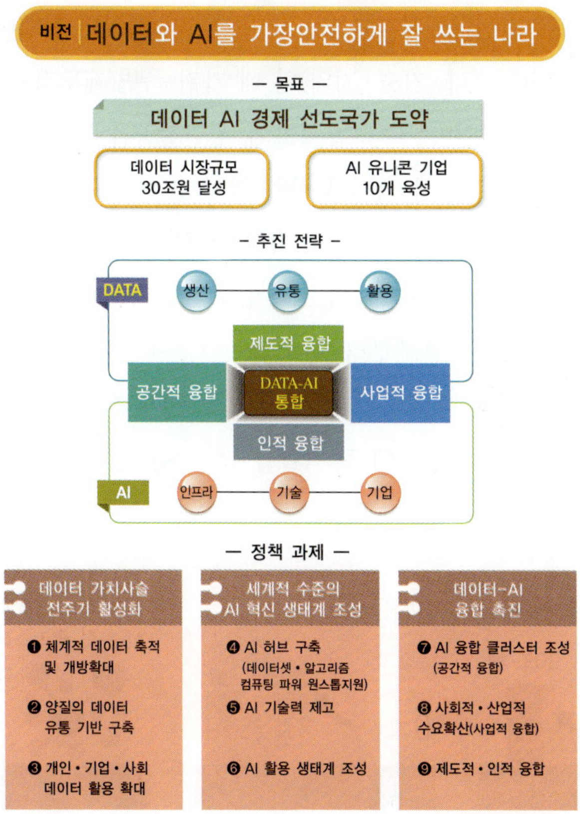

그림 1.10 데이터·AI 경제 활성화 계획의 비전-목표-추진전략-정책과제 체계도
자료: KDI 경제정보센터

업의 수를 2018년에는 한 개도 없었으나 이를 2023년까지 10개로 육성하고, 데이터-AI 융합 인재를 1만 명 양성한다는 것이다. 여기서 유니콘Unicorn 기업이란 기업 가치가 10억 달러(약 1.1조 원) 이상인 비상장 스타트업 기업을 말한다. 원래 유니콘이란 뿔이 하나 달린 말처럼 생긴 전설상의 동물을 의미한다. 스타트업 기업이 상장하기도 전에 기업 가치가 1.1조 원 이상이 되는 것은 마치 유니콘처럼 상상 속에서나 존재할 수 있다는 의미로 사용되고 있다.

이 계획의 추진전략에서 데이터-AI 융합이란 데이터 산업(생산·유통·활용)과 AI 산업(인프라·기술·기업)의 네 가지 측면(제도적·공간적·사업적·인적)의 융합을 의미한다. 그 목표와 추진전략을 달성하기 위한 정책 과제로서 〈그림 1.10〉에서 제시한 바와 같이 3가지 대과제(데이터 가치사슬 전주기 활성화, 세계적 수준의 AI 혁신 생태계 조성, 데이터-AI 융합 촉진)가 있고, 그 밑에 각각 3가지의 소과제가 있다. 2019년도 신년 기자회견에서 문재인 대통령은 "올해부터 데이터와 인공지능 등 전략적 혁신산업에 대한 투자를 본격화한다."라고 밝힌 만큼, 본 계획의 실행에 속도가 붙고 국가 경제의 활력을 높이는 데 큰 역할을 할 것으로 전망된다. 그러나 이런

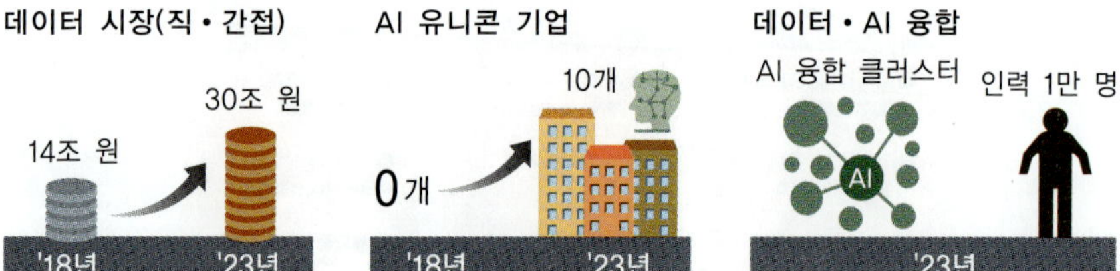

그림 1.11 데이터·AI 경제 활성화 계획의 구체적 목표
자료: KDI 경제정보센터

야심 찬 계획은 언제나 실행과정과 실천 의지가 중요하며, 계획대로 얼마나 잘 진행될지 지켜보아야 한다.

AI 강국으로 가는 청사진

지금은 4차 산업혁명의 시대이며 이 혁명은 AI를 중심으로 하는 지능 디지털 기술의 혁명이라고 볼 수 있다. 소프트뱅크 그룹의 손정의 회장이 한국을 방문해 문 대통령을 방문한 청와대 접견(2019.7)에서 "인공지능은 인류 역사상 최대 수준의 혁명으로, 한국은 첫째도, 둘째도, 셋째도 인공지능에 집중해야"라고 언급하였다. 이처럼 AI는 세계적으로 인정된 가장 중요한 미래 기술임이 확실하다.

2019년 12월 17일 정부는 대통령 주재로 열린 국무회의에서 과학기술정보통신부를 비롯한 전 부처가 참여하여 마련한 '인공지능 국가전략National Strategy for Artificial Intelligence'을 발표하였다. 이 전략은 'IT 강국을 넘어 AI 강국으로'라는 비전을 바탕으로 2030년까지 디지털 경쟁력 세계 3위(2019년 10위) 달성, AI를 통한 지능화 경제 효과 최대 455조 원(맥킨지 보고서) 창출, 삶의 질 세계 10위(2019년 30위) 도달 등의 목표를 제시하였다.

지금 세계는 AI의 급속한 발전으로 인해 산업과 삶 전반에 걸쳐 거대한 문명사적 변화를 맞이하고 있고, 과거 산업화 과정에서 기계가 인간의 육체노동을 대체했다면, 이제는 AI가 인간의 지적 기능도 수행하는 수준으로 발전함에 따라 AI는 이제 산업과 사회 모든 영역에 걸쳐 패러다임의 변화를 촉발하고 있다. 이것이 정부가 AI를 기반으로 하는 국가전략을 수립하게 된 배경이다. 또한, AI는 그 자체로 막대한 부가가치를 창출하는 산업

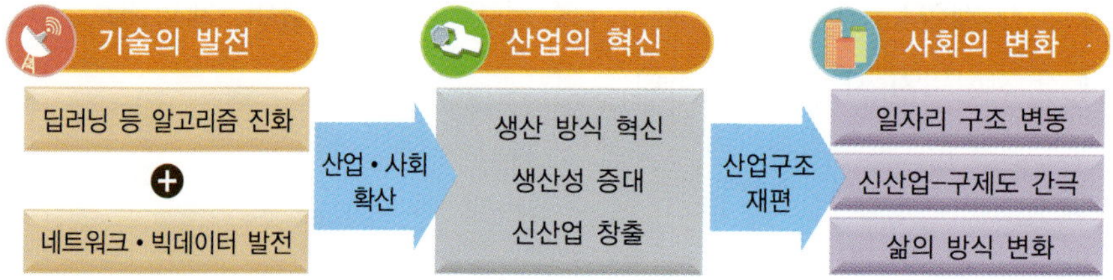

그림 1.12 AI 관련 기술의 발전, 산업의 혁신, 사회의 변화 과정 요약

인 동시에 산업의 근본적 혁신을 가져오며, 일자리 변동 등 사회의 변화도 유발하고 있기도 하다. 이런 내용을 간략히 그림으로 설명한 것이 〈그림 1.12〉다. AI 기술의 발전은 딥러닝(심층학습) 등 알고리즘의 진화와 네트워크, 빅데이터의 발전과 함께하며, 그 기술이 산업의 혁신을 촉발하고, 사회의 변화를 일으킨다.

이처럼 산업과 사회의 변화 속도 및 폭은 앞으로 더욱 빨라지고 광범위해질 것으로 예상됨에 따라 범국가적 차원의 철저한 준비가 요구되는 상황으로 세계 주요국들은 글로벌 AI 주도권을 선점하고, AI로 자국의 문제를 해결하기 위해 국가적 노력을 기울이고 있으며, 우리 정부도 이에 대응하기 위한 국가전략을 수립하여 발표한 것이다.

정부는 이를 위해 '세계를 선도하는 인공지능 생태계 구축', '인공지능을 가장 잘 활용하는 나라', '사람 중심의 인공지능 구현' 등 3대 분야를 제시하였고, 〈그림 1.13〉과 같이 9개 전략을 추진하기로 하여 이를 실천할 100개의 실행과제를 마련하였다. 9개 전략은 '세계를 선도하는 인공지능 생태계 구축'을 위해 인프라 확충, 전략적 기술개발, 과감한 규제혁신, 스타트업 육성이고, '인공지능을 가장 잘 활용하는 나라'를 위해 인재양성 국민교육, 전 산업 AI 도입, 디지털정보 대전환이다. 마지막으로 '사람 중심의 인공지능 구현'을 위해서는 포용적 일자리 안전망 구축, 역기능 방지 및 AI 윤리마련 등이다. 100개의 실행과제를 전부 열거할 수 없으나 그 중 '인프라 확충'에 관련된 실행과제를 적으면 다음과 같다.

① 양질의 데이터 자원 확충을 위한 공공데이터 전면 개방

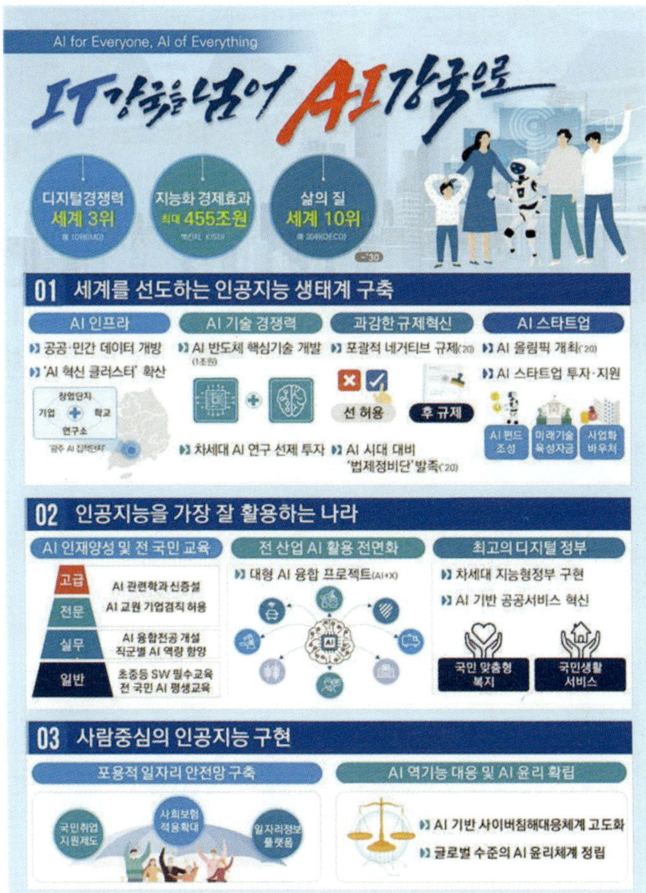

그림 1.13 인공지능 국가전략

자료: 과학기술정보통신부

② 데이터 생산·유통·활용을 지원할 공공–민간 데이터 지도의 연계
③ 민간의 AI 개발 지원을 위한 AI 허브의 컴퓨팅 자원 맞춤형 지원
④ 지역 산업과 AI 융합의 거점, 광주 AI 집적단지 조성
⑤ 주요 거점별 특성을 고려한 전국 단위 'AI 거점화 전략' 수립

위에서 설명한 '데이터·AI 경제 활성화 계획'과 '인공지능 국가전략'이 성공하려면 정부의 의욕만으로는 어려우며, 여기에는 이런 전략을 실행해 줄 우수한 인력과 민간 기업들의 자발적인 참여가 절실하다. 우수 인력은 대학에서 주로 배출되며, 정부출연연구소나 민간 기업에서도 양성할 수 있다. 정부는 우수 인력이 양성되도록 제도와 연구개발비 등으로 뒷받침해주고 대학, 출연연구소, 기업 등은 인재양성 프로그램을 세워 전력으로 인재를 양성하는 것이 중요하다. 그리고 데이터 산업, AI 산업을 일으키기 위해서는 민간 기업들이 적극적으로 참여해야 할 것이다. 이렇게 정부, 대학, 기업, 출연연구소 등이 합심하여 데이터 사이언스를 발전시키면 우리나라도 이 분야에서 국제경쟁력을 가질 수 있을 것이다.

Chapter 2

데이터 사이언스로 보여주는 세상

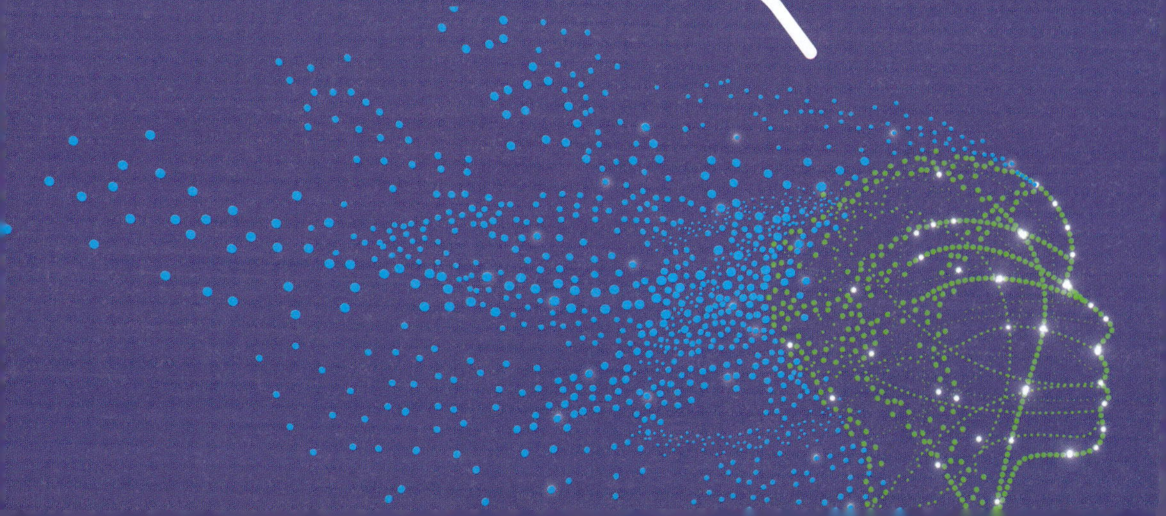

01 질병과 보건 예측

전염병 예측

과거 전쟁과 더불어 질병과 전염병은 인간의 생명을 위협하는 최대의 적이었다. 물론 그 위험이 오늘날에도 완전히 사라진 것은 아니다. 그러나 현재 우리는 질병과 전염병을 예방하거나 치료할 수 있는 시대에 살고 있다. 그리고 최근 몇 년 사이에는 의학 분야에 빅데이터 기술이 도입되면서 예방의학 분야의 판도가 빠르게 변화하는 중이다. 빅데이터 분석을 통해 이젠 질병을 예측하고, 맞춤형 치료를 적용할 수 있는 세상이 열리고 있다.

통계청이 발표한 2019년 우리나라 남녀의 평균 수명은 각각 80.3세와 86.3세로, 한국인의 평균 수명은 83.3세이고, 이는 37개 OECD 회원국 가운데 5위에 속하는 장수 국가이다. 인간의 평균 수명이 40~50세였던 100년 전보다 수명이 2배 이상 늘어난 셈이다. 그러나 평균 수명이 늘어난 만큼 질병에 노출되는 시기는 더욱 길어졌다. 이에 의학의 패러다임은 치료 중심에서 예방 중심으로 이동하며, 예방의학의 중요성이 점점 커지고 있다.

질병을 예방하는 것만으로도 막대한 사회적 비용을 줄일 수 있고, 길어진 우리 삶의 질을 향상시킬 수 있기 때문이다. 미래 의료는 '정밀', '예측', '예방', '개인 맞춤형' 의료가 꼽히면서, 많은 나라에서 국가 주도로 의료 빅데이터 프로젝트를 진행하고 있다.

먼저 미국의 전 대통령 버락 오바마는 지난 2015년 신년 연설에서 '정밀의학추진계획Precision Medicine Initiative; PMI'을 발표한 바 있다. 환자 유전체 정보를 비롯한 진료 정보와 같은 빅데이터를 활용하여 개인별 맞춤 치료를 제공하고, 이를 통해 획기적인 의료비 지출 감축을 추진하겠다고 발표했다. 그리고 그 해 100만 명의 유전자 분석을 통해 2016년 '캔서 문샷Cancer Moonshot' 프로젝트를 진행하였다. 그 결과 암을 비롯한 다양한 질병 관련 데이터를 확보할 수 있었다.

영국 정부는 2013년에 약 2조 원의 예산을 투입하여 보건의료 빅데이터 통합센터Health Social Care Information Centre; HSCIC를 설립했다. 그리고 희귀 질환자, 암 환자, 환자 가족들의 유전체인 게놈Genome 10만 개를 분석하는 '게노믹스 잉글랜드Genomics England' 프로젝트를 진행하였다. 게놈을 완벽하게 분석하여 질병 예방에 나서겠다는 계획이다. 핀란드 또한 2015년부터 기업에서 개인으로 데이터의 소유권을 옮기려는 국가 프로젝트 '마이 데이터MY DATA'를 시행하였고, 그 결과 방대한 진료 빅데이터를 활용할 수 있게 되었다.

물론 국내에서도 정부 주도의 헬스케어 빅데이터 구축 및 활용을 추진 중이다. 먼저 과학기술정보통신부, 국가정보화전략위원회, 한국기술기획평가원, 한국과학기술정보연구원, 국민건강보험공단, 건강보험심사평가원이 헬스케어 빅데이터 구축 활용을 추진하고 있다. 이들 중 한국전자통신연구원ETRI은 2018년 7월 새로운 기계학습 모델과 인지적 데이터 분석 알고리즘을 적용한 의료데이터 분석 엔진 '사이버 디엑스CyberDx'를 바탕으로 질병 위험도 분석 연구를 진행하고 있다. 사이버 디엑스에는 기계학습 기술을 이용한 자가분석 엔진 기술과 자가적응형 엔진 기술, 개인 맞춤형 질병 진단 분석 기술 등이 적용되었다. 아울러 연구진은 EMRElectronic Medical Record과 같은 진료 데이터를 분석하면, 환자별 개인 특성에 맞는 모델을 만들 수도 있다고 설명하였다.

빅데이터의 핵심은 예측에 있다. 빅데이터 예측 기술은 엄청난 양의 데이터에 수학 및 통계학을 적용하여 확률을 추론하는 것이다. 실제로 캐나다의 온타리오 병원에서는 미숙아 모니터링 장비로 빅데이터를 수집하여 미숙아의 질병 감염 여부를 빠르게 판단하고 처방할 수 있었다. 미숙아 실에 설치된 각종 모니터링 장비에서는 인큐베이터 미숙아들의 혈압, 체온, 심전도와 혈중산소 포화도 등의 수많은 생리학 데이터가 실시간으로 제공되지만, 이러한 정보들은 버려지고 진찰 당시의 상황만 의료차트에 기록되어 왔기 때문에 감염 여부를 판단하기 어려웠다. 이에 2013년 4월 온타리오 병원은 미숙아로부터 나타나는 다양한 생리학 데이터를 근거로 〈그림 2.1〉과 같이 IBM에서 지원하는 빅데이터 분석 솔루션을 활용하여 미숙아들의 패턴을 찾아내었다.

지난 2015년 기승을 부린 메르스를 예로 들어보자. 빅데이터 분석은 메르스와 같은 전염병의 확산 과정을 푸는 열쇠가 될 것으로 전망한다. 빅데이터 기반의 분석 기술을 활용하면, 메르스 환자들이 이동한 경로와 지역 등을 파악할 수 있기 때문이다. 메르스 환자의 병원 방문 일자와 진료기록 등 관련 데이터를 분석하면, 그들의 이동 경로와 밀접 접촉자 등 격리 대상을 훨씬 빨리 알아낼 수 있다. 또 빅데이터 분석결과를 바탕으로 지도에 해당 정보를 표시하면, 각 지역의 발병 위험도와 확산의 흐름 등을 실시간으로 추적할 수도 있다.

그림 2.1 IBM 빅데이터 분석 솔루션
자료: IBM Data Baby, youtube

2020년 초부터 지금까지 매일 빠짐없이 나오는 주제는 세계적 대유행(팬데믹)을 일으킨 코로나바이러스 감염증COVID-19 관련 소식이다. 국내외 학자들이 코로나바이러스 감염증의 발병 확산 추세를 데이터 분석의 관점인 수리적 모델링을 이용하여 분석하고 예측한 결과를 소개하였다. 이러한 수리적 모델링은 16~17세기에 수학, 물리학, 천문학이 발전하면서 독일의 케플러Johannes Kepler(1571~1630), 영국의 뉴턴Issac Newton(1643~1727)과 같은 학자들이 수학을 이용하여 자연 현상, 특히 천체의 운동을 설명하고 예측하기 시작하였다. 〈그림 2.2〉의 뉴턴은 천체가 운동하는 원리를 자신이 고안한 미분방정식•으로 설명하였고, 이를 통해 천체의 향후 움직임을 예

• James Gleick. (2008). 아이작 뉴턴(김동광 옮김). 승산출판사

그림 2.2 수학적 모델링의 창시자 '아이작 뉴턴'
자료: Wikipedia

측할 수 있었다. 이처럼 어떤 현상 혹은 시스템의 작동 원리를 수학적으로 기술하는 것을 수학적 모델링이라 한다.

뉴턴이 천체의 운동을 수학적으로 설명하고 약 80년이 흐른 18세기에 이르러 감염병 연구에도 수학적 모델링이 도입되었다. 스위스의 수학자이자 물리학자인 베르누이Daniel Bernoulli(1700~1782)가 1766년 발표한 논문 "D. Bernoulli, Essai d'une nouvelle analyse de la mortalité causée par la petite vérole(천연두에 의한 사망자 수에 대한 새로운 분석의 시도)"에서 천연두 확산 과정을 수학적으로 모델링한 것이다. 그는 예방접종을 할 경우 기대수명이 3년 2개월가량 늘어난다는 예측을 제시하면서 백신의 중요성을 강조하였다.

전염병을 수학 모델링으로 본격적으로 연구하기 시작한 때는 20세기부터이다. 영국의 병리학자인 로스Ronald Ross(1857~1932)는 1893년 모기의 침샘에서 말라리아 기생충을 발견하고 말라리아의 전파 경로를 수학적으로 밝혀내었다. 1972년에는 스코틀랜드의 수학자 컬맥William Kermack(1898~1970)과 전염병 학자인 맥켄드릭Anderson McKendrick(1876~1943)이 전염병 확산을 설명하고 예측하는 독보적인 수학 모델인 SIRSusceptible, Infectious and Recovered 모델•을 제시하였다. 이 모델은 〈그림 2.3〉과 같이 현재

• W.O. Kermack and A.G. McKendrick, Contributions to the mathematical theory of epidemics, Proc. R. Soc. Lond. Ser. A 115, 1927

까지도 코로나바이러스 감염증을 비롯하여 에볼라, 독감 등의 각종 전염병 확산을 연구할 때 기본적으로 활용되고 있다. 또한, 이 모델에서 파생된 다양한 수학 모형으로 전염병 전파 양상을 연구한다.

SIR 모델은 전염병이 전파되고 있는 지역에 있는 사람을 감염 가능성이 있는 집단S, 이미 감염된 집단I, 회복된 집단R으로 나눠 분석하는 모델이다. 각 집단의 수를 나타내는 수식과 집단과 집단 사이의 상호작용을 나타내는 수식은 모두 미분방정식으로 이뤄져 있다. 감염 집단의 변화에 따라 감염 위험군과 회복군이 시간에 따라 어떻게 달라지는지 계산을 통해 알 수 있다. 특히 감염에 영향을 미치는 거리두기나 접촉과 관련된 요소를 통제했을 때 어떤 변화가 나타나는지 알 수 있으므로 전염병 확산을 방지하기 위한 전략을 수립하는 데 활용할 수 있다. 실제로 미국과 유럽에서는 SIR 모델을 발전시킨 전염병 확산 수학 모델을 방역 정책에 활용하고 있다.

이외에 인공지능 분야에서도 코로나바이러스 감염증 발병의 사전·사후 조치가 가능한 결과를 캐나다의 스타트업 기업 '블루닷BlueDot'에서 미국 질병통제예방센터CDC나 세계보건기구WHO보다 더 빠르게 예측한 결과를 보여주었다. 블루닷은 의사와 프로그래머 40여 명으로 구성된 캐나다 스타트업 기업으로 여러 곳으로부터 확보한 방대한 데이터를 자연어 처리기술과

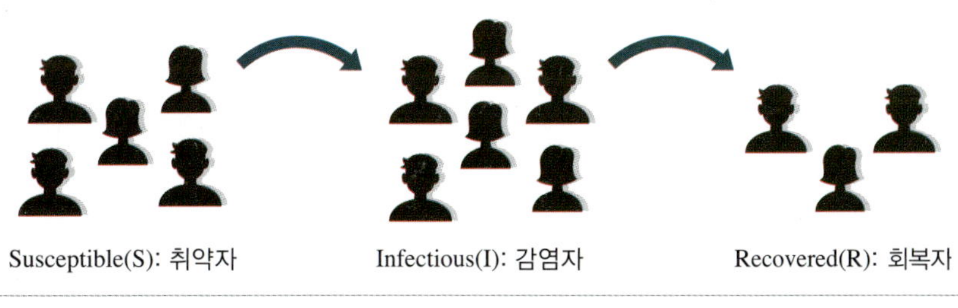

그림 2.3 SIR 감염 확산 모델

머신러닝을 이용하여 전염병에 대해 분석하였다. 블루닷에서 분석한 데이터는 60개 이상의 언어로 되어 있었으며 항공사 데이터 및 동물 질병 정보도 포함되어 있었다. 흥미로운 사실은 블루닷이 감염된 사람의 예상 이동 경로를 파악하기 위해 글로벌 항공사 발권 데이터를 분석하였고, 그 결과 우한에서 방콕, 서울, 타이베이, 도쿄에서 신종 코로나바이러스 감염자가 나타날 것으로 정확히 예측하였다는 점이다.

전 세계적으로 고령화 사회가 급속히 진행되고 만성질환자가 늘어나며 신종 전염병이 계속 등장함에 따라 보다 효율적인 의료체계가 요구되고 있다. 병원이 모든 환자를 신속하게 진료하기가 점점 어려워지고 있을 뿐만 아니라 병원감염의 우려도 커지고 있기 때문이다. 데이터 분석 및 인공지능 기술을 이용한 전염병 예측, 의료 데이터 처리 자동화, 원격 환자 관리 등은 더 나은 의료체계 확립을 위한 하나의 좋은 방안이 될 수 있다. 또한, 빅데이터에 기반한 질병 예측은 분명 현재의 의료수준을 몇 단계 향상시켜 줄 것이다.

빅데이터 시대가 다가올수록 인간은 빅데이터의 결정에 의존하게 될 가능성이 크다. 그러나 불완전한 기술은 잘못된 정보를 제공할 수도 있다. 앞으로 빅데이터는 엄청난 양의 정보와 데이터를 바탕으로 분석과 예측 결과를 쏟아낼 것이다. 그러나 그 결과가 올바르지 않거나 왜 그러한 결과가 나왔는지 알 수 없다면, 많은 사회적 문제를 초래할 것이다. 따라서 빅데이터 예측 기술에 대한 보완뿐만 아니라 잘못된 분석에 대한 철저한 대비도 마련해야 한다.

의료 인공지능

의료 인공지능으로 대변되는 인공지능 기반의 의료서비스는 의료데이터의 보조적인 해석에서부터 질병의 예측 및 진단, 의료영상해석과 같은 전문의료 영역에 이르기까지 다양한 의료서비스에 적용되고 있는 것으로 알려져 있다. 일반적으로 인공지능 기반의 의료기기는 의료데이터를 분석하여 수행능력을 향상시키는 소프트웨어와 이를 포함하는 의료기기들을 가리킨다. 인공지능 기반의 의료시스템은 의료 전문인력들과 경쟁 관계로 보는 시각 때문에 부정적인 견해들이 존재하는 것이 현실이지만, 의료분야에서 인공지능의 활용은 의료 인력들과 경쟁 관계가 아니라 상호 보완관계로 보는 것이 타당하며, 의료종사자들은 현재의 역할이 앞으로 소멸하는 것이 아니라 변화하는 것으로 받아들임으로써 부정적인 시각은 사라질 것으로 보인다.

미국 뉴욕대 의대의 대니얼 오린거 교수 연구진은 〈표 2.1〉, 〈표 2.2〉와 같이 국제학술지 "네이처메디신Nature Medicine"에 "AI로 암 수술을 받은 환자 278명의 뇌조직을 검사한 결과, 뇌종양 진단에서 94.6%의 정확도를 보였다."라고 밝혔다.[•] 그리고 같은 진단에서 병리학 전문의들은 93.9%의 정확도를 보였다. 인공지능은 이른바 딥러닝deep learning(심층학습)이라는 기계학습법을 통해 스스로 뇌종양 진단법을 익혔다. 여기서 진단에서의 정확도뿐 아니라 속도에서도 의사를 앞선 결과를 보여주었다. 보통 수술에서 얻은 뇌조직으로 다양한 화학약품의 처리를 거쳐 현미경으로 검사를 하는 데까지 총 20~30분의 시간이 소요된다. 반면, 이번 인공지능은 2분 30초 만

• Daniel A. Orringer et al. Near real-time intraoperative brain tumor diagnosis using stimulated Raman histology and deep neural networks. Nature medicine. Vol.26.1. 52-58. 2020.1.

표 2.1 인공지능과 의사의 뇌종양 진단 비교

구분	진단 정확도	진단 시간
의사	93.9%	20~30분
인공지능	94.6%	2분 30초

자료: 미국 뉴욕대 의대

표 2.2 글로벌 헬스케어 인공지능 시장 규모

년도	2014년	2019년	2021년	2024년
시장 규모	6억 달러	13억 달러	66억 달러	100억 달러

자료: 모건 스탠리

에 진단이 끝났다.

이러한 암 조직검사는 미국에서만 매년 110만 건이 이뤄지고 있으며 그 만큼 조직검사를 할 의료진이 부족하다. 인공지능은 병리학자의 조직검사 부담을 크게 덜어줄 수 있으면서 정확도 면에서도 사실상 100%에 가까운 진단이 가능하다고 보고 있다. 이처럼 현재 인공지능 기반의 의료시스템은 영역(진료과목)에 상관없이 급속히 확대되고 있지만, 진료행위에 적용될 수준을 보이는 영역은 대략 5가지 분야(AI 기반 로봇수술시스템, 가상간호 보조시스템, 의료진단시스템, 의료서비스관리, 영상해석)로 요약된다. 특히 인공지능 기반의 영상해석은 의료진단의 측면에서 가장 핵심적인 기능을 수행하고 있으며, 병리학 관련 다양한 데이터와 함께 인공지능 기반 의료진단기술의 핵심적인 영역이다.

대형병원은 이러한 인공지능 기반의 인공지능을 적용하기에 좋은 환경을 가지고 있다. 환자 개개인으로부터 수집되는 다량의 데이터는 인공지능 알고리즘의 훈련training과 이를 통한 성능향상에 주요한 정보를 제공하게 된다. 우리나라의 인공지능 기반 의료진단은 길병원(인천)에서 IBM의 왓슨 Watson for Oncology을 실제 임상에 적용하면서부터 시작되었다. 이후에 대형 병원들을 중심으로 현재는 8개의 국내 대형종합병원에서 IBM의 왓슨을 도입하여 사용하고 있는 것으로 알려져 있다.

해외에서 개발된 인공지능 기반 의료 진단시스템에 대응하기 위해 국내에서는 2018년에 한국형 인공지능 정밀의료서비스개발을 위한 사업이 시작되었다. 이는 정밀한 의료데이터(진단정보, 영상, 유전체 정보 등)를 이용한 분석을 통해 진단 및 치료지원과 함께 맞춤형 질환 예측까지도 서비스할 수 있도록 해준다. 이러한 연구 개발은 성능향상을 위한 주요 요소인 고품질의 의료데이터와 밀접한 관련이 있다. 사용자 중심의 인공지능 기반의 의료진단을 위한 연구와 함께 상품개발자 중심의 연구 개발도 차츰 확대되고 있다. 이들 개발된 상품들은 영상분석X-ray(영상, 뇌 MRI)에 관한 제품들로 주로 이루어져 있다.

'2019 헬스케어 이노베이션 포럼'에서 미국 싱귤래리티대학의 대학장인 크래프트Daniel Kraft, MD 교수는 인공지능 기반의 의료진단기술은 향후 한 단계 더 나아가 예방, 조기진단, 치료 등으로 그 기능을 확대할 것이라고 예상하였다. 하지만 제시된 기능들을 구현하기 위해서는 〈그림 2.4〉와 같이 인공지능 기반 핵심적인 기술로 여겨지는 딥러닝에 대한 보다 검증된 결과가 도출되어야 한다. 현재 인공지능 기반 알고리즘들의 기능 향상을 위해 요구되는 추론reasoning을 지원하는 기능은 아직도 입증하지 못하였다.

딥러닝에 사용되는 인공신경망 알고리즘에는 심층 신경망deep neural network; DNN, 합성곱 신경망convolution neural network; CNN, 순환 신경망recurrent neural network; RNN, 제한 볼츠만 머신restricted boltzmann machine; RBM, 심층 신뢰 신경망deep belief network; DBN 등 다양한 형태의 수많은 알고리즘이 각각의 장

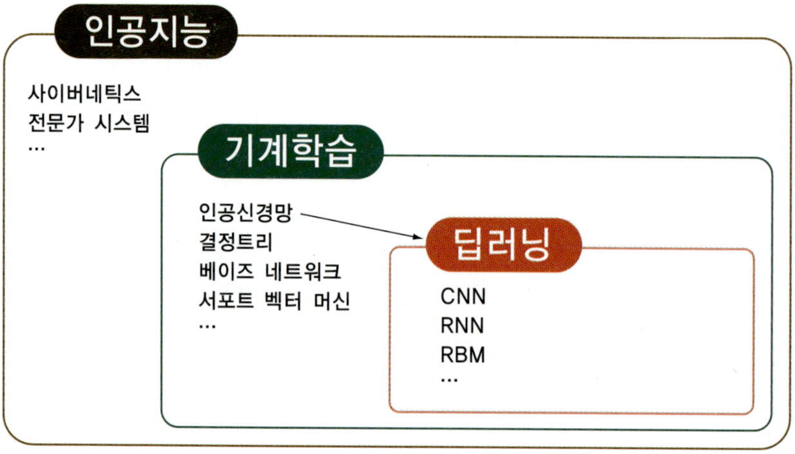

그림 2.4 인공지능과 딥러닝

단점을 가지고 활용되고 있다. 대표적으로 이미지 데이터의 분석에 특화된 CNN과 시간의 흐름에 따라 변화하는 데이터를 분석하기 위한 RNN 등으로 크게 나눌 수 있다.

오늘날 딥러닝 기술은 레이블이 잘 정의된 데이터를 이용한 문제 해결에서는 성공적인 결과를 보이고 있으며, 이는 딥러닝 기반의 인공지능이 인식 및 분류에 특화되어 있다는 것을 나타낸다. 따라서 향후 딥러닝에서는 기본적인 상식과 더불어 변화하는 상황에 대한 처리, 계획의 수립 및 결정 등과 관련된 추론의 기능이 추가되어야 한다. 수학적인 공식화를 통한 딥러닝 알고리즘에서의 추론 과정 도입은 이미 연구가 진행되고 있으며 최근 중첩된 이미지들을 이용한 연구에서는 기존 딥러닝을 이용한 방법으로 해결하기 어려웠던 분류작업이 추론을 통해서는 해결할 수 있음이 보고되었다. 또한, 이러한 추론 기술을 바탕으로 한 영상에서의 주요 물체검출은 다양한 기존 딥러닝 기술 사이의 비교를 통해서도 확인되었다. 주요 물체

검출을 위한 벤치마크benchmark 데이터를 이용한 기존 딥러닝 기반의 알고리즘 사이의 비교 연구에서도 추론을 내포하는 알고리즘이 추론이 제외된 알고리즘보다 더 향상된 성능을 보이는 것으로 나타났다.

이와 함께 앞서 그 중요성이 언급되었던 데이터의 양은 인공지능의 훈련 및 성능개선을 위한 필수적인 요소이기도 하지만, 동시에 효율성을 떨어뜨린다는 한계를 내포하고 있다. 따라서 미래의 연구들은 소규모의 데이터출현에 대비한 방향으로 진행될 것이며, 이는 비지도 학습에 관한 연구로도 이어질 것이다. 바우르Christoph Baur 등에 의해 진행된 뇌의 백질white matter 분류실험•에서 연구자들은 지도식 딥러닝 방법과 비지도식 방법 그리고 이 둘을 혼용하는 방법을 진행하여 그에 따른 결과들을 비교하였다. 이 연구에서는 각각의 단일방법에 따른 성능과 비교하여 지도식과 비지도식이 혼합된 방법에서 성능의 개선이 확연히 나타났다. 하지만 이러한 성능개선 효과는 기본적으로 다량의 데이터가 존재해야 한다는 전제가 수반이 되어야 하며, 순수한 비지도식 방법에 대한 검증은 아직은 시작단계에 머물고 있다. 인간의 뇌가 가장 최적화된 비지도 학습을 수행하는 것을 고려해 볼 때, 인간의 뇌 수준에 이르는 인공지능 성능을 위해서는 향후 연구방향이 비지도 학습에 기반한 추론적 접근방식에 관한 연구 개발이 요구되며, 딥러닝 기반의 기술은 완전한 비지도식 학습방법에 기반한 기술개발로 진행될 것으로 예상한다.

• C. Baur etc, Fusing Unsupervised and Supervised Deep Learning for White Matter Lesion Segmentation, PMLR 102, 2019

02

인구와 부동산 예측

인구 예측

인구감소는 얼마나 심각한 문제인가?

최근 '학령인구감소', '초저출산', '급격한 고령화' 등의 단어가 연일 신문, 인터넷에 자주 등장한다. 학령인구 감소에 따른 지방 사립대와 심지어 지방거점 국립대학도 생존 게임으로 내몰리고 있다. 20·30세대의 취업난, 고용불안과 코로나로 인한 비대면 사회 지속 등으로 결혼은 전혀 생각조차 하지 못하고, 결혼하더라도 급등하는 부동산 가격으로 내 집 마련의 진입 장벽이 높아져 출산을 미루는 출산 지연 비율이 높아지고 있다. 인간의 수명 또한 증가하고 있어서 노년층의 인구 비중도 나날이 높아지고 있다.

위와 같은 현상은 인구구조에서 그 원인을 찾아볼 수 있다. 인구구조란 한 시점에서 0세부터 100세까지 성별에 따른 분포를 말한다. 분포란 어느 연령대가 전체 인구 중에서 높고 낮은지 모색하는 것이고, 이런 분포가 연도에 따라 어떻게 변하는지 살펴보는 것은 중요하다.

학령인구는 전체 인구 중 6세에서 21세까지를 고려한다. 이 인구가 최근 2012년에는 약 960만 명이었는데, 2021년도에는 약 764만 명으로 약 21%가 감소하였다. 무엇보다 학령인구와 대학입학정원을 비교하는 경우가 많은데, 〈그림 2.5〉을 살펴보면 2020~2021년은 학령인구의 19세와 대학입학정원이 역전되었음을 알 수 있다. 이런 역전 현상이 유지되면 몇 년 후에는 대학입학정원을 조정하는 대학 구조조정이 이루어질 수밖에 없는 것이 현실이다.

"교육부(2019)"•에 따르면 우리 인구구조는 빠르게 변화하고 있으며, 2024년에는 올해 입학정원 대비 12.4만 명의 입학생이 부족해져 지방대·전문대부터 운영난에 직면하게 될 것으로 전망한다고 발표하였다. 12.4만 명

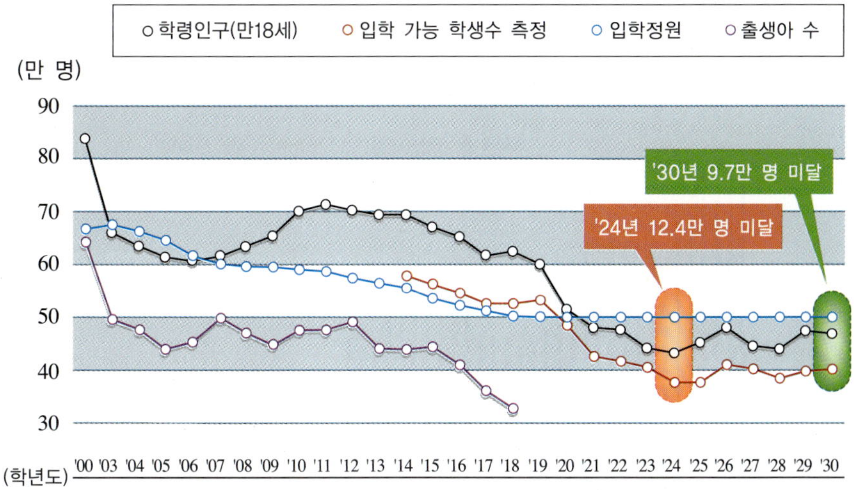

그림 2.5 학령인구와 입학 가능 학생수 추이
자료: 교육부, 2019

• 교육부(2019), 인구구조 변화, 4차 산업혁명 대응 대학혁신 지원 방안

은 2020년 12월 기준 서울특별시 중구 전체 인구(주민등록인구 기준)와 비슷한 수준이다.

다음으로 초저출산의 문제를 살펴보자. 출산율은 여성이 가임기(15~49세) 동안 평균적으로 출산하는 아이의 수를 의미하는데, 15~49세 여성이 출산하는 출생아 수를 해당 나이의 여성 인구수로 나누면 연령대별 출산율이 되고, 이를 합하면 합계출산율Total Fertility Rate; TFR이 된다. 〈그림 2.6〉은 통계청이 발표한 1970년부터 2067년까지의 합계출산율과 출생아수 추이를 보여주고 있다. 2005년에 1.08명으로 최저 수준을 보이다가 반등하여 등락을 거듭하다가 2016년 1.17명을 기록하고 하강 기조로 돌아서 2018년 이후부터는 1명 선을 깨고 아래 수준에 머물러 있다. 연일 신문을 장식하는 2018년 0.98명, 2019년 0.92명, 2020년 0.84명, 2021년 0.81명 등은 1.0명 이

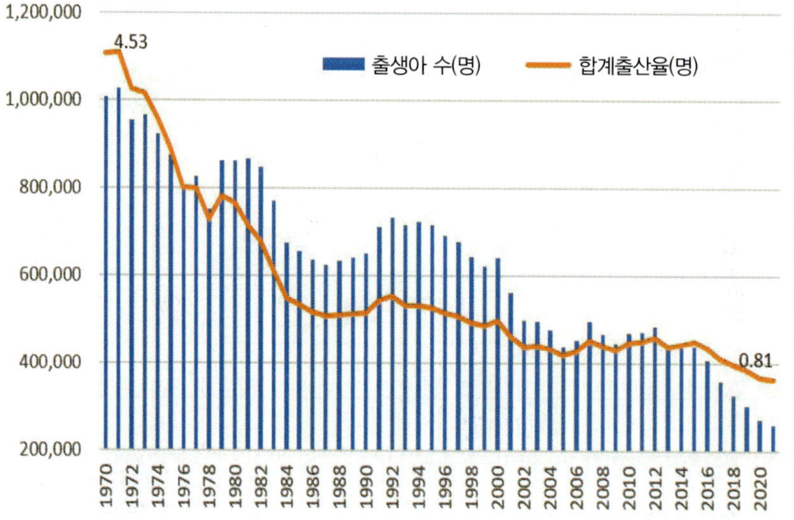

그림 2.6 출산율과 출생아수

자료: 통계청, 2021

하의 당해연도 합계출산율을 조명하고 있다. 이 수치가 심각한 이유는 한 여성이 가임기 동안 1명 미만의 아이를 출산한다는 것을 의미*하는 것으로, 1명 미만의 수치는 매우 낮고 세계 어느 나라에서도 찾아볼 수 없는 수치이다. 특히 이 수치가 계속 유지되면 태어난 출생아가 향후 경제활동인구(15~64세)에 진입할 때는 예전과는 상대적으로 낮은 인구가 편입되어 인구가 점진적으로 감소할 수밖에 없다는 것이다.

인구학에서는 인구 대체율replacement rate이란 용어가 있다. 이것은 결혼한 부부가 2.1명(영유아 사망이나 각종 사고로 사망하는 것을 고려하여 0.1명 가산)의 합계출산율을 유지해야만 인구 지속가능성이 보장된다는 의미이다. 1.0명 미만은 이 수치에도 너무나도 거리감이 있고 낮은 수준이다. 인구는 부의 상징이라는 말이 있다. 이 말은 인구는 곧 노동력이고, 이런 노동 자본이 국가경쟁력으로 이어진다는 것이다. 물론 첨단기술이나 10만 명을 먹여 살릴 천재가 나타난다면 모를까 이런 경우는 극히 제한적이므로 인구가 감소한다면, 향후 미래는 장밋빛이 아닌 어둡고 암울할 가능성이 크다.

우리 사회의 급격한 고령화 속도

다음으로 급격한 고령화aging에 대해 살펴보자. 고령화지표는 고령화율population of elderly population이라 하는데, 65세 이상의 인구가 총인구에서 차지하는 비율(노년 구성비)을 의미한다. 1965년 UN은 세계인구의 고령화 수준을 보고하면서 65세 이상의 비율이 7%를 웃돌면 고령화aging, 14%를 넘어서면 고령aged, 20%를 초과하면 초고령super-aged으로 구분한다. 그리고 인구학

* 합계출산율의 보다 정확한 의미는 어떤 1명의 여성이 가임기 동안 2019년 현재의 각 연령의 여성과 확률적으로 완전히 같은 출산행태를 보인다고 가정할 때의 연령별 출생 건수를 연령별 주민등록연앙인구로 나눈 수치의 연령별(15~49세) 합을 의미한다.

에서 이런 비율에 해당하는 사회를 각각 고령화사회, 고령사회, 초고령사회라고 구분한다.

그런데 고령화는 세계 각국에서 공통으로 나타나는 현상이지만 그 정도나 속도는 나라마다 다르다. 여기서 속도는 바로 고령화속도를 말하는데, 이는 고령화사회에서 고령을 거쳐 초고령으로 되어가는 기간을 의미한다. 이 속도가 빠르면 급고령화라는 표현으로 비유하곤 한다. 〈그림 2.7〉에서 고령화사회에서 초고령사회로 진입하는 속도를 기울기로 나타내었다. 프랑스, 영국, 스웨덴은 100년 이상이고, 미국과 독일은 70~80년이다. 반면 한국, 일본, 인도, 중국은 50년 미만이다. 특히 한국은 35년 정도인데, 그 기울기가 타 국가와 비교하여 너무 가파르고 단 40년 미만의 기간에 고령화에서 초고령사회에 진입할 것으로 나타나며, 이 결과는 우리나라가 세계

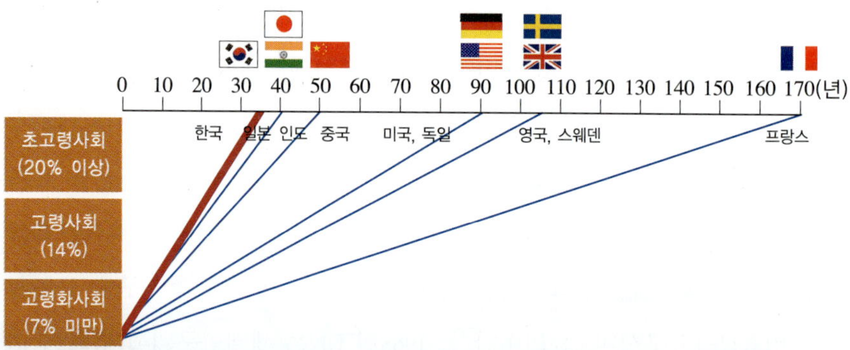

65세 이상 인구비중	한국	일본	인도	중국	미국	독일	영국	스웨덴	프랑스
고령화사회 진입 시기(7% 미만)	1995~2000	1975~1980	2025~2030	1985~1990	1955~1965	1935~1945	1920~1930	1880~1890	1860~1870
초고령사회 (20% 이상)	2025~2030	2010~2015	2060~2065	2025~2035	2035~2045	2015~2025	2025~2035	1975~1985	2020~2030

그림 2.7 국가별 고령화 속도

자료: 통계개발원, 2018

유일의 급격한 고령화 국가임을 보여준다.

노령화 지수aging index(65세 이상 고령 인구÷0~14세 유소년 인구)를 살펴보면 2017년 기준 유소년 1백 명당 고령 인구수는 105.1명이고, 2030년에는 259.6명, 2056년 이후부터는 5배가 넘을 것으로 예상한다. 급격한 고령화에서 가장 큰 문제는 부양비dependency ratio문제이다. 부양비는 노년부양비와 유소년부양비로 나뉜다. 노년부양비는 경제활동인구(15~64세)가 65세 이상의 인구를 부양하는 정도를 의미하고, 유소년부양비는 경제활동인구가 0~14세를 부양하는 정도를 의미한다. 〈그림 2.8〉은 "통계청(2019)"에서 발표한 경제활동인구 백 명당 유소년, 노년부양비 추이를 보여준다.

앞에서 살펴본 초저출산으로 경제활동인구는 점진적으로 감소하여 유소년부양비는 일정하게 유지되지만, 급격한 고령화로 노년 인구는 빠르게 증가하여 노년부양비는 급속도로 증가추세를 보일 것이다. 지금의 경제활동인구가 샌드위치 세대라고 불리는 이유는 바로 여기에 있다. 이들이 유소년과 노년을 동시에 부양하는 것이 선택이 아닌 의무가 된다면, 이들의

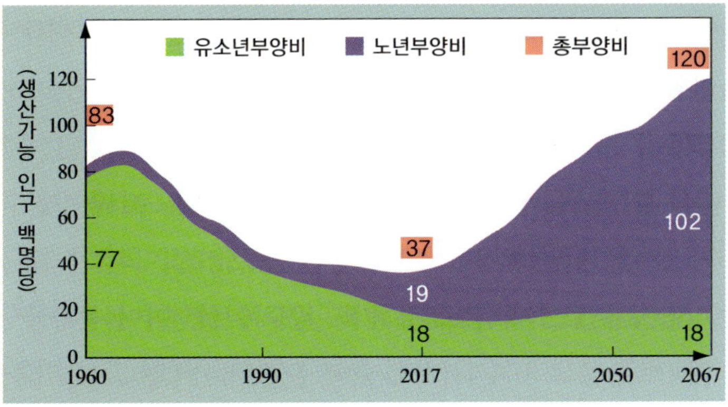

그림 2.8 1세기 동안 부양비 추이
자료: 통계청, 2019

짐은 더욱 가중될 것이다. 이처럼 우리나라는 초저출산, 급격한 고령화로 학령인구 감소, 40년 만에 찾아오는 초고령사회 등으로 밝지 않은 미래가 펼쳐질 가능성이 크다. 이런 미래를 짊어질 젊은 세대는 과연 어떤 선택을 해야 할까?

나도 인구를 예측할 수 있을까?

미래의 인구를 예측할 수 있을까? 만약 독자들이 이런 질문을 받으면, 이것은 인구학자의 전문가 영역이라고 답할 것이다. 물론 인구전문가는 통계적 모형을 적용하여 미래 추이를 정확하게 예측하고자 한다. 하지만 정확하지는 않더라도 내가 사는 지역의 5년 후 인구쯤은 호기심 차원에서 예측해 볼 수 있지 않을까? 물론 어려운 수식과 모형으로 접근해야 보다 정확한 수치가 나오겠지만, 통계청에서 제공되고 있는 자료만으로도 쉽게 살펴볼 수 있다.

인구가 변화하는 원인으로는 출산, 사망, 이사(이민)에 따른 이동이 있다. 이를 인구변동의 3요인이라 한다. 당해연도 인구는 전년도 인구에서 출생을 더하고 사망은 빼고, 국제이동 중 순이동(전입–전출)을 더해 0세부터 100세까지의 인구를 산출한다. 정리하면 다음과 같다.

당해연도 인구 = 전년도 인구 + 출생 – 사망 + 순이동

이를 인구학에서는 인구균형방정식이라고 한다. 이런 인구균형방정식을 기초로 0세의 출생아수, 1세부터 100세까지의 사망률, 국제이동률 변화를 적용하여 당해 연도 인구를 산출한다. 고맙게도 통계청에서 이런 작업을 거쳐 KOSIS에 2067년까지 전국, 17개 지방자치, 일부 시군구 지역까지

미래인구에 대한 자료를 제공하고 있다.

이제 KOSIS에서 인구를 산출하는 데이터를 수집해 보자. 통계청의 국가통계포털 KOSIS(https://kosis.kr/index/index.do)에 [국내통계]–[주제별 통계]를 클릭하면 〈그림 2.9〉와 같이 나타난다. 여기서 [주제별 통계]–[인구]를 클릭하면 '인구총조사', '장래인구추계'와 같은 '인구' 주제의 데이터를 확인할 수 있다.

〈그림 2.10〉은 2021~2025년의 장래인구추계를 보여주고 있다. 40~64세가 약 400만 명이고, 0~4세는 150~160만 명 정도 수준임을 알 수 있다. 65세 이상은 최근 5년 동안의 추이만 살펴보아도 점진적 상승을 보이고, 100세 이상도 약 4~7천 명으로 예상됨을 알 수 있다.

장래인구추계는 전국과 시도(17개 지방 자지별)로 구분하여 제시하고

그림 2.9 통계청 국가통계포털(KOSIS)과 국내 인구 주제의 통계

자료: KOSIS

성별	연령별	2021	2022	2023	2024	2025
전체	계	51,821,669	51,846,339	51,868,100	51,887,623	51,905,126
	0 - 4세	1,642,366	1,546,576	1,500,726	1,488,174	1,503,772
	5 - 9세	2,223,872	2,136,167	2,018,170	1,906,183	1,770,415
	10 - 14세	2,285,452	2,302,083	2,281,924	2,267,054	2,266,404
	15 - 19세	2,327,574	2,265,962	2,267,468	2,239,429	2,238,045
	20 - 24세	3,225,804	3,055,770	2,866,577	2,711,315	2,520,744
	25 - 29세	3,684,477	3,647,149	3,581,957	3,487,886	3,401,461
	30 - 34세	3,336,107	3,428,375	3,537,696	3,619,047	3,673,379
	35 - 39세	3,711,861	3,522,764	3,380,037	3,320,398	3,332,749
	40 - 44세	3,970,948	4,069,315	4,102,725	4,057,982	3,887,252
	45 - 49세	4,239,777	4,095,863	3,964,414	3,862,135	3,899,226
	50 - 54세	4,438,900	4,509,738	4,552,889	4,486,677	4,399,141
	55 - 59세	4,133,768	4,134,414	4,094,331	4,266,040	4,317,162
	60 - 64세	4,063,740	4,157,520	4,271,912	4,230,601	4,184,216
	65 - 69세	2,898,287	3,074,784	3,293,655	3,530,282	3,713,701
	70 - 74세	2,092,647	2,169,887	2,242,197	2,333,646	2,538,413
	75 - 79세	1,558,481	1,591,262	1,633,646	1,720,840	1,817,779
	80세이상	1,987,608	2,138,710	2,277,776	2,359,934	2,441,267
	80 - 84세	1,147,604	1,230,829	1,304,896	1,312,624	1,325,103
	85 - 89세	596,066	641,239	682,222	729,835	766,054
	90 - 94세	198,751	217,164	235,752	256,082	282,824
	95 - 99세	40,392	44,000	48,328	54,922	60,601
	100세 이상	4,795	5,478	6,578	6,471	6,685

그림 2.10 2021~2025년의 장래인구추계
자료: KOSIS

있고, 전국을 선택하면 2017~2067년의 성 및 연령별 추계인구, 주요 인구자료, 주요 연령계층별 추계인구를 살펴볼 수 있으며, 이와 관련된 인구변동 3요인에 대한 여러 자료를 함께 살펴볼 수 있다. 또한, KOSIS에서는 데이터를 시각적으로 표현하는 '차트' 기능도 추가로 제공하고 있는데, 이를 활용하면 장래인구추계 연령대별 연도에 따른 변화를 시각적으로 확인할 수 있다.

이들 자료는 엑셀, csv, txt 등의 파일 형태로 다운로드할 수 있고, 엑셀의 차트그리기 뿐만 아니라 다른 통계프로그램을 활용하여 다양한 분석도 수행할 수 있다. 세부적으로 자신이 사는 지역의 인구를 살펴보고 싶으면, 시도를 클릭하여 자신의 지역을 선택하면 된다. 주요 자료는 전국과 유사한 형태로 제시되며 이를 찾아 다운로드하여 엑셀차트 기능으로 그려보면 내 지역의 인구를 예측할 수 있다.

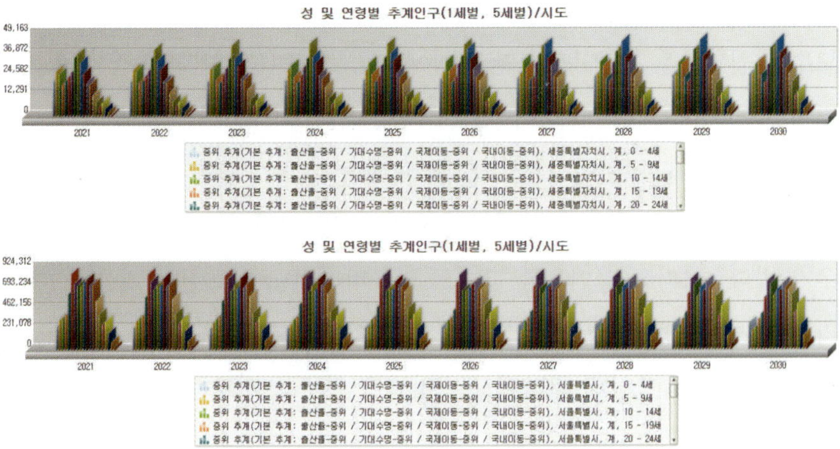

그림 2.11 세종특별자치시와 서울특별시의 장래인구추계

자료: KOSIS

예를 들어, 거주 지역이 세종이고 관심 지역은 서울이라고 가정하자. 먼저 전체 인구의 추세를 살펴보기 위해서는 전국 장래인구추계를 살펴보면 되고, 세종지역과 서울지역 데이터를 다운로드한다. 〈그림 2.11〉은 두 지역을 그려본 것이다. 2021~2030년에 어떤 연령대가 변화가 있는지를 한 번에 감지할 수 있다.

지금까지 인구 예측 방법을 소개하였다. 이 방법은 통계적 모델링으로 예측하는 것이 아닌 기존 자료를 활용하여 예측하는 방법이다. 이렇듯 정부 기관에서 제공하는 공표자료를 잘 활용하면 미래의 인구 변화를 쉽게 파악할 수 있다.

위태로운 팽이형 인구피라미드

이번에는 장래인구추계 결과를 인구피라미드로 표현하는 방법에 대해 살펴보자. 인구피라미드는 성별과 연령별을 연도에 따라 나타내어 이들의 도수를 살펴보는 것으로, 시간 변화에 따른 인구구조 변화를 잘 나타내는 것이 특징이다. 좌우 대칭이 되도록 중심축을 0으로 하고 좌측의 도수는 남성, 우측의 도수는 여성으로 한다. 아래쪽에서 위로 올라가면서 높은 연령이 되게끔 배치한다. 연령계급은 1세·5세별 연령의 자료를 사용하는 경우가 많다. 그리고 총인구를 그대로 인구피라미드에 표현한 것을 절대 피라미드, 해당 성·연령별 인구의 구성비(%)를 사용하는 경우는 상대 피라미드로 구분한다. 상대 피라미드는 지역별 인구를 비교할 때, 인구 규모와는 독립적으로 연령별 인구구조를 직접 비교할 수 있다는 장점이 있다.

〈그림 2.12〉는 통계청에서 발표한 보도자료*의 1965~2067년 인구피라미드이다. 통계청은 이런 인구구조 변화를 인구피라미드로 파악하여 60세 이상이 점차 두꺼워지는 역삼각형 구조로 변화되고 있다고 진단하였다. 이는 삼각형 구조에서 역삼각형 또는 팽이형으로 변모하여 그 결과 젊은 세대층이 적어지고 노년층이 많아지면서 그 비중이 작아지는 양상이다. 세계 여러 인구학자 중에서는 "2300년에는 이 세상에서 한국이 사라질 것이다." 라고 언급한 적이 있는데 이런 변화를 근거로 한 주장이다.

한 나라의 인구 변모를 살펴보면 경제성장 때는 삼각형 구조이고, 초저출산과 급격한 고령화를 겪으면서 점차 팽이형 구조로 변한다. 이는 모든 나라에서 공통으로 나타나는 현상이다. 옆 나라 일본도 위태로운 팽이형 구조임을 짐작할 수 있다. 이를 확인하기 위해 UN의 자료를 활용해보자. UN 산하 인구부서United Nation Population Division; UNPD에서 2년 단위로 세계 200여 개 나라별 인구를 추계하여 발표하고 있다Wolrd Population Prospects;

* 통계청(2019), 장래인구특별추계(2017~2067년) 보도자료, 인구피라미드.

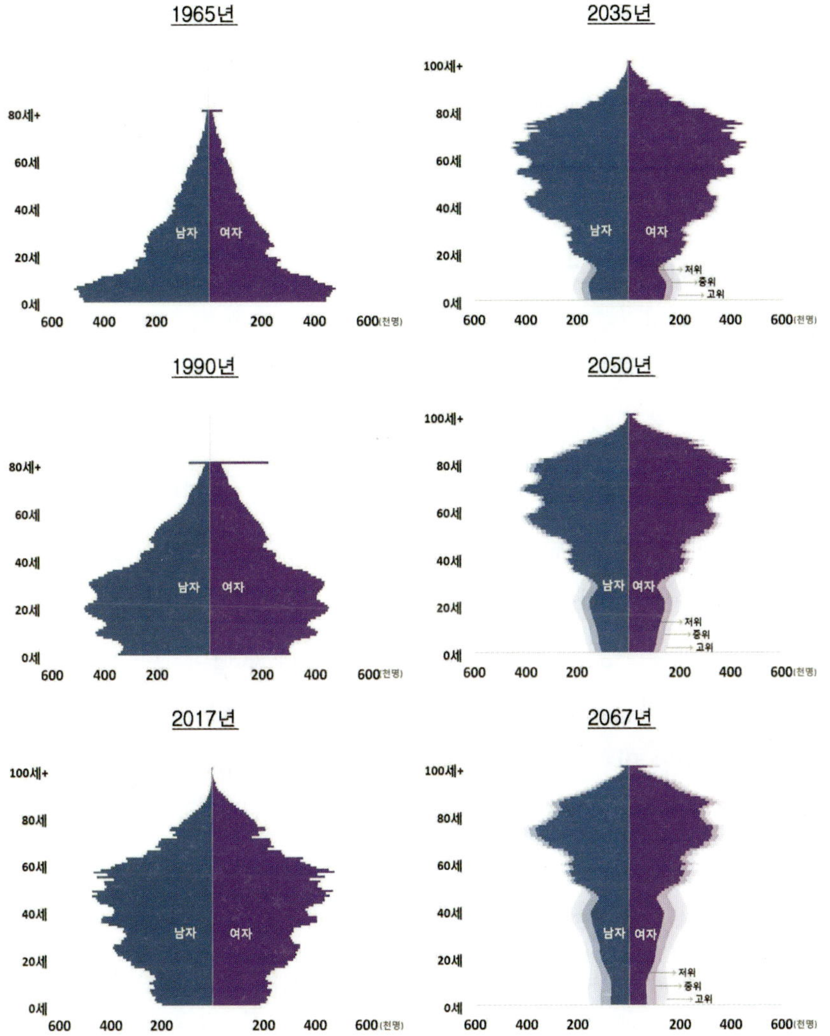

그림 2.12 국내 인구피라미드, 1965~2067년

출처: 통계청, 2019

WPP(https://population.un.org/wpp/).

최근 'WPP 2021'의 자료를 살펴보면 〈그림 2.7〉에서 소개한 대표적인 고령화 국가 영국, 스웨덴, 일본, 프랑스, 중국 등의 팽이형 인구구조 변화의 유사함을 찾아볼 수 있다.

인간 수명의 한계와 지속적 증가와의 설전

얼마 전 한 언론에서 인간 수명의 한계가 '150세다', '115세다'에 대한 논쟁을 다룬 적이 있다. 이런 거창한 주장의 중심에 서 있는 화제의 인물은 미국 알베르트 아인슈타인 의대 연구팀의 115세설을 주장한 얀 페이흐Jan Vijg와 150세설을 주장한 캐나다 맥길대의 지그프리드 헤키미Siegfried Hekimi 교수이다. 특히 얀 페이흐는 네이처Nature지에 인간 수명의 한계는 115세라는 논문을 실어 논쟁의 가속도를 붙였다. 또한, 115세설은 절대적 수명한계를 정한 생체시계의 무용론을 주장하는 미닉 로싱Minik Rosing 교수의 의견과도 일맥상통하다. 하지만 이들 주장에 반대하는 목소리도 만만치 않다. 잘 알려진 인구연구소인 막스 플랑크MPIPR의 제임스 바우펠James W. Vaupel 교수는 수명의 한계는 없을 수도 있다는 의견을 제시하여 150세설에 무게를 실었다.

그런데 지금까지의 인간 수명은 80세까지는 괄목할 만한 증가세를 보이지만 100세 이상의 경우는 천정이 존재하고 보이지 않는 브레이크가 있다는 '최고령 수명 곡선의 평탄화 문제'로 수렴된다. 이것은 높은 산을 오르는 것에 비유할 수 있는데, 처음에는 쉽지만 마지막 급경사를 올라가야 할 때는 힘이 무척 많이 드는 것과 같다. 이런 현상은 인구통계학 분야에서 수명의 엔트로피entropy와 연결할 수 있고, 인간의 수명은 상한선이 존재한다는 것을 의미한다.

반면, 115세설을 부인하고 150세설을 주장하는 학자들은 이러한 평탄화와 천정의 문제를 도약의 문제로 보고 있다. 이는 올림픽에서 피나는 연습과 노력으로 일구어낸 세계신기록 갱신과정과 유사하다. 이러한 도약 현상이 인간의 한계 수명에서도 일어날 수 있다고 가정한 것이다. 과연 인간은 150세까지 살 수 있을까? 지난 수세기 동안 많은 연구자들이 이 질문에 대한 나름의 답을 내놓았다. 지금 소개할 '150세의 재미난 내기'도 한 가지 해답이다.

노아의 홍수 이후 인간의 날은 120년이 될 것이라는 성경에 바탕을 둔 인간 수명 한계설이 있다. 이 한계에 대해 인구학의 두 거장이 재미난 내기로 세계의 관심을 받고 있다. 그 주인공들은 미국 앨라배마 대학교의 스티븐 어스타드Steven Austad 교수와 미국 일리노이대학교의 제이 올샨스키Jay Olshansky 교수이다. 어스타드 교수는 2000년 미국 과학 잡지인 사이언티픽 아메리칸Scientific American에서 아마도 첫 번째 150세가 될 사람이 지금 살아 있을 것 같다고 언급했는데, 올샨스키는 반대 의견을 제시했고, 결국 두 석학은 내기를 걸었다.

두 사람은 2000년 9월 15일에 150달러를 투자회사에 넣고 2150년에 그의 후손들에게 판돈을 지급하는 것으로 계약서를 작성한다. 훗날 2150년 1월 1일에 승자가 차지할 금액은 무려 2억 달러(약 2,000억 원, 이자를 반영한 금액)에 달할 것으로 전망하고 있다. 이 내기는 앞 절에서 소개한 인간 수명 한계의 논쟁으로 다시 주목을 받았고, 이런 주장은 엔트로피 관점이 아닌 도약의 관점으로 해석한 것으로 볼 수 있다. 그러나 인구통계학에서는 인간 수명이 평균적인 개념이고, 특별하고 희박한 경우를 일반화하기에는 무리가 있다는 것이 일반적 중론이다.

부동산 예측

'영끌 모아' 부동산 투자

최근 '영끌 투자'라는 단어가 관심을 끌고 있다. '영혼까지 끌어모아' 자산에 투자하는 것을 말한다. 주로 금융자산이나 부동산이 주요 투자 대상이다. 20·30세대에겐 금융자산이, 30·40세대에겐 부동산이 매력적인 투자처일 것이다. 특히 30·40세대는 생애Life cycle 투자 관점에서 가정을 이루고 집을 장만하는 시기이므로 부동산에 대한 관심이 타 계층보다 매우 높다.

우리나라의 평균 결혼연령이 32세이고, 결혼 후 출산 시기는 평균 3~5년을 고려한다면, 30대 후반에서 40대 초반에 '부부'에서 '부부+자녀(1)' 그리고 3~5년 사이에 '부부+자녀(2)'의 가구 구성으로 변한다. 이런 가구 형태 변화는 선호 아파트의 평수를 자연적으로 늘어나게 한다. 따라서 보통 한 번 정도는 아파트를 갈아탈 수밖에 없다는 결론이 나오고, 10~15년을 내다보고 아파트를 구해야 한다. 더불어 부동산은 금융자산 투자와는 다르게 유동성(현금흐름과 유사)이 높지 않고 장기간 보유할 수 있는 양질의 여유자금으로 투자할 때 성공 가능성이 크다.

하지만 영끌 투자는 자금을 급조하게 마련한 후, 단기간의 수익만을 바라는 경우가 일반적이다. 이런 경우 올바른 부동산 투자와 '영끌 모아'식의 기대수익은 엄청난 갭gab이 존재한다. 여기에 부동산 가격의 하락, 즉 거품이 빠지고 부동산 버블이 온다면 실로 심각할 수밖에 없다. 특히, 영끌 투자는 신용대출, 주택담보대출 등이 대부분이기 때문에 조심해야 한다.

결국에는 이런 갭gab에 못 이겨 투자자금보다 낮은 가격에 부동산을 팔아야 하는 경우도 생긴다. 물론 여유자금이 풍부하고 부모님의 보이지 않은 자금력이 동원되는 30·40세대는 문제가 없다. 하지만 이런 경우가 우리 주변에 얼마나 있을까? 금수저보다는 흙수저가 절대적으로 많은 30·40세대이므로 이런 영끌 투자는 조심성 있게 접근하는 지혜가 필요하다고 본다. 최근 영끌 투자의 긍정적인 기사도 있지만, 이런 투자를 염려하는 부정적인 기사들도 많다. 당신은 어느 편에 설 것인가? 먼 미래를 내다보는 혜안이 필요한 요즘이다.

부동산 가격은 어떤 요인에 영향을 받을까?

우리는 흔히 물가가 많이 올랐다고 이야기한다. 이때 물가를 객관적으로 판단할 수 있도록 참고하는 지표가 바로 소비자물가지수이다. 부동산도 이런 것이 있을까? 대표적 지표가 아파트 매매가격지수이다. 이 지수는 2015년 12월 아파트 가격을 100으로 놓고, 그 후의 가격 변화를 보는 것이다. 만약 관심 연도의 가격이 95라면 이는 2015년보다 5% 싼 가격이고, 130이면 2015보다 30% 상승한 가격임을 알 수 있다.

그렇다면 부동산 가격은 어떻게 결정되는가? 전문가들은 부동산 가격은 가계부채, 경기, 금리가 변화요인이라고 한다. 필자는 부동산 가격이 이들과 동떨어져서 움직인다고는 보지 않지만, 이들보다 직접적인 변화요인은 바로 아파트 공급량에 좌우된다. 그 이유는 새집에 대한 수요는 어느 정도 일정하다고 하지만 공급은 일정하지 않다. 국가 경제정책, 주택 경기 등으로 공급은 얼마든지 변할 수 있다. 이런 불규칙적인 변동으로 지역별, 시기별 집값 변동이 나타난다.

『나는 오늘도 경제적 자유를 꿈꾼다』의 저자인 청울림(유대열)은 그의 책에서 아파트 구매 시기, 방법 등에 관련된 해박한 지식과 경험을 소개하고 있다. 이 책에 따르면 우리나라는 매년 40만 채의 주택을 지어야 한다고 한다. 그 근거로 우리나라 인구가 5,200만인데, 여기에 0.8%(신규주택 수요율)를 곱하면 대략 416,000가구이므로 약 40만 채가 필요하다는 것이다. 각 지역별 연간 주택 수요량 역시 이에 비례하는데, 인구 유입지역은 0.8%보다 높고, 정체·감소 지역은 이보다 낮다. 집의 형태는 아파트, 빌라, 다세대 등 다양하다. 주택공급 입장에서는 빌라나 다세대보다는 아파트가 땅의 면적대비 수요 충족 면에서 높은 효율성이 크므로 대략 70% 정도를 아파트로 공급한다.

이 두 사실에서 도출 가능한 사실은 매년 28만 채의 신규 아파트가 공급되어야 수요를 맞출 수 있다는 것이다. 따라서 아파트 가격은 신축 아파트 공급 물량, 신규주택 수요 등으로 판단한다. 일반적으로 우리나라는 평균 25~35만 가구를 연례적으로 신축 아파트를 공급한다. 이 수치는 아파트 전문가들의 여러 의견을 종합한 결과 신축공급물량은 평균적으로 인구× 0.5%(0.6%)를 적용한다. 즉, 우리나라 인구가 5,200만이므로 대략 26만~31만 정도를 예상할 수 있다.

결론적으로 부동산 가격에 영향을 미치는 것들은 가계부채, 경기, 금리도 있지만 보다 직접적인 원인은 공급이다. 아파트 공급이 수요를 따라가지 못하고 불균형이 생기면 가격 변동이 생긴다. 쉽게 생각하면 인구에 비례한 수요보다 공급이 많이 부족할수록 집값은 상승하기 마련이다.

부동산 가격도 사계절이 있다

앞 절에서 아파트 가격은 공급량에 좌우된다고 하였다. 즉, 아파트 수요와 공급이 균형적이라면 가격은 변동이 없을 것이고, 만약 수요는 많은데 공급이 적다면 가격은 상승할 것이고 그 반대이면 하락할 것이다. 여기서 중요한 점은 아파트는 수요가 부족하다고 빠른 시기에 쉽게 공급할 수 없는 비탄력성을 가지고 있다. 수요가 발생했을 때 곧바로 공급이 이루어지면 아파트 가격의 변동이 크지 않을 것이지만, 공급의 비탄력성으로 가격은 변동을 보일 수밖에 없다.

이러한 공급 비탄력성으로 인한 아파트의 가격 변동을 〈그림 2.13〉을 통해 살펴보자. 수요와 공급의 불일치로 공급초과와 공급부족이 발생하고 그에 따른 가격하락과 가격상승을 보인다.

이런 부동산 사계에 따른 아파트 전세가와 매매가 추이를 정리해 보았다. 봄은 공급이 초과하고 집값이 하락한다. 하지만 전세가는 상승하는 구간이다. 이런 상승이 유지되어 전세가가 매매가에 근접되면 매매가에 영향을 미치는 여름이 다가온다. 영향을 받은 매매가는 점진적인 상승을 보이고 수요보다 공급이 적은 공급 부족현상이 나타난다. 이때는 전세가는 유지되는 것처럼 보이지만 매매가는 상승하는 구간이다. 끝으로 공급 부족을 해소하기 위한 공급 과잉 시기가 도래하고 이 결과로 매매가는 떨어지기 시작한다.

〈표 2.3〉은 이런 부동산 사계에 따른 전세가와 매매가 추이를 정리하였다. 이는 또한 부동산 사계이므로 1년 단위가 아니라 단기적으로는 5년, 장

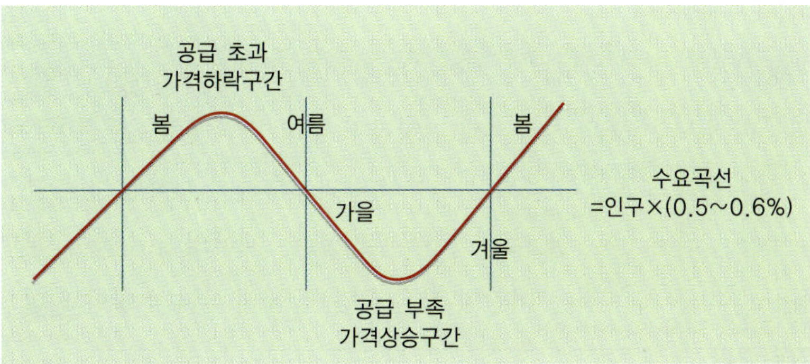

그림 2.13 부동산 사계

표 2.3 부동산 사계에 따른 전세가와 매매가 추이

구분	부동산 가격 추이(전세가 · 매매가)
봄	가격하락, 전세가 상승
여름	전세가가 매매가에 근접, 전세 · 매매가 상승, 미분양 지역 완전 분양화
가을	전세가 유지, 매매가 상승(실수요자와 투자자 모임)
겨울	공급 과잉으로 접어들기 전, 매매가 하락

※ 지역별로 상이

기적으로는 10~15년을 보고 판단해야 한다. 결론적으로 부동산 투자는 데이터로부터 '봄·여름보다는 가을·겨울 중순까지가 적기'임을 알 수 있다. 즉, 핵심은 공급 과잉에서 감소로 이어질 때 아파트 가격은 올라간다는 것이다.

부동산 투자 5원칙과 3전제조건

중국 무협 소설을 읽어보면 무림고수라는 단어가 자주 등장한다. 이 단어는 서열이 정해지지 않은 강호에서는 무명의 고수가 많으므로 이들을 정의하는 용어로 사용된다. 실력이 출중하지 않은 무술을 연마한 초짜가 무림을 날뛰다가 고수와 마주치면 삼십육계 줄행랑이 살길이라는 것은 누구나 아는 사실이다.

부동산은 무림이 아니므로 재야라는 용어를 차용한다. '재야在野'란 초야에 파묻혀 있다는 뜻으로 공직에 나아가지 않고 민간에 있음을 이르는 말이다. 네이버 블로그에서 유명한 부동산 재야고수를 소개하면 '청울림', '빠숑', '부룡', '리치톡톡', '삼토시' 등 무수히 많은 재야의 고수들이 '부린이(부동산 투자를 처음 하는 어린이 같은 사람)'들에게 투자의 방향과 타이밍을 알려준다.

위에 소개된 재야고수 중, 공감했던 바가 많았던 청울림의 투자 5원칙과 3전제조건을 소개한다. 필자들은 이들 원칙과 조건들이 데이터에 근거하여 만들어진 것이므로 여기에 소개하고자 한다.

부동산 투자 5원칙

- **1원칙:** 지속적인 공급부족 지역, 전세가가 매매가에 근접하는 지역
- **2원칙:** 실투자금은 3,000만 원 이하 정도로 책정
- **3원칙:** 입지 좋은 곳(초등학교를 품은 아파트, 횡단보도가 없는 곳, 상가, 병원이 가까운 위치 지역)
- **4원칙:** 호재 여부 확인(재건축, 지하철 근접, 대규모 일자리 등)
- **5원칙:** 관리 편의(토지 · 빌라보다는 1인 가구 증가에 따른 20평대 중소형 아파트)

부동산 투자 3전제조건

- **1전제:** 종잣돈 마련
- **2전제:** 단기가 아닌 5년 이상의 장기투자 정신
- **3전제:** 전세가가 매매가를 따라가는 지역

2020년 저명한 재야고수들의 부동산 향방에 대한 인터뷰 기사[•]를 읽어본다면 부동산 투자를 고민하는 부린이들에게 길을 안내할 것이다.

재야고수들의 정보를 살펴볼 때 잊지 말아야 할 중요한 점은 정답이 없고 의견만 있다는 것이다. 즉, 전문가마다 의견이 분분하다는 것이다. 여

• "재야고수가 본 유망 투자처,"매일경제, 2020.07.09., https://www.mk.co.kr/news/economy/view/2020/07/706059/.

기서 자신만의 투자 기준이 필요한데, 이때 청울림의 5원칙과 3전제조건을 생각하면서 장기적으로 여유 있게 부동산에 투자하면, 필패보다 필승의 확률이 높지 않을까? 물론 투자에 대한 책임은 본인에게 있다는 사실을 잊지 말아야 한다.

03

인공지능과 이미지 영역

인공지능 분야의 이미지 인식

인간의 오감인 시각, 청각, 후각, 미각, 촉각 중 인공지능이 큰 활약을 보여주고 있는 것은 시각과 청각에서이다. 특히, 시각에서는 이미지와 영상을 통해 많은 정보를 얻을 수 있다. 인공지능은 이미지와 영상을 빠르게 인식하고 학습하는 능력을 갖추고 있고, 새로운 이미지를 스스로 만들거나 변형하는 등의 다양한 작업을 수행할 수 있다. 이미지 영역에서 인공지능의 역할은 이미지를 인식하고 분류하는 역할과 이미지를 생성 및 변환하는 역할을 한다.

인공지능 머신러닝 분야에서 가장 관심이 집중되고 있는 기술은 이미지 인식image recognition이다. 이러한 이미지 인식 기술에 있어 2012년 대규모 이미지 인식 경진대회인 ILSVRCImageNet Large Scale Visual Recognition Challenge에서 토론토 대학 연구진이 딥러닝(또는 심층학습)이라 불리는 새로운 기법을 활용하여 혁신적인 연구 결과 발표로 우승하였다. 이 연구는 신경정보처리시스템Neural Information Processing Systems; NeuralIPS이라는 저명한 학회에 발표되어 지금까지도 인공지능 분야에서 많이 인용되고 있는 논문[•] 중 하나이다. 이를 계기로 딥러닝이 학계뿐만 아니라 산업계에도 널리 받아들여져 〈그림 2.14〉와 같이 2015년 ILSVPC에서 인공지능의 인식률(96.43%)이 사람의 인식률(94.90%)보다 높다는 것을 증명하였고, 2020년에는 98.7%까지 인식률이 향상되었다.

사람 수준을 초월한 인공지능 이미지 인식 기술은 이미지 정보를 식별해주는 기술로써 자율주행 자동차 개발, 안면인식, 엑스레이 진단·분석 등 다양한 분야에 적용되고 있다. 2018년에 테슬라 우버차량이 자율주행 중 보행자 인식과 차선 인식의 오류로 사망사고가 난 적이 있다. 자율주행에

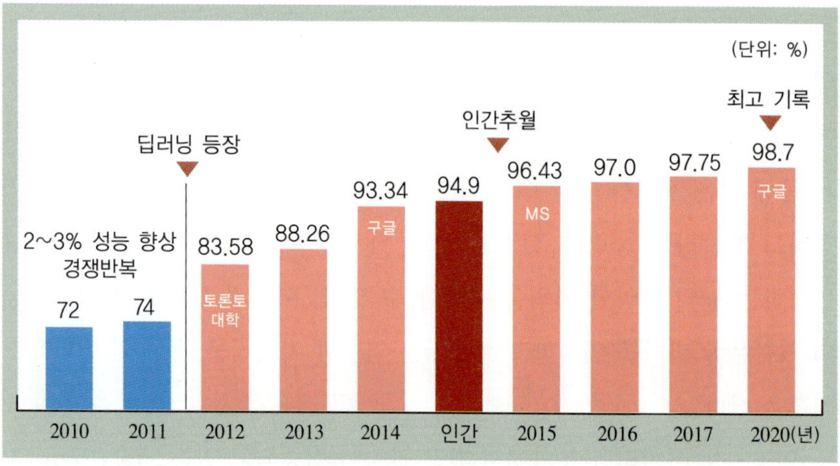

그림 2.14 ILSVRC 연도별 정확도 향상
자료: LG경제연구원

• Krizhevsky, Alex, Ilya Sutskever, and Geoffrey E. Hinton. "Imagenetclassification with deep convolutional neural networks." Advances in neural information processing systems. 2012.

탑재된 인공지능 이미지 인식 기술이 실험실을 벗어나자 사고를 낸 것이다. 따라서 인공지능의 활용도가 높아질수록 기술에 대한 안전성과 신뢰성을 확보하는 것도 중요해졌다. 특히, 딥러닝은 악의적 노이즈adversarial noise를 이미지에 추가하면, 적대적 예제adversarial examples를 만들어 낼 수 있다. 〈그림 2.15〉와 같은 예제는 사람이 판단하기에는 문제가 없으나, 인공신경망의 판정에 대해 혼란을 일으킬 수 있다. 적대적 예제를 응용하여 교통 표지판이나 사람을 인식하지 못하게 만드는 등의 악용되는 사례가 나타나기도 했다. 이와 같은 각종 노이즈에 대해 안정성과 신뢰성을 갖추기 위해서 이미지 인식의 강건함robustness 자체를 개선하기 위한 연구가 활발히 진행되고 있다.

노이즈에 대한 대응 외에 학습하지 못한 패턴에 대한 처리에 대한 불안감도 있다. 이 한계를 극복하기 위해서는 인공지능에 입력된 이미지가 학습된 확률분포probability distribution 데이터인지 아닌지를 식별하는 것이 중요한데, 이것을 '학습 외 분포 데이터 탐지out-of-distribution detection'라고 한다. 이는 인공신경망이 판단하기 어려운 이미지를 걸러 내거나 예외 처리하여 안전성과 신뢰성을 높이는 방법이다. 학습 외 분포 데이터 탐지를 위해서 딥러닝이 판정에 대해 얼마나 확신confidence하는지를 나타내는 확률값을 보정

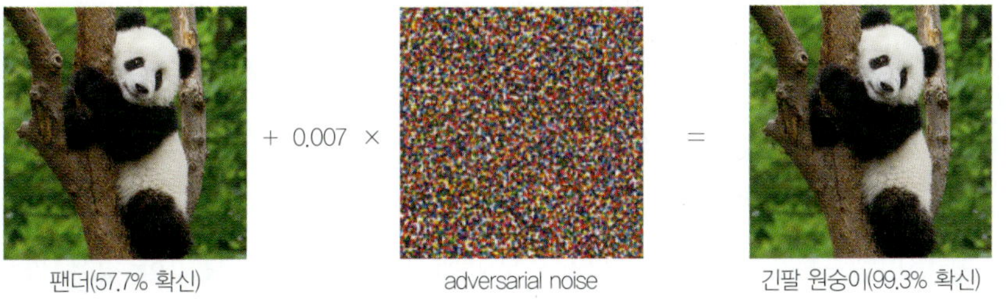

그림 2.15 적대적 예제
자료: Ian J. Goodfellow.et al., "Explaining and Harnessing Adversarial Examples", ICLR 2015

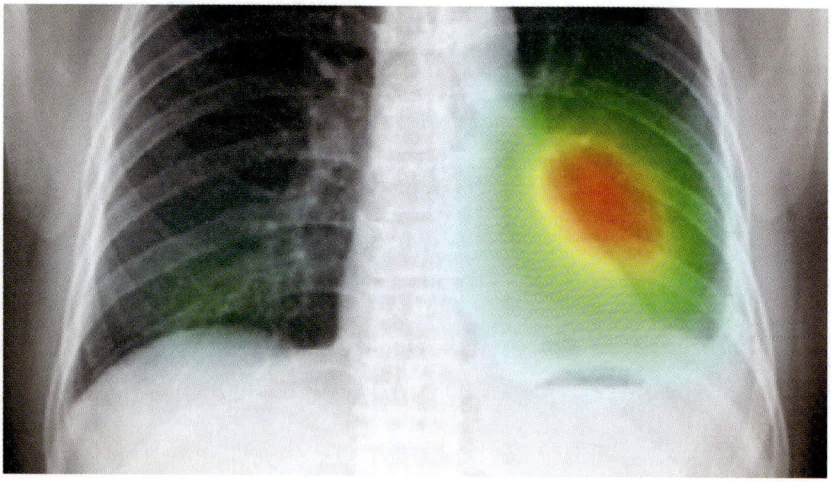

그림 2.16 설명 가능 인공지능XAI 사례
자료: 루닛 인사이트. 루닛 인공지능기반 흉부 엑스레이

calibration하거나, 학습 외 분포 데이터를 '생성적 대립 신경망Generative Adversarial Network; GAN'으로 생성하고 학습하여 탐지 정확도를 높이는 방법이 있다.

'설명 가능 인공지능XAI; eXplained AI'은 신뢰성 확보를 위한 접근 방법으로, 인공지능의 동작 또는 판단을 사람이 이해할 수 있는 형태로 설명하는 기술이다. 〈그림 2.16〉이 한 가지 사례를 보여주고 있는데, AI 기반 영상판독 보조시스템 루닛 인사이트Lunit INSIGHT for Chest Radiography Nodule Detection가 흉부 엑스선 영상 분석을 통해 폐암 혹은 폐 전이암으로 의심되는 부분(붉은색으로 표시된 부분)을 97%의 정확도로 검출하여 의사의 판독을 보조할 수 있는 기술을 선보였다. 설명 가능 인공지능은 특히, 의료 영상 분석과 같이 엄밀한 규정 준수가 요구되는 분야에서 인공지능을 도입할 경우 필요한 부분이다. 현재 인공지능 판단에 기여하는 특징feature 정보를 알려주는 CAMClass Activation Map과 같은 기술들은 많이 활용되고 있다.

이러한 이미지 인식을 위해서는 인식한 이미지가 어떤 종류인지 나누는 '분류classification'를 가장 먼저 수행한다. 이 과정은 이미지의 위치를 확인한 후 이미지 내의 객체를 구분해 추출하고, 객체를 실제 모양에 따라 정확하게 추출하는 과정을 의미한다.

인공지능 분야 신경망

이미지 인식 기술이 주목받을 수 있었던 것은 합성곱 신경망convolutional neural network; CNN과 이미지 빅데이터의 등장에 있다. 1998년 Yann의 논문•에서 손글씨 숫자를 인식하는 모델을 소개하면서 CNN이 등장하게 되었다. CNN

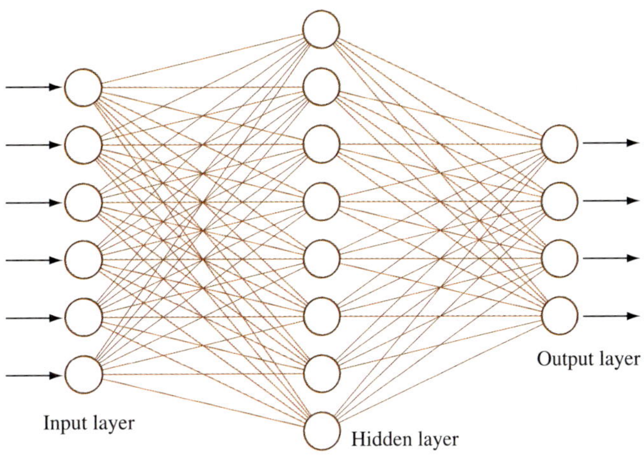

그림 2.17 CNN의 기본 구조

• Y. LeCun et al. Gradient–Based Learning Applied to Document Recognition, Proceedings of the IEEE, 86(11):2278–2324, 1998.

그림 2.18 GauGAN
자료: Nvidia

타일을 입혀 변환할 수 있다. CycleGAN이 이미지의 스타일에 집중한다면, DiscoGAN은 형태의 변화에 특화된 알고리즘이다. 두 GAN 알고리즘 원리는 유사하고, 완벽히 쌍pair을 이루는 데이터 세트가 없어도 이미지를 변환할 수 있는 특징이 있다. 이 밖에도 다양한 이름의 GAN이 계속 등장하고 있다.

세계적인 IT 기업인 엔비디아는 자체적으로 개발한 다양한 GAN 알고리즘 연구에 몰두하고 있다. 엔비디아는 후기 인상파 대표 화가인 고갱의 이름을 딴 GauGAN을 공개하였다. 〈그림 2.18〉과 같이 캔버스 위에 그림을 그리면, 실제 사진과 같은 이미지를 만들어내는 것이다.

이처럼 GAN은 현실에 존재하지 않는 사람의 이미지를 새로 만들기도 하며, 손으로 그린 그림에 색을 입혀주기도 한다. 또한, 고흐나 피카소와 같은 유명 미술가의 화풍을 학습하여 취향에 맞춘 다른 그림으로 변환하고, 낮은 화질의 사진을 고화질로 만들어 준다. 심지어 과거에는 일일이 손으로 작업해야 했던 특정 이미지의 배경을 제거하는 작업을 이제는 클릭 한 번으로 제거할 수도 있다. 이외에도 GAN을 활용하여 초상권이나 저작권 문제가 없는 이미지를 만들 수 있고, CNN 기반의 이미지 인식으로 상한 식품을 감지하거나 범죄자의 안면을 인식하는 것도 가능해졌다. 끊임없이 제공되는 이미지 데이터와 학습을 통해 인공지능이 만들어내는 이미지 영역의 세계는 다양한 알고리즘과 더불어 계속 발전될 것이다.

04 알파고와 스마트공장

인공지능 바둑 프로그램 알파고는 얼마나 센가?

지난 2016년 3월, 인간과 기계 사이의 한 바둑 대결이 세상을 떠들썩하게 만들었다. 인간은 세계 최상위 수준급의 프로 기사인 한국의 이세돌 9단이었고, 기계는 구글 딥마인드Google DeepMind가 개발한 인공지능 바둑 프로그램인 알파고AlphaGo였다. 알파고의 의미는 그리스 문자의 첫 번째 글자로 최고를 의미하는 '알파(α)'와 '碁(바둑)'의 일본어 발음에서 유래한 영어 단어 'Go'를 뜻한다. 딥마인드는 구글의 자회사이자 영국의 인공지능 프로그램 개발 회사이다. 2010년에 데미스 허사비스Demis Hassabis가 영국 런던에서 DeepMind Technology라는 이름으로 벤처 기업을 설립하였고, 2014년에 구글이 4억 달러(약 4,400억 원)에 인수하여 현재의 사명으로 바뀌었다.

2016년 3월 9일부터 15일 사이에 이세돌과 알파고가 치른 5번기 공개대국에서 대다수 전문가의 예상을 깨고 알파고가 4승 1패로 승리하여 현존 최고의 바둑 프로그램 AI로 등극하면서 세계를 경악하게 하였다. 이 대국을 통해 인공지능의 새 영역을 열었다는 평가를 받았으며, 바둑계는 기존의 통념을 깨는 창의적인 수와 대세관으로 수천 년 동안 이어진 바둑 패러다임이 바뀔 것으로 전망하였다. 장기나 체스와 달리 바둑은 컴퓨터가 인간을 이기지 못하는 영역으로 여겨지고 있었다. 왜냐하면, 바둑은 장기나 체스보다 가능한 국면의 경우의 수가 훨씬 많기 때문이다. 바둑은 19×19 크기의 바둑판에 흑백으로 나누어 차례로 수를 놓는데, 그 경우의 수가 천문학적으로 크다. 바둑계의 정보에 따르면 바둑 역사상 수억 판 이상이 두어 졌지만, 아직도 같은 판은 한 판도 없었을 것이라 한다. 바둑의 경우의 수는 체스보다 구골googol(10의 100제곱) 이상 많은 것으로 알려졌다.

체스에서는 1997년 IBM에서 만든 체스 게임용 컴퓨터 프로그램 딥블루Deep Blue가 체스 세계 챔피언 게리 카스파로프Garry Kasparov에게 승리한 바 있다. 그동안 바둑 프로그램은 인간 아마추어 기사 5단 정도의 실력으로 프로 바둑 기사를 이기지 못하였다. 일본에서 개발되고 4대의 PC로 운영되는 프로그램 '젠ZEN, Zenith Go'은 2011년 컴퓨터 바둑 프로그램 올림피아드 우승자였으나, 2012년에 일본의 프로 기사 다케미야 마사키 9단과의 4점 접바둑으로 5전 2승을 거두었을 뿐이다. 2013년 프랑스에서 개발된 '크레이지 스톤Crazy Stone'은 이시다 요시오 9단과의 4점 접바둑에서 간신히 이겼다. 이런 한계를 극복하고 알파고가 그 장벽을 허문 것이다. 바둑 프로그램 AI로는 이외에도 한국서 개발한 돌바람, 중국서 개발된 절예絕藝, Jueyi 등이 있으나 알파고의 실력에는 못 미친다.

구글 딥마인드는 2017년 5월에 알파고를 은퇴(역사적인 전적 73승 1패 기록, 1패는 이세돌에게 진 게임)시키고, 2017년 10월에 알파고보다 더 성능이 좋은 알파고 제로AlphaGo Zero를 공개하였다. 알파고가 프로바둑기사들의 기보를 대량으로 입력받아 학습하였다면, 알파고 제로는 순수 독학으로 바둑을 깨우쳤다고 한다. 한 수에 0.4초가 걸리는 초속기 바둑으로 490만 판을 혼자 두며 연구했다. 알파고 제로는 바둑 규칙 이외에 아무런 사전 지식이 없는 상태로 인공신경망 기술을 활용하여 스스로 대국하며 바둑 이치를 터득했다. 이기기 위한 수를 스스로 생성해내는 과정은 생물의 뇌에서 실제 작동하는 '강화 학습'과 유사하다. 구글 딥마인드 허사비스 사장과 그의 연구원들(Silver 등(2017))이 공동으로 네이처Nature지에 발표한 논문 "인간 지식 없이 바둑을 마스터하기Mastering the game of Go without human knowledge"에 이러한 내용이 상세히 기술되어 있다.

그 후 구글 딥마인드는 알파고 제로보다 더 월등한 알파제로AlphaZero를 2018년에 공개하였다. 알파제로는 인간이 이룩한 지식이나 기보의 도움 없이 독학으로 바둑, 체스, 쇼기(일본 장기) 등을 독파한 인공지능 프로그램으로 허사비스 사장과 그의 연구원(Silver 등(2018)) 등은 2018년 12월 7일자 과학 학술지 "사이언스"에 그 내용을 발표하였다. 알파제로는 알파고 제로의 범용 버전으로, 명칭에서 바둑을 뜻하는 고Go를 빼서 범용 인공지능임을 나타내었다. 게임의 법칙만 알면 모든 보드 게임을 익힐 수 있어서 바둑에만 특화된 알파고를 압도한다는 평가를 받고 있다. 알파제로는 알파고 제로를 이길 뿐만 아니라 2016년 체스 AI 챔피언인 스톡피쉬를, 2017년 쇼기 AI 챔피언인 엘모를 상대로 모두 이겼다. 알파고, 스톡피쉬, 엘모 등은 입력된 빅데이터를 기반으로 최적의 수를 검색하는 반면, 알파제로는 인간의 두뇌처럼 심층신경망 기술을 통해 데이터를 스스로 학습하고 승률을 높이는 좋은 수를 찾아낸다. 알파제로의 바둑 실력은 세계의 최고 프로 기사가 두 점을 미리 깔고 두어야 할 정도라고 한다.

알파고의 학습 방법과 AI의 미래 역할

알파고는 심층학습deep learning 방식을 사용하여 바둑을 익힌다. 심층학습은 기계학습machine learning의 하나로, 비지도 학습unsupervised learning을 통해 컴퓨터 스스로 패턴을 찾고 학습하여 판단하는 알고리즘을 가지고 있다. 보통의 프로그램처럼 인간이 지시하는 대로 따라서 하는 것이 아니라 별도의 기준을 정해주지 않으며, 대신 방대한 빅데이터를 기반으로 컴퓨터가 스스로 분석하고 학습하여 결정을 내리는 것이 특징이다.

알파고가 사용하는 방식은 바둑에서 사람의 전략을 학습하는 것이다. 이를 위해 프로 기사들의 수없이 많은 빅데이터 기보들을 학습한다. 특정 상황에서 프로 기사들이 어떻게 대응하는지 심층학습을 통해 패턴을 학습한 뒤 최선의 수를 찾는 방식이다. 또한, 알파고 프로그램끼리 서로 대국한 다음 승리한 판의 수에 가중치를 부여하는 방법도 사용하였다.

알파고는 기존 바둑 프로그램인 젠이나 크레이지 스톤보다 현저한 발전을 이루었다. 알파고는 단일 컴퓨터로 구동되는 단일 버전single version과 네트워크에 연결된 여러 대의 컴퓨터를 사용하는 분산 버전distributed version의 두 가지가 있다. 단일 버전의 알파고는 젠이나 크레이지 스톤을 포함한 다른 바둑 프로그램과의 500번의 대국에서 한번을 제외하고는 모두 이겼다고 한다. 이번에 이세돌과 시합한 것은 단일 버전보다 더 강력한 분산 버전으로 1,202개의 CPU로 구성되어 있어 매우 방대한 하드웨어 조직이었다. 1,202개의 CPU를 사용했다는 말은 다음 수를 찾기 위해 1,202개의 컴퓨터를 작동시켰다는 말과 같은 의미이며, 이렇게 방대한 하드웨어를 동원하면서 1분 이내에 다음 수를 결정하는 알파고의 능력에 감탄하지 않을 수 없다.

이런 추세로 AI가 발전한다면 AI 로봇, AI 간호사, 자산관리를 도와주는 금융 알파고 등도 등장할 것이다. 2030년경이 되면 세상은 큰 변화를 겪을 가능성이 커졌다. IBM에서 개발한 인공지능 Dr. Watson은 의사의 진단을 보조하는 역할을 한다. 환자의 증상과 영상 데이터 등을 분석하고 판독하여 적절한 치료법을 제시하면, 의사는 이를 토대로 결정을 내린다. 또한, AI를 활용하여 개인 맞춤형 자산운용 서비스를 제공하는 로보어드바이저robo advisor(로봇+투자자문가) 업체들이 최근 생기고 있다. 밸류시스템투자자문, 써미트투자자문 등이 이런 회사로, 이들은 빅데이터와 알고리즘을 활용하여 국내 주식, 상장지수펀드 등에 투자하는 자문을 하고 있다. 이 로보어드바이저가 안정적인 수익률을 내는 비결은 로봇이 스스로 찾아낸 기업의 재무제표나 실적 지표로 구성한 포트폴리오에 있다. 이 포트폴리오는 컴퓨터가 분석한 현 시장 상황과 데이터 오류를 점검하는 기계학습 기능을 통해 실시간으로 조정되어, 투자자가 좋은 수익률을 내도록 구성되어 있다.

스마트공장은 얼마나 스마트한가?

스마트공장smart factory은 설계·개발, 제조, 물류, 유통 등 생산의 전 과정에 데이터 기반의 디지털 솔루션이 결합된 정보통신기술ICT을 적용하여 생산성, 품질, 에너지효율, 고객만족도 등을 향상시키는 지능형 공장을 말한다. 제품 기획과 설계부터 유통·판매에 이르는 모든 과정에 ICT를 접목하여 제조 단가를 낮추고 신속하게 소비시장에 유연하게 대처하는 것이 목적이다. 스마트공장에서는 공장 내 설비와 기계에 사물인터넷IoT이 설치되어 있어서 공정 데이터를 실시간으로 교환하게 하여 생산성을 증가시키고 돌발 사고를 최소화한다. 또한, 스마트공장은 제품의 위치나 재고량 등을 자동 감지하여 인적·물적 자원 절감 등의 공장 효율성을 향상시키고, 데이터에 기반한 의사결정이 실시간으로 이뤄지게 하는 공장이다. 스마트공장은 4차 산업혁명 시대의 산업 분야 총아라고 할 수 있으며, 데이터 사이언스에 기반을 둔 첨단의 스마트한 시스템이라고 볼 수 있다.

종래의 전통적인 생산방식과 스마트공장과의 차이점을 대비해 보면 〈표 2.4〉와 같다. 전통적인 생산방식에서는 소품종 대량생산인 일관一貫 공정을 운영, 고정 설비와 중앙 제어, 유선 통신으로 정보 교환, 제품의 위치 파악 어려움 등의 특징이 있다. 반면, 스마트공장에서는 다품종 고객 맞춤형 대량생산, 공정 모듈화, 설비 사용의 유연성, 자율적인 분산 제어, 제품의 위치 편리 등의 특징이 있다. 단, 스마트공장에서는 첨단의 ICT 기기와 이를 작동시키는 소프트웨어가 설치되어야 하므로 초기 투자비용이 든다.

제조 공정에서의 스마트공장의 한 운영 모델을 〈그림 2.19〉로 살펴보자. 여기에서 PLCprogrammable logic control란 입력된 프로그램으로 기계, 설비 및 가공, 조립공정을 자동으로 제어하는 범용제어 기기를 말하며,

표 2.4 전통적인 생산방식과 스마트공장의 차이점

구분	전통적인 생산방식	스마트공장
특징	소품종 대량생산 (mass production)	다품종 고객 맞춤형 대량생산 (customized mass production)
공정	일관 공정	모듈 공정
설비	순차 · 고정 설비	가변 · 유연 설비
제어 시스템	중앙 · 집중 제어	자율 · 분산 제어
통신	유선 통신	무선 통신
위치 파악	실시간 위치 파악 불가	실시간 위치 파악 가능

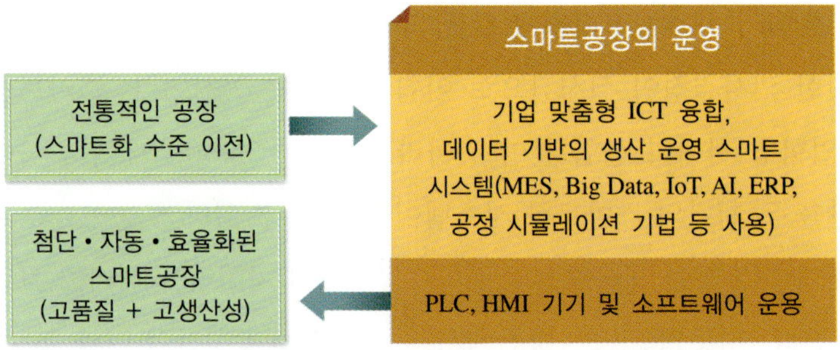

그림 2.19 스마트공장의 운영 모델

HMIhuman machine interface는 산업현장의 여러 가지 장치들을 중앙의 컴퓨터에서 감시하고 제어하기 위해 사용되는 자동화 소프트웨어를 말한다. 그리고 MESmanufacturing execution system는 제조생산 시스템으로 생산 시작에서부터 최종 공정에 이르기까지 생산 활동에 관한 데이터를 실시간으로 수집·분석하여 생산 활동을 효율적으로 제어하는 정보시스템을 말한다. ERPenterprise resources planning는 전사적 자원관리로 기업에 주어진 자원을 효율적으로 배분·관리해주는 통합 업무 시스템을 말한다. 여기에 빅데이터나 IoT, AI, 공정 시뮬레이션 기법 등이 활용될 수 있다.

〈그림 2.19〉와 같은 스마트공장의 운영을 통해 기업 맞춤형 ICT 융합 생산 운영 스마트 시스템이 작동되면 공장의 첨단·자동·효율화가 이루어져 고품질·고생산성의 공장이 운영되는 것이다.

스마트공장의 대표적 사례와 특징

스마트공장은 4차 산업혁명의 주요 기술들인 AI, 빅데이터, IoT, 첨단 ICT

소프트웨어 등을 복합적으로 활용하는 4차 산업혁명의 핵심적인 적용 분야이다. 사실상 1~4차 산업혁명이 모두 생산방식의 혁명이라고 봤을 때, 스마트공장은 4차 산업혁명의 생산 혁명인 것이다. 스마트공장을 대표하는 사례는 독일에 있는 아디다스사의 '스피드공장'이다. 이 공장은 로봇을 대규모로 활용하는 것으로도 유명하지만, 소비자의 주문에 맞춰 매우 다양한 종류의 신발을 하나의 공장에서 만들 수 있는 것으로도 유명하다. 신발 끈을 어떻게 할지, 깔창을 어떻게 할지, 뒤축은 어떻게 할지, 색깔은 어떻게 할지 등을 소비자가 미리 선택하여 주문할 수 있으며, 이런 주문에 맞춰 신발을 고객 맞춤형 대량생산customized mass production한다. 단순히 아주 많은 종류의 신발을 미리 공장에서 만들어 재고로 쌓아 두고 기다리는 것이 아니라, 생산 공장이 최종 판매 단계에서 오는 주문에 그때그때 신속하게 반응한다는 것이다. 즉, 소비시장의 다양한 수요 변화에 맞춰 신속하고 유연하게 생산하는 유연 생산방식flexible manufacturing system을 적용하는 곳이 바로 이 스피드공장이다.

생산방식에서 유연 생산이 가능해진 것은 1990년대부터 개발된 마이크로프로세서 칩이 공장 설비에도 적용되어 생산공정의 기계 장비를 컴퓨터로 통제하는 것이 가능해졌기 때문이다. 마이크로프로세서가 탑재된 생산 기계들은 생산방식을 미리 프로그래밍할 수 있었기 때문에, 기계를 바꾸거나 라인을 통째로 뜯어고치지 않고도 기계에 탑재된 프로그램을 바꾸는 것만으로 새로운 제품의 생산에 대응할 수 있었다. 그러나 각각의 컴퓨터화된 생산설비들이 서로 고립되어 미리 프로그램된 대로만 작동되기 때문에 그때그때 상황 변화에 따라 실시간으로 전체 공정이 대응할 수 없다는 것이 종래의 유연 생산방식의 한계였다.

그러나 최근에 IoT와 빅데이터 기술이 발전하면서 생산설비들이 서로 고립되어 작동하는 것이 아니라 기계들끼리 서로 통신하고, 생산 현장의 상황 변화에 따라 능동적으로 피드백을 주고받으며, 스스로 작동에 변화를 주는 식으로 쌍방향 소통이 가능해졌다. 스마트공장에서는 생산공정의 모든 기계에 센서가 장착되어 있어서 각 기계가 생산 현장의 정보들을 자동으로 수집하여 공장 전체를 담당하는 시스템으로 자동 전달하게 된다. 이런 IoT 네트워크를 통해 실시간으로 전달된 방대한 데이터는 빅데이터 분석을 통해 공정 최적화에 활용되는 것이며, 이때 인공지능 기술이 적용되어 클라우드 시스템을 통해 공장 외부에서 데이터를 처리하고 분석하기도 한다. 아디다스사의 스피드공장은 이런 방식을 사용하여 고객 맞춤형 대량생산을 하는 스마트공장이다.

빅데이터 분석을 통해 불량품이 발생하기 전에 미리 징후를 찾아내어 대응할 수도 있고, 고장이 발생할 수 있는 과부하 상태의 생산설비를 찾아내거나 수명주기가 다한 부품을 자동으로 검출하여 교체가 필요하다는 것을 알릴 수도 있다. 또한, 생산공정에 병목현상이 생겨 생산이 지연되는 일이 발생하면, 그 원인을 정확히 찾아내고 병목을 해소하기 위해 생산 속도를 조정하여 효율을 증가시킬 수도 있다.

스마트공장의 수준 구분

스마트공장이 어느 정도의 수준에 가 있는가를 판단하는 스마트공장 수준 평가 기준은 〈표 2.5〉와 같이 기존에는 네 개의 수준이었지만, 현재는 다섯 개의 수준으로 나누어진다. 이런 기준을 가지고 총 44개 세부 항목의 배점(총 1,000점 만점) 결과에 따라 등급을 평가한다. 평가하는 전문기관들로는 대한상공회의소, 한국표준협회, 한국경영인증원, SBC인증원 등이 있다. 높은 수준level으로 평가된 기업은 국가로부터 R&D 프로젝트에 대한 가산점, 저금리 등의 혜택을 받게 된다.

〈표 2.5〉에 나오는 용어 중 ERP와 MES는 앞에서 설명하였고, 시뮬레이션simulation은 실제로 해보기 힘든 실험 등을 컴퓨터를 이용하여 예비 실험하는 것으로 실제 실험보다 비용을 크게 줄일 수 있다. CAD/CAM은 'computer aided design'과 'computer aided manufacturing'을 의미하며, 컴퓨터의 도움을 받는 설계와 제조를 말한다. 그리고 CPScyber physical system는 사이버 물리 시스템, 즉 사이버 시스템과 물리 시스템의 통합적 시스템으로 통신

표 2.5 스마트공장 수준 평가 기준

<table>
<tr><th>수준</th><th>기존 수준</th><th>특징</th><th>주요 도구</th></tr>
<tr><td>level 1</td><td>고도화</td><td>– IoT, CPS 등을 기반으로 한 지능적이고 유연한 고객 맞춤 및 자율 제조 시스템 상태
– 최고 수준의 모니터링과 대응이 가능</td><td>인공지능, AR/VR, CPS, VMS 등</td></tr>
<tr><td>level 2</td><td>중간2
(최적화)</td><td>– 현존하는 기업 중 최고의 자동화, 스마트화 기업 수준(독일 Siemens사의 Amberg 공장, 국내 최고의 글로벌 기업 등)으로 최적화 상태
– 공정운영 시뮬레이션을 통해 사전 대응 가능</td><td>센서, 제어기, 시뮬레이션 등</td></tr>
<tr><td>level 3</td><td>중간1
(제어 가능)</td><td>– 중간2와 기초의 중간 과정으로 수집된 정보를 바탕으로 제어 가능 상태
– 수집된 정보를 분석하여 제어 가능</td><td>센서+분석 도구, PLM, APS 등</td></tr>
<tr><td>level 4</td><td rowspan="2">기초
(연결 가능)</td><td>– 설비와 프로세스가 상호 연결되어 생산정보의 실시간 모니터링 가능하고, 스마트폰으로 상황 파악 가능 상태
– 생산정보 실시간 모니터링 가능</td><td>센서, CAD/CAM 등</td></tr>
<tr><td>level 5</td><td>– 부분적 표준화 및 데이터 관리로 점검 가능</td><td>바코드, RFID</td></tr>
</table>

및 제어 기능이 물리 세계의 사물과 융합된 형태를 말한다. 센서 등을 이용하여 물리 프로세스를 감시함으로써 물리 시스템에 새로운 특성과 능력을 제공한다.

PLMproduct life-cycle management은 제품 생애 관리로 제품이 생산된 후 폐기될 때까지 관리하는 것을 말한다. APSadvanced planning and scheduling는 사전계획 및 스케줄링을 의미하는 것으로, 제한 조건을 기반으로 한 생산 계획 및 생산 현장 스케줄링을 위한 솔루션을 말한다. VMSvirtual manufacturing system는 가상제조시스템으로, 컴퓨터 그래픽 기술이나 CAD 기술을 활용하여 소재의 특성, 제조방법 등의 데이터를 기초로 컴퓨터의 화면상에 제조 공정을 시뮬레이션하는 것을 말한다. RFIDRadio Frequency IDentification은 무선 주파수 식별을 말하는 것으로, 반도체 칩이 내장된 태그, 라벨, 카드 등의 저장된 데이터를 무선 주파수를 이용하여 비접촉으로 읽어내는 무선인식 시스템이다. 이러한 기존 기술들을 얼마나 적절하게 활용하는가에 따라 스마트 공장의 수준에 차이가 나게 된다.

스마트공장 설립 추진을 위한 정부 정책

정부는 코로나바이러스 감염증 사태 등으로 침체된 경제를 활성화하기 위해 2020년 7월 14일 '한국판 뉴딜 계획'을 발표하였다. 이 계획의 비전으로 '선도국가로 도약하는 대한민국으로 대전환'을 내 걸고, 2+1 정책 방향으로 디지털 뉴딜, 그린 뉴딜, 안전망 강화를 들었다. 여기서 스마트공장과 관련이 깊은 것은 디지털 뉴딜로, ① 데이터 댐, ② 지능형 정부, ③ 스마트 의료 인프라를 내 걸었다. 중소벤처기업부는 2020년 7월 23일 디지털 뉴딜을 구체화하기 위해 제조업 디지털화 후속 조치로 'AI·데이터 기반 중소기업 제조혁신 고도화 전략'을 발표하면서 ① 마이제조데이터 체계 구축, ② AI·데이터 기반 제조혁신 고도화, ③ 공급기업 육성을 선도하는 시대를 열겠다는 포부를 밝혔다. 여기서 '마이제조데이터MyManufacturingData 시대'란 스마트공장 내에서만 머무르던 스마트공장 데이터를 '마이데이터MyData'로 전환하여 생산성 향상은 물론 데이터가 수익을 창출할 수 있는 시대를 뜻한다.

'마이데이터' 제도는 개인 정보관리 차원에서 나온 용어로, 개인이 직접 금융기관과 통신사, 병원 등이 보유한 자신의 개인정보를 제삼자에게 전달하여 새로운 서비스를 받을 수 있도록 하는 제도이다. 기존에 개인정보를 활용할 때는 모든 사항을 본인 동의를 받아야 했지만, 마이데이터 사업을 시행하면 본인이 개인정보 활용 여부를 결정할 수 있게 된다. 마이데이터 사업이 활성화되면 개인은 금융거래나 신체 정보를 제3의 전문가에게 넘겨주어 맞춤형 재테크 서비스나 건강관리에 대한 조언을 구할 수 있다. 미국은 이미 2011년부터 정부 주도로 스마트 공시smart disclosure라는 사업을 시행하고 이러한 인프라를 구축하였으며, 애플의 경우 헬스 앱을 통해 의료 기관의 개인정보를 다운로드받아서 이 정보를 다른 건강 앱과 공유 및 활용하는 기능을 탑재하였다.

중소벤처기업부는 마이제조데이터 시대를 열기 위해 'KAMPKorea AI Manufacturing Platform'라고 명명한 플랫폼을 개발하기로 하였다. 이는 국내 최초의 인공지능 플랫폼으로, 중소 제조 기업이 갖추기 어려운 데이터 저장·분석 인프라, 인공지능 전문가, 실증 서비스 등을 한곳에 모아 인공지능을 효율적으로 활용할 수 있는 토대를 마련할 수 있다. 중소벤처기업부는 2020년 7월 23일 발표한 'AI·데이터 기반 중소기업 제조혁신 고도화 전략'을 구체화하기 위해서 같은 해 11월 12일 스마트공장의 보급·확산·사후관리 등 정책 전반을 '양적 보급 중심에서 질적 고도화로 전환'하는 '스마트 제조혁신 실행 전략'을 발표하였다. 이를 '스마트제조 2.0 전략'이라고도 부른다. 이 전략은 스마트제조 1.0 전략의 목표가 스마트공장의 양적 보급과 저변확대였다면, 이번 2.0 전략은 인공지능 제조플랫폼 KAMP 등을 구축하여 스마트공장을 고도화시켜 제조업의 디지털 혁신을 목표로 하는 것이다. 이 전략의 중점 추진 방향은 ① 보급체계 개편을 통한 질적 고도화 촉진, ② AI 중심의 제조데이터 활용 확산, ③ 사후관리 강화를 통한 지속적인 성과 창출 등 3가지이다.

스마트 제조혁신은 문재인 정부의 핵심 국정과제로 2022년까지 약 3만 개의 스마트공장 보급을 목표로 하고 있다. 2019년 5월 말까지 스마트공장 누적 보급수는 12,660개 공장이었다. 이 스마트공장들은 평균적으로 생산성 30% 향상, 품질 43.5% 향상, 원가 15.9% 절감, 납기 15.5% 단축된 것으로 보고되고 있다. 스마트공장을 보급하고 지원해주기 위해 중소벤처기업부 산하에 스마트제조혁신추진단(KOSMO)이 설치되어 있으며, 이 추진단을 중심으로 스마트제조 2.0을 강조하면서 AI와 데이터에 의한 각종의 스마트제조혁신 정책을 추진하고 있다.

'스마트 제조혁신 실행 전략' 중에서 질적 고도화 촉진을 보면, 스마트공장 신규 또는 업그레이드(고도화)에 따라 차등 지원하여 질적 고도화를 유도하는 것이다. 또한, 2025년까지 5세대 이동 통신5G과 인공지능 솔루션이 결합하는 최첨단 '5G+AI 스마트공장' 1,000개 구축을 지원하고, 스마트공장을 아직 구축하지 못한 중소기업에는 스마트공장 전문가인 코디네이터를 파견하여 스마트공장 기획·신청에서부터 구축 및 사후관리까지 전주기를 밀착 지원한다는 것이다. 하지만 정부의 스마트공장 추진은 매우 적극적임에도 우리나라의 산업 환경은 그리 좋지 않은 현실이다. 코로나바이러스 감염증으로 인해 경영환경이 전체적으로 침체되어 있고, 그동안 다수의 친노조·반기업 입법들, 국제 무역환경의 악화 등으로 스마트공장 추진 동력이 상실될 가능성도 있다. 그럼에도 우리나라의 산업경쟁력 강화를 위해 스마트공장 추진은 반드시 이루어져야 할 국가적 과제라고 볼 수 있다.

Chapter 3

다양한 데이터의 세계

에 따라 인터넷 사용자는 더욱 증가할 것으로 예상된다.

나의 데이터는 내가 지킨다!

앞서 60초 동안 생산되는 빅데이터가 상상 이상으로 성장하고 있다는 것을 살펴보았다. 우리는 카카오, 네이버, 다음, 그 외의 소셜미디어 등 다양한 플랫폼을 통해 데이터를 사용하고 생산한다. 하루에 수없이 많은 데이터를 접하고, 그중에 무심코 지나가는 데이터도 많을 것이다. 이것은 나의 데이터도 엄청나게 빠른 속도로 성장하고 있다는 것을 의미한다. 이렇게 성장하는 나의 데이터를 어떻게 모으고 사용할지는 우리에게 중요한 문제이다.

나만의 데이터를 어디에서 어떻게 사용할지 결정하는 권리를 준다면 어떨까? 이런 취지에서 생겨난 것이 개인정보를 스스로 지킨다는 의미의 '마이데이터MyData'이다. 이것은 금융사에 흩어진 자신의 정보를 원하는 곳에 모아 조회 · 관리하는 것을 말한다. 즉, 개인 신용정보를 모바일 앱App 형태로 한곳에 모아 관리하는 제도이다.

2020년 8월 신용정보법 개정안이 시행된 후 마이데이터 제도가 신설되었다. 이것을 이용하면 각종 금융기관과 온라인 쇼핑몰 등에 분산된 자신의 정보를 한꺼번에 확인할 수 있다. 한마디로 사적정보뱅킹private information banking이라 할 수 있다.

그럼 마이데이터는 누가 관리하고 운영할까? 마이데이터를 운영하려는 사업자는 금융위원회로부터 허가를 받아야 한다. 엄격한 허가 기준이 요구되며, 지금까지 21곳에서 마이데이터 예비허가가 승인된 상태이다. 승인된 산업 분야는 은행, 카드, 핀테크가 주류이며, 이들 사업자가 모바일 앱을 만들어 제공한다. 이 앱에서 확인 가능한 개인정보는 예금, 대출, 보험, 신용카드, 금융투자 상품, 통신, 지급 결제, 세금, 건강보험, 국민연금 등 공공분야 신용정보도 확인할 수 있다.

이런 마이데이터와 쇼핑이 만나면 어떤 시너지 효과가 발생할까? 만약 잘 알려진 포털사이트인 네이버가 마이데이터 사업자라고 했을 때, 쇼핑 이용자의 각종 후기를 모아주는 서비스가 마이데이터와 결합한다고 가정해보자. 그러면 마이데이터로 결제 내역을 연동하여 상품 후기를 남기거나 선호상품을 추천받을 수 있을 것이다. 다음으로 의료분야의 마이데이터 사업자가 나온다면, 환자의 질병에 가장 유명한 의사가 누구인지, 환자의 주요 관심사인 치료비와 치유사례가 어떠한지 등을 알아볼 수 있다. 마지막으로 보험사에 연동되었다면, 내가 가입한 보험이 어디에 적용되고 보상범위는 어느 정도인지도 확인할 수 있다. 이렇듯 마이데이터가 다른 분야와 만나면 다양한 시너지 효과가 발생할 것으로 예상된다.

데이터 빅뱅

빅뱅Big Bang이란 약 137억 9900만 년 전의 대폭발로부터 우주가 시작되어 팽창하였다는 것을 말한다. 즉, 지금도 우주가 팽창하고 있다는 점에서 착안하여 '최초'에는 모든 것이 한 점에 모여 있다가 폭발에 가까운 팽창을 하며 현재 우주가 된 것이란 이론이다. 아직도 우주는 빠른 속도로 팽창하고 있다.

이처럼 빅뱅은 엄청나게 큰 폭발이나 성장을 묘사하는 의미로 해석되어 자주 사용된다. 이런 의미에서 21세기의 데이터 성장을 데이터 빅뱅이라고 비유해보자. 불과 40~50년 전인 1980년대와 지금 2020년의 데이터 성장 속도는 비교할 수 없는 수준으로, 〈그림 3.1〉에서 살펴본 60초 동안 생산되는 빅데이터 양을 참조해도 이견이 없을 것이다.

2021년 1월 9일 '데이터 3법(개인정보보호법 · 정보통신망법 · 신용정보법)' 개정안이 국회 본회의를 통과한 것에 이어, 하반기에는 마이데이터 사업자 인허가 신청이 이루어진다고 한다. 이런 과정으로 '마이데이터MyData' 빅뱅이 시작된다. 개인은 금융 · 통신 · 유통 등 다양한 영역에서 자신의 데이터에 접근할 수 있고, 능동적으로 활용하여 원하는 서비스를 받을 수 있게 된다.

이런 상상을 해보자. 나에게 적합한 금융상품, 건강식품, 통신상품, 엔터테인먼트, 추천 영화 등을 손쉽게 추천받을 수는 없을까? 이제 이런 고민은 안녕이란 단어와 함께 사라질 것이다. 즉, 금융, 통신, 건강정보, 엔터테인먼트 등 광범위한 데이터를 다운로드받아 구글 드라이브와 같은 자신의 계정에 보관할 수 있다. 이 계정에 포함되는 데이터를 마이데이터와 연계하여 소셜미디어 분석, 재무관리, 질병 모니터링 등의 과정을 수행하여 자신에게 맞는 적합한 무엇인가를 손쉽게 찾을 수 있다.

〈그림 3.2〉은 마이데이터의 생태계와 참여 주체를 보여준다. 개인 주도적으로 자신의 개인정보를 직접 통제하고, 마이데이터 사업자는 개인정보를 대신 수집하고 정보관리를 지원하는 체계이다. 금융위원회(2021)[•]에 따르면 2021년 8월 4일부터 마이데이터 사업자들은 표준 APIApplication Programming Interface(공개된 응용프로그램, 본인 직접인증 및 안전한 전송방식 플랫폼)를 통해 개인신용정보를 수집 · 활용하여 소비자에게 서비스를 제공할 예정이다.

• 금융위원회, 본인신용정보관리업(마이데이터) 운용 가이드 발간 및 마이데이터 지원센터 개소, 2021

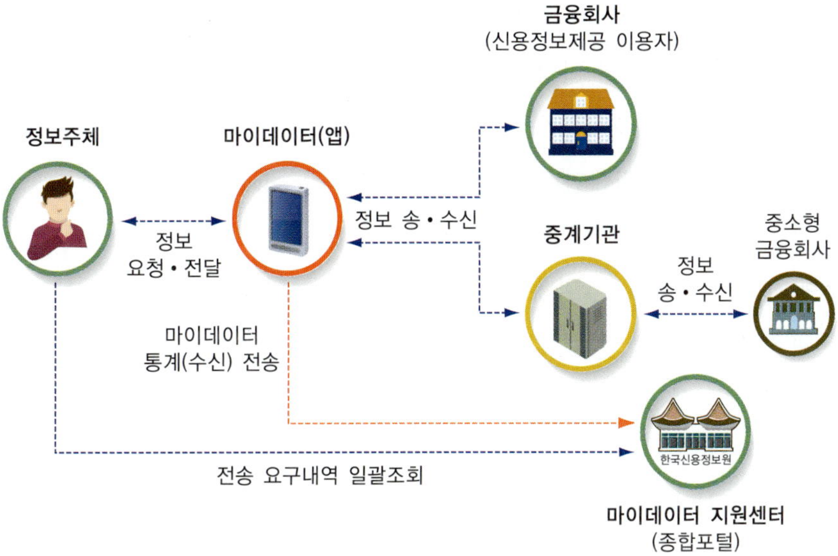

그림 3.2 마이데이터 생태계와 참여 주체
자료: 금융위원회, 2021

예전부터 정보는 힘이고, 이런 힘의 차이는 정보의 비대칭으로부터 일어난다고 하였다. 누가 많은 정보를 가지고 있는가의 싸움이다. 하지만 이제 마이데이터 시대가 도래하고 우리 주변에 수많은 데이터를 마이데이터와 잘 연계하여 나만의 데이터 빅뱅을 만들어 간다면, 내 정보의 힘은 상상 이상이 될 것이다.

21세기의 원유, 데이터와 데이터 댐

18세기 1차 산업혁명은 증기기관과 기계, 19세기 2차 산업혁명은 전기를 이용한 대량생산, 20세기 3차산업혁명은 인터넷, 컴퓨터, 자동화 생산시스템이다. 그리고 21세기는 〈그림 3.3〉에서 보여주는 바와 같이 로봇이나 인공지능을 통해 현실과 가상이 통합된 IoT와 같은 가상 물리 시스템 구축의 산업변화를 4차 산업혁명으로 설명한다. 특히 이 변화의 주인공은 빅데이터이다. 방대해진 빅데이터는 다양한 통계분석 도구tool와 AI로 수집·가공·분석·활용할 수 있는 세상을 만들어 준다. 이런 의미에서 미국의 시장조사기관인 가트너Gartner는 빅데이터를 국가·기업 등의 경쟁력을 좌우할 21세기의 원유라고 비유하였다.

이런 흐름에 정부는 2020년 7월 14일, '한국판 뉴딜' 정책을 발표하였다. 이 정책의 10대 과제는 디지털 뉴딜(3개), 그린 뉴딜(3개), 융합 과제(4개)로 구성되어 있는데, 그중 데이터 댐은 디지털 뉴딜에 속한다. 데이터 댐이란 데이터의 수집·가공·거래·활용기반을 강화하여 데이터 경제를 가속하고 5세대 이동통신5G 전국망을 통한 전산업의 5세대 이동 등 분야별 빅데

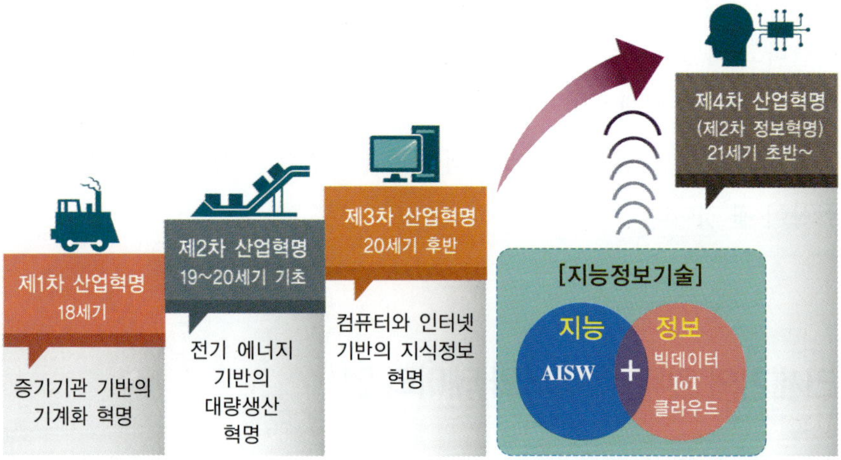

그림 3.3 산업혁명의 변화

자료: 미래창조과학부

이터 플랫폼 확대(10→30개)와 공동데이터 14만 2000개를 신속 개방한다는 것을 의미한다. 데이터 댐의 취지는 데이터를 서로 연계하여 제3의 정보를 도출하는 일종의 시너지 효과를 기대하는 것에 초점이 맞춰져 있다고 볼 수 있다. 데이터를 통해 정보, 지식을 거쳐 더 나아가 지혜를 창출하는 것을 목표로 하고 있다.

이제 빅데이터 종류와 속성 등에 대해서 알아보자. 한의학과 관련하여 이제마의 사상체질(태양인, 태음인, 소양인, 소음인)과 양학의 알레르기 체질, 허약체질 등 인간의 체질은 여러 가지로 구분된다. 이와 유사하게 데이터도 속성에 따라 분류할 수 있다.

예를 들어, 우리에게 익숙한 수치형 데이터, 어떤 안건에 대한 찬성/반대, 스포츠 경기의 승/패, 설문 조사의 5점 척도(매우 나쁘다, 나쁘다, 보통, 좋다, 매우 좋다), 인터넷의 발달로 생성된 텍스트, 그림, 영상, 음성 등 다양하다.

그런데 최근에는 텍스트, 그림, 영상, 음성 등과 같이 수치로 표현하기 어려운 데이터들이 무서운 속도로 성장하고 있다. 이런 급속한 성장과 생산속도에 맞춰 발 빠르게 대응하고 처리하여 이로부터 정보, 지식, 지혜를 도출하는 것이 데이터 과학자들의 역할이자 핵심 업무이다. 그럼 이들은 과연 어떻게 데이터를 분류 · 수집하고 분석할까? 이런 질문에 대한 답을 다음 절에서 살펴보자.

02

데이터 분류

3가지 형태의 데이터

변화의 속도가 빨라지면서 기존에 존재하던 경계가 뒤섞이는 현상을 빅블러Big Blur라 한다. 블러Blur는 사전적으로 흐릿해진다는 의미로, 정보통신기술ICT, 사물인터넷IoT, 인공지능AI, 드론 등 4차 산업혁명 도래에 따라 기존에 존재하던 것들의 경계가 모호해진다는 것이다. 이러한 빅블러 과정에서 생산되는 수많은 데이터는 다양한 속성과 형태를 나타낸다.

한가지 예를 들어보자. 직장인이 출근 시간에 경험하는 데이터에는 무엇이 있을까? 직장인 홍길동 씨가 오전에 출근하는 동안 몇 가지의 데이터를 접하고 경험하는지를 살펴보자.

"홍길동 씨는 아침에 스마트폰 알람 **소리**에 기상하여 스마트폰에 적힌 **시간**, **날짜**, **문자**, **카톡** 등을 확인한 뒤, 세수 및 간단한 아침 식사를 하고 출근한다. 시계의 **시간**을 보면서 **지하철 도착시각**에 맞춰 지하철에 탑승하기 위해 **A역 3번 출**

구로 들어가 개찰구에 교통카드를 터치하여 승인 **신호**와 **소리**를 듣고 개찰구를 통과한다. 정기적으로 운행하는 지하철에 탑승한 뒤, 스마트폰으로 개인 **메일**을 확인하기 위해 **아이디**와 **비밀번호**를 입력하고 로그인하여 메일을 확인한다. 인터넷 사이트(인터넷 사이트를 구성하는 HTML **언어**)들을 방문하면서 최신 **뉴스**를 보고, 무의식중에 지하철이 어디쯤을 달리고 있는지 **지하철 노선도**를 확인한다. 지하철 노선도에는 각 역의 한글·영어 **명칭**과 그 아래에 **숫자(넘버)**가 표기되어 있다. 목적지에 도착하여 출근 시간 몇 분 전, 모닝커피를 좋아하는 홍길동 씨는 회사 근처의 카페에서 카페라테 **tall 사이즈**를 포장 구매take-out한다. 이때 커피 가격으로 **4,600원**을 낸다. 회사 앞 건널목에서 신호등의 **신호**를 기다린 뒤, **9시** 전에 회사에 도착하여 하루 업무를 시작한다."

위 홍길동 씨의 일상 출근 이야기에서 접하는 데이터들을 고딕체로 표기해 보았다. 이렇게 우리는 출근 시간에도 수많은 데이터를 접하면서 다양한 정보(기상 시간, 요일, 인터넷과 메일에 따른 정보, 목적지 안내, 커피의 비용, 건널목 신호 등)들을 제공받는다.

우리 주변에는 수많은 데이터가 있다. 사람마다 적고 많음에는 차이가 있을 수 있으나, 데이터를 접하는 상황은 비슷하다. 이런 주변 생활 데이터를 기본적으로 구분하면 가격 · 숫자 등의 '수치 형태', 신호등이나 노선도와 같은 '영상 · 음성 형태', 로그, 신호, 인터넷 사이트를 구성하는 HTML 등으로 구분할 수 있다. 이것이 현재 데이터의 3가지 종류이다. 데이터의 분류는 수치로 분류되느냐에 따라 정형structured과 비정형unstructured으로 구분하고, 정형과 비정형 사이를 반정형semi structured으로 구분한다.

다음 절에서는 이들에 대한 상세한 설명과 종류를 살펴본다.

가장 친숙한 정형데이터

최근 코로나바이러스 감염증의 검사자 수, 확진자 수, 사망자 수, 치명률(확진자 중에서 사망하는 비율), 사람의 몸무게, 키, 온도 등과 같은 수치, 운동선수의 등번호, 지하철 출구 번호, 대형마트의 상품 라인 번호, 성별 등과 같이 숫자 형태로 표현되는 데이터는 우리에게 가장 친숙하다. 이런 데이터를 정형structured data데이터라고 한다.

정형데이터는 크게 2가지, 세부적으로 4가지의 개성 있는 형태로 분류된다. 2가지는 양적 데이터와 질적 데이터이고, 4가지는 명목, 순위, 등간, 비율이다. 이들 개념에 대해 살펴보자.

양적 데이터quantitative data는 대소비교가 가능하고, 평균처럼 데이터를 대표할 수 있는 지표를 만들어 제시할 수 있다. 즉, 수치로서 측정되는 관측값들을 의미하고 수치형 자료numerical data 또는 정량자료라고도 한다. 키, 몸무게, 성적, 통화 횟수, 사고 건수 등이 여기에 속한다. 양적 데이터에 대응되는 질적 데이터qualitative data는 대소비교가 불가능하고 식별이나 라벨label 정도의 정보를 제공하는 수준이다. 즉, 관측 결과가 몇 개의 범주category 또는 항목의 형태로 나타나는 자료로서, 관측값의 크기가 아니라 내용이 관심의 대상이 되는 자료를 의미한다. 성별(남 · 여), 선호도, 혈액형, 지역 등에 관한 자료가 질적 데이터이다.

위의 예에 소개된 데이터 중 등번호, 출구 번호, 상품 라인 번호, 성별과 같은 데이터는 질적으로 분류하고 그 외는 양적이다. 여기서 등번호, 출구 번호, 상품 라인 번호는 명칭, 즉 아이덴티티identity(식별)를 나타낸다. 그리고 이들 데이터의 경계가 되는 설문 조사의 응답 형태인 5점 척도(매우 그렇지 않다. 그렇지 않다. 보통, 그렇다, 매우 그렇다), 7점 척도, 10점

척도는 식별과 라벨 속성을 지니고 순위에 대한 정보도 갖고 있다. 이를 순위 데이터라고 한다. 그리고 온도, 올림픽 개최 주기(4년 간격 또는 2002, 2006, 2010, … , 2018) 등처럼 속성 간의 차이를 간격을 균일하게 분할하여 측정하는 등간 데이터가 있다. 이 자료는 비율이라는 몇 배의 개념을 적용할 수 없는 한계점이 있다. 즉, 해당 속성의 절대 영점이 없다는 것으로, 예를 들어 아침 온도가 2도였는데 오후는 10도라면, 8도 정도 상승했다고 표현하지 5배 올랐다고 하지는 않는다. 만약 비율 개념을 적용하면 이는 비율 데이터가 된다.

지금까지 살펴본 4가지 형태의 데이터가 사회과학에서는 척도scale의 개념을 도입하여 명목척도nominal scale, 서열척도ordinal scale, 등간척도interval Scale, 비율척도ratio scale로 구분하고, 자연과학은 모든 데이터는 실수real number에 1:1 대응을 할 수 있는 변수variable 개념을 도입하여 양적 변수, 질적 변수로 분류한다.

〈표 3.1〉에 제시된 것과 같이 정형데이터는 크게 2가지 유형이다. 25명

표 3.1 정형데이터의 분류

자료(data)		척도(scale)	예시
양적	연속형	비율	키, 몸무게, 혈압, 면적, 크기, 부피, 비율, 월 소득, 대출금, 거리, 연봉, 나이, 출산율, 사망률, 국제이동률
		등간	온도, 주기
	이산형	비율	전화통화 횟수, 사고 건수, 불량건수
질적	순위형	서열	선호도, 우선순위, 평가척도(나쁨, 보통, 좋음) 교육의 질(탁월, 양호, 보통, 부실, 불량)
	명목형	명목	혈액형, 성별, 지역, 직업, 학위, 찬반 휴양지, 교통수단, 결혼상태(미혼, 유배우)

으로 구성된 초등학교 6학년 한 반의 몸무게를 생각해보자. 각 자료는 양적 데이터이다. 그런데 선생님이 반 학생을 두 그룹으로 분류하기 위해 40kg 이하와 40kg 초과로 나누어 그룹1과 그룹2로 정의하고, 키도 130cm 이하와 130cm 초과로 분류하였을 경우, 각 그룹에 몇 명의 빈도 정도만 있는 질적 데이터로 변한다. 이처럼 양적 데이터는 질적 데이터로 변경할 수 있다. 하지만 반대는 성립될 수 없다. 이는 정보량의 차이에서 발생한다. 데이터 용어로 '데이터의 정보information of data'에 차이가 있다고 한다. 양적 데이터는 대소비교와 평균 등 다양한 수치 표현이 가능하지만, 질적 데이터는 한계가 있다. 이런 면에서 질적 데이터는 양적 데이터와 비교하여 정보가 적다고 한다.

양적 데이터(정보량이 많음) $\Rightarrow$ / $\not\Leftarrow$ 질적 데이터(정보량이 적음)

다음으로 정형데이터를 정리하는 방법에 대해 알아보자. 코로나바이러스 감염증과 관련된 자료로 설명해 보겠다. 일자별·지역별로 코로나 검사자 수와 확진자 수 사망자 수, 치명률을 정리하면 〈표 3.2〉와 〈표 3.3〉과 같다.

표 3.2 코로나 성별 확진자 현황

날짜	누적 검사자 수	성별	누적 확진자 수(%)	누적 사망자 수(%)	치명률(%)
1.1.00시	176,927	남성	30,169(48.84)	459(50.05)	1.52
		여성	31,600(51.16)	458(49.95)	1.45

* 치명률=(사망자 수/확진자 수)×100
자료: 질병관리본부, 2021.1.1.

표 3.3 코로나 연령별 확진자 현황

구분(세)	확진자 수(%)	사망자 수(%)	치명률(%)
80 이상	3,543(5.01)	672(56.23)	18.97
70~79	5,521(7.81)	334(27.95)	6.05
60~69	11,158(15.78)	139(11.63)	1.25
50~59	13,312(18.82)	36(3.01)	0.27
40~49	10,104(14.29)	9(0.75)	0.09
20~29	9,032(12.77)	5(0.42)	0.06
10~19	11,005(15.56)	0(0.0)	–
0~9	4,477(6.33)	0(0.0)	–

* 치명률=(사망자 수/확진자 수)×100
자료: 중앙방역대책본부

이처럼 질적 데이터와 양적 데이터를 적절하게 표 형태로 행과 열에 명칭을 부여하여 정리한다. 이런 방식의 데이터 구축을 전문용어로 관계형 데이터베이스Relational DataBase, RDB라고 하며, 데이터 구조인 행row(가로)과 열column(세로)로 정리한다는 것이다. 이런 자료 형태는 데이터에 대한 부분 검색과 선택, 수정, 삭제 등의 연산을 손쉽게 수행할 수 있어서 은행, 금융 등 여러 분야에서 활용된다.

인터넷 범용화에 따라 빠르게 성장하는 반정형데이터

누구나 한 번쯤은 한글이나 마이크로소프트MS의 파워포인트·워드프로세서를 활용하여 발표 자료를 만든 경험이 있을 것이다. 일반적으로는 파워포인트의 슬라이드나 한글의 새 문서에 텍스트, 도형, 표 등을 삽입하여 발표 자료를 작성했을 것이다. 그렇다면 인터넷에 나만의 홈페이지나 비즈니스 사이트 등을 개설하고 싶을 때는 어떤 방법이 있을까?

2000년 초반에 홈페이지 만들기가 인기였는데, 이때 사용하는 컴퓨터 언어가 HTMLHyperText Markup Language이었다. 최근에는 XML, JSON, CSS, Bootstrap, PHP, MySQL 등* 정말 다양한 언어들이 있다. 전문가들은 개인 홈페이지를 넘어 사업을 위한 웹 사이트를 만들기 위해서는 이들 중 적어도 5~6개 이상은 숙지해야 한다고 말한다. 이들 전문가에 존경을 표하면서, 필자는 이 분야에 전문가가 아니므로 HTML에 대해서만 간단하게 소개하고자 한다.

인터넷에 게시되는 홈페이지와 여러 연결 링크 등과 같은 사이트는 HTML 언어를 사용하여 구성할 수 있다. 요새 대세는 Facebook, Twitter, 인스타그램, 블로그 등이다. 하지만 이것은 기본적으로 정해진 형식에서 여러 가지 옵션을 추가하여 꾸미는 방식이므로 기본 골격은 변동할 수 없다. 즉, 집을 지을 때 골격을 철재, 목재, 콘크리트로 구성한 후 층을 올려 지붕을 끝으로 집이 완성된다. 그런 다음 인테리어로 집 내부를 장식한다. 이

* XML은 인터넷 웹페이지를 만드는 html을 획기적으로 개선하여 만든 언어로 홈페이지 구축, 검색 기능 등이 향상된 언어이다. JSON은 자바스크립트를 토대로 웹과 컴퓨터 프로그램에서 용량이 적은 데이터를 교환하기 위해 데이터 객체를 속성값의 쌍 형태로 표현하는 형식의 언어이다. CSS는 웹 문서의 스타일을 저장해 둔 스타일 시트이며, 웹 문서를 변경하는데 많은 제약이 따르는 기존의 HTML을 보완하기 위해 만들어졌다. Bootstrap은 웹 사이트, 웹 응용프로그램을 작성하기 위해 사용하는 무료 소프트웨어 도구 모음이다. PHP는 HTML에 포함되어 동작하는 스크립팅 언어이며, 별도의 실행 파일을 만들 필요 없이 HTML 문서 안에 직접 포함하여 사용한다. 또한, C, 자바, 펄 언어 등에서 많은 문장 형식을 준용하고 있어 동적인 웹 문서를 빠르고 쉽게 작성할 수 있다. 끝으로 MySQL은 표준 데이터베이스 질의 언어인 구조화 질의 언어(SQL)를 사용하는 공개 소스의 관계형 데이터베이스 관리 시스템(RDBMS)이다. 리눅스 운영체계와 아파치(Apache) 서버 프로그램, MySQL, PHP 스크립트 언어 구성은 상호 연동이 잘되면서도 공개 소스로 개발되는 무료 프로그램이어서 홈페이지나 쇼핑몰 등 일반적인 웹 개발에 널리 이용되고 있다. (자료: 네이버 지식백과)

때 집의 골격이 HTML이다. 앞에서 소개한 대세들은 골격을 변경할 수 없지만, HTML을 사용하여 웹 사이트를 만들 때는 다르다. 세계 유일의 자신만의 홈페이지가 되는 것이다.

HTML은 〈표 3.4〉처럼 웹 사이트를 제작할 때 사용하는 기본적인 프로

표 3.4 HTML의 사용법과 간단한 웹 사이트 만들기

<table>
<tr><td>구성
방법</td><td>

단계 1. Window 7 이상의 버전에서 메모장을 실행한다.
단계 2. 메모장에 다음의 HTML을 작성한다.

```
〈html〉
 〈head〉
〈title〉Hello HTML〈/title〉
 〈/head〉
 〈body〉
〈p〉Hello World!〈/p〉
〈p〉~This is my Homepage~〈/p〉
 〈/body〉
〈/html〉
```

단계 3. 작성 후 '이름.html'로 저장한다.
단계 4. 저장 폴더에 생성된 아이콘을 실행한다.
단계 5. 작성한 HTML이 잘 적용되었는지 확인한다.

</td></tr>
<tr><td>생성
아이콘</td><td>

Explorer

Edge

Chrome 등

</td></tr>
<tr><td>결과
화면</td><td>

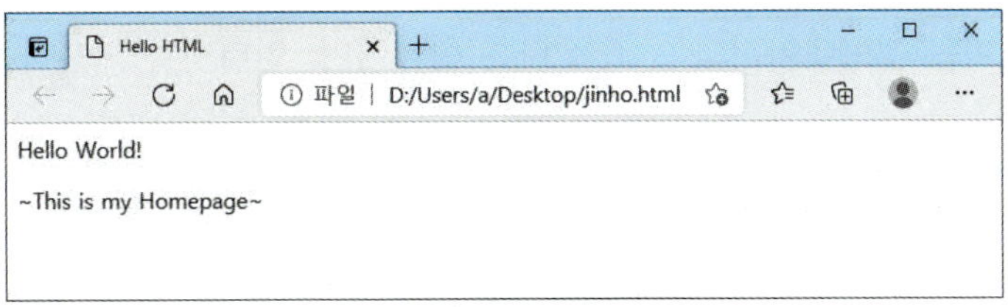

</td></tr>
</table>

그래밍 언어의 한 종류로, 웹 사이트를 구성하는 데 많은 부분을 차지하고 있는 마크업 언어markup language이다. 마크업 언어란 문서의 논리적 구조와 배치 양식에 대한 정보를 표현하는 언어로서 주로 문장, 그림, 표 등은 어떻게 배치하고, 글자의 모양, 크기, 들여쓰기, 줄 간격 등에 대한 정보를 의미한다.

HTML은 〈html〉, 〈/html〉로 시작과 끝, 〈head〉, 〈/head〉로 홈페이지 title, 〈body〉, 〈/body〉로 구성된다. 이 큰 세 골격에서 다양한 글, 음성, 그림 등을 삽입하고 작성할 수 있다. 자세한 설명과 사용법을 원하는 독자에게는 'https://nadogo.tistory.com/164' 사이트를 추천한다. 더 전문적인 홈페이지 작성이나 기술을 배우고자 할 때는 무료로 제공되는 Templates를 참고(https://www.free-css.com/)하는 것도 많은 도움이 된다. 최근에는 HTML로 홈페이지를 작성하는 방법 외에 윅스(Wix, ko.wix.com) 등과 같은 손쉬운 방법도 있지만, 처음에는 직접 HTML로 작성하는 것을 경험해 보길 권하고 싶다.

지금까지 HTML 작성법을 알아보았는데, 본격적으로 HTMLHyperText Markup Language의 의미와 활용에 대해 살펴보자. 'HyperText'는 문서와 문서가 링크로 연결되어 있다는 의미이고, 'Markup'은 정보를 정의하는 하나의 형식인 태그Tag로 이루어져 있다는 것을 의미한다. 모자나 옷에 붙어있는 태그tag라고 이해하면 된다. 즉, 데이터 정보가 기술되어 있다는 것이다. 그리고 'Language'는 언어이다. 정리하면 태그로 문서와 문서가 연결된 언어인 것이다. 여기서 태그는 문서와 문서의 연결 키라고 이해하면 된다.

이는 정형데이터와는 조금 다른 형태이며, 인터넷을 사용하는 요즘 현대인은 HTML의 URLUniform Resource Locator 형태(웹 문서의 각종 서비스를 제공하는 서버들에 있는 파일의 위치를 표시하는 표준)에 대해 익히 알고 있다. 그리고 로그 형태(웹 로그, 센서 데이터)의 데이터도 이 종류에 해당한다.

카페나 마트 등에서 결재에 사용되는 바코드, 상품의 설명 및 관광 안내 등에 사용되는 QR코드QR code, Quick Response code는 흑백 격자무늬 패턴으로 정보를 나타내는 매트릭스 형식의 이차원 코드이며, HTML과 유사한 형태의 데이터이다. 이것은 앞에서 알아본 정형데이터와는 다른 형태이고, 테이블의 행과 열의 관계형 데이터베이스 형태가 아닐뿐더러 수치형도 아니다. 이러한 HTML, 바코드, QR코드는 구조화된 형식으로 정형화할 수 있는 데이터이지만 정형데이터와는 다른 반정형데이터라고 한다. 즉, 수치 형태는 아니지만 구조화 형식으로 처리 과정을 거치면 정보나 수치 형태로 전환할 수 있다. 이를 정형데이터와 구분하기 위해 반정형데이터semi structured data라고 정의한다.

앞의 직장인 출근 예제에서 개찰구에 교통카드를 터치하여 승인 신호와 소리를 듣고 개찰구를 통과하는데, 이렇게 개찰구가 열리는 과정은 로그와 센서 데이터의 출력으로 이어지는 과정의 결과물이다. 또한, 메일을 확인하기 위한 모바일 로그도 일종의 반정형데이터이다. 반정형데이터는 정형데이터처럼 구조화된 관계형 데이터베이스는 아니지만, 데이터 내부에 있는 규칙성을 파악하여 정리할 수 있다. 예를 들어, HTML은 URL 형태로 존재하고, XML, JSON은 오픈 API 형태로 제공되며, 로그 형태는 웹로그나 정보통신기술ICT에서 제공하는 센서 데이터로 분류할 수 있다.

빅데이터와 인공지능 시대 도래에 따른 비정형데이터

정형데이터Structured Data는 수치 형태이지만, 비정형데이터는 문서pdf, 이미지, 음성, 영상, 소셜네트워크Social Network상에서의 댓글, 텍스트 등이 주류이고, 수치형 형태와는 사뭇 다른 형태이다.

앞의 직장인 출근 예제에서 살펴본 '신호등'이 대표적인 비정형데이터이다. 신호등은 적색 · 황색 · 녹색 · 방향 표시(→, ←) 등으로 정보를 제공하는데, 보행자에게 적색은 정지, 녹색은 건널목 횡단, 황색은 곧 신호가 바뀐다는 정보를 전달한다. 최근의 신호등은 영상과 음성을 동시에 제공하여 보행자에게 안전을 보장한다. 이처럼 영상과 음성으로 사람에게 정보를 알려주는 것이 대표적인 비정형데이터이다.

이제 독자들은 우리 주변에 수많은 데이터가 존재한다는 것을 알 수 있을 것이다. 정형·반정형·비정형데이터가 우리 주변에 실시간으로 생산되고 많은 정보를 제공한다. 4차 산업혁명의 주인공은 빅데이터라고 해도 이의가 없을 정도이며, 비정형데이터의 성장 속도가 정형데이터의 성장보다 몇 배나 빠르다. 일각에서는 전체 데이터의 85% 정도가 비정형이고 나머지 15% 정도가 정형 · 반정형이라고 한다. 이처럼 우리는 비정형데이터의 세계에서 살고 있다.

최근 들어 비정형데이터의 빠른 처리 방식과 알고리즘으로 논문이 수없이 쏟아지고 있다. 이들 논문 주제의 키워드는 비정형데이터의 정형데이터화이다. 앞에서 살펴본 음성·문서·그림 등을 기계학습machine learning 처리 과정을 거쳐 정형데이터화하여 분석하는 것이다. 〈표 3.5〉는 데이터 삼 형제와 정보의 양의 관계를 정리한 것이다.

4차 산업혁명 시대 이후에는 비정형〉반정형〉정형의 순서로 데이터가 실시간으로 생산될 것이다. 더불어 비정형데이터의 실시간 생산속도는 정형데이터가 주류였던 시대와는 전혀 다를 뿐만 아니라 크기Volume, 생산속도Velocity, 다양성Variety, 가치Value 그리고 가짜fake가 아닌 진짜 데이터인 진실성Veracity까지 갖추어야 한다. 참고로 얼마 전만 해도 빅데이터 정의는

표 3.5 데이터 삼 형제의 정보량

정형데이터		반정형데이터		비정형데이터	
관계형 데이터베이스 (RDB)	↑	Web pages (HTML, XML, JSON)	↑ ↑ ↑	Audio	↑↑↑
		로그, 센서, E-mail		Image	↑↑↑
				Video	↑↑↑
				Natural Language	↑↑↑
				Documents	↑↑↑

※ ↑는 상대적 성장 속도를 의미하며, 많을수록 빠름을 의미한다.

표 3.6 빅데이터 정의 변천

3V	크기(Volume)+속도(Velocity)+다양성(Variety)
4V	3V+정확성(Veracity)
5V	4V+가치(Value)
6V	5V+시각화(Visualization)

3V(크기, 생산속도, 다양성)였다. 여기에 진실성이 추가되어 4V가 되었고, 가치Value(쓸모 있는 데이터)까지 추가되어 빅데이터 5V로 진화하였다. 최근에서 데이터 시각화Visualization가 주목받고 있어 이를 포함해 빅데이터 정의는 6V라고 칭하기도 한다〈표 3.6〉.

데이터 삼 형제를 수집하는 방법은 무엇일까?

정형, 반정형, 비정형의 데이터 삼 형제를 살펴보았다. 이들 데이터는 우리

의 노하우로 음식을 만든다. 그리고 우리에게 맛있는 음식이 제공된다. 이때 주방은 라이브러리이고, 메뉴판 음식은 API라고 할 수 있다. 도서관에서 필요한 책을 빌리는 것처럼 주방은 모든 음식을 만들 수 있는 라이브러리이고 메뉴판의 음식은 우리가 음식을 선택할 수 있게 정보를 제공한다. 이처럼 API는 메뉴판의 음식과 같으며, 그것이 공개된 것을 우리는 Open API라고 한다. 더 쉽게 설명하면 메뉴판의 음식이 라이브러리와 제공되는 음식을 연결해주는 매개체인 것이다. 그리고 이 메뉴판의 음식이 공개되면, 이를 Open API라고 명명한다.

매일경제신문 시사 용어사전에 따르면 Open API는 '인터넷 이용자가 일방적으로 웹 검색 결과 및 사용자 인터페이스 등을 제공받는 데 그치지 않고 직접 응용프로그램과 서비스를 개발할 수 있도록 공개된 API를 말한다.'라고 설명하고 있다. 애플리케이션 '포켓몬 고Pokemon GO'는 구글 지도 Open API를 이용한 것이고, 금융권은 Open API를 활용하여 지급, 결제, 송금 등을 실행한다. 이런 Open API는 실시간 데이터 수집에 활용될 수 있다.

스트리밍

스트리밍streaming은 재생이란 뜻으로, 인터넷이나 온라인상에서 음성, 오디오, 비디오 등을 실시간으로 재생하는 것을 의미한다. 우리에게 동영상 스트리밍, 온라인 스트리밍 대명사인 넷플릭스의 스트리밍처럼 익숙한 표현이다. 즉, 스트리밍은 인터넷에만 연결되어 있다면, 동영상을 저장하지 않고 실시간으로 재생하여 시청할 수 있게 하는 것을 말한다. 가끔 화면이 중지되면서 '스트리밍 중입니다.'라는 자막을 본 경험이 있을 것이다. 유튜브, 각종 인터넷 동영상을 재생하는 것도 스트리밍 방식에 포함된다고 할 수 있다. 이처럼 인터넷에서 음성, 오디오, 비디오 데이터를 실시간으로 수집하는 기술을 스트리밍이라고 한다.

Aggregator

우리가 인터넷에 '보험'이라고 검색하면 여러 보험 상품을 비교 선택해주는 사이트를 쉽게 찾아볼 수 있다. 이런 사이트들은 여러 보험 상품의 장단점들을 한 사이트에 모아aggregate 정리하여 보여준다. 이처럼 여러 회사의 상품이나 서비스에 대한 데이터를 모아 하나의 웹 사이트에 제공하는 사이트site를 에그리게이트 사이트aggregate site라고 한다. 흔히 뉴스, 보험 제공 웹 사이트는 이러한 방식으로 정보를 모아 제공한다. 이때 정형데이터의 관계형 데이터베이스에서 정형데이터를 수집하여 한곳에 모아 분산파일시스템 등에 저장하는 오픈소스 기술을 RDB Aggregator라 하고, 웹서버 로그, 웹로그, 클릭 로그 등 각종 로그 반정형데이터를 수집하는 오픈소스 기술을 Log Aggregator라고 구분한다.

이처럼 데이터의 종류에 따른 데이터 수집기술은 다양하다. 〈표 3.7〉은 데이터 형태에 따른 수집기술을 연결한 것으로, 웹 크롤링, 스트리밍, RSS는 비정형데이터, Log Aggregator는 반정형데이터, 그 외는 정형·반정형·비정형데이터 수집에 모두 적용되는 기술로 관련지을 수 있다.

표 3.7 데이터 형태에 따른 수집기술

데이터의 형태	데이터의 수집기술	데이터의 종류
정형	OPEN API	〈표 3.1〉 참고
반정형	Log Aggregator, OPEN API, FTP, RSS	로그, 신호, 센서 등
비정형	OPEN API, 웹 크롤링, 스트리밍, RSS, FTP	소리, 영상, 텍스트, 자연어 등

인공지능 학습용 데이터 라벨링

데이터 라벨링data labelling은 AI 알고리즘의 고도화를 위해 AI가 스스로 학습할 수 있는 형태로 데이터를 가공하는 작업을 일컫는다. 일반적으로 AI는 사람이 사용하는 문서나 사진들의 데이터를 식별할 수 없다. 이 경우 AI가 스스로 학습할 수 있는 형태로 데이터를 가공해야 한다. 이러한 작업을 데이터 라벨링이라고 한다. 예를 들어, 앞·뒤·옆 등에서 다양한 각도에서 찍은 고양이 사진에 고양이라고 라벨label(인식표 또는 명칭)을 달아 학습을 시킨 후, 이런 학습능력을 갖춘 AI에게 유사한 이미지를 보여주면 고양이로 인식할 수 있는 것이다.

〈그림 3.4〉는 아마존웹서비스AWS에서 공개한 대표적 데이터 라벨링 작업을 보여준다. 사진 속 물체를 '박스로 묶기', '이미지 분류', '시맨틱 분할'로 분류한 것을 보여주며, 〈그림 3.5〉는 이 방법을 적용한 거리 풍경 사진의 데이터 라벨링 작업 결과이다. 하나는 박스로 묶기 작업으로 차량의 종류 등을 구분하여 데이터 라벨링한 것이고, 다른 하나는 시맨틱 분할로 하

박스로 묶기	이미지 분류	시맨틱 분할
사진 속 물체를 박스로 표시	해당 사진이 어떤 장면·사물인지 분류	사진 내에서 픽셀 단위로 객체를 분류

그림 3.4 데이터 라벨링 작업 방법
자료: 아마존웹서비스(AWS)

(a) 박스로 묶기 방식

(b) 시맨틱 분할 방식

그림 3.5 거리 풍경 사진의 데이터 라벨링
자료: 아마존웹서비스(AWS)

늘, 도로, 차량, 초목 등으로 분류하여 라벨링한 것이다.

요즘 이런 작업을 하는 사람을 데이터 라벨러data labeller라 하고, 정부는 2020년 5월 공공 및 청년 일자리 창출계획, 7월 한국형 뉴딜 종합계획에서 데이터 라벨링을 위한 청년 일자리 10만 개를 만들겠다고 밝힌 바 있다. 구글, 페이스북 등이 빅데이터를 많이 가지고 있다는 말은 라벨링된 데이터를 많이 보유하고 있다는 것으로도 해석할 수 있다.

최근 들어 AI 데이터 라벨링 아르바이트를 추천하는 사이트가 뉴스나 실시간검색에서 자주 등장하고 있다. 데이터 과학에 관심이 많다면 한 번쯤 인터넷 검색에 '데이터 라벨링' 또는 '라벨링 데이터'를 검색하여 살펴보는 것도 많은 도움이 될 것이다. 또는 시간적 여유가 있다면 투잡two-job이나 시간제part-time로 데이터 라벨링 아르바이트를 추천하고 싶다.

03

데이터 구조

요즘 '웰빙well-being'과 '삶의 질'이라는 단어가 주목되고 있으며, 전원주택에 대한 관심도 높아지고 있다. 복잡한 시내를 잠시 벗어나면 전원주택 단지를 쉽게 찾아볼 수 있는데, 다양한 구조를 선보인다. 방향, 지붕 모양, 목조, 철재, 2층, 단층, 2중 구조, 블록 모양들 각양각색이다. 이와 유사하게 데이터도 다양한 구조structure를 지니고 있다.

데이터 구조는 데이터의 특성과 데이터 간의 관계를 논리적logical 관점에서 나타낸 틀이다. 여기서 논리적 관점으로 나타낸 구조는 계층hierarchy, 나무tree, 네트워크network, 큐queue, 스택stack, 연결리스트Linked list, 그래프graph 등이 있고, 형식으로는 벡터vector, 배열array, 행렬matrix, 리스트list, 데이터프레임dataframe, 튜플tuple, 딕셔너리dictionary 등이 있다. 이런 다양한 데이터 구조와 형식은 데이터를 쉽게 탐색하고 수정할 수 있도록 데이터를 저장하고 구성하는 기술이다. 이번 절에서는 이들에 대해서 살펴보고자 한다.

계층, 나무, 네트워크 데이터 구조

데이터의 특성과 상·하위 관계를 나타낸 구조로는 계층, 나무, 네트워크(망)가 있다. 계층구조는 상위와 하위레벨의 데이터가 1:1 매칭되는 구조이며, 나무구조는 계층구조에서 상위 하위의 순방향의 하위레벨 데이터에 대해서 1대 2 또는 3 또는 n의 관계를 허용하는 구조이다. 마지막으로 네트워크는 망구조라고도 하며 나무구조에서 순·역방향도 1대 n의 관계로 구성되는 구조이다.

예를 들어보자. 우리는 편지를 보내기 위해 주소를 쓴다. 이때 큰 개념에서 작은 개념(서울특별시 ○○구 ○○로 ○○) 순서로 쓴다. 즉, 큰 분류에서 작은 분류로 구조화되어 있다. 이를 계층구조라고 한다. 상위와 종속의 구조 개념이다. 따라서 종속의 속성값은 반드시 상위 속성값에 있어야 하는 구조이다. 나무구조는 계층구조와 같게 상위는 1개만 존재하지만, 종속은 여러 개일 수 있다. 그리고 네트워크 구조는 나무구조의 양방향(순방향·역방향)을 형성할 수 있는 구조이다. 〈그림 3.6〉은 이들의 관계를 보여준다.

이들 세 가지는 서로 계층적 관계이므로 데이터를 삽입하거나 삭제할

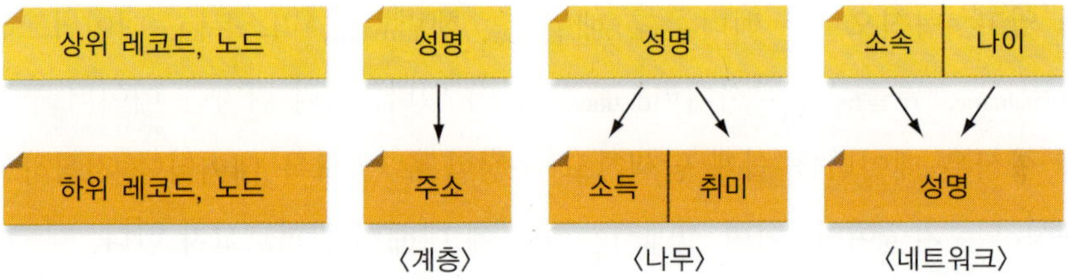

그림 3.6 계층, 나무, 네트워크 구조
※ 레코드, 노드란 데이터 개념과 유사하고, 이들 관계를 논리적으로 나타낸 구조이다.

수 있다. 특히 나무 형태가 이진형으로 구성될 경우 검색시간이 매우 빠르지만, 노드 재배열 속도가 느리다는 특징이 있다. 계층은 1:1 매칭으로 서로 간의 정보를 공유하고 있지만, 나무와 네트워크인 경우 하위노드는 상위노드에 대한 정보를 보유하고 있지 않다.

컴퓨터가 이해하는 데이터 형식

데이터 형식은 데이터가 어떤 모양을 나타내고 있는지를 정의한다. 컴퓨터는 데이터를 처리할 때 인간과 다르게 컴퓨터가 인식할 수 있도록 데이터 형식을 정의해 주어야 한다. 이를 기반으로 컴퓨터는 어떻게 데이터가 구성되어 있는지를 인식한다. 주로 사용되는 개념은 벡터vector, 튜플tuple, 배열array, 행렬matrix, 리스트list, 데이터프레임dataframe이다. 〈그림 3.7〉을 살펴보면 이들 관계와 개념에 대해 쉽게 이해할 수 있다. 상단의 그림은 『R in Action』의 저자인 Kabacoff의 그림이고, 하단의 그림은 'CLOOM 누구나 쉽게 따라할 수 있는 R 프로그래밍' 강좌에서 소개된 그림이다. 거의 비슷한 그림이지만 하단그림은 상단그림에 추가 설명과 List를 Lists로 변환하여 다양한 list 형태를 보여주고 있다.

데이터 형식은 기본이 되는 벡터vector, 튜플tuple 또는 배열array로부터, 벡터가 여러 개 모인 행렬matrix, 이런 행렬이 여러 개 있는 배열array, 가장 많이 쓰이는 데이터 구조로 행렬의 일반화된 버전으로 볼 수 있는 데이터프레임Dataframe 그리고 앞에서 설명된 데이터 구조들의 결합 구조라고 할 수 있는 리스트List가 있다. 그럼 이들의 개념을 알아보자.

벡터vector는 모두 동일한 데이터 유형을 가진 값 모음이다. 벡터의 요소

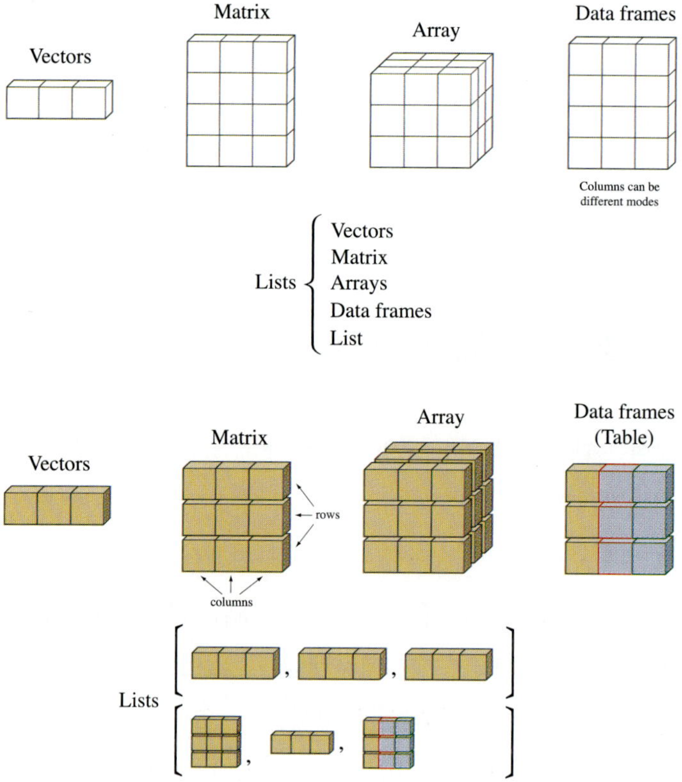

그림 3.7 데이터 형식
자료: Kabacoff(2015), R in Action(23p). CLOOM 누구나 쉽게 따라할 수 있는 R 프로그래밍

는 모두 숫자인 숫자 벡터 또는 모든 문자 값을 지정하는 문자 벡터를 포함한다. 벡터는 데이터 세트의 단일 변수를 나타내는 데 사용된다. 원소 벡터 atomic vector는 항상 1차원 데이터이다. 벡터 데이터 형식은 숫자, 문자 등 원소들의 집합으로 이루어진 배열array이다. 동일한 자료형의 값이 여러 개 연속되어 있다는 의미이다. 벡터는 한 가지의 데이터 타입(문자형, 숫자형, 논리형 등)만을 가질 수 있는 특징을 가지고 있으며, 원소 중 문자가 하나

라도 있으면 문자 벡터가 된다.

튜플tuple이란 셀 수 있는 수량의 순서 있는 열거이다. n개의 데이터를 가진 튜플을 'n-튜플'이라 한다. 이는 수학 개념인 벡터vector를 나타내는 데 자주 활용된다. 튜플 표기 방식은 데이터를 괄호 안에 쉼표로 구분되게 나열하여 표기한다. 예를 들어 10개의 10-튜플은 (1, 3, 5, 7, 9, 2, 4, 6, 8, 10)이다. 괄호 외에도 대괄호[ ]나 화살표〈 〉를 사용하기도 한다. 통계프로그램 R은 괄호 방식을, 파이썬Python은 대괄호나 화살표를 사용한다.

배열array은 차원을 가지며, 1차원의 벡터, 2차원의 행렬은 컴퓨터에서는 배열로서 표현되어 처리된다. 2차원 데이터 구조를 쌓아 올린 형태로, 행렬 형태의 데이터를 층위별로 저장한다. 컴퓨터가 벡터나 배열을 생성할 때 인덱스index([0], [1] 등으로 표현하며 순서를 의미함)를 만든다. 이런 인덱스는 자료 탐색이나 수정에 유용한 기능을 제공한다.

행렬matrix은 모두 같은 유형을 갖는 2차원의 값 모음이다. 값은 행과 열로 배열되어 있다. 벡터는 원소들의 집합인 1차원이지만, 행렬은 행과 열로 이루어진 2차원의 데이터 형태이다. 벡터에서는 데이터의 위치를 표시할 때 인덱스로 표시하지만, 행렬에서는 '행row'과 '열column'로 표기한다.

데이터프레임dataframe은 매트릭스와 같이 모두 길이가 같은 벡터 모음이지만, 각 컬럼column은 다른 데이터 유형을 포함할 수 있다. 데이터 프레임을 사용하여 전체 데이터 세트를 나타낼 수 있다. 데이터 프레임 또한 2차원 형태의 데이터 구조로, 행렬과 다른 점은 서로 다른 유형의 데이터가 저장될 수 있다는 것이다.

리스트lists는 내부 구성 요소들이 어떤 데이터 자료 형태여도 상관없다. 심지어 리스트 안에 리스트도 가능하다. 벡터와 비슷하나 벡터와 달리 여러 자료형의 데이터를 섞어서 저장할 수 있다. 문자와 숫자를 섞어서 저장

딕셔너리	1	〉〉〉 d=dict(a=1,b=2,c=4) 〉〉〉 d 'a':1,'b':3,'c':5
	2	〉〉〉 color 'apple':'red','banaba':'yellow' 〉〉〉 color["cherry"]="red" 'cherry':'red','apple':'red','banaba':'yellow'

※ 파이썬은 인덱스가 0부터 시작한다.

는 인덱싱을 이용하여 잘라서 붙여넣는 방식을 사용한다. 예를 들어, (1, 2, 3, 4, 5)를 (1, 2, 3, 0, 5)로 바꾸기 위해서는 (1, 2, 3)+(0)+(5) 방식으로 바꿔야 한다. 이런 번거로움 때문에 튜플을 리스트로 변환한 뒤에 인덱스를 활용하여 변경하거나, del, remove 함수를 사용하여 삭제한다.

다음은 스택stack, 큐queue, 연결리스트linked list이다. 스택은 LIFOLast in First Out 구조로 되어 있어 가장 먼저 들어온 데이터가 가장 나중에 처리되는 구조이다. 테니스공 케이스를 상상하면 이해가 쉽다. 맨 마지막에 넣은 공이 제일 먼저 나오는 것이다. 흔히 키보드의 'back space' 버튼이 스택으로 구현된 예이다. 가장 나중에 입력한 글자를 제일 먼저 지우는 것이다. 〈그림 3.8〉의 좌측이 스택 구조를 나타내고 있다. 즉, 0, 1, 2, 3은 데이터 입력 순서를 뜻하고 맨 마지막을 입력된 3번 데이터가 가장 먼저 나가는 구조이다.

큐는 스택과는 다른 FIFOFirst in First Out 구조이다. 이것은 식당에서 먼저 주문한 사람이 먼저 음식을 받는 것과 같다. 이 구조는 요청에 따른 실시간으로 데이터를 제공하는 구조에 유용하다. 〈그림 3.8〉의 가운데가 큐 구조를 나타내고 있다. 스택과 반대구조임을 알 수 있다.

연결리스트는 데이터와 노드라는 형태를 가지고 있다. 이때 노드는 다음 노드에 대한 포인터가 포함된 것이다. 이 방식은 경연방식에서 다음 후보를 지명할 때 사용되는 것과 같다. 예를 들어, 예전 인기리에 방송되었던 '싱어게인'에서 'All A'를 받은 가수가 경쟁상대를 지목하는 것처럼 말이다. 이런 방식으로 데이터를 연결하는 것을 연결리스트라고 한다. 배열은 자료를 연속된 형태의 미리 정해진 크기의 공간에 저장하므로, 배열의 크기가 크면, 기억장치의 공간을 너무 많이 요구하므로 자료의 삽입 및 삭제가 번거롭다. 이런 경우를 보완한 것이 바로 연결리스트이다. 〈그림 3.8〉의 우측이 연결리스트를 보여준다. 머리노드인 3번 데이터는 5번 데이터와 연결되는 포인터를 가지고 있고, 5번 데이터는 11번 데이터와 연결되는 포인터를 포함하고 있다.

끝으로 그래프graph를 소개한다. 그래프는 연결된 데이터 간의 관계를 표현하는 데이터 구조이다. 어떤 목적지에 가기 위해 대중교통을 이용할 때 노선도를 확인한다. 특히 지하철이나 버스에서 이런 노선도를 쉽게 찾아볼 수 있는데, 이것은 그래프 구조의 한 종류이다. 이외에도 배관 시설, 인간관계 로드맵, 소셜네트워크 망 등을 표현할 때 자주 사용된다. 이처럼

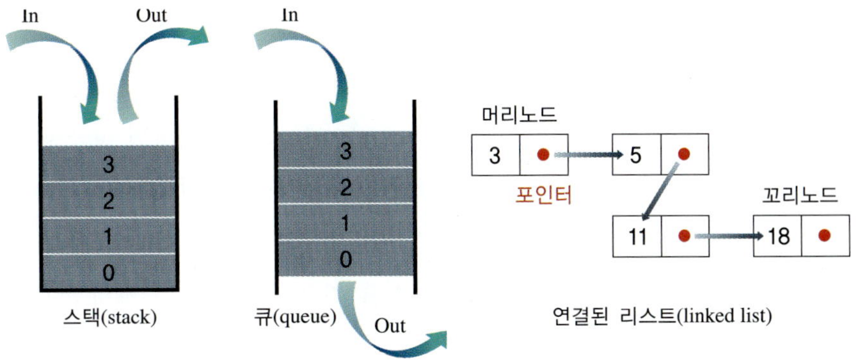

그림 3.8 스택, 큐, 연결리스트

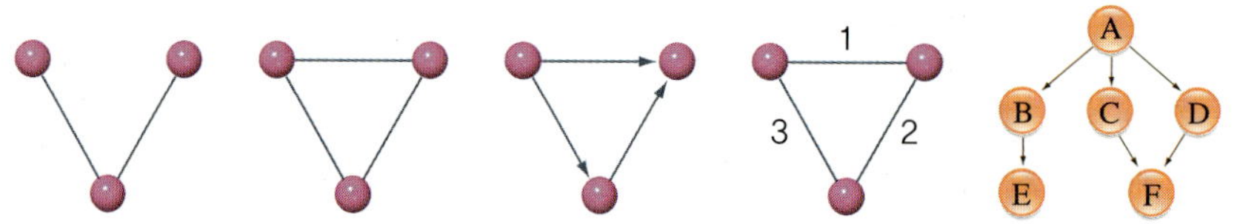

그림 3.9 그래프 종류

그래프는 다양한 유형의 데이터 간의 관계를 쉽게 나타낼 수 있는 유용한 도구이다. 그래프는 주요 부분은 노드 이외에 엣지edge가 있다. 즉, 그래프는 연결할 객체를 나타내는 노드node 또는 정점vertex과 이를 연결하는 엣지로 표현한다.

〈그림 3.9〉는 그래프의 종류를 보여주고 있다. 좌측부터 열린 구조, 방향성 없는 갇힌 구조, 방향성 있는 갇힌 구조, 엣지의 가중치를 고려한 방향성 없는 갇힌 구조, 머리노드와 하위노드를 방향성과 함께 보여주는 그래프 등을 나타내고 있다.

이제 그래프가 어떤 원리로 데이터를 검색하는지 그래프 알고리즘에 대해 알아보자. 그래프 알고리즘에는 DFS와 BFS의 두 가지 방식이 있는데, DFSDepth First Search는 초기 머리노드에서 맨 아래 노드까지 검색한 뒤, 아래 노드가 더 없으면 가장 최근의 노드로 되돌아가는 것으로 스택stack이 여기에 해당한다. BFSBreadth First Search는 머리노드에서 데이터를 탐색하기 시작해서 인접한 모든 노드를 탐색한다. 모든 인접 노드를 탐색하면 다음 하위의 인접 노드를 선택하고 인접 노드를 검색하는 과정을 반복한다. 이렇게 마지막 목표 하위노드까지 도달하면 탐색을 마친다. 〈그림 3.9〉 우측의 노드와 방향성 그래프에 대해 DFS 검색방식을 적용하면, 데이터 검색 순서는 A→B→E→C→F→D이고, BFS 검색방식을 적용하면, A→B→C→D→E→F이다.

04 텍스트 데이터와 자연어 처리

이번 절은 문서와 자연어natural language(통상 인간 언어)를 컴퓨터가 어떤 과정으로 수집하고 처리하는지에 대해 살펴본다. 여러 장의 문서에서 자주 노출되는 단어를 추출하여 핵심 내용을 그림으로 전달하는 워드클라우드, 그 외에 다양한 방법으로 문서를 처리하는 텍스트 데이터 처리법을 이 절에서 다룬다. 그리고 '인공지능이 쓴 기사', '문학적 작품을 인공지능이 쓴다'라는 믿지 못할 사실이 현실이 되어버린 자연어 처리 등을 살펴본다.

텍스트 데이터와 수집 방법

텍스트 데이터text data는 문헌 및 문서자료를 의미한다. 텍스트는 전통적으로는 문헌 및 문서자료만 의미한다고 하지만, 인터넷 사용자 증가에 따른 신문, 메일, 뉴스, 잡지, 연구 자료, 보고서 등도 포함한다. 우리가 자기소개서나 어떤 관심 분야에 대한 글을 작성할 때, 강조하고 싶은 단어는 여러 번 사용하거나 유사한 단어를 차용한다. 그리고 '서론-본론-결론' 또는 '기-승-전-결'과 같은 문장 구조를 주로 사용한다. 이처럼 텍스트 데이터의 특징은 문장의 목적과 시간의 흐름에 따라 문서에 담긴 내용의 변화를 도출할 수 있다는 점이다.

2000년 초에는 데이터 마이닝Data Mining이 각광을 받았다. 이것은 자료인 데이터와 광산인 마이닝의 합성어로 데이터에서 정보를 추출한다는 의미에서 탄생하였다. 수많은 자료에서 진주 같은 정보를 캐내는(광산에서 석탄을 캐내듯) 것이야말로 통계분석에서 핵심이다. 이를 위해 데이터 마이닝 기법이 많이 활용되었다. 최근에는 이와 유사한 텍스트 마이닝이 관심을 끌고 있다. "Miner 등(2012)"*은 텍스트 데이터 분석의 특징을 반영한 텍스트 마이닝 기법을 표현하였는데, 데이터 마이닝과 유사하게 텍스트 데이터로부터 유용한 진주 같은 정보를 추출하는 것이다.

앞장에서 비정형데이터를 수집하는 방법에 대해 소개한 적이 있다. 소리, 영상, 텍스트, 자연어 등이 비정형데이터 주류이다. 일반적으로 텍스트를 수집하는 방법은 Open API, 웹 크롤링, FTP, RSS 등이 있는데, 여기서는 웹 크롤링에 대해 상세히 다루기로 한다.

웹 크롤링은 이는 웹 페이지web page 내에 등장하는 여러 종류의 웹 문서에서 정보를 추출하는 것을 의미한다. 인터넷 사용자의 증가로 여러 종류의 웹 문서가 등장하였다. 따라서 검색 전에 웹 문서의 표준화standardization가 중요하다. 이는 웹 문서 규격화와 검색의 최적화로 설명할 수 있다. 규격화는 검색의 규격에 맞게 웹 문서가 만들어져야 하는 것을 말하고, 최적화는 자동화 봇bots인 검색 로봇이 해당 웹 문서의 내용을 최대한 많이 긁고(크롤

* Miner 등(2012), Practical text mining and statistical analysis for non-structured text data applications. Academic Press.

링 과정), 수집된 문서에 분석가가 원하는 검색어에 대해 최대한 상위에 노출(인덱싱 과정)되도록 하는 것을 말한다. 이처럼 웹 크롤링이 이루어지려면 규격화와 최적화를 갖춘 웹 문서 생성이 중요하다.

웹 문서에서 데이터를 추출하는 기술은 웹 스크래핑과 크롤링 두 가지가 있다. 전자는 웹 사이트상에서 원하는 정보를 추출하는 기술을 말하고, 후자는 데이터를 긁어 오는 기술이다. 웹 스크래핑이나 웹 크롤링의 자동 로봇을 웹 크롤러web crawler라고 정의하며, 정해진 규칙에 따라 여러 개의 웹 문서를 브라우징browsing하는 컴퓨터 프로그램이다.

최근 웹 크롤러web crawler는 앤트ants, 봇bots, 웹 로봇web robot, 웹 스파이더web spider 등으로 다르게 명명되고 있다. 구글에 'web crawler'를 검색하면 웹 사이트 문서들을 웹 크롤링하는 20가지 도구•들을 소개하고 있다. 이 사이트를 방문하면 Octoparse, Cyotek WebCopy, HTTrack, Getleft, Scraper 등을 소개하는데, 주요 크롤링 원리는 크롤링과 인덱싱 과정을 포함하고 있다. 관심 있는 독자들은 한번 방문해 보기를 권한다.

텍스트 데이터 처리, 분석과 프로그램

우리는 앞 장에서 세 종류의 데이터를 배웠다. 정형데이터와 반정형·비정형데이터의 차이는 수치화의 유무이다. 반정형·비정형데이터는 수치 형태가 아니다. 텍스트 데이터는 비정형데이터이다. 그러면 텍스트 데이터로부터 숨겨진 정보를 잘 추출하기 위해서는 어떻게 수치형 데이터로 표현해야

• Top 20 Web Crawling Tools to Scrape the Websites Quickly, https://www.octoparse.com/blog/top-20-web-crawling-tools-for-extracting-web-data

할까? 이런 과정은 몇 가지 가설hypothesis과 가공과정이 필요하다.

먼저 텍스트 데이터를 분석을 위한 기본 가설로서 통계적 의미론 가설statistical semantic hypothesis, 단어주머니 가설bag-of words hypothesis 등이 있다. 텍스트 데이터 전처리를 위한 가공과정은 토큰화, 대소문자 변환, 문장부호 삭제, 어간 추출과 원형 복원, 불용어 삭제 등으로 구성된다. 이들 과정의 상세한 설명과 원리는 본서의 수준을 뛰어넘으므로 개념 정도만 소개한다. 최근 통계프로그램 R, Python 등은 텍스트 데이터 전처리 과정을 패키지로 구현하여 사용자에게 제공하고 있다.

텍스트 데이터는 같은 의미라도 작성자에 따라 다양한 단어와 문장 구조를 사용하여 표현한다. 이런 점에서 수치형 데이터로 정형화하는 과정은 쉽지 않다. 하지만 작성자가 문장을 통해 표현하고자 하는 바가 같은 경우, 사용하는 단어들에 유사성이 존재한다는 통계적 의미론 가설과 사용된 단어들의 빈도frequency가 텍스트 데이터의 의미를 결정하는 중요한 단서가 된다는 단어주머니 가설이 있다. 이 둘의 가설은 합리적이며, 특히 단어주머니 표현방식은 텍스트 데이터를 단어 단위로 분해한다는 점에서 텍스트 데이터의 수치화 기법에 자주 활용되고 있다.

단어주머니 가설에서는 단어의 정의가 중요하다. 텍스트 데이터에서 고유한 의미가 있어 더는 분해가 불가능한 하나의 독립 단위를 토큰token이라 한다.* 토큰의 기본 구분 방식은 문장의 공백이다. 하지만 이 토큰화 과정에서 발생하는 문제점이 두 가지가 있는데 축약contraction된 표현과 n-그램n-gram이 있다. 예를 들어, 영어에서 'they are'와 'they're'가 축약에 해당하고, 'give'와 'give up'이 n-그램에 해당한다. 아포스트로피(')가 들어간 축약은 둘

* Webster and Kit(1992), Tokenization as the initial phase in NLP, in COLING 1992, vol. 4: The 15th International Conference on Computational Linguistics, USA.

로 분리하여 'they'와 'are' 단위로 보는 것이 타당하고, '주다'라는 뜻의 give와 '포기하다'의 숙어 표현인 give up은 전혀 다른 의미이므로 각각을 하나의 의미 단위로 간주하는 것이 바람직하다. 이처럼 단일 의미가 있는 토큰 단위로 나누는 것을 토큰화tokenization라 한다. 그런데 한글 텍스트 데이터인 경우 영어와는 달리 공백을 기준으로 토큰화가 어려운 경우가 많다. 한글은 '우리는'처럼 '어미(우리)+조사(는)', '책상이'처럼 '명사+어간' 등과 같은 공백 없이 결합한 경우가 많다. 하지만 "장영재 외 2인(2020)"[••]에 따르면 우리말에서는 명사와 어간과는 달리 조사와 어미는 문법적인 기능을 담당하고 있어 문장의 전반적인 의미를 파악하는 데는 크게 어렵지 않다고 한다.

다음으로 영어에서만 고려해야 하는 대소문자 변환, 영어, 한글과 공통으로 살펴봐야 할 문장부호 삭제이다. 영어에서 제목에 쓰인 대문자와 문장의 첫 글자로 쓰인 대문자는 소문자로 변환해야 한다. 문장부호(마침표(.) 쉼표(,), 쌍점(:), 쌍반점(;) 등)는 문법적 의미 이외는 별다른 의미를 지니지 않지만, 문장에 따라 전혀 다른 의미를 지니기도 한다. 영어에는 약어 표현이 많다. 예를 들어 워싱턴Washington을 약어로 Wash.로 표현한다. 이때 '.' 문장부호를 삭제하면 Wash가 되어 전혀 다른 의미의 단어가 된다. 이런 문제를 해결할 수 있는 것이 정규표현식regular expression이다. 영어인 경우 알파벳, 대소문자, 공백, 탭, 숫자, 문장부호, 줄 바꾸기 등과 같은 문자열이 어떻게 구성되어 있는지 나타내기 위해 사용되며, 이를 사용하면 텍스트 데이터에 포함된 이들을 간편하게 나타낼 수 있다.

끝으로 어간 추출stemming, 원형 복원lemmatization, 불용어stopword 삭제이다. 영어 단어 'love', 'loving', 'loved' 등은 모두 동일한 'lov–'인 어간을 가지고 있고

•• 장영재, 손원, 황희진(2020), 비정형데이터 분석, KNOU Press.

'사랑하다'라는 의미를 내포하고 있다. 이때 이들 단어에서 공통된 형태인 어간 'lov'를 추출하는 작업을 어간 추출이라 한다. 이와 달리 'give', 'gave', 'given'처럼 동사의 현재, 과거, 과거분사인 경우 공통형태 어간을 추출하는 게 쉽지 않다. 따라서 이 경우를 대비해 미리 정해 둔 사전을 이용하고 부분적으로 규칙성을 이용하는 어간 추출 알고리즘 방식*을 적용한다.

또한 'get, got, gotten', 'run, ran, run'처럼 'g–, r–'을 어간 추출하는 문제, 'good, better, best'처럼 유사의미지만 어간 추출이 어렵다는 문제도 있다. 이처럼 불완전한 측면이 있는 어간 추출과는 달리 변형되기 전 단어의 원해 형태인 원형lemma으로 단어를 복원하는 원형 복원이 있다. 원형 복원을 통해 얻어지는 토큰은 사전에서 확인 가능한 형태의 단어가 된다. "아이젠스테인Eisenstein(2019)"**은 어간 추출과는 달리 원형 복원은 단어별로 특성에 맞는 방법으로 원형을 찾는 방식이어서 어간 추출과 비교하여 상대적으로 오류가 적다고 하였다.

더불어 영어문장에서는 정관사, 부정관사, 전치사, 접속사의 출현이 많다. 이들은 문장에서 의미를 결정(내용어, content word)한다기보다는 문법적인 기능을 나타내어 기능어function word라고 한다. 여러 장의 영어문장을 텍스트 데이터 처리를 하면 기능어와 내용어의 빈도frequency 차이는 절대적으로 기능어가 높다. 이렇게 출현빈도는 높지만, 텍스트 데이터 분석에 도움이 되지 않는 단어들을 불용어stopwords라고 하며, 이를 삭제하는 과정을 불용어 삭제라 한다.

정리하면 텍스트 데이터의 전처리 과정은 2개의 가설 기초로 토큰화,

* Weiss, S.M. Indurkhya, N., Zhang, T., & Damerau, F. (2010), Text mining: predictive method for analyzing unstructured information, Springer Science&Business Media.

** Eisenstein, J. (2019). Introduction to Natural Language Processing, MIT Press.

대소문자 변환, 문장부호 삭제, 어간 추출과 원형 복원, 불용어 삭제로 〈표 3.9〉와 같다.

지금까지 텍스트 데이터의 처리 과정와 분석에 대해 살펴보았다. 이런 전처리 과정을 R이나 Python에서 텍스트 분석 관련 패키지를 설치하여 텍스트 데이터 전처리 과정을 구현할 수 있지만, R, Python을 처음 사용하는 사용자에게는 적지 않은 부담감이 존재한다. 따라서 텍스트 데이터를 빠르고 쉽게 분석할 수 있는 워드클라우드word Cloud를 소개하고자 한다. 워드클라우드는 워드word와 클라우드Cloud의 합성어로 텍스트에서 노출 빈도가 높은 단어에 가중치를 적용해 상대적으로 글자를 크게 보여준다. 마치 하늘에 뜬 다양한 크기의 구름처럼 표현한다고 해서 붙여진 이름인 워드클라우드는 텍스트 데이터 시각화 분석툴이다. 누구나 작문이나 작사할 때 강조하고자 하는 부분은 단어를 반복하거나 유사표현을 사용한다.

예를 들어보자. 다음 예시는 그룹 빅뱅big bang 멤버인 지드래곤G-dragon의 '삐딱하게'라는 노래의 가사정보이다. 가사가 반사회성을 띤다는 비판을 받지만, 경쾌한 리듬과 뛰어난 작곡 실력이 있다는 평가를 받은 곡이라 선정하였다. 처음 이 가사를 살펴보면 반복되는 가사는 '없어', '삐딱하게', '오늘밤은', '네가', '따윈' 등이 있다. 이런 짧은 글에서는 한눈에 쉽게 반복

표 3.9 텍스트 데이터 전처리 과정

가설	통계적 의미론 가설, 단어주머니 가설
토큰화	공백에 따른 단어 분해, 하나의 의미 단위
대소문자 변환, 문장부호 삭제	정규 표현 활용
어간 추출, 원형 복원	어간 추출 알고리즘, 단어별 특성 추출
불용어 삭제	기능어 삭제로 내용어 빈도 향상

되는 단어를 찾을 수 있다.

> 영원한 건 절대 없어 / 결국에 넌 변했지 / 이유도 없어 진심이 없어 /
> 사랑 같은 소리 따윈 집어쳐 / 오늘밤은 삐딱하게 /
> 내버려 둬 / 어차피 난 혼자였지 / 아무도 없어 다 의미 없어 /
> 사탕 발린 위로 따윈 집어쳐 / 오늘밤은 삐딱하게
> (중략)
> 오늘밤은 나를 위해 아무 말 말아줄래요 /
> 혼자인 게 나 이렇게 힘들 줄 몰랐는데 / (그대가 보고 싶어) /
> 오늘 밤만 나를 위해 친구가 되어줄래요 / 이 좋은 날 아름다운 날 /
> 네가 그리운 날 / 오늘밤은 삐딱하게

하지만 10페이지가 넘는 보고서나 연설문에서 강조하는 부분을 빠른 시간에 찾아내기는 쉽지 않다. 이때 유용하게 쓸 수 있는 것이 워드클라우드이다. 워드클라우드는 무료로 제공하는 소프트웨어가 많이 있다. 구글이나 네이버 검색에서 워드클라우드word cloud를 검색하면, 여러 종류의 소프트웨어를 찾아볼 수 있다. 한국어 텍스트를 외국 word cloud 소프트웨어에 적용하면 언어나 글자 폰트 인식 문제 등으로 안 되는 경우가 종종 있어서 다음 소프트웨어(http://wordcloud.kr/)의 사용을 권고한다. 〈표 3.10〉에 사용 방법을 단계별로 소개하였고, 〈그림 3.10〉을 보면서 표의 설명과 같이 적용하여 텍스트 데이터를 워드클라우드로 쉽게 구현할 수 있다.

예시의 노래 가사를 적용하면 〈그림 3.11〉과 같다. 예시의 노래 가사에는 '없어', '오늘밤은', '삐딱하게', '따윈', '집어', '네가' 등의 순으로 반복되고 있음을 알 수 있다. 이처럼 가사를 듣기 전에 어떤 단어가 자주 반복되

표 3.10 워드클라우드 단계별 적용법

단계	내용
1	자신 취향에 맞는 글자색과 폰트를 선택한다.
2	배경색과 마스크를 선택한다. (기본은 흰색)
3	그림 크기를 선택한다.
4	워드클라우드에 표현하고자 하는 글자 수(기본 300개)를 적는다.
5	텍스트 데이터를 텍스트 창에 입력한다.
6	분석을 실행한다. (워드클라우드 만들기 버튼 클릭)
7	분석 완료된 워드클라우드를 저장 및 공유한다.

그림 3.10 워드클라우드 생성기

자료: http://wordcloud.kr/

그림 3.11 워드클라우드를 활용한 노래 가사 분석
(좌: 기본옵션, 우: 봄바람체, 마름모 마스크, 단어수(50개))

그림 3.12 워드클라우드를 활용한 게티즈버그 연설문 분석
(글자색: terrain, 폰트: 나눔명조, 마스크: 사람모양, 단어수(300개))

는지 알 수 있다.

다음으로 〈그림 3.12〉는 'of the people, by the people, for the people'로 유명한 에이브러햄 링컨Abraham Lincoln(1809.2.12.~1863.4.15.)의 게티즈버그 연설

문[*]을 워드클라우드로 분석한 결과물이다.

링컨의 연설문은 헌신dedicated, 죽음dead, 국가nation, 국민people, 우리에게us란 단어들이 많이 반복되어 남북전쟁으로 숨진 병사를 위한 헌정식을 위한 문장임을 알 수 있다. 이처럼 연설문이나 가사정보 등을 워드클라우드에 적용하면 강조하는 단어와 주제를 빠르게 파악할 수 있다. 독자들도 평소에 좋아하는 소설, 수필 등의 무료 텍스트 파일이 있다면, 일정 부분의 문장을 발췌하여 워드클라우드 생성기로 분석해보기를 바란다.

자연어 이해와 수집, 분석 방법

자연어 처리와 그 역사

컴퓨터가 사람의 언어를 분석하고 처리할 수 있을까? 예전에는 꿈의 영역으로 여겨졌던 사람의 언어처리가 AI 시대를 맞이하면서 가능해지고 있다. 사람의 언어를 자연어natural language[**]라고 하고, 이를 처리processing한다는 의미를 붙여 자연어 처리Natural Language Processing; NLP라 한다. 영문을 번역하거나 영작할 때 도움을 받는 구글 번역기나 네이버의 파파고 등은 사람이 쓴 문장을 한국어는 영어로, 영어는 한국어로 번역한다. 이때 번역하는 문장이 바로 자연어이다.

* 에이브러햄 링컨이 남북전쟁 중이었던 1863년 11월 19일, 미국 펜실베이니아주 게티즈버그에서 했던 연설이다. 이 연설은 게티즈버그 전투 당시 숨졌던 병사를 위해 4개월 후 전장에 세워진 게티즈버그 국립묘지 헌정식에서 이루어졌다. 미국 역사상 가장 많이 인용된 연설 중 하나이자, 에이브러햄 링컨의 가장 위대한 연설로 손꼽힌다.

** 자연어는 일반 사회에서 자연히 발생하여 사람이 의사소통에 사용하는 언어로, 컴퓨터에서 사용하는 프로그래밍 언어와 같이 사람이 의도적으로 만든 인공어(constructed language)에 대비되는 개념이다.

자연어 처리에는 자연어 분석, 이해, 생성 등의 기술이 사용된다. 먼저 자연어 분석은 그 정도에 따라 형태소 분석morphological analysis, 통사 분석syntactic analysis, 의미 분석semantic analysis 및 화용 분석pragmatic analysis의 4가지•로 구분된다. 다음으로 자연어 이해는 컴퓨터가 입력된 자연어를 이해하여 동작하는 기술이며, 자연어 생성은 분석과 이해 과정을 거친 후 인간이 이해할 수 있는 자연어로 변환하는 기술이다.

자연어 처리 역사를 잠시 살펴보면, 1950년대부터 기계 번역과 같은 자연어 처리 기술이 연구되기 시작했다고 한다. 시간이 흘러 1990년대 이후에는 말뭉치corpus(컴퓨터가 텍스트를 가공·처리·분석할 수 있는 형태로 모아 놓은 자료의 집합) 데이터를 활용하는 기계학습 기반 및 통계적 자연어 처리 기법이 주류가 되었으며, 21세기에는 진보된 심층학습 기술이 기계 번역과 자연어 생성에 적용되고 있다.

자연어 처리의 목적은 컴퓨터가 인간의 언어를 이해하여 여러 문제를

• **형태소 분석**: 형태소는 뜻을 가진 가장 작은 말의 단위이다. 예를 들어 '하늘이 참 높고 푸르다'의 경우 단어는 '① 하늘 ② 이 ③ 참 ④ 높고 ⑤ 푸르다' 5개이다. 이에 반해 형태소는 '① 하늘 ② 이 ③ 참 ④ 높 ⑤ 고 ⑥ 푸르 ⑦다' 7개이다. 형태소의 성질에 따라 자립형태소, 의존형태소, 실질형태소, 형식형태소가 있다. 형태소 분석은 이들 4가지의 형태소로 구분하는 것을 의미한다.

통사 분석: 어떤 언어에 있어서 정확한 표현이나 문장을 구성하는 데 필요한 일련의 규칙이다. 일반적으로 주어와 서술어를 갖추고 있는 것이 원칙이나 때로는 이런 것이 생략될 수도 있다. 따라서 통사는 생각이나 감정을 말과 글로 표현할 때 완결된 내용을 나타내는 최소의 단위이다.

의미 분석: 자연 언어 이해 기법의 하나로, 문장의 의미에 근거해서 그 문장을 해석하는 방법이다. 여러 의미 분석 방법과 다양한 유형의 문법을 이용하는데, 이들은 문장이 어떻게 구성되었는지를 나타내 주는 규칙들로 구성된 일종의 형식 시스템이다.

화용 분석: 언어 자체만을 대상으로 하는 것이 아니라 언어를 있게 하는 언어의 주변을 설명하는데 주력하는 언어학의 한 분야로, 말하는이·듣는이·시간·장소 따위로 구성되는 맥락과 관련하여 문장의 의미를 체계적으로 분석하는 것이다.

수행할 수 있도록 하는 것이다. 자연어 처리는 소셜미디어에서 상품 댓글, 선거철의 댓글, 방송 댓글 등 대량의 텍스트 데이터를 이해하여 수치화하는 감성 분석, 기사 작성과 같은 문서 요약이나 구글 번역기나 네이버의 파파고처럼 기계 번역, 분석자로부터 텍스트를 입력받아 원하는 것을 검색과 답을 제시하는 작업까지 정말 다양한 분야에 활용되고 있다.

2018년 구글은 버트Bidirectional Encode Representations from Transformers; BERT라는 자연어 처리기술을 공개하였다. 〈그림 3.13〉은 구글 버트 이미지를 보여주고 있다. 버트는 언어표현 사전학습의 방법으로 위키피디아와 같은 텍스트 데이터베이스를 이용하여 언어이해language understanding 모델을 훈련시키는 것과 그 모델에 관심 있는 실제의 자연 언어 처리 질문 및 응답 등에 적용하는 것이다. 특히, 자연 언어 처리 질문 및 응답 등에 대해 훈련된 정보 없이 양방향으로 사전학습하는 시스템이 특징이다. 이는 웹상에서 방대한 양의 텍스트 데이터가 여러 언어로 이용 가능하다는 중요한 특징을 가지고

그림 3.13 구글 버트 이미지
자료: 구글 이미지

있다.

최근 자연어 처리 솔루션은 모든 산업 분야에서 전반적으로 활용되고 있다. 그중 은행, 금융 서비스 및 보험 등에서는 고객을 유지하고 비용을 절감하며, 수익을 높이고 변화하는 규칙과 규정 등을 다루는 데 활용하고 있다. 이에 자연어 처리 솔루션은 기업의 정보 검색, 의도 분석, 고객 서비스 등과 규정 준수 프로세스 자동화 및 응용 프로그램을 효율적으로 수행하고 그에 따르는 위험을 완화하도록 돕는다. 또한, 자연어 처리 솔루션 프로세스를 자동화하면 은행, 금융 서비스 및 보험 등의 기업 생산성을 향상시키는 데 도움이 될 뿐만 아니라 해석 프로세스의 오류 발생 가능성도 현저하게 낮출 수 있다.

자연어 처리 활용 분야

이번에는 자연어 처리를 활용한 흥미로운 7가지 사례들을 소개•하고자 한다. 먼저 자동번역machine translation을 소개하고, 대화형 사용자 인터페이스conversational user interface, 텍스트 예측과 분류text prediction and classification, 감성 분석sentiment analysis, 맞춤법 검사spell check, 음성인식speech recognition, 문자 인식character recognition 순으로 살펴보겠다.

첫째는 자동번역이다. 기계 번역은 전산언어학computer linguistics 분야로 텍스트 또는 말을 한 언어에서 다른 언어로 번역하는 소프트웨어 애플리케이션을 사용한다. 대표적인 애플리케이션으로 구글 번역기가 있다. 구글 번역은 매일 1천억 개 이상의 단어를 번역한다고 한다. 작동원리는 문장 전체를 한 번에 번역하기 위해 인공적인 신경망 네트워크를 사용하는 신경망 기

• 자료: https://www.wishket.com/yozm/detail/239/

계 번역neural machine translation(2016년 마이크로소프트의 빙 번역기가 이 기술을 도입한 최초의 번역기) 방식을 활용한다. 이는 대용량의 텍스트 데이터 기반의 자동번역 방식을 사용하고, 더 좋은 결과를 만들어 내기 위해서 수백 개의 예제를 기계학습 한다. 하지만 인간의 언어는 모호하고 비유, 은유적 표현이 존재하므로 기계 번역에는 한계점이 존재한다. 특히 한국어의 경우 형용사, 부사가 많이 있어 번역이 어렵다. 예를 들어. '사과가 빨간색이다.'를 '이 사과는 울긋불긋하다.', '이 사과는 빨갛다.', '이 사과는 시뻘겋다.'라고 구글 번역기에 대입하면 각각 'This apple is reddish', 'This apple is red', 'This apple is red'이라고 번역된다. 즉, 한글의 형용사를 번역하지 못한다.

둘째는 대화형 사용자 인터페이스이다. 예전 은행 상담이나 상품, 수리 등의 Q&A를 받고 싶을 때는 사람과 사람이 대화가 전형적이었지만, 최근에는 인공지능이 이를 대신하고 있다. 이것이 대화형 사용자 인터페이스CUI이다. 컴퓨터가 실제 사람과의 대화를 모방하는 컴퓨터를 위한 인터페이스이다. 가장 좋은 사례가 챗봇chabot이다. 챗봇은 기계와 사람이 텍스트를 통해서 대화할 수 있는 인터페이스이다. 챗봇은 Q&A 플랫폼의 역할을 하는 텍스트 기반의 CUI이다. 사용자들이 주문하고, 주문 상태를 확인하고, 정보를 분류하고, 항공권을 예약하고, 금융 거래를 하고, 마케팅 활동을 개선하는 등의 역할을 가능하게 한다. 챗봇이 사람의 언어를 이해하고 분석하여 알맞은 대답을 도출하는 과정에 자연어 처리가 중요한 자리를 차지하고 있다.

셋째는 텍스트 예측과 분류이다. 네이버나 구글 검색기에서 '아기'를 입력하면 〈그림 3.14〉처럼 아기와 관련된 다양한 관련 검색어들을 볼 수 있다. 이 결과는 최근 아기와 관련된 검색어 순위를 참조하여 사용자에게 검색하고자 하는 단어를 예측해서 보여준다. 만약 '아기 마스크'나 '아기 상

그림 3.14 '아기' 단어 검색 결과(구글, 네이버)

어'가 검색하고 싶으면, '아기'만 입력해도 이를 예측하여 검색창에 제시해 주는 것이다. 이처럼 텍스트 예측은 어떤 구문이나 문장에서 다음에 올 단어를 예측하는 프로세스를 말한다.

성적과 같은 정형데이터 경우, 평균보다 높고 낮음에 따라 집단을 분류하는 것은 어렵지 않다. 하지만 텍스트인 경우는 어떻게 할까? 이메일, 소셜미디어, 웹 사이트, 채팅 내용 등 일부 분야에서는 자연어 처리에 의한 텍스트 분류가 필수적이다. 이메일은 스팸 메일과 일반 메일은 구분해야 하며, 소셜미디어나 웹 사이트 특히 채팅의 경우 부정적인 문장이나 기분을 상하게 하는 문장을 분류하는 장치가 필요하다. 이처럼 텍스트 분류 알고리즘은 대규모의 텍스트 데이터를 처리하는 소프트웨어 시스템에서 그 기초를 제공하고 있다. 예를 들어, 이메일 소프트웨어는 텍스트 분류를 통해 이메일에 분류 태그를 붙여 일반 메일함과 스팸메일과 같은 카테고리로 분류할 수 있다. 특히 토론 포럼의 경우 어떤 댓글이 부적절하다고 표시가 될 필요가 있는지를 텍스트 분류 알고리즘을 통해서 판단한다고 한다.

넷째는 감성 분석sentiment analysis이다. 세 번째에서 살펴본 텍스트 분류와 유사한 감성 분석은 텍스트 데이터 안에서 감정을 해석하고 분류하는 프로세스를 말한다. 일반적으로 우리는 기분이 좋으면 긍정적인 단어를 자주 사용하고, 그 반대이면 부정적인 단어를 사용한다. 이처럼 긍정과 부정어 단어사전•을 만들어, 이 단어들이 문장, 댓글 등에서 얼마나 많이 사용(빈도)되었는지를 가름해 감성을 분석한다. 이처럼 감성 분석은 텍스트 데이터 안에서 감정을 해석하고 분류하는 프로세스이다. 일반적으로 특정한 비즈니스와 관련된 애플리케이션을 사용하는 기업들이 감성 분석을 활용하면, 온라인 피드백에서 고객이 서비스, 브랜드, 제품에 대해 나타나는 정서를 〈그림 3.15〉••와 같이 파악할 수 있다. 특히 감성 분석이 탁월한 활약을 보이는 곳으로는 제품 분석, 시장조사, 평판 관리, 정밀한 표적화targeting, 시장 분석, 홍보, 순 추천 고객 지수NPS 등이 있다.

다섯째는 맞춤법 검사spell check이다. 한글이나 워드word를 사용할 때 자동으로 맞춤법이 검사되는 것을 확인할 수 있다. 이처럼 맞춤법 검사 프로그램은 텍스트에서 잘못 표기된 철자나 오타가 있는지를 확인하고 수정해

• KOSAC(Korean Sentiment Analysis Corpus) 감성 사전이 있고, 영어 감성 사전은 MPQA Subjectivity Lexicon, Bing Liu and Minqing Hu Sentiment Lexicon, SentiWordNet(Included in NLTK), VADER Sentiment Lexicon, SenticNet, LIWC(not free), Harvard Inquirer, ANEW가 있다.

•• 자료: https://sites.wustl.edu/neumann/courses/cse427s/final-project/project-2/

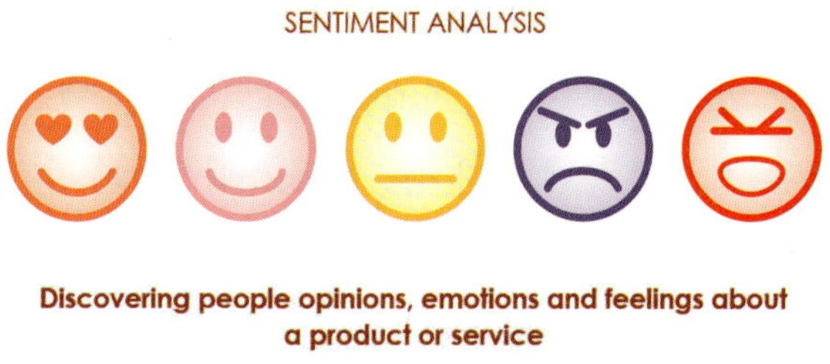

그림 3.15 감성 분석
자료: WUSTL

주는 소프트웨어이다. 이러한 영어 맞춤법 검사 프로그램의 대표적인 사례는 그래머리Grammarly이다. 그래머리는 다양한 텍스트 문서에서 연동할 수 있는 도구이며, 사용자들이 내용을 계속해서 작성하는 동안 맞춤법 검사를 자동으로 수행해서 수정안을 표시한다. 특히 영문 작성이 필요한 경우 그래머리, 구글 번역기, 네이버 파파고를 동시에 연동하여 영작과 수정에 도움을 받을 수 있다. 사용자들이 맞춤법을 틀리는 경우가 많은 인터넷(특히 이메일)에서도 상당히 중요한 부분을 차지한다(표 3.11). 영문 이메일을 보낼 때 그래머리를 연동하면 훨씬 유창한 영작의 세계로 인도해줄 것이다.

여섯째는 음성인식speech recognition이다. 인간의 음성을 컴퓨터가 인식할 수 있을까? 어떤 회사에서는 음성 파일을 텍스트 데이터로 전환하여 분석하고 기록한다고 한다. 즉, 음성언어를 텍스트 언어로 변환하여 보관한다는 것이다. 음성인식의 사례로는 스마트폰에 있는 음성-텍스트 변환 기능이 있다. 이는 많은 스마트폰에 탑재되는 기본 기능 중 하나로, 이 기능을 이용하는 모바일 앱도 많이 출시되었다. 음성-텍스트 변환 기능을 이용하면 사용자는 오디오를 통해 입력할 수 있고, 입력된 오디오는 텍스트로 변

표 3.11 그래머리의 사용 예시

구분	내용
원본	**If you'd told me year ago that today I would finish a marathon, I would had laughed. Your support had a huge affect on me!**
수정 사항	a year The noun phrase ***year*** seems to be missing a determiner before it. Consider adding an article.
	~~had~~ → have The verb ***had*** after the modal verb ***would*** does not appear to be in the correct form. Consider changing the verb form.
	~~affect~~ → effect The word ***affect*** may be used incorrectly. Review the following notes to determine the appropriate usage for your context.

환된다. 예를 들어, 운전 중에 "신나는 음악을 틀어줘"와 "전화를 걸어줘"라고 명령하면, 자동차 오디오에서는 음악이 나오고, 스마트폰은 전화를 걸어주는 등의 작업을 수행한다.

마지막은 문자 인식character recognition이다. 사용자가 쓴 글이나 스마트폰의 메모장에 쓴 글씨를 기계가 이해하여 코딩 언어로 변환하는 프로세스를 문자 인식이라고 한다. 인쇄된 텍스트를 디지털로 전환하기 위해 흔히 사용되는 방법이며, 이를 통해 텍스트가 전자적으로 저장·편집·검색될 수 있다. 특히 해외여행을 갈 때 여권이나 신분증을 스캔하여 이미지와 글씨를 인식하면, 코딩 언어로 변환한 뒤 해외 출입국 서류에 입력된다. 이런

기술은 5가지 단계로 구성된다고 한다. 첫 번째는 데이터를 수집하고 분석하는 단계이다. 로봇 저널리즘은 주로 표준화된 데이터가 풍부한 영역에서 활용된다. 표준화된 데이터를 얻기가 쉽고 그 형태도 비교적 깨끗한 것이 특징이다.

두 번째는 데이터에서 가치 있는 뉴스거리를 찾아내는 과정이다. 여기에는 통계적 방법론이 개입된다. 예를 들어, 스포츠 뉴스에서 가장 의미 있는 정보는 통계적 일탈 지표(최소치나 최고치 혹은 전 경기 대비 큰 변화를 보인 변수를 알고리즘을 통해 계산)를 추출한다.

셋째는 어떤 각도로 기사를 작성할지 기사의 관점을 확정하는 단계이다. 일반적으로 기자들이 제목을 뽑거나 기사의 주제를 확정하는 과정에 해당하는데, 이 또한 수집된 데이터의 분석을 통해 해결한다. LA 다저스가 슬럼프에 빠졌다거나 홈경기 승률이 오락가락한다거나 하는 시각을 알고리즘이 데이터의 비교 분석을 통해 추출한다.

다음으로는 최종 확정된 시각에 맞게 세부 기사를 배열하는 단계이다. LA 다저스가 슬럼프에 빠졌다는 주제가 확정됐다면 그에 맞춰 근거가 되는 선수의 데이터를 제시하고 연결시킨다. 데이터만 풍부하다면 이 단계에서 외부 데이터를 더 끌어올 수 있고, 인용구도 만들어 낼 수 있다고 한다. 데이터를 풍성하게 결합하는 프로세스가 진행되는 단계라고 요약할 수 있다.

마지막으로 자연어로 기사를 제작하는 단계이다. 전체 과정 중에 가장 덜 복잡한 단계다. 확정된 관점, 연결된 데이터로 영어 문장을 구성하는데 기사 관점과 핵심 요소에 따라 반복적으로 재작성된다. 이렇게 제작된 영어 문장들은 서로 이어붙이기가 자동으로 진행되면서 완성된 하나의 기사로 탄생하게 되는 것이다.

R 소개

2020년 9월경 한 저널리스트Ambika Choudhury가 자연어처리를 위한 통계 프로그램 'R'로 구성된 10개의 패키지packages를 소개하였다〈그림 3.17〉.

R은 오픈소스로 제공되는 누구나 사용할 수 있는 무료 소프트웨어이다. 이런 이유로 빅데이터 시대에 파이썬Python과 같이 통계분석 프로그램으로 주목받는 언어이기도 하다. 10개의 주요 패키지 중에서 5가지를 발췌하여 소개하고자 한다.

koRpus

koRpus는 텍스트 분석을 위한 R 패키지이다. 자동 언어 감지를 위한 다양한 기능 모음이 포함되어 있고, 유형 토큰token 비율, MTLD 등과 같은 어휘 다양성의 인덱스를 포함한다. koRpus는 기본 기능에 대한 그래픽 대화 상자를 제공하는 데 도움이 되는 IDE RKWard뿐만 아니라 R GUI 용 플러그인도 제공한다.

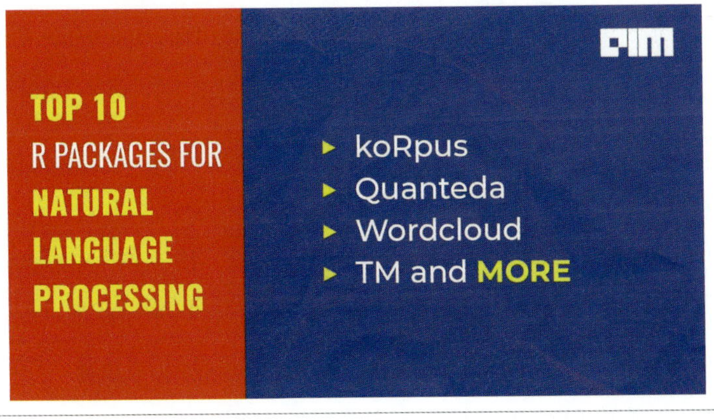

그림 3.17 자연어 처리를 위한 R 패키지 Top 10
자료: Analytics India Magazine

OpenNLP

OpenNLP는 Java로 작성된 자연어 처리 도구 모음인 Apache OpenNLP에 R 인터페이스를 제공한다. OpenNLP는 토큰화tokenisation, 문장 분할sentence segmentation, 품사 태깅part-of-speech tagging, 명명된 엔티티 추출named entity extraction, 문서 청킹text chunking(문서 구분), 구문 분석 및 상호 참조 해결parsing and co-reference resolution과 같은 일반적인 자연어 처리 작업을 지원한다.

Quanteda

Quanteda는 텍스트 관리와 분석을 위한 R 패키지이다. R의 정량적 텍스트 분석을 위한 빠르고 유연한 포괄적인 프레임워크이다. Quanteda는 말뭉치 관리, 토큰 및 n-gram 생성 및 조작, 문맥에서 키워드 탐색, 기능별로 문서의 희소 행렬 형성 및 조작 등을 위한 기능들을 제공한다.

TM

TMtext mining Package는 R 내의 텍스트 마이닝 응용 프로그램을 위한 프레임워크이다. 이는 디렉터리를 처리하는 DirSource, DataframeSource 등과 같은 미리 정의된 소스 집합 또는 각 구성 요소를 문서로 해석하는 벡터 또는 csv 파일 등과 같은 데이터 프레임을 제공한다.

Wordcloud

Wordcloud는 예쁜 단어 구름을 만들고 문서 간의 차이점과 유사성을 시각화하는 R 패키지이다. 단어 구름은 음성 또는 문서 세트를 명확한 방식으로 시각화하기 위해 일반적으로 사용되는 그림이다.

이들 10개 패키지에 대한 자세한 설명은 주석에 표기된 사이트에서 항목별로 연결하여 제시하고 있으므로 R 사용자는 참고하길 바란다.

국내외 인공지능 기반 언어모델

최근 마이크로소프트는 인공지능 기반 언어모델 GPT−3Generation Pre−trained Transformer 3의 라이센스를 독점으로 획득하였다. GPT−3는 오픈 AI사가 개발한 GPT 시리즈의 최신 버전으로 기계학습을 활용한 언어모델이다. 1,750억 개의 매개변수와 데이터 세트 3,000억 개를 사전 학습하여 대화나 통·번역 뿐만 아니라 의학지식과 같은 전문영역도 정리할 수 있다. 이를 기반으로 인간과 대화할 수 있을 정도의 텍스트 작성 능력을 보유했다고 평가한다.

국내에서는 2017년 국립국어원에서 10억 어절을 말뭉치로 구축하는 사업을 진행하여 이를 활용할 수 있는 기관이나 기업에 제공하고 있다. 또한, 한국전자통신연구원ETRI은 최첨단 한국어 언어모델인 '코버트KorBERT'를 공개하였는데, 구글의 언어표현 방법을 기반으로 더 많은 한국어 데이터를 넣어 만든 한국어에 최적화된 언어모델이다. '전처리 과정에서 형태소를 분석한 언어모델', '한국어에 최적화된 학습 파라미터', '방대한 데이터 기반' 등의 특징이 구글과 다른 차별성을 가진다.

네이버는 국내 기업 중에서 자연어 처리의 중요성을 먼저 인식하여 네이버 검색이 자연어 처리 분야에서 검색 이용자의 의도를 더욱 잘 이해하는 검색으로 진화시켰다. 세계 최고 권위의 자연어처리 분야 학회EMNLP−IJCNLP 2019에서 네이버는 다국어 읽기 이해도를 위한 제한된 데이터 학습으로 충분한 학습데이터가 존재하지 않는 언어에 대해 기계번역 및 자동 레이블링을 통해 데이터를 자동으로 구축하는 방법 등에 대한 성과를 소개하였다.

최근 네이버가 국내 기업 최초의 초대규모 AI인 하이퍼클로바HyperCLOVA를 공개하였다. 하이퍼클로바는 OpenAI의 GPT-3(175B)를 뛰어넘는 204B(2,040억 개) 파라미터parameter(매개변수) 규모로 개발되었다. AI는 AI 모델의 크기를 나타내는 파라미터의 수가 높아질수록 더욱 많은 문제를 해결할 수 있게 된다. 하이퍼클로바는 한국어 데이터를 GPT-3보다 6,500배 이상 학습한, 현재 전세계에서 가장 큰 한국어 초거대 언어모델이라고 한다.

카카오는 2018년 말부터 딥러닝 기반 형태소morpheme 분석기 '카이Khaiii (Kakao Hangul Analyzer Ⅲ)'를 오픈소스로 제공하고 있다. 딥러닝을 통해 학습한 데이터를 활용해 형태소를 분석하는 모델이다. 딥러닝 기술 중 하나인 합성곱 신경망CNN; Convolutional Neural Network을 이용하여 음절 기반으로 형태소를 분석하는 방법을 채택하였다.

05 데이터 시각화

백 번 들어도 한 번 보는 게 낫다는 말이 있다. 이 말은 듣는 것보다 보는 것이 이해가 빠르고 오래 기억되는 정보전달의 중요성을 강조하는 말이다. 이처럼 시각적 정보전달의 유용성이 중요하다. 우리 주변에는 수많은 빅데이터가 존재하고 있다. 이런 데이터를 시각적으로 표현하면, 우리는 데이터가 알리고자 하는 정보와 더 나아가 지식을 도출할 수 있다. 이번 절은 빅데이터 시대가 도래하면서 빅데이터 정의 6V에도 포함되는 데이터 시각화의 방법과 종류에 대해서 살펴본다.

2D, 3D 세계와 회전

우리가 익숙한 시각화는 x축과 y축으로 표현하는 그래프이다. 그래프는 x축이 증가할 때 y축에 대응하는 값은 어떤 관계를 보이는가에 관심이 많다. 이런 방식은 2D2 dimension(2차원), 즉 x축(1차), y축(2차)으로 표현한다. 2D는

2차원 공간two-dimensional space, 2차원 컴퓨터 그래픽스2D computer graphics, 2D 애니메이션 등으로 혼용해서 사용되고 있으며, 이들 모두 같은 2차원을 뜻한다.

2D 방식에 또 하나의 차원(z축)을 추가한 3D3 dimension(3차원)는 공간이나 부피를 표현, 즉 입체적인 표현이 가능하다. 이런 3D는 입체 영상Stereoscopy의 구현이 가능하다. 흔히 영화관에서 3D 촬영기법으로 영화의 재미를 배가한다는 말이 있는데, 여기서 3D는 입체영상을 제공하여 더 스펙터클spectacle한 영화를 관객들에게 선사한다. 유명한 영화인 매트릭스 시리즈Matrix와 트랜스포머 시리즈가 3D 촬영기법으로 우리에게 신선함을 제공하였으며, 2D에서는 볼 수 없었던 장면을 관객들에게 선사함으로써 선풍적인 인기를 끌었다.

이런 2D와 3D 기법을 활용해 데이터를 수치가 아닌 시각적으로 제공한다면 더욱 쉽게 정보를 전달할 수 있다. 우리에게 익숙한 엑셀이나 AUTO CAD 등에서도 2D와 3D를 지원한다. 〈그림 3.18〉은 2D와 3D의 차이를 보여준다. 좌측 그림에서 2D와 3D의 가장 큰 차이는 입체감, 원근감, 부피감을 표현할 수 있는 width(너비)의 유무이다.

너비가 있는 경우는 공간적 표현이 가능하다. 20세기에서 21세기로 접

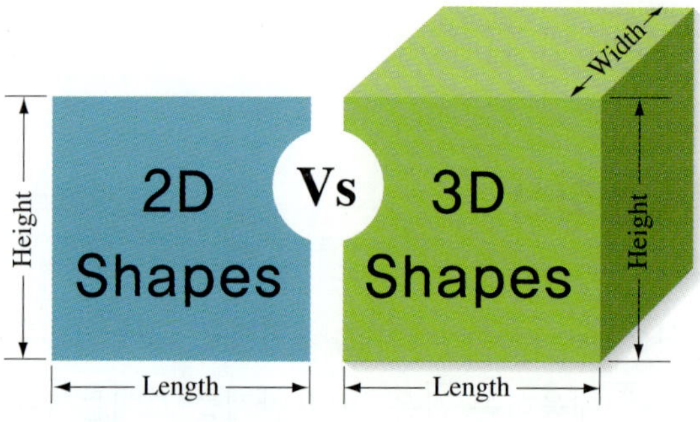

그림 3.18 2D와 3D의 차이

어들면서 3D의 표현 및 촬영기법이 우리에게 익숙하게 다가왔다. 아날로그에서 디지털시대로 전환되면서 3D 기법이 우리의 일상이 되고 있다. 최근에 통계 프로그램 R에 'ray shader'라는 패키지가 추가되었는데, 이를 활용하여 2D를 3D로 변환할 수 있다. 〈그림 3.19〉는 R의 'ray shader'패키지를 이용하여 2D를 3D로 변환한 것이다.

이 예제는 다이아몬드가 어느 광산에 많이 묻혀 있는가에 대한 자료를 시각화한 것이라 한다. 2D의 경우 등고선으로 대략적인 높이의 밀집도를 파악할 수 있지만, 3D로 표현되면 사용자, 이용자, 분석가 등에게 빠른 정보의 전달 및 이해에 도움을 준다. 참고로 ray shader의 원리는 사용자 지정 라이트 방향을 사용하여 고도행렬elevation matrix에 대한 그림자 맵shadow map을 계산하는 것이다. 〈그림 3.19〉의 3D 그림을 살펴보면 왼쪽 위에 광원이 있고 오른쪽 아래로 그림자가 형성되었는데, 이는 그림자가 길수록 고도가 높다는 것을 고도행렬로 계산하여 그래프를 그리는 것이다.

"차원이 계속해서 증가하면 더 많은 정보를 도출할 수 있을까?"라는 질문에 대한 해답은 차원의 저주Curse of Dimensionality로 설명할 수 있다. 차원이 높으면 해석하기가 어려운 단점이 있고 표현하기도 쉽지 않다. 우리가 사는 공간은 3D 세계이다. 4D, 5D가 어떤 공간인지는 상상조차 힘들다. 이런 의미에서 차원의 저주라는 말이 탄생하였다. 따라서 데이터를 3D 이하로 표현하는 것이 중요하고 이를 차원의 축소라고 한다. 차원 축소dimension reduction의 통계기법은 무수히 많다. 이는 본 교재의 수준을 넘어가므로 기법의 이름만 소개하자면, 주성분 분석principal component analysis, 선형판별분석linear discriminant analysis, 능형 회귀ridge analysis, 군집화clustering, 서포트 벡터 머신support vector machine 등이 주로 사용된다.

다음으로 회전rotation에 대해 알아보자. 3D 그래프가 한 축을 중심으로

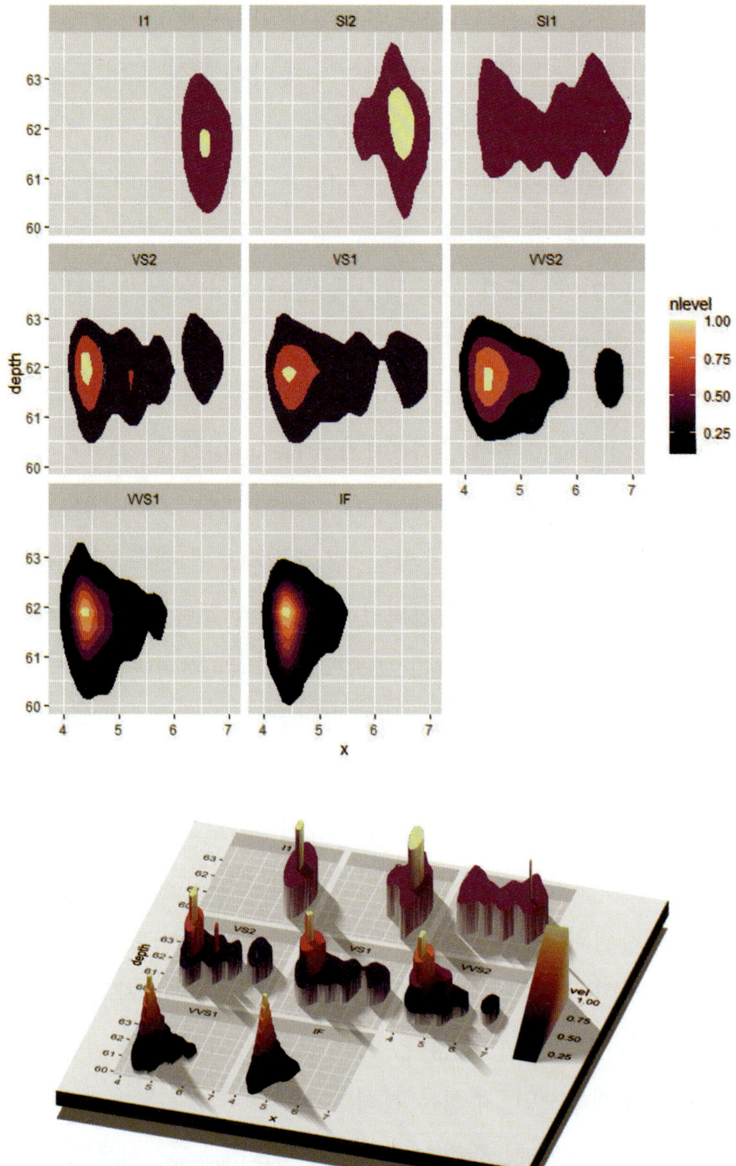

그림 3.19 R의 'ray shader' 패키지를 활용한 2D–3D 변환

회전한다면 어떨까? 즉, 3D 표현에 회전을 추가해서 z축(x, y축)을 기준으로 x축(y, z축), y축(x, z축)의 변화를 살펴볼 수 있다. 〈그림 3.20〉은 회전을 쉽게 이해할 수 있도록 표현한 것이다. 2D에서 알 수 없었던 정보를 3D에서 찾아내듯이, 3D 회전 그림에서도 3D에서 보지 못했던 또 다른 정보를 찾아낼 수 있다. 사람이 양팔을 벌리고 서 있을 때, 이를 x축, y축, z축으로 회전시키면서 사진을 찍는다고 가정해보자. 목, 등 뒤, 머리 위, 다리 위, 옆면, 뒷면 등 다양한 부분을 촬영할 수 있다. 이를 활용한 것이 MRI$_{magnetic}$

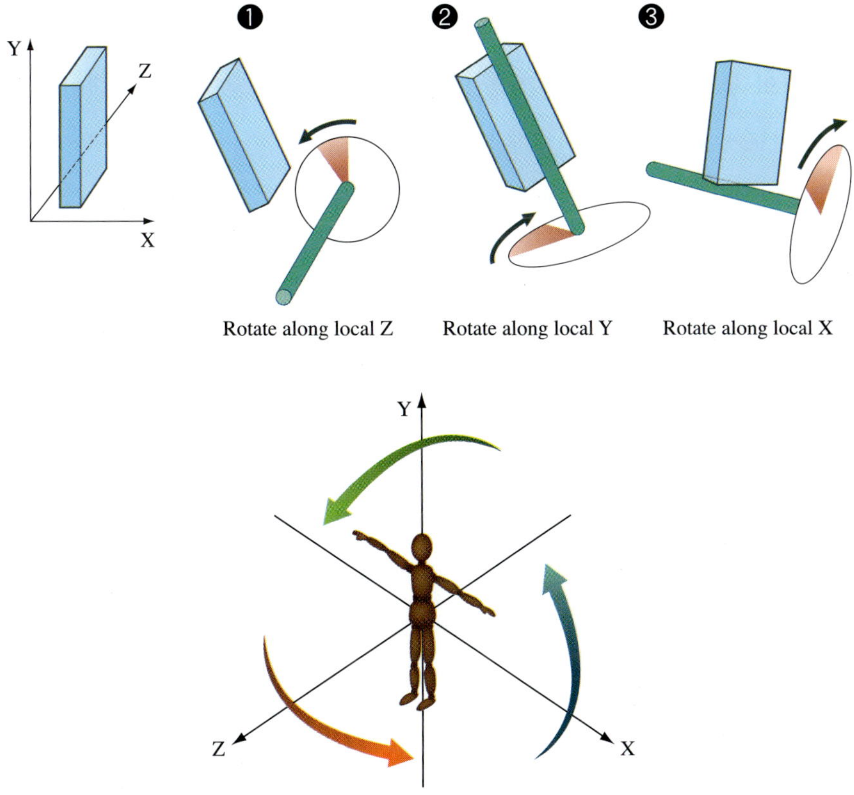

그림 3.20 3D 회전

resonance imaging(자기 공명 영상)이다. 교통사고 후 환자의 상태, 신경과 관련 통증, 뇌졸중, 각종 질병 진단의 정확성을 높이기 위해 MRI 3D 사진을 촬영하여 의사들이 진단하는데, 기존 엑스레이 촬영 사진에서 보지 못했던 세밀한 부분까지 확인하고 판독할 수 있어서 질병 진단의 정확성을 높여주고 있다.

데이터 종류에 적합한 그래프

데이터의 종류에 따라 그래프로 표현하는 방식도 다르다. 질적 데이터는 양적 비교가 되지 않고, 전체에 대한 범례 속성에 따른 상대적 빈도와 비율(%)만 의미가 있으므로 막대그래프, 원그래프, 꺾은선그래프가 주로 사용된다. 반면, 양적 데이터는 연속적인 자료 형태이고, 자료가 어떻게 흩어져 있는지 분포를 파악하는 히스토그램, 상자그림, 줄기-잎 그림이 적합하다.

먼저 막대그래프bar chart, 원그래프pie chart, 꺾은선그래프line chart에 대해 알아보자. 막대그래프는 수평축에 범례(범주)를 표시하고, 수직축에 각 범례(범주)에 해당하는 도수 또는 상대도수를 표시한 그래프이다. 원그래프는 여러 가지 범주를 한 원안에서 여러 조각으로 나타낸 그래프이다. 모든 조각의 각의 합은 360°이고, 조각의 크기는 전체 도수에 대한 상대적 비중을 의미한다. 꺾은선그래프는 시계열 그래프time-series graph라고도 한다. 이는 범주들이 분기, 반기, 연도 등과 같이 시간상의 어떤 점들을 표시하는 것을 목적으로 하며, 가상으로 막대그래프 방식으로 그린 후 각 막대의 끝과 끝을 선으로 연결하여 시간적 추이 파악할 수 있다. 〈그림 3.21〉은 대학생의 졸업 후 진로에 대한 설문 조사 결과를 막대그래프와 원그래프로 나

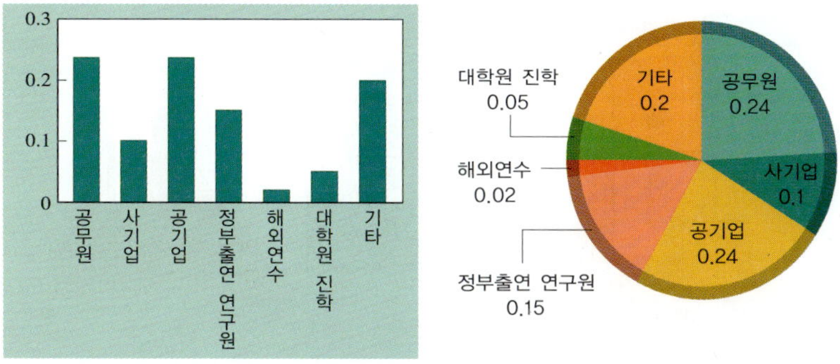

그림 3.21 막대그래프, 원그래프의 예

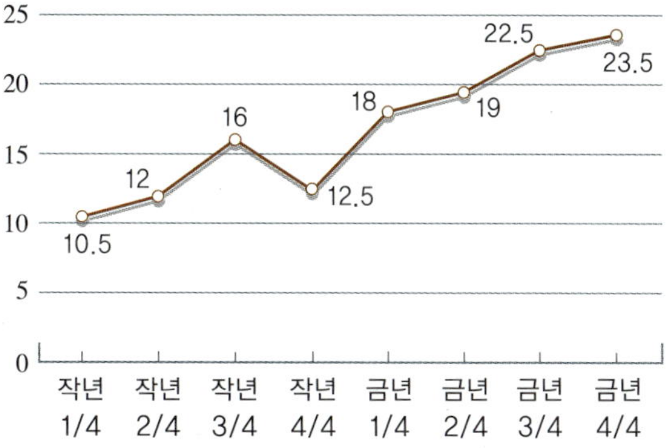

그림 3.22 꺾은선그래프의 예

타낸 것이고, 〈그림 3.22〉는 모 기업의 시장점유율(%)을 꺾은선 그래프로 나타낸 것이다.

다음으로 히스토그램, 줄기-잎 그림, 상자그림에 대해 알아보자. 이 그래프들은 자료의 분포를 파악하는 것을 목적으로 한다. 히스토그램은 수평축에 계급 구간•을 표시하고, 수직축에 각 계급 구간에 해당되는 계급의 도수를 명시한 그래프이다. 히스토그램의 장점은 원자료의 분포 형태를 파

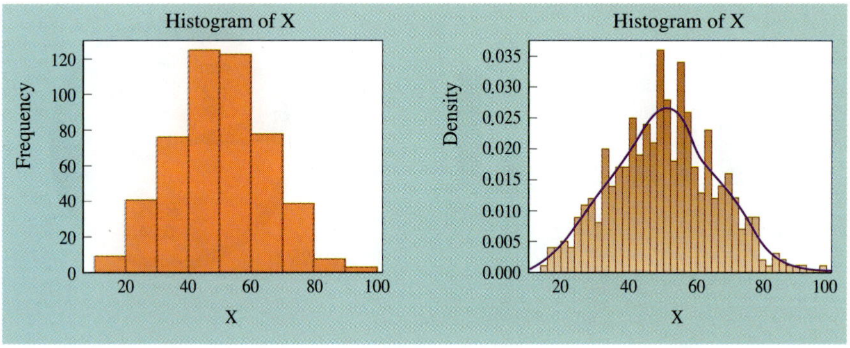

그림 3.23 히스토그램의 예

악할 수 있다는 것이다. 〈그림 3.23〉의 좌측은 일반적인 히스토그램이고, 우측은 좌측 히스토그램의 계급의 수를 점점 세밀하게 나누어 부드러운 곡선 형태로 표현한 것을 나타낸다. 이런 곡선 형태는 〈그림 3.24〉와 같이 크게 네 가지(㉠~㉣)로 분류할 수 있다.

㉠은 자료 분포가 왼쪽으로 치우친 형태(오른쪽으로 꼬리가 긴 형태, 성적이면 하위점수가 많은 경우), ㉡은 자료 분포가 대칭인 형태(평균에 밀집해 있고 상위, 하위로 갈수록 작아지는 경우), ㉢은 자료 분포가 오른쪽으로 치우친 형태(왼쪽으로 꼬리가 긴 형태, 성적이면 상위 점수가 많은 경우), ㉣은 이단봉 형태(이질적인 두 집단이 섞여 있는 경우)이다.

가끔 막대그래프와 히스토그램을 혼동하는 경우가 있지만, 명확하게 서로 다른 것이다. 막대그래프는 막대가 서로 떨어져 있으며, 연속된 자료가

• 계급 구간을 산출하기 위해, 계급의 폭은 '(최댓값−최솟값)/계급의 수'를 사용하고, 계급의 수는 보통 데이터 개수에 제곱근($\sqrt{\ }$)을 취한 값±(1~2)로 정한다. 만약 자료의 개수가 50개이면 $\sqrt{50}$±(1~2)이므로 6~9개 중 하나를 선정(7을 선정)하고, 계급의 폭은 '최댓값−최솟값/7'이다. 만약 값이 소수점이면 반올림한다.

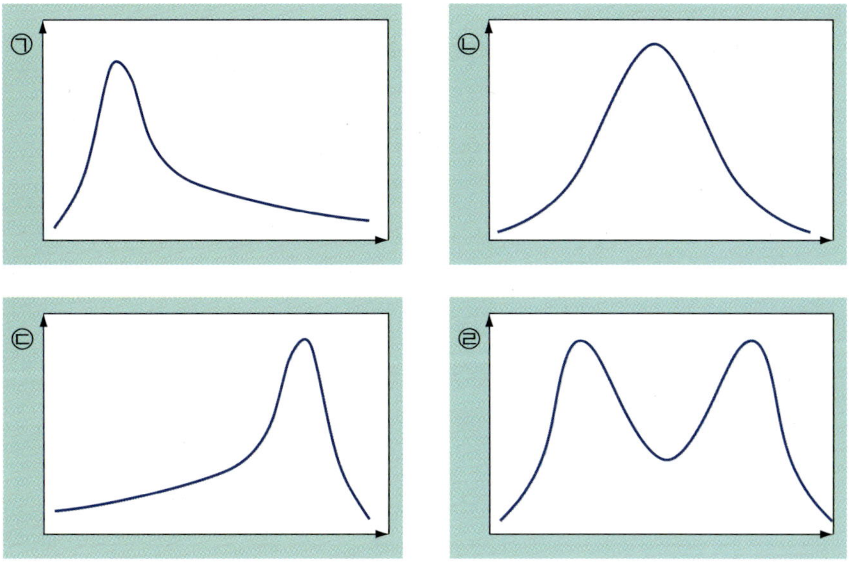

그림 3.24 히스토그램의 곡선 형태

아닌 질적 데이터의 빈도에 대한 비중을 막대로 그린 것이지만, 히스토그램은 연속된 자료이므로 막대가 서로 붙어 있으며, 막대의 크기가 상대도수relative frequency의 비중을 나타낸다.

줄기-잎 그림stem-and-leaf은 히스토그램보다 간편하고 원자료를 그대로 사용한다는 것이 가장 큰 장점이다. 작성방법은 줄기와 잎을 연상하면서 그린다. 데이터로부터 단위 수(일, 십, 백, 천 등)에서 제일 큰 값을 줄기로 정하고, 그 관측값들의 구체적인 값들을 잎으로 정한다. 그다음 각 줄기에 해당하는 값을 잎을 붙이듯이 데이터를 표시한다. 〈표 3.12〉는 줄기-잎 그림의 작성방법과 그 예를 보여주고, 〈표 3.13〉은 자릿수에 따른 줄기-잎 그림의 작성방법을 보여준다. 특히 줄기-잎 그림은 〈표 3.14〉와 같이 두 집단이 있을 때, 두 자료의 분포를 파악하고 비교하는 데 유용하다.

표 3.12 줄기-잎 그림의 작성방법

구분	내용
자료	12, 18, 22, 23, 14, 17, 31, 35, 25, 27, 38, 25, 26, 28, 30, 31, 32, 33, 28, 27
작성 방법	**1단계: 줄기를 그린다.** – 2자리 수: 십의 자리|일의 자리 – 3자리 수: 백, 십의 자리|일의 자리
	2단계: 잎을 그린다. 명시된 자료에 대해 1단계의 기준에 맞게 그림을 작성한다.
결과	1 | 2 8 4 7 2 | 2 3 5 7 5 6 8 8 7 3 | 1 5 8 0 1 2 3

표 3.13 자릿수에 따른 줄기-잎 그림의 작성방법

자릿수	작성방법
일, 십의 자리	십의 자리는 줄기로, 일의 자리는 잎으로 → 십|일
십, 백의 자리	백, 십의 자리는 줄기로, 일의 자리는 잎으로 → 백십|일
소수점	정수 부분은 줄기로, 소수점은 잎으로 → 정수 부분|소수점

표 3.14 줄기-잎 그림과 두 집단의 자료 분포 비교

	남자(kg)		여자(kg)
자료	63, 52, 48, 67, 53, 63, 55, 62, 60, 58, 61, 67		47, 41, 67, 50, 55, 52, 48, 49, 50, 50, 46, 42
비교	남자	줄기	여자
	8	4	7 1 8 9 6 2
	8 5 3 2	5	0 5 2 0 0
	7 1 0 2 3 7 3	6	7

상자그림box plot을 설명하기에 앞서 중앙값median, 사분위수quartile에 대한 용어를 소개한다. 중앙값은 자료를 크기순으로 정렬하였을 때, 가장 가운데 위치한 값을 의미한다. 자료의 개수가 홀수이면 중앙에 값이 있지만, 짝수이며 중앙값이 없으므로 편의상 중앙위치의 두 인접한 값의 평균을 사용한다. 사분위수는 자료를 크기순으로 정렬하였을 때, 자료 전체를 네 등분하는 위치에 있는 값들을 의미한다. 사분위수는 Q_1(제1 사분위), Q_2(제2 사분위), Q_3(제3 사분위)로 표기하며, Q_2는 중앙값과 일치한다. 그리고 Q_3와 Q_1의 차이(범위)를 사분위수 범위Inter Quartile Range($IQR=Q_3-Q_1$)로 정의한다. 이 값이 작으면 자료가 평균이나 중앙값에 밀집되어 있고, 반대이면 자료가 많이 흩어져 있음을 의미한다.

상자그림은 자료의 중심위치와 자료의 흩어짐을 한 번에 파악할 수 있도록 요약한 그래프이다. 이는 상자와 수염, 특이점outlier을 표시한 그림으로, 수염은 데이터의 경계값을, 특이점outlier은 이상적으로 매우 적거나 큰 값을 의미한다. 〈표 3.15〉는 상자그림의 작성방법을 보여주며, 〈그림 3.25〉는 상자그림의 구조이다.

*IQR*은 상자의 폭(높낮이)을 결정하고, 중앙값(Q_2)은 상자 안에 선으로 그린다. *IQR*이 크면 상자의 폭이 크고(자료가 많이 흩어져 있음), 작으면 상자의 폭이 작다(자료가 중앙값에 밀집되어 있음). 더불어 상자 폭에서 Q_2는 중심위치를 알려주는 지표인데, 위치가 아래쪽에 있으면 상대적으로 하위 자료가 많고, 그 반대이면 상위 자료가 많음을 보여준다. 상자 폭과 Q_2의 위치만 보아도 자료들의 중심위치와 자료의 흩어짐을 한 번에 파악할 수 있다.

특이점, 울타리, 수염, 인접값은 〈표 3.15〉에 제시된 식으로 구할 수 있으며, 인접값을 이용하여 수염을 그린다. 이 작업을 마치면 〈그림 3.25〉와

표 3.15 상자그림의 작성방법

단계	내용
1단계	제1 사분위(Q_1), 중앙값, 제3 사분위(Q_3)를 이용하여 상자를 그린다.
2단계	f_U, F_U, f_L, F_L 값을 구하고 위쪽과 아래쪽 인접값 수염을 그린다. – 제3 사분위 위쪽으로 안쪽 울타리($f_U = Q_3 + 1.5 \times IQR$) – 제3 사분위 위쪽으로 바깥쪽 울타리($F_U = Q_3 + 3.0 \times IQR$) – 제1 사분위 아래쪽으로 안쪽 울타리($f_L = Q_1 - 1.5 \times IQR$) – 제1 사분위 아래쪽으로 바깥쪽 울타리($F_L = Q_1 - 3.0 \times IQR$) – 위쪽 인접값($f_U$보다 작은 가장 가까운 값) – 아래쪽 인접값(f_L보다 큰 가장 가까운 값)
3단계	수염 바깥에 특이점을 ○로 표시한다. – f_U와 F_U, f_L과 F_L 사이 또는 F_U보다 크거나 F_L보다 작은 자료가 있으면 ○로 표시한다.

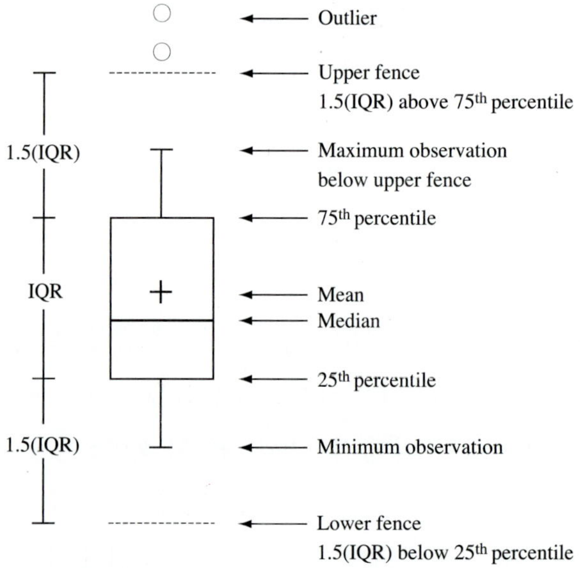

그림 3.25 상자그림의 구조

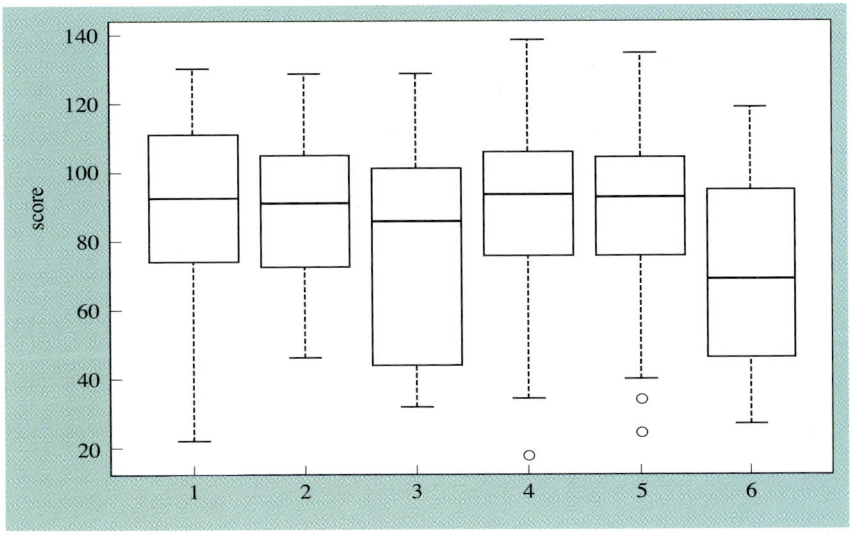

그림 3.26 병렬상자그림

같은 상자그림이 완성된다. 수염 바깥의 크거나 작은 값은 특이점이므로 ○로 표시한다.

여러 개의 집단 자료 분포를 비교하고 싶은 경우, 집단별 자료가 평균에 밀집해 있으면 상자의 크기가 작아지고, 그 반대이면 커지며, 한쪽으로 치우친 분포이면 상자그림의 중앙값 선이 위아래로 쏠린다. 그리고 자료가 평균에서 떨어져 있거나 흩어져 있으면 위아래의 인접값이 상자에서 떨어져 있게 나타난다. 〈그림 3.26〉은 모 대학교 통계학 관련 교양과목을 수강하는 6개 반의 중간고사 결과를 병렬상자그림으로 나타낸 것이다. 상자그림의 원리를 이해하였다면, 다음 세 질문에 답을 할 수 있을 것이다.

질문 1. 6개 반 중에서 성적의 중앙값이 상대적으로 가장 높(낮)은 반은 어디인가?

질문 2. 중간고사 성적 분포가 비대칭인 반은 어디인가?

질문 3. 성적이 평균에서 상대적으로 많이 흩어져 있을 것으로 판단되는 반은 어디인가?

질문 1의 답은 상자그림에서 상자 안의 선(중앙값)으로 판단하면 된다(높은 반:4반, 낮은 반: 6반). 질문 2의 답은 사분위수범위인 상자 크기와 중앙값의 위치로 판단하는데 2반, 3반, 4반은 상자 크기에서 위쪽에 선이 위치하고, 6반은 아래에 위치하여 비대칭임을 알 수 있다. 질문 3의 답은 상자 크기와 수염, 이상점을 살펴보면 된다(4반, 5반).

양적 데이터와 질적 데이터를 시각적으로 표현하는 그래프 이외에도 목적에 따라 다양한 그래프가 존재한다. 최근 FineReport라는 기업에서 '시각화 차트 종류 14종(2020)'•에 대해 다룬 적이 있다. 그래프의 종류와 활용법을 잘 설명해 주고 있어서 소개한다. 관심 있는 독자는 꼭 한 번 방문해 보기를 권한다.

• https://www.finereport.com/kr/차트-종류-14-종-알아보기/

Chapter 4

데이터 사이언스의 학습과 인공지능 분석 소프트웨어

01

기계학습

인공지능 학습

인간에게만 있는 지능이 컴퓨터에는 있을 리가 없다. 하지만 인간의 가르침과 지도로 컴퓨터가 학습할 수 있다면 어떨까? 원리는 간단하다. 바로 정답이 있는 데이터를 기계에 보여주고 학습시키는 것이다. 가령 사과를 보여주고 '이것은 사과이다.', 고양이 사진을 보여주고 '이것은 고양이이다.'라고 학습시키는 것이다. 이런 과정을 수없이 반복하면 컴퓨터는 사과나 고양이 사진을 보여주면 정확히 구분할 수 있을 것이다. 이런 과정의 학습을 인공지능(AI)의 대표적인 학습인 지도학습supervised learning이라 한다. 이해를 돕기 위해 〈그림 4.1〉과 네이버의 지도학습 동영상•을 소개한다.

〈그림 4.1〉은 고양이와 사과에 대해 미리 학습한 AI가 사과 이미지를 보여주면, 이것을 사과라고 분류하는 과정을 보여준다. 다음으로 수치형 예

• https://terms.naver.com/entry.nhn?docId=6025457&cid=58367&categoryId=67050

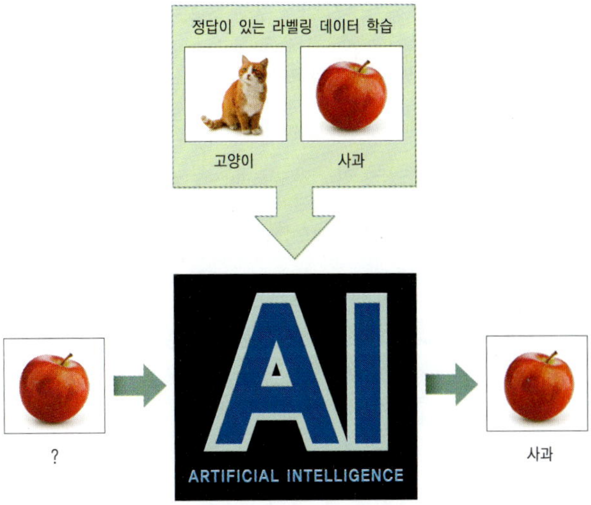

그림 4.1 지도학습 예

시를 알아보자. 10년간 S 기업의 '광고비(단위: 억 원)'와 '상품 인지도(10점 만점)'에 대한 데이터가 있다고 가정하자. 이 두 변수의 추이는 우상향이 일반적일 것이다, 즉, 기업에서 광고비 비용을 올리면 노출 빈도가 높아져서 상품 인지도가 높아진다는 원리이다. 이런 데이터를 컴퓨터에 입력하고 '광고비로 5억 원을 지출할 때, 어느 정도의 상품 인지도가 얻어질까?'라는 문제를 제시하면, 컴퓨터는 10년간의 데이터 추이를 살펴보고 대략적인 선(직선, 곡선 등)을 그어 광고비가 5억 원일 때에 상응하는 상품 인지도를 출력할 것이다.

이 두 예시는 가장 기본적인 기계학습으로 컴퓨터에 입력값과 그에 따른 출력값이 있는 데이터를 이용하여 주어진 입력에 적합하고 정확한 출력을 찾는 학습방법이라고 할 수 있다. 이런 기계학습은 여러 데이터를 통해 입력과 출력을 살펴보고, 주어진 입력에 적합한 출력을 제시하는 학습방법으로 기계 번역, 상품추천, 질병 진단 등에 응용될 수 있다.

지도학습에서 입력을 예측변수predictor variable 또는 특징feature, 출력을 반응변수response variable 또는 목표변수target variable라고 한다. 지도학습 중 목표변수가 수치형numeric인 경우는 회귀regression, 범주형categorical인 경우는 분류classification라고 한다. 지도학습을 위한 대표적인 기계학습 모델로는 선형 회귀linear regression, 로지스틱 회귀logistic regression, 의사결정트리decision tree, 서포트 벡터 머신support vector machine, 인공 신경망artificial neural network; ANN 등이 있다.

이제 독자들은 지도학습의 개념을 이해할 것으로 믿고, 더 전문적인 정의를 소개해 보고자 한다. 네이버 지식백과에 따르면 지도학습은 훈련 데이터training data로부터 하나의 함수를 유추해내기 위한 기계학습machine learning의 한 방법이라고 소개한다. 이런 훈련 데이터는 입력 데이터에 대한 속성의 수치가 하나의 집합 형태인 벡터 형태로 포함하고 있으며, 이 데이터를 통해 하나의 함수를 유추하도록 기계가 학습하는 것이다. 우리는 이를 '기계학습'이라고 정의한다.

AI! 얼마나 잘했는지 평가할 수 있을까?

일반적으로 학생들은 어떤 과목을 수강 학습한 후 평가를 위해 중간·기말고사를 치른다. 이처럼 기계학습도 평가를 해야 한다. 이해를 위해 사례 하나를 들어보자. 실제 결과가 참과 거짓인 두 경우를 고려하자. 이를 추론·예측한 평가 결과 역시 참과 거짓이 있을 것이다. 이런 상황은 〈표 4.1〉처럼 정리된다. 실제 결과의 참과 거짓에 따라 추론 예측의 결과가 참이면 Positive, 거짓이면 Negative로 표기하고, 실제 결과에 맞게 예측 결과가 올바

표 4.1 참과 거짓의 실제와 예측의 2×2 교차표

<table>
<tr><th colspan="2" rowspan="2">구분</th><th colspan="2">추론 · 예측한 결과</th></tr>
<tr><th>참(Positive)</th><th>거짓(Negative)</th></tr>
<tr><td rowspan="2">실제 결과</td><td>참</td><td>Good
True Positive(TP)</td><td>Bad
False Nagative(FN)</td></tr>
<tr><td>거짓</td><td>Bad
False Positive(FP)</td><td>Good
True Negative(TN)</td></tr>
</table>

※ Positive는 양성, Negative는 음성으로 정의한다.

르면 True, 그렇지 않으면 False라고 했을 때, 우리는 True Positive(TP), True Negative(TN)는 올바른 결과이고 그 외(FP, FN)는 그렇지 못한 것이다. 이를 교차표 혹은 분할표cross table라고 하며, 통계학에서의 가설검정 결과표와 유사하다. 데이터 사이언스에서는 오차행렬error matrix 또는 혼동행렬confusion matrix로 다양하게 명명하며 유용하게 활용되고 있다.

이런 네 가지 상황을 놓고 우리는 다음과 같은 평가를 판단할 수 있다. 만약 실제 결과가 참과 거짓이고, 예측도 참과 거짓으로 판정되면 정확한 결과가 될 것이다. 이 결과를 기초로 평가 지표를 소개하면, '정확도Accuracy=(TP+TN)/N(총 예측수)'이고, '에러율error rate=1−정확도'이다. 정확도는 참 양성과 참 음성의 개수에서 전체 예측수를 나눈 값이다. 에러율은 잘못 분류한 비율(1−정확도)을 의미한다. 예측 관심 유형에서 정확률 지표로는 '정밀도Precision(TP/(TP+FP))'와 '재현율recall(TP/TP+FN)'이 있다. 정밀도는 양성으로 예측된 모든 양성 개수(TP+FP)에서 참 양성(TP)이 차지하는 비율을 의미한다. 리콜인 재현율은 참인 실제 결과가 참과 거짓으로 예측된 결과(TP+FN)에서 참 양성(TP)이 차지하는 비율은 의미한다.

우리는 인터넷에서 검색을 할 때 내가 원하는 검색 결과가 상단에 출력

되기를 기대한다. 이런 경우는 예측 정확성 관점이므로 정밀도가 높을수록 좋은 결과이다. 또한, 의료분야에서 중요한 정밀검사는 조금이라도 오진이 있거나 발생하면 경고를 알려줘야 하고, 상당히 민감한 분야이므로 재현율(리콜)이 높아야 한다. 이를 민감도sensitivity라고도 정의하며 '참 양성비율true positive rate; TPR'이라고 한다. 즉, FN의 경우에 상당히 민감하다는 의미에서 생겨난 용어인 듯하다. 다음으로 건강 체크를 위해 정기적인 검사를 할 경우 과잉진료보다는 정기적인 내원을 권장해야 하므로 병이 없는 경우(TN)와 병이 있다고 오진하는 경우(FP)를 고려해야 한다. 즉, TN/(FP+TN)이다. 이를 특이성specificity으로 '참 음성비율true negative rate; TNR'이라고 한다. 이렇듯 민감도와 특이성은 의료분야에 많이 활용되고 있다.

지금까지 정확성, 에러율, 정밀도, 재현율(리콜), 민감도, 특이성을 소개하였으며, 특성 분야에 어떻게 활용되는지 알아보았다. 그럼 이런 지표를 활용하여 어떻게 인공지능을 효율적으로 평가하는지 알아보자.

혼동행렬에서 도출 가능한 각종 평가 지표를 결합하면 모델의 예측 능력에 대해 평가할 수 있다. 다만 과거 데이터를 통해 예측결과를 검증하는 것으로 과적합overfit 문제점이 발생한다. 이런 현상은 마치 수업시간에 기출문제나 예제 문제로 시험을 보는 것과 같아 지속적으로 좋은 점수를 얻을 수 있는 것과 같다. 따라서 데이터는 여러 개로 나누어서 교차타당성cross-validation을 적용한다. 만약 데이터를 임의로 10개 그룹으로 나누고, 첫 번째 평가과정에서는 1~9개 그룹 데이터를 이용하여 모델링하고, 10번째 데이터를 이용하여 검증한다. 두 번째 과정에서는 2~10개 그룹 데이터를 이용하여 모델링하고, 1번째 데이터를 이용하여 검증한다. 이런 과정을 10번 반복하여 10번의 결과를 종합적으로 분석해 모델의 효과를 평가하고 검증한다면 과적합 문제는 해결할 수 있다. 이에 대한 자세한 설명은 다음절에서 소개한다.

인공지능 평가를 한 번에 끝내지 않겠어!

인공지능 평가는 한 번에 끝나지 않고, 부분으로 여러 번 나누어 실시한다. 이는 마치 우리가 마트에서 장을 보고 와서 음식을 만들 때 재료 전부를 한 번에 사용하지 않고, 며칠 동안 나누어서 재료를 사용하는 것과 같다. 즉, 된장찌개를 만들 때 한꺼번에 재료를 쓰는 것이 아니라 며칠 동안 나누어 소비하면서 저번보다 더 맛있다, 맛없다는 표현을 통해 음식을 평가한다.

이를 좀 더 체계적으로 설명하면, 마트에서 총 10만 원의 찌개 재료를 구입한 후 6만 원의 재료로 된장찌개를 만든다. 그리고 며칠 지난 후, 2만 원의 재료로 6만 원짜리의 레시피recipe를 모방하여 맛을 가름하고 가장 맛있었던 된장찌개 레시피를 선택한다. 그리고 나머지 2만 원의 재료로 객관화된 가장 맛있는 된장찌개 레시피(최적 레시피)로 만든 찌개를 여러 사람에게 선보여 맛을 평가받는다. 아마 가장 맛있다는 소리를 들을 수 있을 것이다.

이런 과정을 인공지능 학습평가에 적용해보자. 〈표 4.2〉를 살펴보면, 인공지능에 입력할 데이터를 한꺼번에 활용하지 않고 3가지로 나누어 입력한다. 즉, 데이터를 훈련training, 평가validation, 검증test 집합set으로 구분한다. 보통 5:2.5:2.5 또는 6:2:2의 비율로 분배한다. 훈련 데이터 세트는 모형적합(된장찌개)과 모수추정(맛있는 된장찌개)에 사용되며, 평가 데이터 세트는 모수튜닝(맛을 내는 비결), 변수선택(맛을 내기 위한 재료는 무엇인가?), 모형선택(여러 레시피 중에 가장 맛있는 레시피는 무엇인가?)에 사용된다. 그리고 모형적합과 모형선택이 끝난 후 최종모형의 오류확률error rate(맛을 평가하는

표 4.2 음식 레시피 평가와 유사한 인공지능 학습평가

레시피 과정	역할	모형 평가 데이터
- 여러 찌개 중 된장찌개 선택 - 맛있는 된장찌개는 어떻게 만들까?	모형적합, 모수추정	훈련 데이터 (training dataset)
- 맛을 내는 비결(조미료 등, 순서), - 최적의 맛을 내기 위한 재료 - 최적 된장찌개 레시피	모수튜닝, 변수선택, 모형선택	평가 데이터 (validation dataset)
- 최적 된장찌개 레시피를 자부하는 요리전문가들의 평가(맛을 100점 만점에 95, 80점으로 평가)	모형 오류확률, 측정/추정	검증 데이터 (test dataset)

사람들의 호불호 비율)을 측정·추정하기 위해 사용된다.

추가로 데이터를 임의로 나눈 후 교차검증cross validation을 시행하기도 한다. 흔히 k-폴드fold 교차검증은 데이터를 k개 그룹으로 나누고 각각의 그룹을 차례로 검증 세트로 사용하여 평가 지표를 계산한 후, k개의 평가 지표 평균으로 최종 오차를 추정하는 방법도 있다.

훈련 데이터는 일반적으로 입력 객체에 대한 속성을 벡터 형태로 포함하고 있으며 각각의 벡터에 대해 원하는 결과가 무엇인지 표시되어있다. 이렇게 유추된 함수 중 연속적인 값을 출력하는 것을 회귀분석regression이라 하고 주어진 입력 벡터가 어떤 종류의 값인지 표식하는 것을 분류classification라 한다.

회귀분석이나 분류와 같은 지도학습기supervised learner가 하는 작업은 훈련 데이터로부터 주어진 데이터에 대해 예측하고자 하는 값을 올바로 추측해 내는 것이다. 이 목표를 달성하기 위해서는 학습기가 '알맞은' 방법을 통해 기존의 훈련 데이터로부터 나타나지 않던 상황까지도 일반화하여 처리할 수 있어야 한다.

지금까지 살펴본 지도학습은 인간이 인공지능에 라벨링 데이터를 보여주고 학습시키는 것이다. 하지만 빅데이터 시대가 도래하면서 데이터 라벨링 양은 방대해지고, 인공지능 학습속도와 인간의 데이터 라벨링 속도에는 괴리가 발생하게 되었다. 이 틈은 4차 산업혁명 이후 더욱더 벌어지고 있다. 이처럼 지도학습이 인공지능 발전 속도를 따라가지 못하는 경우가 발생한다. 이에 대한 대안으로 AI가 스스로 학습하는 비지도학습unsupervised learning이 탄생하게 되었다. 다음절에서는 인간의 손을 거치지 않고 인공지능이 스스로 학습하는 비지도학습에 대해 상세히 다룰 것이다.

02

심층학습

AI, 이제 나 혼자 학습할래!

네이버 지식인에 흥미로운 질문이 있다.

> "남성 작가가 쓴 50개의 기사와 여성 작가가 쓴 50개의 기사가 주어지면, 새로운 원고의 저자(이 저자의 신원이 알려지지 않은 경우)의 성별을 예측하는 방법을 배웁니다. 이것은 지도학습인가요, 비지도학습 인가요?"

이것의 답은 지도학습이다. 그 이유는 입력 데이터에 성별로 구분된 작가작품이 각각 50개씩 들어 있기 때문이다. 그런데 만약 기계에게 기존 학습데이터 100개의 작품을 제공하여 성별에 따른 작품을 구분하게 한 후, 새로운 원고의 저자 성별을 예측한다면 이는 지도학습 과정을 거치지 않은 비지도학습이다.

이와 관련된 질문으로 "AI가 스스로 학습을 할 수 있을까?"라는 질문에 많은 답을 제시하기 위해 수많은 데이터 과학자들은 도전하였다. 이를 비지도학습unsupervised learning이라고 하는데, 인간의 지도학습으로 기계학습을 하지 않고 자율로 학습하는 것을 말한다. 인간의 데이터 라벨링 안내 없이 인공지능이 스스로 정제되지 않은 데이터를 학습하는 것이다. 인간이 주도했던 지도학습에서 발생한 틈을 해소하는 방안으로 탄생한 비지도학습은 답이 없는 입력 데이터를 가지고 학습시키는 방법으로, 데이터 속에 숨겨져 있는 법칙, 구분, 분류 등을 데이터 자체로부터 끌어내려고 하는 것을 의미한다. 이는 방대한 데이터와 경험을 몇 가지 기준을 가지고 자동으로 데이터를 줄여서(차원축소) 이해하는, 마치 인간이 뇌에서 여러 판단을 통해 패턴을 발견하는 것을 모방하는 원리이다. 더불어 분류되지 않은 데이터를 제공하고 알고리즘이 스스로 특징과 패턴을 추출함으로써 이 데이터를 이해하려고 노력한다. 이런 의미에서 자율학습 모델이라고도 불리 운다.

〈그림 4.2〉는 정답이 없는 입력 데이터에 대해 데이터의 특징feature을 자율학습으로 파악하여 2개의 군으로 집단화하는 비지도학습 과정을 보여준다. 사과와 고양이의 사진 4개를 각각 AI에 보여주면 AI는 '둥글고 꼭지 부분이 움푹 파여 있는 개체'와 '네 다리와 귀가 쫑긋하고 뾰족하며 두 눈과 입을 가진 개체'로 구분한다. 즉, 사진 형상의 특성별로 분류한다.

다른 예로 강아지, 고양이, 기린, 원숭이 사진을 비지도학습으로 분류할 때, 각각의 동물들이 데이터 라벨링을 하지 않은 동물 데이터이므로, 이 동물을 무엇이라고 정의할 수는 없지만, 비지도학습으로 동물의 특징별로 분류를 한다. 다리가 4개인 강아지, 고양이, 기린은 한 분류가 될 수 있고, 목이 긴 기린이 한 분류가 될 수도 있으며, 다리가 2개인 원숭이가 한 분류로 나뉘게 된다. 또는 3종류의 과일이 있는 사진을 입력 데이터로 보여줄 때, 인공지능은 서로 다른 색깔과 모양으로 3종류의 과일을 분류한다. 3종

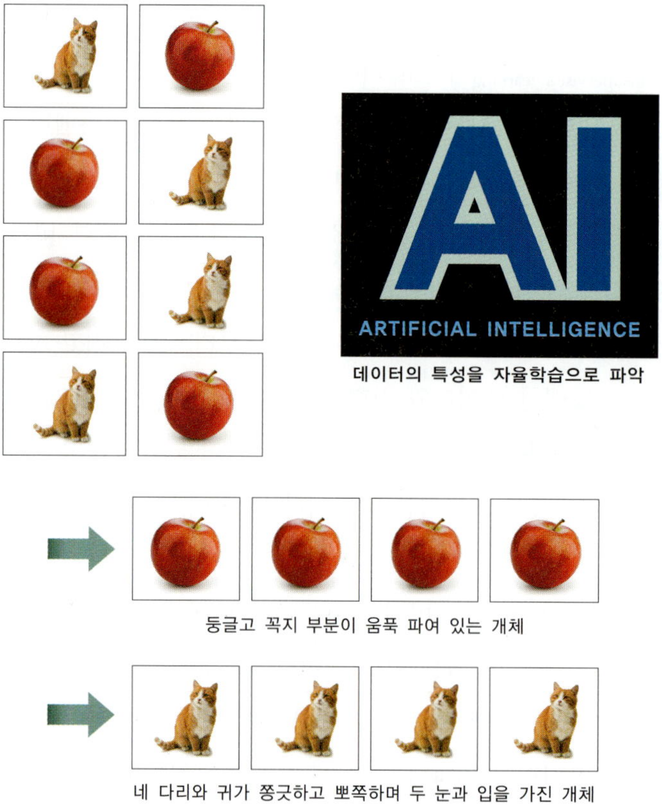

그림 4.2 비지도학습의 예

류의 과일은 명칭은 모르지만(정답은 모르지만), 이들의 특징과 속성으로 구분한다는 것이다. 따라서 비지도학습은 예측이 아닌 데이터가 어떻게 구성되어 있는지를 밝히는 데 주로 사용되며, 이는 그룹화 알고리즘으로 볼 수 있다. 이런 비지도학습은 보통 3가지 방법으로 데이터를 특성화한다.

먼저 군집화clustering이다. 식물학자가 아니더라도 식물 사진을 보고 잎의 모양, 색깔, 줄기 크기 등과 같은 단서를 통해 식물을 구분한다. 이런 접근으로 군집화가 이루어지는 방식이다. 군집화는 서로 다른 속성을 가진 데이터를 특성별로 구분하는 통계적 방법을 말한다. 3종류의 과일을 지도하지 않은 학습인 자율학습으로 구분한 것이므로 비지도학습이다. 군집화는 수없이 많은 뉴스 기사를 자율학습으로 구분하거나 개인 맞춤형으로 개인별 선호와 비선호의 상품으로 분리하는 것에 활용할 수 있다.

다음은 연상association이다. 아마존이나 쿠팡 등 온라인 쇼핑 시 기저귀를 장바구니에 넣으면 자동으로 턱받이, 분유와 같은 아기 연관상품을 추천해준다. 이것이 연관성 규칙association rule을 활용한 것이다. 이는 데이터 샘플의 어떤 특성을 다른 특성과 연관 짓는 원리를 활용한 것이다.

끝으로 이상탐지anomaly detection이다. 이는 고객의 평소 구매 행동을 분석하여 이와 특이할 정도로 다를 경우에 이상탐지하는 것을 의미한다. 만약 국내의 신용카드가 미국 LA에서 같은 날 사용되었다면, 그건 이상 탐지의 예가 된다. 또한, 평소 한 번의 온라인 쇼핑 결제금액이 평균적으로 10만 원 내외였던 고객이 갑자기 500만 원 이상 결제하였다면, 이상 징후의 사례가 된다.

이런 다양한 분야에 적용되는 비지도학습은 실제로 지도학습에서 적절한 특징을 찾아내기 위한 전처리 방법으로 사용되기도 한다. 하지만 비지도학습의 단점은 정답에 기초한 기계학습이 아니기 때문에 우리가 기대하는 사뭇 다른 예측결과가 도출될 가능성이 있다는 점이다. 예를 들어, 사자의 엉덩이 사진만 보여주고 비지도학습으로 사자라고 분류한 인공지능에 이와 유사한 동물 엉덩이 사진을 제공하면 엉덩이 특징만으로 분류한 비지도학습 결과 때문에 사자와 유사한 데이터로 분류한다.

관심 있는 독자에게 앞에서 소개한 지도학습처럼 비지도학습과 관련된 네이버 영상 자료•를 소개한다. 비지도학습은 속성이 유사한 뉴스로 군집화하는 뉴스 분류, 인간 DNA 분류, SNS 관계 분류 등 많은 분야에도 응용된다.

• https://terms.naver.com/entry.nhn?docId=6035953&cid=58367&categoryId=67050

비슷한 것 같으면서도 다른 지도학습과 비지도학습

여러 절에 걸쳐 지도학습과 비지도학습을 설명하였다. 지도학습과 비지도학습을 배우면 약간의 혼동이 올 수 있다. 수강하는 학생들도 지도와 비지도학습을 설명하면 고개를 갸웃거린다. 이런 학생들에게 자주 보여주는 그림이 있는데, 이 그림을 보고 나면 확실히 도움이 되어 소개하고자 한다.

〈그림 4.3〉의 좌, 우 그림의 차이는 모양(동그라미, 네모)으로 구분화된 데이터이지만, 지도학습용 데이터는 좌측이고 비지도학습용 데이터는 우측이다. 지도학습의 핵심은 정답이 있는 자료(데이터 라벨링)를 보여주고 예측과 분류를 하는 방법이고, 비지도학습은 정답이 없는 입력 데이터를 살펴 자율학습을 통해 군집화하는 것을 의미한다. 〈그림 4.3〉은 지도학습과 비지도학습의 개념을 명확히 구분할 수 있게 한다.

〈그림 4.3〉의 좌측은 정답이 있는 데이터(동그라미와 네모로 특성화된 데이터)를 가지고 분류한 후, 새로운 데이터인 동그라미나 네모를 입력하면 이를 분류하는 지도학습을 의미한다. 우측은 사전에 정답이 없는 데이

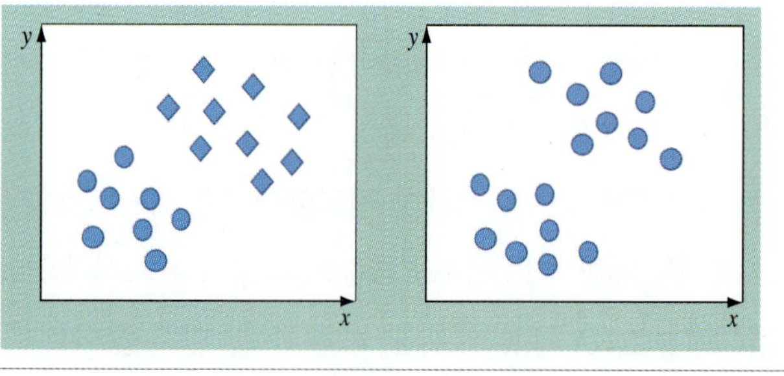

그림 4.3 지도학습 입력 데이터(좌)와 비지도학습 입력 데이터(우)의 차이

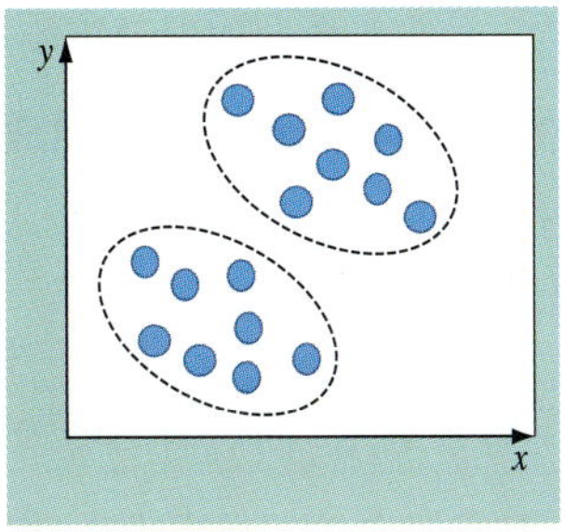

그림 4.4 비지도학습 군집화 결과

터를 입력하고 〈그림 4.4〉와 같이 데이터 간의 거리나 속성 등으로 군집화 한다. 이를 전문용어로 지도학습용 데이터는 정답이 있는 데이터 라벨링, 비지도학습은 정답이 없는 라벨링으로 구분해서 설명하기도 한다. 이처럼 지도학습과 비지도학습의 큰 차이점은 학습데이터의 데이터 라벨링의 유무이다. 사전에 구분된 데이터 라벨링 자료를 인공지능에 학습시켜 새로운 데이터를 추가해 분류하면 지도학습이고, 〈그림 4.4〉처럼 학습자료가 주어지는 경우는 비지도학습이다.

지도와 비지도학습의 하이브리드 학습 GANs

지도학습은 데이터 라벨링 자료를 이용하고, 비지도학습은 정답이 없는 라벨링 자료를 이용한다. 이처럼 분류된 데이터와 분류되지 않은 데이터가 모두 포함된 학습데이터 세트를 활용하여 분류·예측하는 것을 하이브리드hybrid 지도, 비지도학습이라고 한다. 줄여서 본서에서는 하이브리드학습hybrid learning이라고 명명한다.

병원에서 CTComputed Tomography 스캔이나 MRIMagnetic Resonance Imaging(자기 공명 영상법)같은 의료 이미지 판독은 하이브리드 학습의 좋은 예시이다. 전문의는 환자의 CT, MRI를 살펴 질병이나 종양을 판정하고 예측한다. 그런데 환자수는 많고 전문의 수는 한정되어 있으므로 모든 환자의 CT, MRI를 일일이 분류하는 것은 너무 많은 시간과 노동이 필요하며 비용 또한 만만치 않다. 그러나 하이브리드 학습은 데이터 라벨링된 환자의 데이터로 지도학습을 한 후, 그 외 환자의 CT, MRI 자료를 분류하는 비지도학습을 수행한다. 이 방법은 비지도학습만으로 분류한 정확성보다 높은편이라 한다.

적은 양의 분류된 데이터 세트로 시작하여 유명해진 하이브리드 학습방법으로는 생산적 적대 신경망generative adversarial network; GANs[•]가 있다. 여기서 Generative는 '생산하는'이라는 뜻으로 GANs 모델에서의 의미는 이미지를 생성한다는 의미이다. Adversarial는 '적대적인'이라는 뜻으로 서로 경쟁하면서 무엇인가를 좋게 한다는 의미이다. Generative처럼 이미지를 만들긴 하지만 서로 경쟁하면서 좋게 만든다는 것이다. 따라서 GANs는 서로 경쟁하면서 가짜 이미지를 진짜 이미지와 최대한 비슷하게 만드는 창조를 의미한다.

GANs는 생성자generator와 판별자discriminator가 서로 경쟁adversarial하여 데이터를 생성generative하는 모델을 의미한다. 생성자는 가짜 예제를 만들어 판별자를 최대한 속일 수 있도록 훈련하고, 판별자는 생성자가 제시하는 가짜 예제와 진짜 예제를 최대한 정확하게 구분할 수 있도록 훈련하게 한다. 이처럼 판별자를 속일 수 있도록 서로 경쟁하여 생성자를 훈련하는 방식을

• 몬트리올대학교 요슈아 벤지오(Yoshua Bengio) 교수 연구팀에서 고안되어 2014년 신경정보처리시스템(neural information processing systems, NIPS) 학회에서 발표되었으며, 당시 대학원생이던 이안 굿펠로우(Ian Goodfellow)가 주도적인 역할을 하였다.(자료:네이버 지식백과)

대립적·적대적 프로세스라고 한다. 생산적 적대 신경망은 생성자와 판별자를 적대적 프로세스를 통해 발전시키는 과정으로 실제 예제와 매우 유사한 결과물을 생성한다. 이런 과정을 양성 피드백 고리positive feedback loop라고 하며, 판별자는 생성자가 제시하는 가짜와 진짜 예제에서 가짜를 더욱 능숙하게 구별해내고, 생성자는 판별자를 속이기 위한 가짜를 만드는 능력을 키우는 것이다. 결과적으로 판별자는 잘못 판단할 확률을 최소화하도록 하고, 생성자는 판별자가 잘못 판단할 확률을 최대화하도록 하는 경쟁적 학습 진행을 의미한다.

GANs의 이해를 돕기 위해 위조지폐를 만드는 사람(생성자)과 위조지폐 감별사(판별사)의 적대성을 들 수 있다. 위조지폐 생성자는 가짜 지폐를 진짜로 판별하게 하는 것이 목적이고, 위조지폐 판별사는 가짜 지폐를 가짜로 판별하는 것이 목적으로 서로 간의 적대성이 발생한다. 위조지폐 판별사는 가짜 지폐를 진짜로 판별되는 확률을 최소화하도록 해야 하고, 위조지폐 생성자는 가짜 지폐를 판별자가 잘못 판단할 확률을 최대화하도록 정교하게 지폐를 만들 것이다.

요즘 컴퓨팅 능력의 발달로 GANs를 이용하면 매우 정교한 위조 동영상이나 이미지를 컴퓨터가 쉽고 빠르게 자동으로 만들어 낼 수 있다. 하지만 가짜 뉴스 딥페이크 등 GANs가 악용될 우려도 있다. 최근 GANs 방법으로 인공지능 화가가 그린 초상화가 경매장에서 거액에 낙찰되는 등 예술의 영역이 더욱 확장되고 있어 이목을 집중시켰다. 미술업계에 따르면, 대표적인 인공지능 화가는 구글의 '딥드림Deep Dream'으로 기존에 학습한 회화 데이터베이스를 기반하여 '빈센트 반 고흐'의 작품을 모사하는 훈련을 받았다고 한다. 더욱 놀라운 사실은 딥드림이 그린 29점의 작품은 지난해 2월 샌프란시스코 미술 경매에서 총 9만7,000달러(약 1억1,000만 원)에 판매되었다는 사실이다. 이처럼 인공지능이 예술 영역에도 빠른 속도로 범위를 확장하고 있다. 〈그림 4.5〉는 모나리자를 twin-GANs 기법으로 형상화하는 과정•과 Deep Dream의 작품들••을 보여준다.

그림 4.5 Twin-GANs 활용한 모나리자 형상화(상)와 Deep Dream이 그린 작품(하)

• 'Twin-GAN: Cross-Domain Translation of Human Portraits', Neurohive, 2018.

•• https://deepdreamgenerator.com/#gallery

당근과 채찍 게임과 유사한 강화학습

학생 누구나 공부를 잘해서 성적이 오르면 칭찬받고, 성적이 떨어지면 잔소리나 조언을 듣는다. 또한, 계속해서 잔소리를 듣다 보면 학업 성취감이 떨어지게 되고, 부모님은 특별한 방법을 사용하곤 한다. 이처럼 학생의 학업 성취도를 높이기 위해 '당근과 채찍'을 겸한 방법을 유명 교육학자들이 소개하곤 한다.

이런 과정을 기계학습에 적용하면 어떨까? 예를 들어, 사과 사진을 보여주고 컴퓨터가 맞추면 100점, 다른 과일로 판정하면 −100점의 당근과 채찍 방법을 겸한다면(감정은 없지만, 비유적으로 표현), 기계는 맞추면 점수가 올라가니 좋아할 것이고, 점수가 떨어지는 뭔가 잘못된 길로 가는 것으로 판단할 것이다. 이런 시행착오 과정을 수없이 겪으면 컴퓨터는 점점 지능화될 것이다.

이 예는 기계학습의 한 분야인 강화학습reinforcement learning에 대한 설명이다. 즉, 강화학습은 성공하면 보상을 얻고, 실패하면 벌칙을 받는 과정을 거듭하여 여러 시행착오를 겪으면서 점점 똑똑해지는 것을 의미한다. 처음 강화학습은 행동 심리학에서 나온 이론으로 보상에 대한 학습효과이다. 즉, 에이전트(주체)가 한 행동에 대한 보상과 채찍을 받으면서 학습하는 것을 의미한다. 바둑, 장기, 체스, 퀴즈 경연대회 참가한 인공지능은 이런 당근(보상)과 채찍 과정으로 무한의 학습 과정을 통해 탄생한 결과물이다.

강화학습은 위의 당근과 채찍처럼 게임과 유사하다. 게임의 일반적인 규칙은 주어진 임무나 레벨을 달성하면 보상reward을 통해 훈장을 준다. 또한, 특정 횟수의 조정과 움직임으로 적을 물리치면 보너스를 받는다. 당연히 이 과정에는 수많은 함정과 위기가 있고, 이를 이겨내지 못하면 게임이 끝난다.

이제 본격적으로 강화학습을 에이전트agent, 환경environment, 상태state, 행동action, 보상reward의 개념으로 알아보자. 강화학습은 게임과 유사하게 게임 유저agent가 게임 환경environment의 현재 상태state에서 높은 점수reward를 얻는 방법을 찾아가며 행동action하는 학습방법이다. 여기서 특정 학습 횟수를 초과하면 높은 점수를 획득할 수 있는 전략이 형성된다. 단, 행동을 위한 행동 목록(제어 방향키와 버튼) 등은 사전에 정의되어야 한다.

높은 점수의 획득 결정을 내리기 위해 에이전트는 과거 피드백으로부터 배운 것과 더 큰 보상을 가져올 새로운 전략의 탐색에 의존한다. 이 과정을 장기적인 전략으로 구성한다. 마치 바둑에서 순간의 묘수가 장기전에서 이기게 해주지 않듯이 에이전트는 누적 보상을 극대화하기 위해 알고리즘을 설계한다. 이런 과정을 무한히 반복하다 보면 피드백의 횟수는 무한으로 늘어날 것이며 에이전트 전략은 점점 '신의 한 수'의 수준에 이르게 된다.

그런데 강화학습 과정을 지도학습의 분류를 통해 학습한다면, 모든 상황에 대해 어떠한 행동을 해야 하는지 예측하고 답을 설정해야 하므로 수많은 예제가 필요하게 된다. 특히 바둑의 경우 지도학습의 분류를 이용하여 학습하는 경우, 19×19 바둑판을 기준으로 계산하면 10^{171}가지의 예제가 필요하다. 연구결과에 따르면 바둑의 경우의 수는 2.08×10^{170}•라고 한다. 이 수치의 크기는 상상하기 어렵다. 예를 들어 비교하자면, 천문학자는 우주의 모든 별의 개수가 총 7×10^{22}개 정도일 것으로 추정하는데, 이와 비교하면 얼마나 큰 수인지 짐작할 수 있을 것이다.

• 바둑의 경우의 수는 2081681993819799846994786333448627702865224538845305484256394 5682092741961273801537852564845169851964390725991601562812854608988831442712971531931755773662039724706484093 5 가지라고 추정한다.
(자료: http://tromp.github.io/go/legal19.html)

이렇게 상상하기 힘든 경우의 수를 고려해야 하는 지도학습의 비효율성의 대체재로 강화학습이 등장하였다. 예전과 다른 컴퓨팅 발달과 더불어 강화학습은 지도학습보다 더 주목받는 심층학습으로 자리매김하고 있다.

03

인공지능 분석 소프트웨어

이번 절에서는 지금까지 살펴본 인공지능을 직접 구현(프로그래밍)할 수 있는 소프트웨어를 소개한다. 이 분야에서 주목받고 있는 소프트웨어는 R, Python, SQL, Tensorflow, Contextual Finder, JAVA 등이 있다. 이 중 R, Python, Tensorflow는 무료free share이고 빅데이터와 통계분석의 표준 소프트웨어로 자리를 잡아가고 있다. 따라서 이번 절은 이들 세 가지 프로그램 대한 설치법과 간단한 사용법 및 사례를 소개한다.

R과 RStudio 소개와 설치

R은 처음에 오클랜드 대학University of Auckland 통계학과의 로스 이하카Ross Ihaka와 로버트 젠틀맨Robert Gentleman 교수가 함께 작성하였으며, 그들 이름의 맨 앞글자를 인용하여 'R & R'이라고도 하였다. 1997년 중반부터 R 소스에 대한 쓰기 액세스 권한이 있는 핵심 그룹인 R Core Team이 등장했으며, 현재

는 여러 명의 멤버로 구성되어 있다. 최근에는 활용범위가 넓어져 계량 경제학자, 통계학자 등이 R을 더 발전시켜 응용 소프트웨어를 개발하고 있으며, 금융, 생명공학, 지리 정보, 시각화 등 여러 분야의 사용자들 또한 R로 만들어진 응용프로그램을 이용하고 있다.

R은 다른 패키지와 비교할만한 5가지 특징•이 있다. 첫째, 모든 사람을 위한 오픈소스open source이며 무료이다. 둘째, 통계 소프트웨어 개발과 자료분석에 널리 사용되어 인기가 높아 이미 대학에서 통계학 연구과 교육을 위한 통계 프로그램의 표준으로 자리매김하고 있다. 셋째, 질문 및 답변Q&A의 구조화된 웹 사이트인 StackOverflow(SO)를 구축하여 모든 코딩 질문에 빠른 답변을 찾을 수 있다. 더불어 좋은 질문과 답변을 하는 사람에게 보상을 주는 평판시스템도 갖추고 있다. 또한, 600여 개의 R-Bloggers가 존재하여 R에서 새로운 기술을 공유하는 채널이 마련되어 있다. 넷째, 빅데이터와 복잡한 연산과 시뮬레이션을 수행할 수 있고, 많은 명령어 함수가 내장되어있어 이를 편리하게 사용할 수 있다. 더불어 R은 고성능 컴퓨터 클러스터에서 사용할 수 있어서 일반적으로 달성할 수 있는 속도보다 훨씬 빠른 속도로 시뮬레이션 데이터 분석을 처리할 수 있다. 다섯째, 표준적인 통계처리부터 경제학, 베이지안 모델링, 패널 데이터 분석, 시계열, 공간 계량 경제학, GIS 맵 구축, 대화형 웹 애플리케이션, 대화형 테스크 구축까지 구현할 수 있는 강력한 유연성을 가지고 있다.

R의 특징에서 다룬 것처럼 R은 〈그림 4.6〉과 같이 실시간으로 다운로드하여 개인 PC에 설치할 수 있다. 설치방법은 R 홈페이지(https://www.r-project.org/)에서 〈그림 4.6〉에 보이는 왼쪽 위의 'CRAN'을 클릭한다.

• https://www.r-bloggers.com/why-use-r-five-reasons/

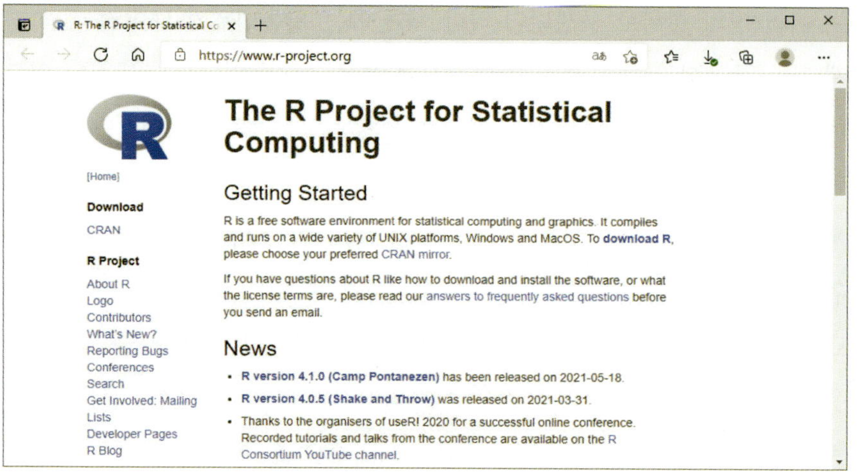

그림 4.6 R 홈페이지

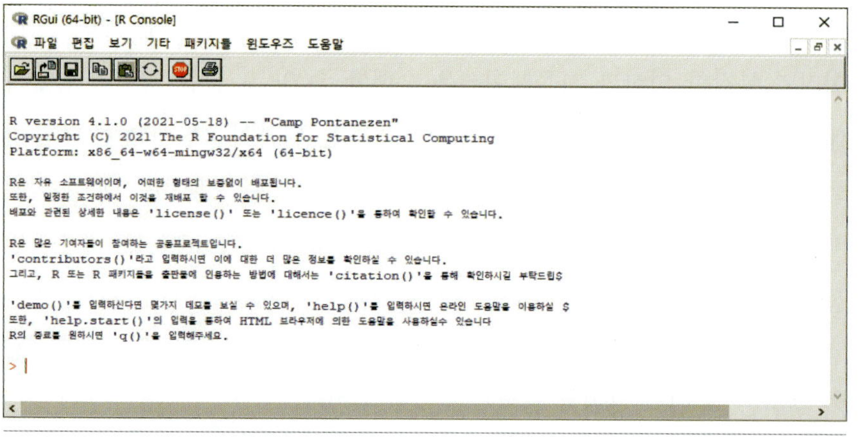

그림 4.7 R 프로그램의 실행화면

CRAN Mirror에서 Korea로 이동하여 5개의 링크 중 하나를 선택한다. 그다음 사용자 컴퓨터 환경에 적절한 버전을 선택한 뒤(예를 들어, Windows OS는 'R for Windows'를 선택하여 'base'의 'install R for the first time'을 선택한다),

'Download R 4.1.0 for Windows(2021. 5. 18. 업데이트 기준)'를 선택하여 설치 파일을 다운로드할 수 있다.

R 프로그램의 설치가 완료되었으면, R 프로그래밍을 보다 쉽게 구현할 수 있는 통합개발환경integrated development environment, IDE인 RStudio를 설치한다.

RStudio는 R 프로그램 설치와 유사하게 https://rstudio.com/에서 다운로드하여 설치할 수 있다. 설치방법은 사이트에 접속하여 〈그림 4.8〉의 상단 메뉴바 'Product'의 'RStudio the premier IDE for R'를 선택한다. 그다음 'RStudio Desktop'의 Free 버전을 선택하여 'RStudio Desktop 1.4.1106(2021. 3. 2. 업데이트 기준)'을 확인하고 자신의 OS에 맞는 설치 파일을 다운로드한다. 설치 파일을 실행하면 〈그림 4.9〉와 같이 RStudio의 설치가 완료된다. 옵션 기능을 이용하면 사용자의 편의에 맞게 4가지 패널 활성화와 위치를 조정할 수 있다.

R에서 빅데이터 분석과 같은 다양한 분석을 실행하기 위해서는 통계 분

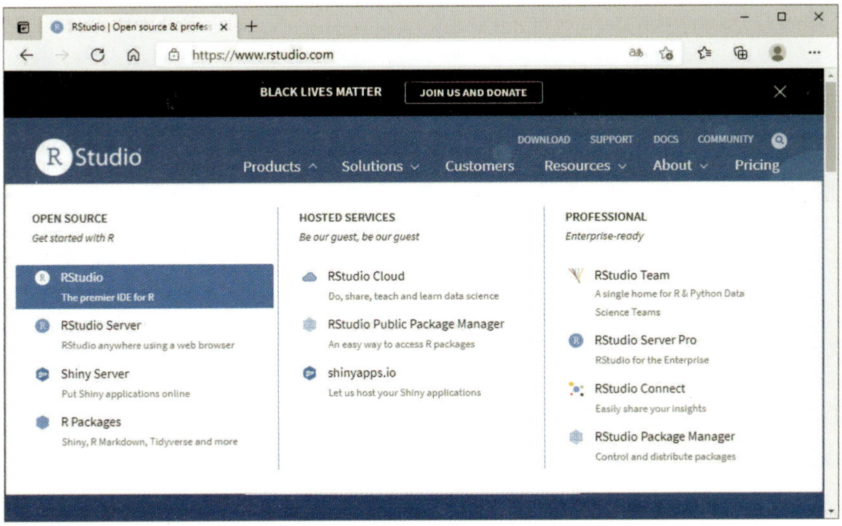

그림 4.8 RStudio 홈페이지의 RStudio the premier IDE for R 화면

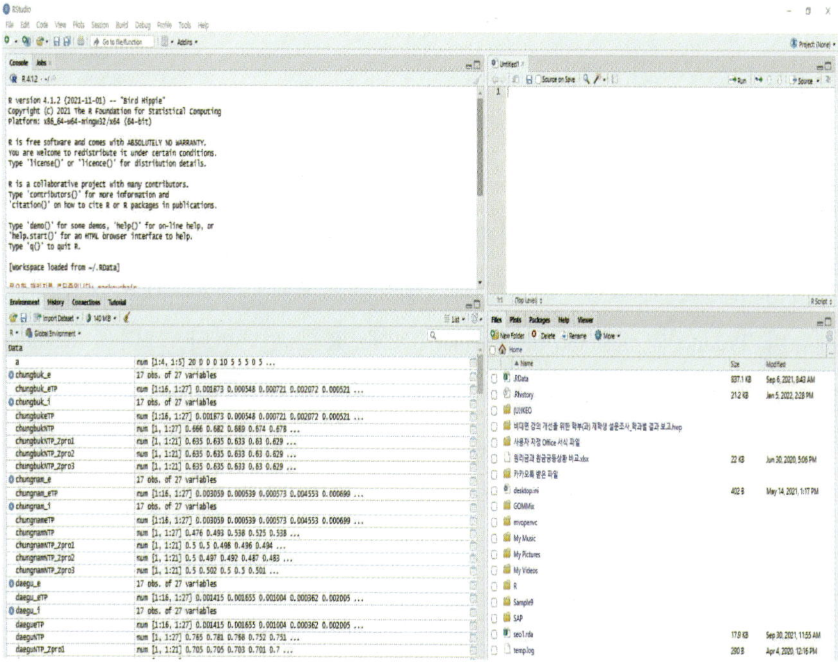

그림 4.9 RStudio의 실행화면과 4가지 패널 활성화 상태

석에 맞는 패키지 설치와 주기적인 업데이트가 필수이다. 더불어 RStudio도 R과 함께 업데이트해 주어야 다양한 통계 분석을 수행할 수 있다. 업데이트는 〈그림 4.10〉과 같이 'file, plot, package, help, viewer' pane에서 package를 클릭한 후 update 버튼을 눌러 확인하면, 현재 R에서 제공되는 업데이트 패키지를 알려준다. R 사용자가 분석에 필요한 패키지를 설치하고자 할 때는 package를 클릭한 후, install을 확인하여 pop-up 화면에서 추가로 설치하고자 하는 패키지 명을 입력하면 된다. 지금까지 R과 RStudio의 소개 및 설치와 업데이트에 대해 알아보았다. 다음 절에서는 R을 활용한 데이터 사이언스에 대해 살펴보자.

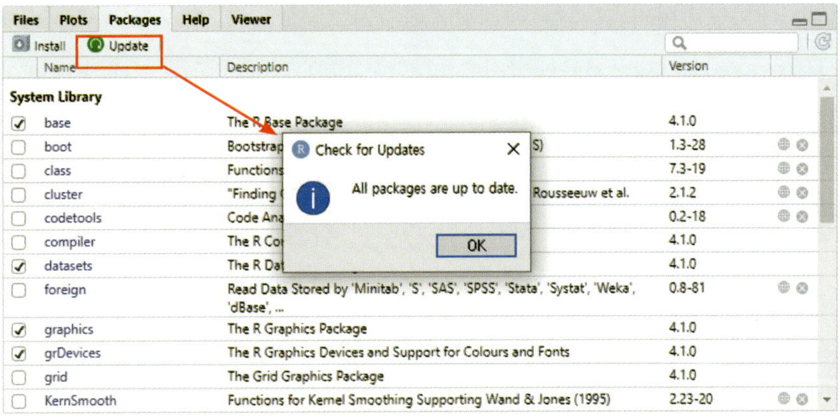

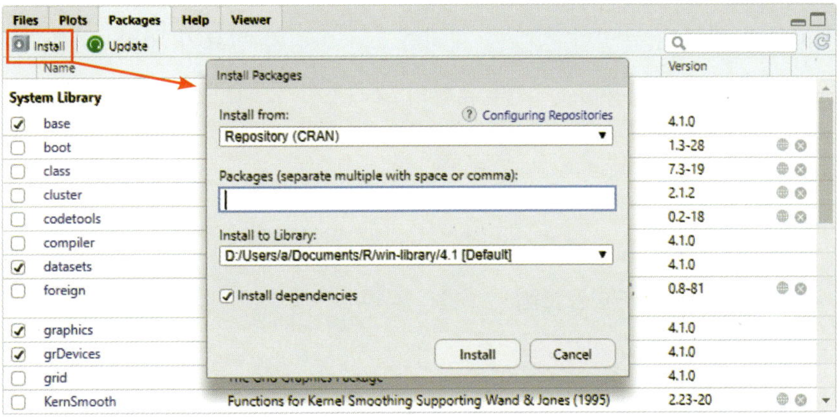

그림 4.10 RStudio의 패키지 Update 및 Install 방법

R을 이용한 데이터 사이언스

ggplot2 패키지로 표현하는 데이터 시각화

이번 절에서는 R을 이용한 데이터 사이언스를 주제별로 소개하고자 한다. 먼저 가장 쉽고 흥미로운 데이터 시각화에 대해 알아보고, 데이터를 다

루는 데이터변형과 유사한 핸들링handling(기준 선택, 정렬, 새로운 변수 생성, 요약 등)과 모형 시뮬레이션을 다룬다. 끝으로 빅데이터 시대가 도래함에 따른 비정형데이터의 성장 가속화로 이들에 대한 분석을 다뤄본다.

일반적으로 R 프로그래밍을 배울 때, 시각화 과정부터 배우면 재미있고 이해하기 쉽다. 여기서 시각화를 다루기 위해서는 tidyverse 패키지의 설치를 권장하며, tidyverse의 핵심 구성 중 하나인 ggplot2로 시각화를 다룬다. ggplots2는 막대, 누적 막대, 히스토그램, 상자 그림 등 어떤 유형의 플롯도 만들 수 있다. 다음 예시와 같이 ggplots2의 레이어 문법은 7개의 파라미터({ }표시)로 구성되는데, 데이터 매핑, geom 함수를 제외하고는 기본값default을 제공하기 때문에 특별한 경우를 제외하고는 변경할 필요가 없다. 다음으로 ggplot2 패키지를 활용하여 여러 유형의 그래프를 그려보자.

```
ggplot(data={데이터명}) +
{geom 함수} (
   mapping=aes({매핑 모음}),
   stat={스탯},
   position={위치},
   ) +
{좌표계 함수} +
{면분할 함수}
```

첫 번째로 막대그래프와 범주형별 상대도수에 따른 비중을 살펴볼 수 있는 누적 막대그래프를 그려보자. ggplot2에서 제공하는 diamond 데이터 세트에서 cut으로 분류한 다이아몬드 총 개수, 가격price, 캐럿carat, 색상color, 투명도clarity, 컷cut과 같은 정보가 있다. x11() 옵션은 그래프별로 새로운 창을 호출하는 기능을 담당하며, #는 주석comment에 해당한다.

예시의 문법에 기초하여 다음의 프로그램 코드를 RStudio의 Console pane에 입력하면 〈그림 4.11〉과 같은 시각화 결과를 얻을 수 있다. 여기서 geom 함수•는 geom_bar, 막대그래프bar(플롯)에 따른 레이어를 추가한다. 그리고 geom 함수를 구분하기 위해 각각 mapping 인수가 있는데, 이 인수는 데이터 세트의 변수들이 시각적으로 어떻게 매핑될지를 정의하고, aes(x축, y축)로 매핑될 변수를 지정한다. 막대그래프에 색상을 입히기 위해서는 color, fill을 이용한다. position="fill"과 position="dodge"는 누적 막대그래프와 막대를 서로 겹치게 그리는 옵션이다.

```
library(tidyverse)
#①# x11()
ggplot(data=diamonds) +
 geom_bar(mapping=aes(x=cut))
#②# x11()
ggplot(data=diamonds) +
 geom_bar(mapping=aes(x=cut,fill=cut))
#③# x11()
ggplot(data=diamonds) +
 geom_bar(mapping=aes(x=cut,fill=clarity), position="fill")
#④# x11()
ggplot(data=diamonds) +
 geom_bar(mapping=aes(x=cut,fill=clarity), position="dodge")
```

• 막대그래프는 막대 geom(geom_bar), 선 그래프는 라인 geom(geom_line), 박스플롯은 박스플롯 geom(geom_boxplot), 산점도는 포인트 geom(geom_point), 공간 GIS는 폴리곤 geom(geom_polygon), 범주형을 타일별 색깔로 구분하는 타일 geom(geom_time)

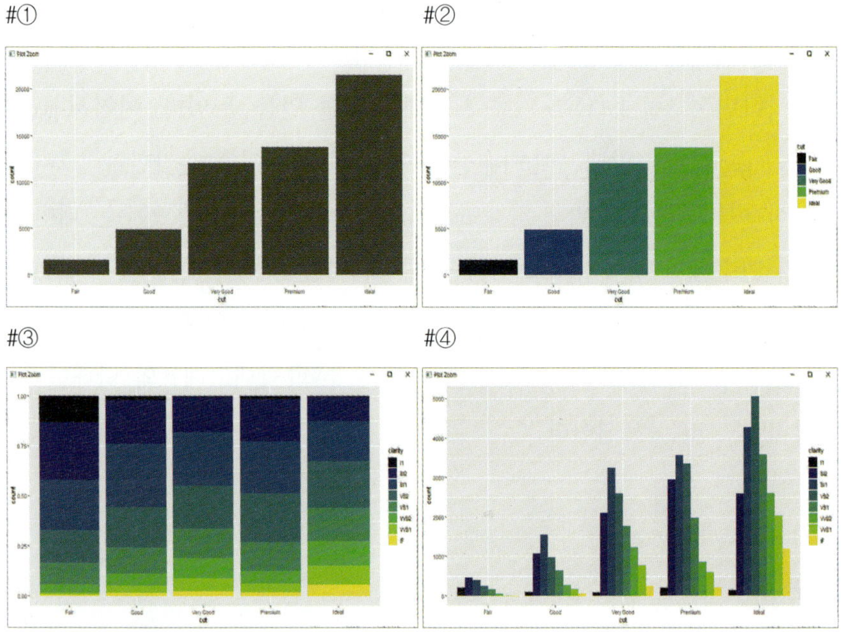

그림 4.11 ggplot2의 막대그래프 프로그램 코드와 실행 결과

두 번째로 변수의 관계를 살펴보는 산점도scatter plot를 그려보자. 산점도는 포인트 geom을 사용하며, 막대그래프의 문법과 유사하다. 여기서 사용되는 데이터 세트는 ggplot2에 포함된 mpg이다. mpg는 미환경보호당국이 수집한 38개 차 모델들에 관한 데이터로 displ(엔진 크기), hwy(고속도로에서의 자동차 연비), class(자동차 종류), manufacturer(제조사), drv(자동차 동력전달장치), trans(자동·수동) 등이 있다. 이들 변수에 대해 엔진 크기와 자동차 연비의 관계를 살펴보는 산점도를 그려보자.

포인트 geom 함수를 사용하여 x축과 y축에 관심변수를 대입한다. 포인트의 색깔, 크기를 조절할 수 있으며, 두 개의 geom 함수를 사용하는 다중

```
#⑤# x11()
ggplot(data=mpg) +
  geom_point(mapping=aes(x=displ,y=hwy))
#⑥# x11()
ggplot(data=mpg) +
  geom_point(mapping=aes(x=displ,y=hwy,color=class))
#⑦# x11()
ggplot(data=mpg) +
  geom_point(mapping=aes(x=displ,y=hwy,size=class))
#⑧# x11()
ggplot(data=mpg) +
  geom_point(mapping=aes(x=displ,y=hwy,color=drv)) +
  geom_smooth(mapping=aes(x=displ,y=hwy,linetype=drv))
```

#⑤

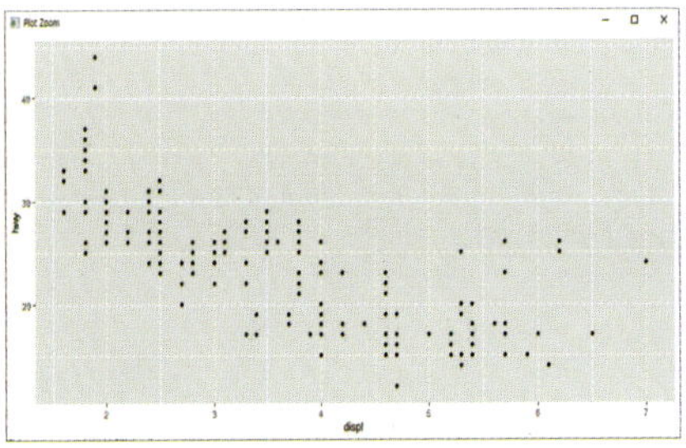

#⑥

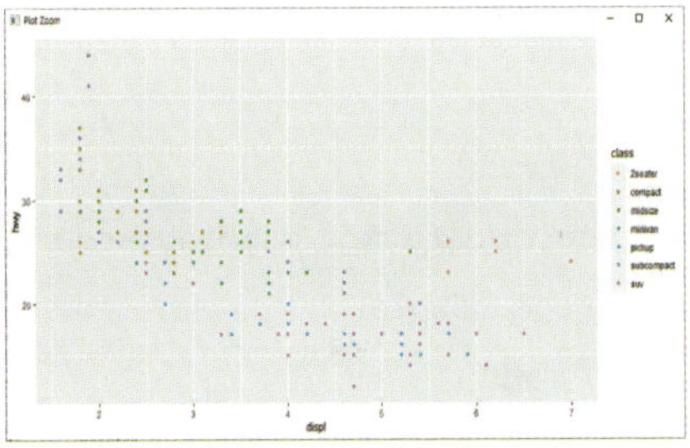

#⑦

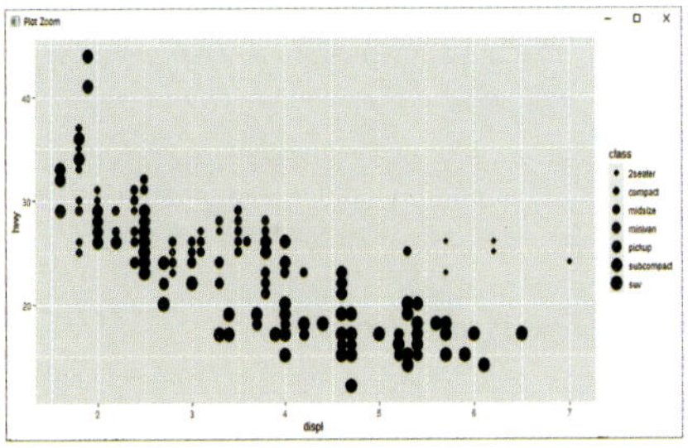

#⑧

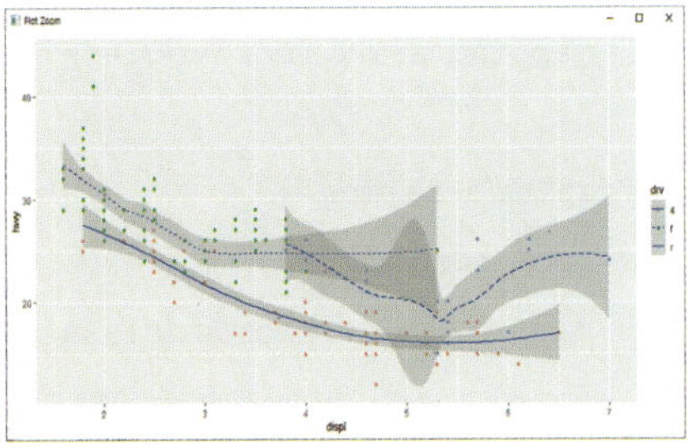

그림 4.12 ggplot2의 산점도 프로그램 코드와 실행 결과

geom으로 사용할 수 있다. 추가로 geom_smooth()는 linetype으로 매핑된 변수의 고윳값마다 다른 형태의 선을 그려주는 함수이다. 프로그램 코드와 시각화 결과는 〈그림 4.12〉와 같다.

세 번째로 자동차 종류class에 따라 고속도로 주행거리에 따른 연비hwp가 어떻게 다른지 상자 그림을 이용하여 살펴보자. 상자 그림은 geom_boxplot을 사용한다. 또한, x축을 중앙값 기준에 따라 순서를 변경할 수 있고, 변수의 이름이 길어서 수직박스플롯이 아닌 수평박스플롯으로 표현하고 싶은 경우에는 coord_flip() 옵션을 사용하면 된다. 프로그램 코드와 시각화 결과는 〈그림 4.13〉과 같다.

이 외에도 ggplot2에는 수많은 그래프와 기능을 지원하고 있다. 구글에서 'ggplot2 in r'을 검색하면 다양한 사례, 오픈소스와 사용자 매뉴얼•이 공개되어 있다.

```
#⑨# x11()
ggplot(data=mpg, mapping=aes(x=class,y=hwy)) +
  geom_boxplot()
#⑩# x11()
ggplot(data=mpg) +
  geom_boxplot(
  mapping=aes(x=reorder(class,hwy,FUN = median),y=hwy))
#⑪#x11()
ggplot(data=mpg) +
  geom_boxplot(
  mapping=aes(x=reorder(class,hwy,FUN = median),y=hwy)) +
  coord_flip() #90도 회전을 위한 옵션
```

• https://cran.r-project.org/web/packages/ggplot2/ggplot2.pdf

#⑨

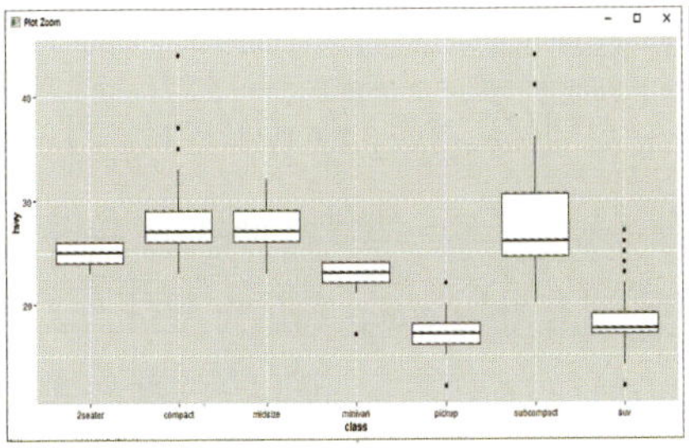

#⑩

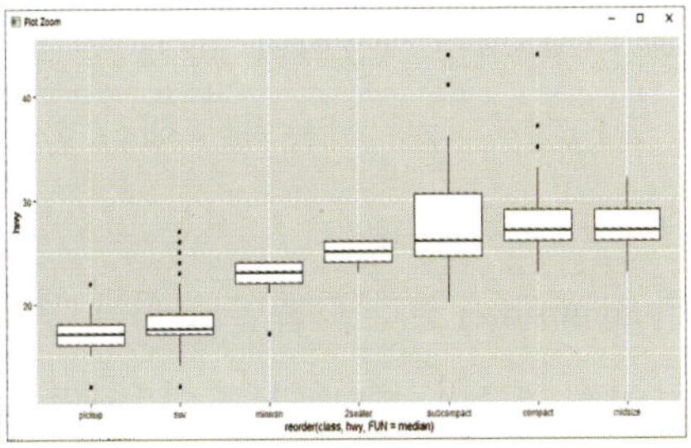

#⑪

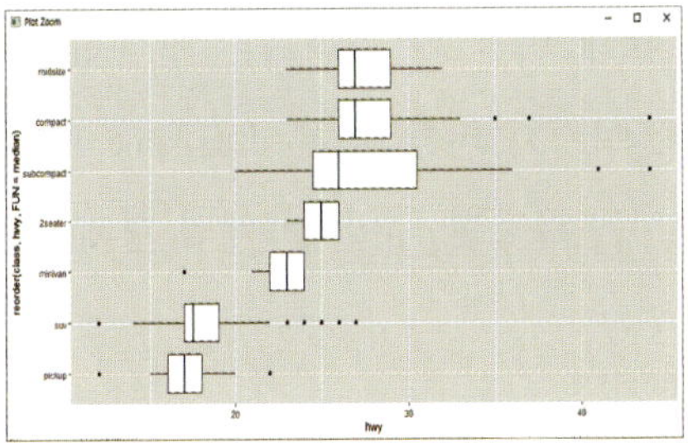

그림 4.13 ggplot2의 상자그림 프로그램 코드와 실행 결과

데이터 변형

데이터 과학자들은 데이터를 분석할 때 자신에 입맛에 딱 맞는 데이터는 존재하지 않는다고 흔히 말한다. 이는 세상에 존재하는 데이터는 정제되지 않는 데이터가 많다는 것을 의미한다. 따라서 데이터 분석을 하기 위해서는 데이터 정제와 같은 변형과정을 반드시 거쳐야 한다.

데이터 변형을 다루기 위해서는 dplyr 패키지를 설치하는 것을 권한다. 이제 dplyr 패키지의 사용을 설명한다. 여기서 사용되는 데이터는 nycflights13•이다. RStudio에서 dplyr와 nycflights13 설치할 때 주의할 점

• 2013년에 뉴욕시에서 출발한 336,776개의 모든 항공편에 대한 자료가 포함되어 있다.

은 Lock이 설정되어 설치하지 못하는 경우인데, 이런 경우 options("install.lock"=FALSE)을 사용하여 설치하면 된다.

dplyr에서 자주 사용되는 핵심 함수는 선택(값 기준, filter( ); 이름 기준, select( ), 정렬, arrange( ), 기본 변수를 새로운 변수로 생성, mutate(), 요약정리, summarize( ))과 그룹별로 이들 함수를 적용하는 group_by()가 있다.

이제 〈그림 4.14〉와 같이 nycflights13의 주요변수인 flights를 출력하면 연도year, 월month, 일자day, 출발시간dep_time, 지정출발시간sched(dep_time), 지연(dep_delay), 도착시간arrive_time 등 19개 변수•가 출력되는 것(A tibble 336,776(행)×19(열))을 확인할 수 있다. 여기서 티블tibble은 data.frame 형태와 유사한 것으로, tidyverse 작업환경에서는 유용한 데이터프레임 형태tibble로 결과를 출력한다.

```
#⑫# options("install.lock"=FALSE)
install.packages("dplyr")
install.packages("nycflights13")
library(tidyverse)
library(dplyr)
library(nycflights13)
flights
```

• 변수의 타입에는 int(정수형), dbl(실수형), chr(문자형, 문자열), dttm(데이트-타임형) 등이 있다.

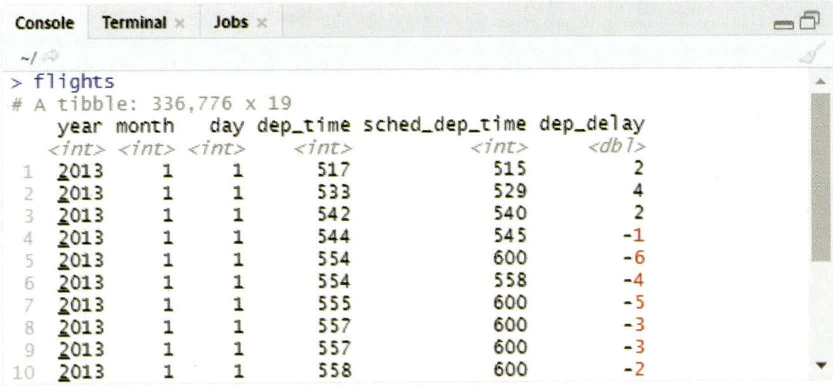

그림 4.14 dylyr 패키지의 설치과정과 주요변수 flights의 출력 결과

이제 데이터의 선택, 정렬, 새로운 변수로 생성, 요약정리를 위한 filter (select), arrange, mutate, summarize 함수를 사용해보자. 만약 flights에서 10월 30일 자료만 출력하고 싶은 경우는 fliter() 함수를, 연도, 월, 일 변수명으로 선택하고 싶은 경우는 select() 함수•를, 변수를 오름차순이나 내림차순으로 정렬하고 싶은 경우는 arrange() 함수를 사용한다. 특히 arrange() 함수는 행을 기준으로 정렬한다. 이와 반대로 새로운 변수를 추가할 때 사용하는 mutate()은 열을 기준으로 마지막 열에 추가된다. 새로운 변수를 추가할 때 사칙연산(+, −, *, /), 모듈러연산(정수나누기(%/%), 나머지(%%)) 등을 사용할 수 있다. 모듈러연산은 정수를 조각으로 분해할 수 있는 유용한 도구이다. 마지막으로 summarize() 함수는 데이터프레임을 하나의 행으로 정리 축약하는 기능을 제공한다.

• select() 함수를 사용할 때 특징 이름을 가진 변수명을 선택할 수 있는 도우미 함수들이 있는데, start_with("abc")는 abc로 시작하는 변수선택, ends_with("xyz")은 xyz로 끝나는 변수선택, contains("opq")는 변수명 중간에 opq를 포함하는 변수선택에 유용하다.

다음 예시는 앞에서 설명한 다양한 함수의 R 프로그램 코드이다. 이 함수들은 데이터 변형에 유용한 함수들이고, 많은 연습 과정을 거친다면 데이터 변형을 능숙하게 다룰 수 있을 것이다.

```
dec1030<-filter(flights,month==10,day==30)
select(flights,year,month,day)
arrange(flights,desc(dep_delay))
flights_new<-select(flights,year:day,ends_with("delay"),
distance,air_time)
mutate(flights_new,gain=arr_delay-dep_delay)
transmute(flights,dep_time,hour=dep_time%/%100,
minute=dep_time%%100)
by_day<-group_by(flights,year,month,day)
summarize(by_day,delay=mean(dep_delay,na.rm=TRUE))
```

※ na.rm=TRUE는 계산 과정에서 결측값들을 제거하는 것을 의미한다. 이 옵션이 없으면 결측값 법칙을 따른다. 결측값 법칙은 입력에 결측값이 있다면, 출력에도 결측값으로 부여되는 법칙이다.

모형 시뮬레이션

모형설정을 위해서는 modelr 패키지 설치가 필요하다. 가장 기본적인 단순선형회귀분석을 분석해 본다. 앞 장에서 학습한 바와 같이 단순선형회귀분석은 두 변수(x, y)의 관계를 도출하는 통계적 분석 방법이며, 단순선형회귀직선을 도출하여 두 변수의 관계를 규명한다. 여기서 단순의 의미는 1차 선형관계를 의미한다. 단순선형회귀분석을 단계별 시뮬레이션을 통해 이해해보자.

첫 번째, 단순선형회귀분석을 위해 가상의 x, y 변수를 생성한다. 두 번째, 두 변수의 관계를 산점도로 나타내고, 산점도에 무작위로 다양한 선 500개를 도시한다. 세 번째, 무작위 500개 선 중에 두 변수의 관계를 잘 나타내는 20개의 선만 도출한다. 기본 아이디어는 실제 y값과 도출된 함수식에 x값을 대입하여 계산된 예측값과의 차이를 살펴보는 것이다. 이를 잔차residual(실제값－예측값)라고 하며, 이 값이 작다면 적합이 잘된 것으로 판단한다. 네 번째, 이들 후보군 20개 선에서 최적best의 선을 하나 도출한다. 다섯 번째, 최적선을 나타내는 절편과 기울기를 R에서 제공하는 optim, lm 함수로 알아본다. 이런 과정의 R 프로그램 코드와 결과를 〈그림 4.15〉에서 살펴볼 수 있다.

```
library(modelr);library(tidyverse)
#두 변수(x, y) 생성
models<-tibble(
 x=rep(3:15,each=2), y=rnorm(n=length(x),mean=x+3,sd=1))
#⑬#x11()
ggplot(data=models,aes(x,y)) +
  geom_point()
#무작위로 선(500개)을 (x, y) 산점도에 도시
randomline<-tibble(r.intercept=runif(500,-10,10),
r.slope=runif (500,-2,2))
#⑭#x11()
ggplot(models,aes(x,y)) +
  geom_abline(
```

그림 4.15 단순선형회귀분석 시뮬레이션 R 프로그램 코드와 단계별 실행 결과(계속)

```
aes(intercept=r.intercept,slope=r.slope),
data=randomline,alpha=1/4) +
 geom_point()
#잔차=(실제값-예측값)를 도출하는 함수
model1<-function(a,data) {
 a[1]+data$x*a[2]
}
#임의의 절편과 기울기를 대입 (1, 1)
model1(c(1,1),models)
#평균제곱오차(MSE)를 도출하는 함수
measure_distance<-function(mod,data) {
 diff<-data$y-model1(mod,data)
 sqrt(mean(diff^2))
}
measure_distance(c(1,1),models)
#무작위 선들의 MSE 도출함수: models_dist
models_dist<-function(x,y) {
 measure_distance(c(x,y),models)
}
randomline<-randomline %>%
mutate(dist=purrr::map2_dbl(r.intercept,r.slope,models_dist))
randomline
#500개 중 합리적인 단순선형회귀직선 20개 선출
#⑮#x11()
ggplot(models,aes(x,y)) +
```

그림 4.15 단순선형회귀분석 시뮬레이션 R 프로그램 코드와 단계별 실행 결과(계속)

```
  geom_point(size=1,color="grey30") +
  geom_abline(aes(intercept=r.intercept,slope=r.slope,color=-dist),
  data=filter(randomline,rank(dist)<=20))
#최적의 단순선형회귀직선: 절편, 기울기
best<-optim(c(0,0),measure_distance,data=models)
best$par
#최적의 단순선형회귀직선 도시
##x11()
ggplot(data=models,aes(x,y)) +
  geom_point(size=1,color="black") +
  geom_abline(intercept=best$par[1], slope=best$par[2],size=2)
```

#⑬

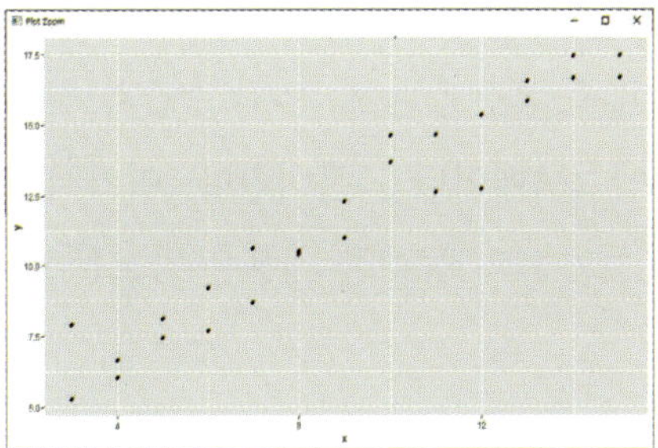

#⑭

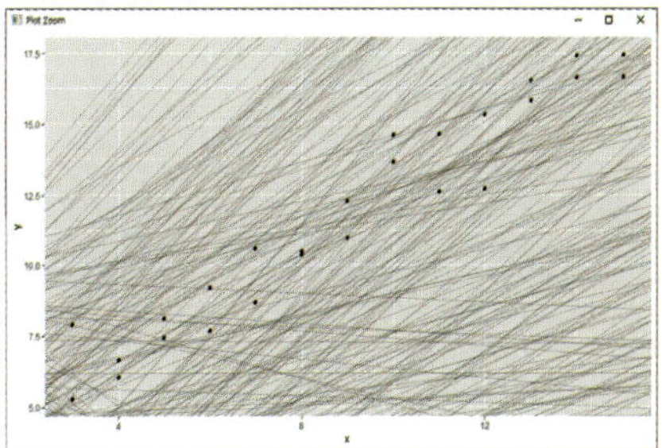

#⑮

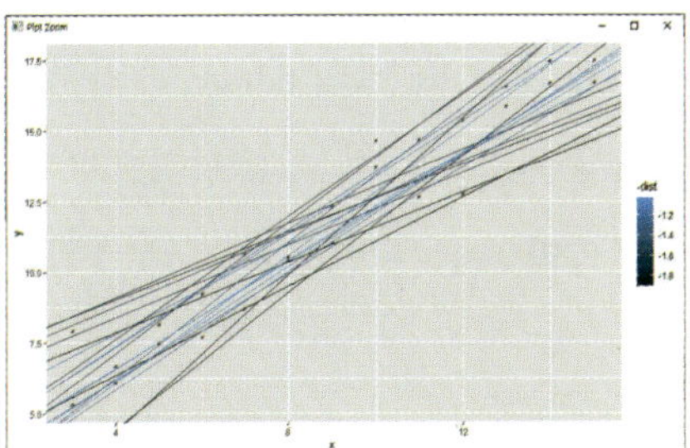

#⑯

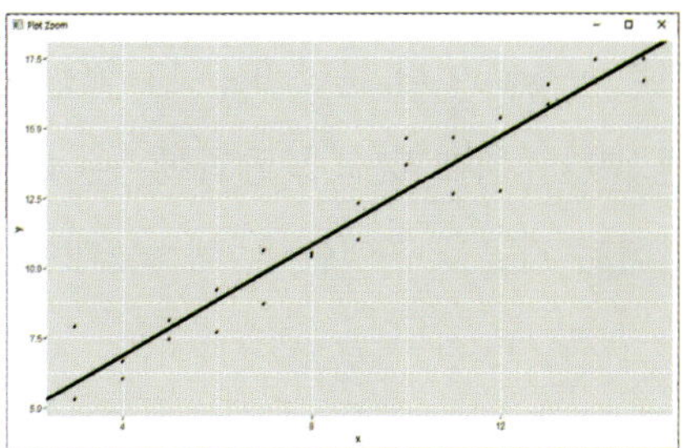

그림 4.15 단순선형회귀분석 시뮬레이션 R 프로그램 코드와 단계별 실행 결과

〈그림 4.15〉는 500개의 선 중에서 두 변수의 관계를 잘 나타내는 최적의 선best fitting line을 도시하기 위한 과정을 컴퓨터가 학습하여 최종적으로 도출하는 단계별 R 프로그램을 보여준다. 그리고 이 프로그램은 난수 생성에 따른 시뮬레이션 결과이므로 실행마다 유사하거나 미세한 차이를 보이는 최적 단순선형회귀직선의 결과를 제공한다는 점에 유의해야 한다.

결론적으로 단순선형회귀분석의 핵심은 두 변수를 관계를 표현하는 수없이 많은 선 중에서 두 변수의 관계를 잘 표현하고, 누구나 동의할 수 있는 최적의 1차 선형식을 도출하는 것이다.

텍스트데이터 분석

이제 비정형데이터의 분석에 대해 알아보자. 여기서는 텍스트데이터를 분석하는 방법을 다룬다. 3장에서 텍스트데이터 처리 과정을 설명하였다. 요약하면 가설, 토큰화, 대소문자 변환과 문장부호 삭제, 어간 추출과 원형 복원, 불용어 삭제 등의 과정을 거쳐 텍스트데이터를 분석한다. 여기서는 이런 과정을 R 프로그램으로 다뤄본다. 그 외의 상세한 내용은 참고문헌[•]으로 소개한다.

해들리 위컴Hadley Wickham[••]에 따르면 정돈 텍스트 형식tidy text format은 1개 행마다 1개 토큰이 있도록 구성한 테이블이라고 정의한다. 하지만 이 정의는 n-gram이나 문장 또는 단락으로 구성될 수 있다. R의 tidytext 패키지는 텍스트 단위에 맞춰 토큰화한 후, 1행당 1용어one-term-per-row 형식으로 변환하는 기능을 수행한다. 텍스트데이터 분석의 흐름은 먼저 tidytext로 1행당

• Julia Silge and David Robinson, 2017, Text Mining with R., 박진수, 2019, R로 배우는 텍스트 마이닝., 장영재, 손원, 황희진, 2020, 비정형 데이터 분석.

•• Hadley Wickham, 2014, Tidy data, Journal of Statistical Software, 59(10), pp.1~23.

1용어one−term−per−row 형식으로 분리한 뒤, dplyr 패키지를 활용하여 선별·처리한 후 ggplot2로 시각화한다. 분석을 위해 3장에서 예를 들었던 링컨 연설문을 사용한다.

〈그림 4.16〉은 가설, 토큰화, 대소문자 변환과 문장부호 삭제, 어간 추출, 원형복원, 불용어 삭제 등의 과정을 거쳐 최종적으로 가장 많이 도출된 단어를 막대그래프로 보여주는 프로그램을 소개하고 있다. 프로그램에서 다뤄지는 중요한 함수는 텍스트를 개별 토큰으로 분해하고 이를 정돈 데이터 구조로 변환하는 unnest_tokens 함수(앞서 언급한 1행당 1토큰과 같은 의미)이다. 이 함수는 tokenizers 패키지를 사용하여 문자, n−gram, 문장, 줄, 단락 단위, 정규 표현식 패턴 등에 지정할 수 있는 다양한 옵션을 지정할 수 있다. 여기서는 기본 토큰화에 대한 부분으로 프로그램하였음을 밝힌다. 그리고 불용어 처리를 위해 anti_join() 함수•를 사용한다. 그 외의 과정은 앞에서 다룬 dplyr, tidyverse의 count, ggplots 함수를 사용한다.

```
#Text data Analysis, Gettysburg Address
#붉은색으로 표기된 게티즈버그 연설문(3문장)은 Wikipedia 등을 참조한다.
G.address<-c("Four score and …(중략)… created equal.",
 "Now we are …(중략)… we should do this.",
 "But, in a larger sense, …(중략)… shall not perish from the earth.")

#⑰# Text를 data.frame에 입력
```

그림 4.16 텍스트데이터의 정리된 데이터 형식 분석과정과 실행 결과(계속)

• tidytext 패키지의 stop_words 데이터 세트에 세 개의 불용어 용어집이 들어있다.

```
library(dplyr)
#3문장(line=3)을 G.address_df 이름의 data.frame에 text로 저장
G.address_df<-data_frame(line=3,text=G.address)
G.address_df

#Text를 정돈데이터구조로 변환, tidytext 패키지
#unnest_tokens() 함수 사용
options("install.lock"=FALSE)
install.packages("tidytext")
library(tidytext)

#텍스트 중첩이 해제될 때 생성될 열 이름 word
#텍스트가 들어오는 입력 열: G.address_df의 text
#1행당 1토큰(one-token-per-row) 실행 후 G.address_df 완성
G.address_df<-G.address_df %>%
  unnest_tokens(word,text)

#불용어(stop words) 제거
data(stop_words)
G.address_df<-G.address_df %>%
  anti_join(stop_words)

#⑱ 빈도 단어수 정리
G.address_df %>%
  count(word,sort=TRUE)
```

그림 4.16 텍스트데이터의 정리된 데이터 형식 분석과정과 실행 결과(계속)

```
#⑲ 빈도 단어수 시각화
library(ggplot2)
x11()
G.address_df %>%
  count(word,sort=TRUE) %>%
  filter(n>=2) %>%
  mutate(word=reorder(word,n)) %>%
  ggplot(aes(word,n)) +
  geom_col() +
 xlab(NULL) +
 coord_flip()
```

#⑰

```
Console  Terminal ×  Jobs ×
~/
> G.address_df
# A tibble: 3 x 2
   line text
  <dbl> <chr>
1     3 Four score and seven years ago our fathers brought forth~
2     3 Now we are engaged in a great civil war, testing whether~
3     3 But, in a larger sense, we can not dedicate, we can not ~
```

그림 4.16 텍스트데이터의 정리된 데이터 형식 분석과정과 실행 결과(계속)

썬을 선호하는 이유가 무엇일까?

첫째, 파이썬은 자연어와 흡사하여 이해하기 쉬운 언어이다. 따라서 코딩, 문법 등이 쉽고 다른 프로그래밍 언어와 호환성이 높다. R과 유사하게 풍부한 라이브러리는 이미 개발된 많은 기능을 편리하게 불러와 사용할 수 있다.

둘째, 파이썬의 프로그램 실행 방식은 컴파일compile이 아닌 인터프리터interpreter이다. 컴파일은 고도의 프로그래밍 언어로 쓰인 프로그램을 기계가 이해하는 기계어machine language로 변환시키는 것을 의미한다. 이에 반해 인터프리터는 고급언어로 작성된 코드를 라인별로 읽어 실행하는 프로그램이다. 따라서 컴파일과는 달리 인터프리터는 사람의 언어에 가까운 소스코드를 실시간으로 해석하여 컴퓨터가 이해할 수 있는 명령으로 바꾸어 단위별로 실행하는 과정이 특징이다.

셋째, R 프로그램처럼 오픈소스로서 무료로 사용할 수 있다. 별도의 비용이 들어가지 않으며, 추가로 제공되는 다양한 라이브러리 또한 무료이다.

넷째, 빅데이터 분석에 최적화되어 있다. 라즈베리파이 기반의 사물인터넷IoT과 연동이 잘되며, 파이썬의 웹 프레임워크Web frame work를 사용하여 강력하고 빠른 웹 환경을 구축할 수도 있다. 대표적인 웹 사이트인 인스타그램(www.instagram.com)에서는 장고Django와 플라스크Flask를 사용한다.

이제 이런 여러 장점이 있는 파이썬을 설치해보자. 파이썬의 홈페이지(https://www.python.org/)에 접속하여 〈그림 4.17〉과 같이 홈페이지 초기화면의 'Download' 탭에서 설치 파일을 다운로드한 뒤, 파이썬을 설치한다.

설치 완료 후(Window OS 기준) 〈그림 4.19〉와 같이 Python 개발 환경인 'IDLE Shell 3.9.5'와 cmd 형태의 'Python 3.9 (64-bit)'를 실행할 수 있을 것이다(2021. 5. 3. 업데이트 기준). 편의를 위해 IDLE Shell을 사용하는 것을 추천한다.

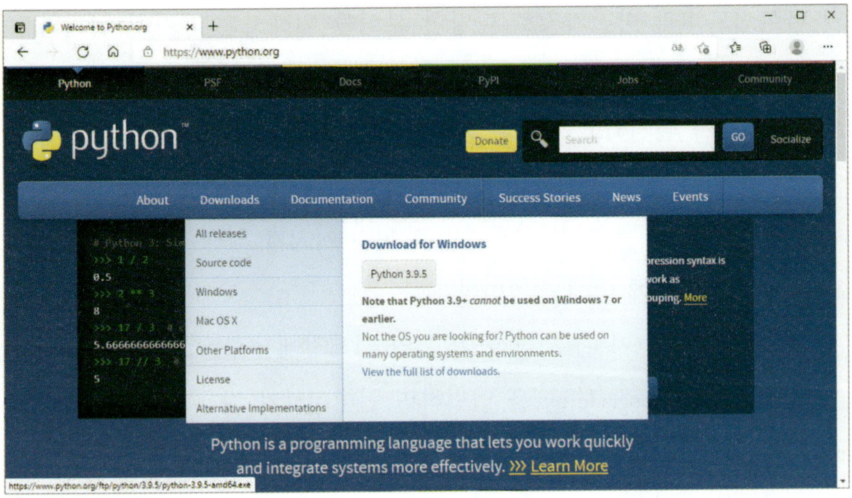

그림 4.17 파이썬의 홈페이지와 다운로드

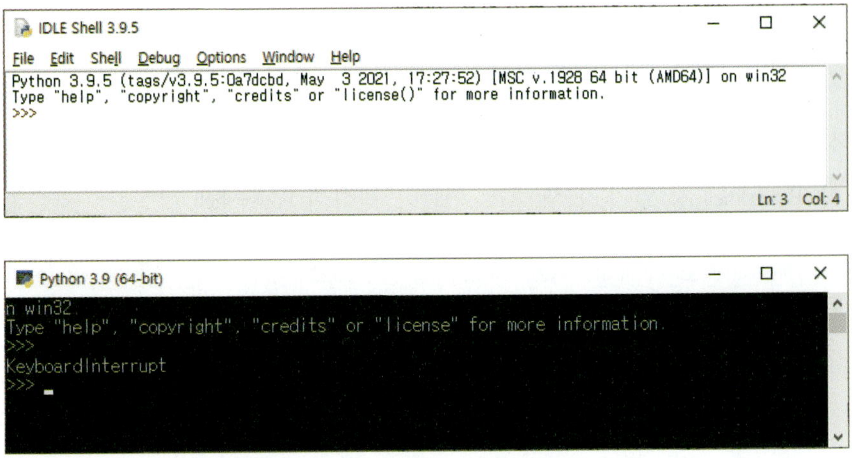

그림 4.18 IDLE Shell 3.9.5와 Python 3.9 (64-bit)의 초기화면

파이썬도 R과 마찬가지로 다양한 분석을 위해서는 패키지 설치와 주기적인 업데이트가 필요하다. 파이썬 설치 시 자동으로 PIPPython Index Package(보통)가 설치되고 이를 활용하여 여러 패키지를 설치할 수 있다. 파이썬의 기본 설치 패키지로는 numpy, pandas, statsmodels, simplejson, Django 등이 있다. 패키지를 설치하는 방법은 여러 가지가 있으나, 여기서는 cmd로 설치하는 방법에 대해 설명한다.

(Window 10 OS 기준) 시작 아이콘 옆 검색창에 cmd를 입력하여 실행한 후, 'pip install --upgrade pip'을 입력하면 업데이트가 진행된다. 추가로 'pip install numpy', 'pip install jupyterlab'을 입력하여 다른 패키지도 설치한다. 이들 패키지를 설치한 후, 파이썬에 설치된 패키지를 확인하고 싶을 경우 'pip freeze'이나 'pip list'를 입력하여 확인할 수 있다.

R은 RStudio를 사용하여 프로그래밍하고 분석과정과 결과를 편리하게 확인하였다. 파이썬에서도 통합개발환경 IDE인 RStudio와 같은 IPython (Interactive Python)•이 있는데, 쥬피터랩jupyterlab이 RStudio와 같은 기능을 제공한다. jupyterlab의 실행은 다음의 순서를 따른다.

첫째, 파이썬 파일들을 저장할 사용자 지정 폴더를 만든다. 둘째 저장 폴더 빈 영역에서 shift+마우스 우측키를 클릭하면 〈그림 4.19〉와 같이 'PowerShell 창 열기'가 생기고, 이를 클릭하여 PowerShell 실행한다. 셋째,

• IPython(Interactive Python)은 Python 프로그래밍 언어용으로 개발된 여러 프로그래밍 언어의 대화형 컴퓨팅을 위한 명령 셸(shell)로, 내부 검사, 리치 미디어, 셸 구문, 탭 완성 및 기록을 제공한다. 점차 발전하여 웹으로 상호 소통을 하면서 프로그래밍할 수 있는 것이 출시되었고, 이를 ipython notebook이라 한다. 이후 2014년에 Jupyter Notebook이라고 하여 보여주는 형태의 발전뿐만 아니라 파이썬을 넘어선 현재 약 109개의 언어에 대해(커널로 표현) Jupyter Notebook에서 해당 언어로 사용할 수 있다. 이 Jupyter Notebook이 발전하여 2018년 2월에 Jupyter lab이라는 것이 출시되었다. 기존에 Notebook에서 해당 노트북을 포함하여 디렉터리뷰(Directory View), 콘솔(Console), 에디터(Editor) 등을 포함한 차트 보기 등을 한 화면에서 분할시켜 결과도 확인할 수 있게 되었다.

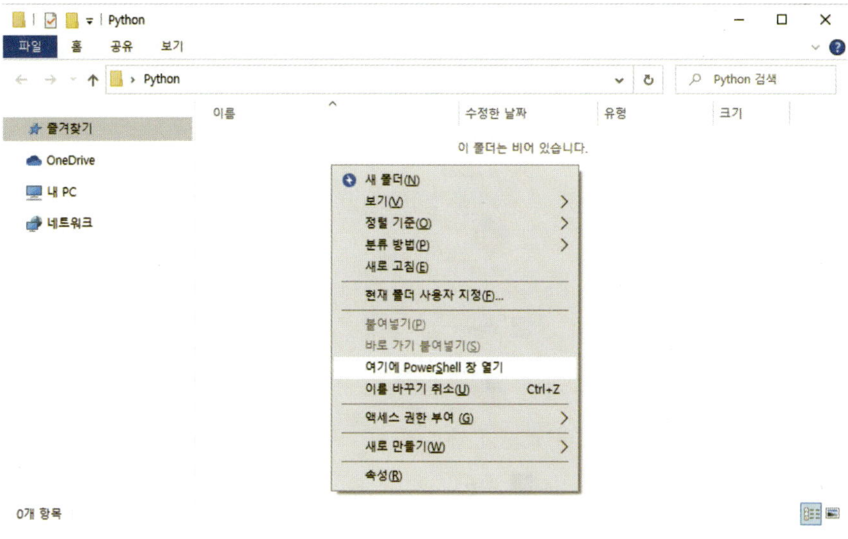

그림 4.19 PowerShell 실행 후 'jupyter lab' 입력 화면

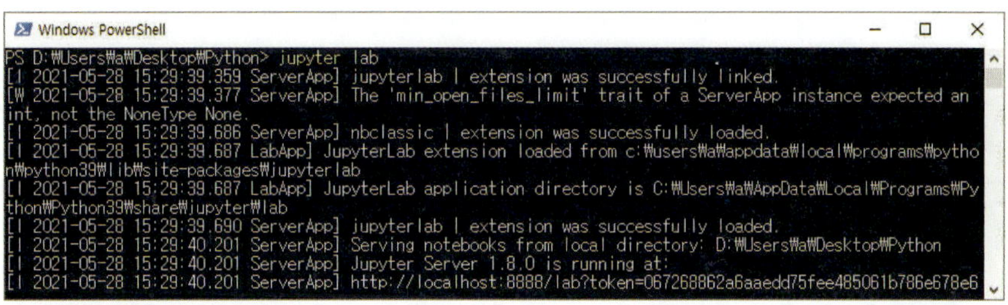

그림 4.20 JupyterLab의 실행화면

PowerShell 창에 'jupyter lab'을 입력하면, 〈그림 4.20〉처럼 자동으로 jupyter lab이 실행되면서 인터넷 창에 〈그림 4.21〉과 같이 jupyter lab 탭이 나타난다.

JupyterLab의 설치가 완료되면, 명령어를 입력하기 위해 [File]−[new]−[notebook]을 선택하여 커널kernel(기본사용으로 선택)을 고른 후 프로그래밍

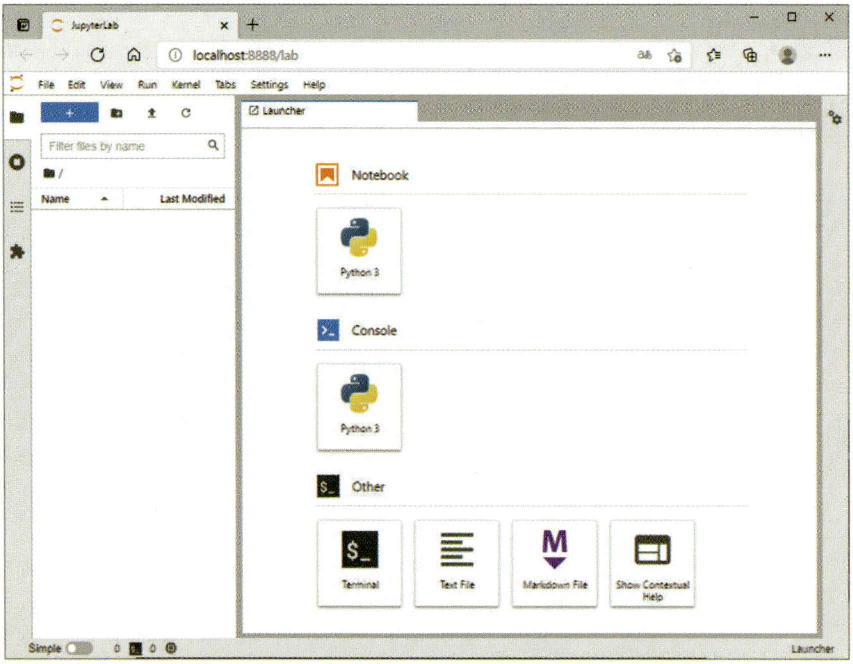

그림 4.21 JupyterLab의 실행화면

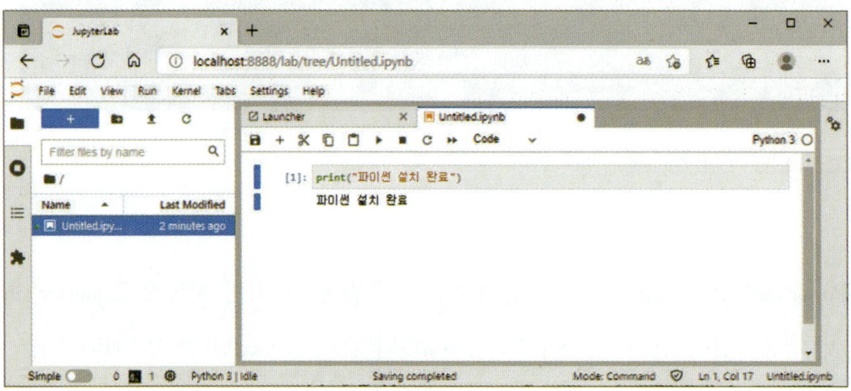

그림 4.22 파이썬의 명령어 입력과 실행 결과

할 수 있다. 입력한 명령어의 실행은 'Ctrl+Enter'이고, 새로운 명령어 입력은 'Shift+Enter'이다.

〈그림 4.22〉는 '파이썬 설치 완료'라는 출력 명령어print를 입력한 예시와 실행 결과이다. 파이썬 프로그램 저장 파일의 확장자는 '.py'이고, JupyterLab에서의 저장 파일은 '.ipynb'이다. 이는 Interactive Python notebook의 약어를 의미한다.

Python을 활용한 데이터 사이언스

Python 사용법 익히기

이번에는 앞에서 다룬 R과 같이 파이썬을 이용한 데이터 사이언스를 주제별로 소개한다. 먼저 파이썬을 활용한 계산기, 구구단, 성적에 따른 학점 분류 프로그램을 작성하여 파이썬의 사용법을 익혀보자.

〈그림 4.23〉의 상단을 살펴보면 JupyterLab에서 변수 입력과 결과를 보여준다. R 사용법과 크게 차이가 없음을 알 수 있다. 중앙은 구구단 프로그램을 작성해 본 것이며, 하단은 성적분류 프로그램이다. 반복작업을 위한 for 문 사용은 R과 조금 차이가 있으나 원리는 같고, 조건부 분류는 if 문으로 해결할 수 있다.

〈그림 4.23〉에서 int(input)은 input() 함수에서 문자를 입력받고, 그 문자열을 int() 함수에서 정수로 변환한다는 것을 의미한다. for 문에서 range(2,10,1)은 2부터 9까지 1씩 증가한 후 종료하는 것을 의미하고, range(1,10,1)은 1부터 9까지 1씩 증가한 후 종료하는 것을 의미한다. 이는 2단부터 9단까지의 구구단 수행 연산을 담당한다. 연산 분기와 조건부 실행

Untitled.ipynb

Code   Python 3

```
[1]: print("두 수의 사칙연산 계산기 만들기")
     a=int(input("첫 번째 숫자를 입력하세요: "))
     b=int(input("두 번째 숫자를 입력하세요: "))
     result=a+b
     print(a,"+",b,"=",result)
     resutl=a-b
     print(a,"-",b,"=",result)
     resutl=a*b
     print(a,"*",b,"=",result)
     resutl=a/b
     print(a,"/",b,"=",result)
```

```
두 수의 사칙연산 계산기 만들기
첫 번째 숫자를 입력하세요:  156
두 번째 숫자를 입력하세요:  143
156 + 143 = 299
156 - 143 = 299
156 * 143 = 299
156 / 143 = 299
```

Untitled.ipynb

Code   Python 3

```
[1]: #구구단 프로그램, 2단부터 9단까지
     i,k=0,0                                #변수 선언
     for i in range(2,10,1):                #숫자(1): 2부터 9까지 1씩 증가
         for k in range(1,10,1):            #숫자(2): 1부터 9까지 1씩 증가
             print("%d x %d = %2d" %(i,k,i*k)) #%d 정수, %2d 2자릿수
         print("")
```

```
2 x 1 =  2
2 x 2 =  4
2 x 3 =  6
2 x 4 =  8
2 x 5 = 10
2 x 6 = 12
2 x 7 = 14
2 x 8 = 16
2 x 9 = 18
```

그림 4.23 파이썬을 활용한 사칙연산, 구구단, 학점분류 프로그램(계속)

```
[1]: score=int(input("성적을 입력하세요: "))
if score>=90:
    print("A학점")
else:
    if score>=80:
        print("B학점")
    else:
        if score>=70:
            print("C학점")
        else:
            if score>=60:
                print("D학점")
            else:
                print("F학점")

성적을 입력하세요: 79
C학점
```

그림 4.23 파이썬을 활용한 사칙연산, 구구단, 학점분류 프로그램(계속)

에 유용한 if-else 문은 변수에 따라 조건을 부여하면 된다.

Python 주요 패키지와 거북이 조우 프로그래밍

빅데이터 처리를 위한 파이썬의 강력한 기능들은 많이 존재한다. 본서는 간단한 거북이 조우 예제를 선보이지만, 파이썬을 활용한 정형과 비정형데이터 분석, 시각화, 기계학습 등 다양한 예제가 네이버나 구글에 소개되어 있다. 파이썬에서 주로 활용되고 있는 패키지와 활용도를 〈표 4.3〉에 정리하였다.

이들 내용을 학습하기 위해서는 경험상 2학기 과정의 학습이 필요하므로 여기서는 간단히 소개만 한다. 관심 있는 독자들은 구글에 이들 패키지를 검색하면 자세한 활용도를 살펴볼 수 있다.

이제 거북이 조우 예제를 알아보자. 파이썬을 활용하여 4마리의 거북이가 서로 만날 때까지 화면을 임의로 돌아다니면서, 네 마리 중 서로 만나는 거북이가 있다면 움직임을 멈추고, 네 거북이의 크기를 5배로 키우는 예제

표 4.3 파이썬의 주요 패키지와 활용도

패키지	활용도
Numpy	– Numerical Python의 약어이며, 수치 및 과학 계산용 패키지 – 배열 정의, 연산 기능, 다차원 배열의 벡터 연산까지 지원 – 데이터 분석 시 데이터 컨테이너 역할
Pandas	– pandas: 계량 경제학 용어인 Panel Data[•]와 Analysis의 합성어 – Wes McKinney(2008)가 금융 데이터 분석을 위해 설계 – 데이터프레임이라는 구조화된 데이터를 기본으로, 연산, 분석을 위한 자료 구조와 함수를 제공하며, pandas의 기본 구조는 Numpy
matplotlib	– 차트 등의 그래프를 지원하는 통합 라이브러리 – seaborn/bokeh는 matplotlib을 기반으로 그래픽 기능을 추가한 라이브러리
seabon	– matplotlib을 기반한 데이터 시각화 라이브러리 – 통계 그래프, 3차원 등을 지원
Scipy	– 과학 계산용 패키지 – 최적화, 선형대수, 적분 등 과학 계산 관련한 기능 및 함수 포함 – Numpy의 기능 및 성능을 확대한 라이브러리
Scikit-learn	– Scipy에 기반한 기계학습용 라이브러리(딥러닝은 지원하지 않음) – Tensorflow는 구글에서 만든 기계학습, 심층학습용 라이브러리

를 다루어[••] 보자. 〈그림 4.24〉는 이를 구현한 파이썬 프로그램이다.

파이썬에서는 모듈module이라는 용어가 있다. 모듈은 함수의 집합을 의미한다. 즉, 연산 과정이나 이미지 등을 함수로 구현하여 하나의 모듈로 구성하는 것이다. 만약 이미 만들어진 모듈은 호출해서 사용할 경우는'import 모듈'을 사용하면 된다. 따라서 프로그래밍의 시작은 거북이, 거북이가 서

• Panel Data: 종단자료(Longitudinal data) 또는 여러 개체를 복수의 시간에 걸쳐서 추적하여 얻는 데이터이다.

•• 본 예제는 '우재남, 2017, 파이썬 for Beginner.'를 참고하였다.

로 만나기까지의 자유로운 움직임, 서로 간의 거리를 계산하기 위한 함수를 호출하기 위해 import turtle, import random, import math 문을 사용한다.

그리고 네 마리의 거북이를 저장할 변수, 좌표, 창의 크기를 저장할 변수를 선언한다. 선언 후 네 마리의 거북이의 색깔과 서로 다른 시작 위치를 지정한다. 이런 과정은 변수 선언과 위치정보 입력으로 완료된다. 이제 자유로운 움직임과 서로 만났을 때 크기가 5배 커지도록 설정한다. 자유로운 움직임은 각도$_{angle}$(360°)와 거리$_{dist}$(50 간격)로 지정하고 만나는 경우는 네 마리의 거북이의 거리•••가 25 이하이면 '만남'으로 정의하여 5배로 확대되는 것으로 한다.

이제 프로그램을 실행하면, 프로그램 옆에 '거북이 조우' 창이 활성화되면서 서로 색이 다른 4마리의 거북이가 자유롭게 움직이고, 거북이 사이의 거리가 25 이하가 되면 5배로 커진 거북이를 창에서 확인할 수 있다.

```
import turtle
import math
import random
t1,t2,t2,t4=[None]*4
t1X,t1Y,t2X,t2Y,t3X,t3Y,t4X,t4Y=[0]*8
swidth, sheight=300, 300
if __name__=="__main__":
 turtle.title("거북이 조우")
```

그림 4.24 파이썬을 이용한 거북이 조우 프로그램 코드와 실행 결과(계속)

••• 거리는 유클리드 거리(Euclidean distance)로 정의한다.

```
turtle.setup(width=swidth+50,height=sheight+50)
turtle.screensize(swidth,sheight)

t1=turtle.Turtle('turtle');t1.color('black'); t1.penup() # 검은 거북이
t2=turtle.Turtle('turtle');t2.color('blue'); t2.penup()  # 파란 거북이
t3=turtle.Turtle('turtle');t3.color('green'); t3.penup() # 초록 거북이
t4=turtle.Turtle('turtle');t4.color('red'); t4.penup()   # 붉은 거북이

# 네 마리의 거북이의 초기 위치와 움직이는 속도
t1.goto(-100,-100);t2.goto(-50,-50);t3.goto(0,0);t4.goto(50,50)
t1.speed(20);t2.speed(20);t3.speed(20);t4.speed(20)

while True :
 # 네마리의 거북이들이 각도와 거리를 임으로 추출해서 움직인다. #
 angle=random.randrange(0,360);dist=random.randrange(1,50)
 t1.left(angle);t1.forward(dist)
 angle=random.randrange(0,360);dist=random.randrange(1,50)
 t2.left(angle);t2.forward(dist)
 angle=random.randrange(0,360);dist=random.randrange(1,50)
 t3.left(angle);t3.forward(dist)
 angle=random.randrange(0,360);dist=random.randrange(1,50)
 t4.left(angle);t4.forward(dist)

 # 거북이의 현재 위치 #
 t1X=t1.xcor();t1Y=t1.ycor()
 t2X=t2.xcor();t2Y=t2.ycor()
```

그림 4.24 파이썬을 이용한 거북이 조우 프로그램 코드와 실행 결과(계속)

```
t3X=t3.xcor();t3Y=t3.ycor()
t4X=t4.xcor();t4Y=t4.ycor()

# 거리 계산 : 유클리드 거리 공식으로 계산 #
if math.sqrt(((t1X-t2X)*(t1X-t2X))+((t1Y-t2Y)*(t1Y-t2Y)))<=25 or ₩
math.sqrt(((t1X-t3X)*(t1X-t3X))+((t1Y-t3Y)*(t1Y-t3Y)))<=25 or ₩
math.sqrt(((t1X-t4X)*(t1X-t4X))+((t1Y-t4Y)*(t1Y-t4Y)))<=25 or ₩
math.sqrt(((t2X-t3X)*(t2X-t3X))+((t2Y-t3Y)*(t2Y-t3Y)))<=25 or ₩
math.sqrt(((t2X-t4X)*(t2X-t4X))+((t2Y-t4Y)*(t2Y-t4Y)))<=25 or ₩
math.sqrt(((t3X-t4X)*(t3X-t4X))+((t3Y-t4Y)*(t3Y-t4Y)))<=25:
    t1.turtlesize(5);t2.turtlesize(5)
    t3.turtlesize(5);t4.turtlesize(5)
    break
turtle.done()
```

#거북이 조우 전

#거북이 조우 후

그림 4.24 파이썬을 이용한 거북이 조우 프로그램 코드와 실행 결과

Tensorflow 소개와 설치

텐서플로TensorFlow는 〈표 4.3〉에서 언급했듯이 구글에서 기계학습과 심층학습을 위해 개발한 오픈소스 라이브러리이다. 2015년 11월에 Python 환경의 텐서플로를 공개하였으며, 2017년 2월에 1.0버전을 발표하였다. 최근에는 2.0버전이 출시되었다. 텐서플로에서 'Tensor'는 수학에서 사용하는 용어이며, 'Flow'는 'Tensor'의 흐름을 의미한다. 즉, Tensor로 구한 값을 다음으로 이어진 Tensor에, 그다음의 Tensor로 넘겨주면 다시 값을 구하는 흐름Flow을 의미한다.

텐서플로는 데이터 플로우 그래프data flow graphs; DFG를 Python 환경에서 사용할 수 있으며, 계산 구조와 목표함수만 정의하면 자동으로 미분 계산을 처리하고, Python, C++, Go, Java, R 등 다양한 언어를 지원한다. 텐서플로의 설치는 CPU와 GPU 버전이 있는데, 대용량 데이터 분석과 훌륭한 그래픽 카드가 지원되는 컴퓨터 사양이면 GPU 버전, 그렇지 않고 일반 사양의 컴퓨터 사용자라면 CPU 버전의 설치를 권장한다.

텐서플로의 가장 큰 장점은 데이터 플로우 그래프DFG이다. 여기서 그래프는 데이터구조에서 살펴보았던 graph와 유사하다. 노드node 또는 정점vertex과 엣지edge로 구성된 그래프이다. 텐서플로에서 의미하는 노드는 사칙연산 등 어떤 연산을 대표한다고 이해하면 된다. 그리고 엣지는 데이터의 통로 또는 데이터 자체이다. 이런 구조에서 Tensor가 노드와 엣지를 통과하는 흐름Flow으로 연결되는 구조이므로 이름을 텐서플로TensorFlow라고 한 것이다. 따라서 Tensor는 데이터 형태 측면에서 벡터나 행렬 등의 다양한 모양을 지닐 수 있다.

이제 텐서플로를 설치해보자. 여기서 두 가지 중요한 사항이 있는

데, 첫째로 2021년 3월 기준으로 python 3.9버전에서 공식적으로 안정적인 tensorflow 버전은 없다고 하여 'pip install tensorflow'를 입력하면 에러 메시지가 출력되었지만, 2021년 5월 기준으로 이 문제가 해결되어 현재는 설치와 이용에 불편함이 없다. 〈그림 4.25〉에서 tensorflow가 설치되는 과정을 확인할 수 있으며, tensorboard, tensorflow 등이 설치된 것도 확인할 수 있다.

둘째, TensorFlow 2.1.0 버전부터 추가로 visual Studio의 설치가 요구된다. 이것이 미설치 되었을 때 jupyter lab에서 TensorFlow을 실행하면, '*.dll' 파일이 없다는 여러 에러 메시지가 출력된다. 따라서 이를 해결하기 위해서는 visual Studio 사이트에서 프로그램을 설치해야 한다. 〈그림 4.26〉은 visual Studio 설치과정에서 Python 개발 클릭 과정을 보여준다.

이런 과정을 끝내고 tensorflow가 작동되는지 알아보기 위해 'import

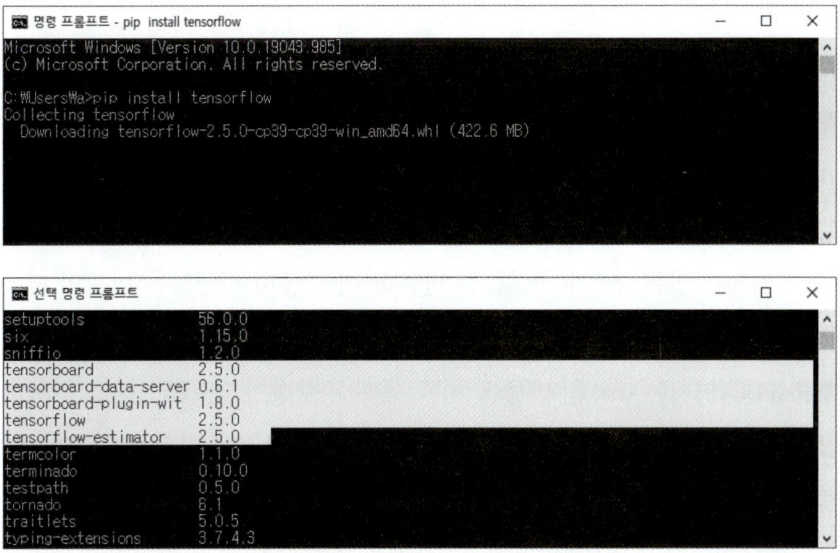

그림 4.25 tensorflow의 설치과정과 pip list에서 확인된 tensorflow

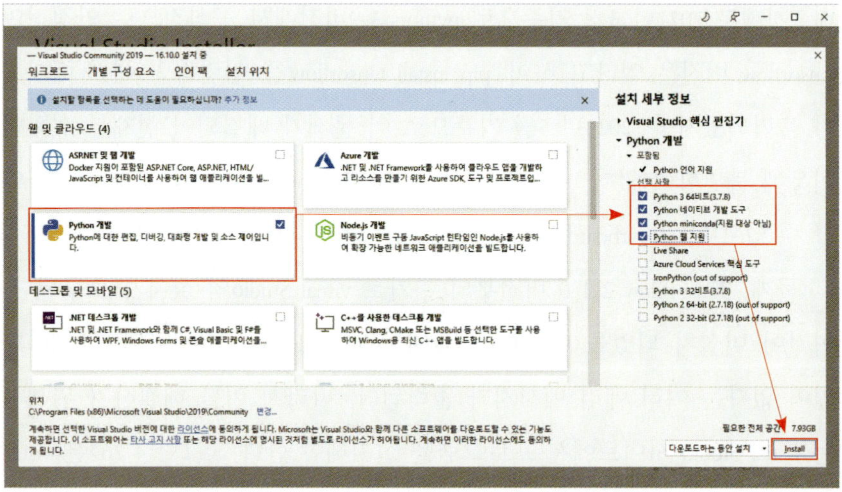

그림 4.26 Visual Studio Community 2019 설치와 Python 개발 사항 선택

tensorflow as tf' 문을 실행시켜본다. 텐서가 반환되면 TensorFlow 설치가 완료된 것이다. 간혹 이 과정을 완료한 후에도 에러 메시지가 출력될 경우에는 텐서플로 그래픽 카드 호환 문제이므로 추가 설치(CUDA Toolkit 11.0 등)를 해야 한다.

다음으로 텐서플로의 사용법을 소개한다. 텐서플로는 노드를 생성하여 그래프를 만든 후, 세션Session을 만들어 이를 통해 실행하는 별도의 단계를 거친다. 즉, 노드를 정의(import~as)하고 그래프를 만든 후 별도의 영역(TensorFlow에서는 sess)을 만들어 이를 통해 실행하는 것이다. 여러 교재나 인터넷에서 살펴볼 수 있는 'Hello, World!'를 텐서플로에서 출력하려면 〈그림 4.27〉과 같은 과정을 거친다.

이를 실행하면 "b'HelloWorld!'"라는 결과가 출력된다. 여기서 b의 의미는 byte string을 의미하므로 에러가 아님에 유의하자.

그림 4.27 텐서플로를 이용한 간단한 출력 프로그램

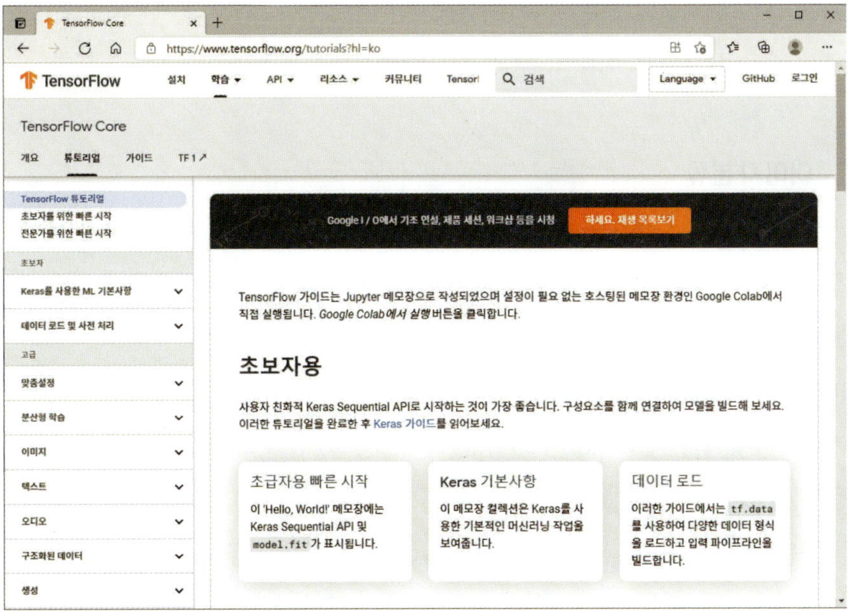

그림 4.28 TensorFlow Core 홈페이지

지금까지 텐서플로 설치와 사용법을 소개하였다. 참고로 텐서플로를 처음 사용하는 사용자는 텐서플로 core(TensorFlow Core) 홈페이지를 추천한다. 〈그림 4.28〉은 초기화면을 보여주고 있다. 그림의 왼쪽 위를 살펴보면 텐서플로 튜토리얼, Keras 사용, 데이터 로드 및 사전처리, 분산형 학습, 이미지, 텍스트 분석, 구조화된 데이터, 강화학습까지 학습할 수 있게 마련되어 있다. 또한, 모든 프로그램 소스는 오픈소스로 제공되어 다운로드할 수 있고, jupyter lab에서 실행할 수 있거나 구글 코랩Colab에서 바로 실행할 수 있다.

Tensorflow을 활용한 데이터 사이언스

이번 절은 텐서플로를 활용한 데이터 사이언스를 다뤄본다. 텐서플로 Core에서 제공하는 기본 이미지 분류를 학습해본다.

이미지 분류

운동화나 셔츠 같은 옷 이미지를 분류하는 신경망 모델을 학습한다. 먼저 numpy, matplotlib 패키지의 설치를 권장한다. 그리고 텐서플로 모델을 만들고 훈련train할 수 있는 고수준 API인 tf.keras를 사용해본다. 이미지 자료는 10개의 범주category와 70,000개의 흑백 이미지로 구성된 패션 MNIST 데이터이다. 이미지는 해상도(28×28픽셀)가 낮고 〈그림 4.29〉처럼 개별 옷 품목을 나타낸다.

모든 기계학습은 훈련training, 평가validation, 검증test 집합set으로 구분하여 모형 평가를 시행한다. 이미지 분류 분석도 같다. 네트워크를 훈련train하는데 60,000개의 이미지를 사용하고, 다음에는 네트워크가 얼마나 정확하게

그림 4.29 패션-MNIST 샘플
자료: Zalando, MIT License

이미지를 분류하는지 10,000개의 이미지로 평가validation한다. 그리고 예측으로 분류 테스트test한다. 분류 테스트 결과는 정확도accuracy를 사용한다. 정확도는 전체 N개 중에서 참-양성과 참-음성 개수의 비율을 의미한다. 이런 일련의 과정을 텐서플로에서 텐서별 프로그래밍한다.

첫째, 패션 MNIST 데이터 세트는 텐서플로에서 바로 import 하여 적재하고, load_data() 함수를 호출하여 네 개의 NumPy 배열이 반환한다. train_images와 train_labels 배열은 모델 학습에 사용되는 훈련 세트이고, test_images와 test_labels 배열은 모델 테스트에 사용되는 테스트 세트이다.

둘째, 이미지는 28×28 크기의 NumPy 배열이고 픽셀값은 0과 255 사이

표 4.4 레이블과 옷의 Class

레이블	클래스	레이블	클래스	레이블	클래스
0	T-shirt/top	4	Coat	8	Bag
1	Trouser	5	Sandal	9	Ankle boot
2	Pullover	6	Shirt		
3	Dress	7	Sneaker		

※ 이미지별 레이블이 매핑, 데이터 세트에 클래스 이름이 없어서 별도의 변수(class_names)를 생성한다.

이다. 레이블label은 0에서 9까지의 정수 배열이고, 〈표 4.4〉는 이미지에 있는 옷의 클래스class를 보여준다.

셋째, 네트워크를 훈련하기 전에 데이터를 전처리과정을 실시한다. 상품 이미지 그림의 픽셀값의 범위가 0~255 사이이므로, 모델에 주입하기 전에 이 값의 범위를 0~1 사이로 조정하기 위해 255로 나눈다. 훈련 세트와 테스트 세트를 같은 방식으로 전처리한다. 결과는 〈그림 4.30〉의 ①과 같다.

넷째, 25개 이미지와 클래스 이름과 데이터 포맷이 올바른지 확인하는 절차를 거친다. 이 결과는 〈그림 4.30〉의 ②와 같다.

다섯째, 모델을 만들려면 모델을 구성, 컴파일, 훈련하는 과정이 필요하다. 여기서는 신경망 모델을 만들기 위해 모델의 층을 구성(tf.keras.layers.Dense)하고, 이미지를 행렬로 변환(tf.keras.layers.Flatten)하고, 가중치를 고려하여 클래스에 속할 확률을 출력(tf.keras.layers.Dense)한다. 손실함수loss function, 최적화optimizer, 정확도 지표로 모델을 컴파일하고 이미지와 레이블을 매핑하면서 모형 적합을 시도한다. 모델이 훈련되고, 그 결과로 손실과 정확도 지표(여기서는 0.871 정도)가 출력된다.

여섯째, 훈련된 모델을 사용하여 이미지 예측[predictions=model.

predict(test_images)]을 만든다. 예측은 신뢰도confidence를 기준으로, 가장 높은 신뢰도를 가진 레이블을 상품별로 분류한다. 올바르게 예측된 레이블은 파란색이고 잘못 예측된 레이블은 빨강으로 표현한다. 각 이미지별 예측결과는 정확도, 파란색, 빨간색으로 표현하였다. 그 결과는 〈그림 4.30〉의 ③과 같다.

Sneaker만 제외하고는 모든 이미지가 정확하게 분류되었음을 알 수 있다. 그럼 Sneaker 결과를 살펴보자. Sneaker 형태가 비슷한 2종류가 있음을 알 수 있다. 하나는 100% Sneaker 이미지 분류 정확도를 보이지만, 다른 하나는 56% Sandal 이미지 분류 정확도를 보여준다. 이 결과는 앞 절에서 언급했듯이 비지도학습 과정에서 이미지가 구분되지 않은 비슷한 유형을 분류하고자 할 때 오분류되는 경우이다. 이 경우 이 두 이미지에 대해 색상과 무늬 패턴 등으로 구분하는 세부적인 이미지 분류 프로그램으로 분류 정확도를 높여야 한다.

```
# tensorflow와 tf.keras를 임포트한다.
import tensorflow as tf
from tensorflow import keras
# 헬퍼(helper) 라이브러리를 임포트한다.
import numpy as np
import matplotlib.pyplot as plt
print(tf.__version__)
fashion_mnist = keras.datasets.fashion_mnist
# train: 모델 학습에 사용되는 훈련 세트
```

그림 4.30 패션-MNIST 샘플 이미지 분류 프로그램과 실행 결과(계속)

```
# test : 모델 테스트에 사용되는 테스트 세트
(train_images, train_labels),
(test_images, test_labels) = fashion_mnist.load_data()
# 레이블을 class_names에 할당
class_names = ['T-shirt/top', 'Trouser', 'Pullover', 'Dress', 'Coat',
'Sandal', 'Shirt', 'Sneaker', 'Bag', 'Ankle boot']
#①번 그림#plt.figure()
plt.imshow(train_images[0])
plt.colorbar()
plt.grid(False)
plt.show()
# 255 255 픽셀을 0~1 사이에 재조정(훈련, 테스트 데이터 적용)
train_images = train_images / 255.0; test_images = test_images / 255.0
#②번 그림#
plt.figure(figsize=(10,10))
for i in range(25):
 plt.subplot(5,5,i+1)
 plt.xticks([]); plt.yticks([])
 plt.grid(False)
 plt.imshow(train_images[i], cmap=plt.cm.binary)
 plt.xlabel(class_names[train_labels[i]])
plt.show()

# 모형 구성
model = keras.Sequential([
 keras.layers.Flatten(input_shape=(28, 28)),
```

그림 4.30 패션-MNIST 샘플 이미지 분류 프로그램과 실행 결과(계속)

```
 keras.layers.Dense(128, activation='relu'),
 keras.layers.Dense(10, activation='softmax')
])
# 모형 컴파일
model.compile(optimizer='adam',
  loss='sparse_categorical_crossentropy',
  metrics=['accuracy'])

model.fit(train_images, train_labels, epochs=5)


# 모델 훈련과 Loss, 정확도 정의
test_loss, test_acc = model.evaluate(test_images,
test_labels, verbose=2)
print('\n테스트 정확도:', test_acc)
predictions = model.predict(test_images)
# 분류 예측 만들기
def plot_image(i, predictions_array, true_label, img):
  predictions_array, true_label, img = predictions_array[i],
  true_label[i], img[i]
  plt.grid(False)
  plt.xticks([]);plt.yticks([])
  plt.imshow(img, cmap=plt.cm.binary)
  predicted_label = np.argmax(predictions_array)
  if predicted_label == true_label:
 color = 'blue'
  else:
```

그림 4.30 패션-MNIST 샘플 이미지 분류 프로그램과 실행 결과(계속)

분에 적용하여 투자의 효율성을 극대화하는 것이고, 핵심은 인공지능이 수많은 금융상품을 비교·분석·검토하여 개인화된 맞춤형 상품을 추천받는 것이다. 즉, 마이데이터 시대의 금융 서비스를 만드는 것이다.

그러나 투자 시 한 가지 꼭 고려해야 할 사항이 있다. 다양한 정보 채널을 통해 관심 있는 상품의 평가와 장단점을 숙지하고 이를 합리적으로 판단할 수 있는 기본적인 금융 지식이 필요하다. 왜냐하면, 은행이나 증권사에서는 자기 회사에서 홍보하는 상품을 각종 프로모션과 상품권 등으로 권하기 때문이다. 은행이나 증권은 고객의 돈을 운용해 주는 곳이지만, 결코 손해를 보는 장사는 하지 않는다는 것을 꼭 염두에 두기를 바란다.

인공지능을 활용한 유통

최근 필자에게 매일경제의 한 기사 제목이 유난이 눈길을 끌었다. '1초라도 더 빠른 배송길, 초보 배달맨도 AI덕분에 베테랑(2021.1.18.)'이라는 기사이다. 이것의 핵심은 AI의 빅데이터 분석이 바꾼 결과이다. 우리가 즐겨 사용하는 쿠팡의 경우 로켓배송을 활용하면, 오전에 주문하면 반나절이 지난 저녁에 상품을 받을 수 있다. 그리고 어떤 쇼핑상품을 검색하고자 할 때, 나의 속마음을 아는 것처럼 추천 상품을 팝업pop-up으로 보여주는가 하면, 최저가부터 최고가까지 그리고 상품평까지 제공한다. 정말 편리하고도 무서운 세상이다.

인공지능은 또 다른 분야에서도 활약 중이다. 우리는 아침에 일어나 하루를 시작할 때 스마트폰부터 먼저 확인한다. 자기 전에도 스마트폰을 확인하면서 잠자리에 든다. 이 사이 시간 동안 스마트폰과의 거리는 떼려야

뗄 수 없는 밀착 관계를 유지하고, 스마트폰으로부터 수많은 정보를 얻는다. 독자들은 '오늘은 ○○을 마셔보는 게 어떤가요?', '고객님에게 ○○ 상품이 도착했습니다.', '고객님에게 ○○쿠폰이 도착했습니다.' 등 다양한 문자 서비스나 가입된 앱app으로부터의 알림을 경험해 봤을 것이다. 물론 스팸spam 문자는 조심해야 하지만, 그렇지 않은 경우 유용한 추천이 많다. 이것은 어떻게 알고 보냈을까? 신기할 정도이다.

우리가 온라인에서 상품을 고를 때, 일명 '지름신(충동 구매를 유혹하는 신)'과 '선택장애신(어느 상품을 고르지 못하게 하는 신)'이 있다. 하지만 인공지능이 도래한 현 온라인 유통이나 쇼핑에서는 예전과 다르게 이 두 신이 설 자리가 없다. 지름신은 최저가 알림으로, 선택장애신은 선택 장애에 빠진 우리에게 쇼핑 피로도를 줄이는 상품 가격, 상품평, 품질, 배송 등을 비교하여 이 중 가장 최적 상품을 노출해준다. 우리는 그저 선택만 잘하면 되는 것이다.

이처럼 온라인에서 이루어지는 전자상거래의 경우, 해당 기업들이 AI와 빅데이터 기술을 활발하게 활용하는 분야가 검색과 상품추천이다. 행동데이터 기반 상품추천, AI가 고객데이터를 매일 수십에서 수억 건 학습하여 맞춤형 검색, 패션 큐레이션fashion curation, 일정 기간 수요예측, 이미지 분석으로 과대, 허위 여부 판단, 거래 금지 품목 조기 감지와 차단 등이 최근에 유통 분야에 활용되고 있다. 이것의 주인공은 당연히 인공지능이다.

최근 네이버, 카카오, 쿠팡, 마켓컬리, 이베이 코리아, SSG닷컴, 티몬, 당근마켓 등은 우리에게 익숙한 기업들이며 유통 유니콘 기업이다. 뉴스나 인터넷에서 이들 기업이 지금 투자하고 있는 분야를 살펴보면 모두 다 인공지능이다. 즉, IT 기업인지 유통기업인지 그 구분이 모호해지고 있다. 빅블러Big Blur라는 단어를 앞장에서 소개한 적이 있다. 빠른 변화로 인해 기존에 존재하는 것들의 경계가 뒤섞이는 현상이 도래하였다. 최근 인공지능의 대두로 유통과 IT 기업 간의 경계가 허물어지고 있다. 앞으로는 이런 분류 자체가 무의미해지는 시대가 도래할 것이다.

인공지능을 활용한 의료

의료 분야의 인공지능을 소개할 때, IBM의 왓슨WATSON은 빠질 수 없다. 왓슨 포 온콜리지WATSON for Oncology는 암 진단과 치료를 돕는 인공지능 소프트웨어이다. 의학서적 1,500만 쪽 분량의 의료 정보와 환자의 진료 정보를 바탕으로 가장 성공률이 높은 치료법을 제안해 준다. 최근에는 한 달 안에 7만 개 이상의 의학 논문을 분석하면서 잠들지도 않고 쉬지도 않는 학습으로 무섭게 성장하고 있는 인공지능 의사이다. 현재 왓슨은 13가지 정도의 암을 분류하며, 다른 특정 질병에 대해서는 의사보다 더 정확한 진단율을 보인다고 한다. 최근 Watson Health는 데이터 기술 및 전문 의료지식을 결합하여 의료 혁신의 일환인 스마트 의료용 솔루션을 제공•하고 있다.

그렇다면 우리나라의 상황은 어떠한가? 최근 원격의료는 법의 장벽에 막혀 이루어질 수 없는 상황이지만, 의료데이터 사업에서는 신성장 속도를 내고 있다. 우리나라 대표 IT 기업인 네이버와 카카오가 선도적으로 이 분야에서 성장 동력을 찾고 있다. 카카오는 여러 병원의 의료 영상, 엑스레이, 전자차트 등과 국민건강보험공단, 건강보험심사평가원, 보건산업진흥원에서 개인데이터를 연계하고, 인공지능을 적용하여 개인 맞춤형 정밀의

• https://www.ibm.com/kr-ko/watson-health

료를 제공한다는 의료 빅데이터 사업을 시작하고 있다.

네이버는 2020년 9월에 계열사 네이버 클라우드를 앞세워 한국혁신의약품컨소시엄KIMCo, 신테카바이오, 인공지능 신약개발지원센터와 함께 4자 업무협약MOU을 맺었다. 네이버 클라우드는 네이버, 라인 등에 클라우드·보안과 같은 IT 인프라스트럭처infrastructure를 지원하고 기업용 클라우드 서비스를 제공해주는 플랫폼이다. 이에 기반하여 네이버는 향후 약물 재창출 기술을 통해 코로나바이러스 감염증의 치료제 등 신약을 개발하고 유전체 빅데이터 시장을 선점할 계획을 발표하였다. 카카오는 바이오 헬스케어 산업 진출에 속도를 내고 있다. 카카오인베스트먼트를 통해 서울아산병원, 현대공업지주와 100억 원을 공동 출자하여 아산카카오메디컬데이터를 설립하였다.

인공지능을 이용한 영상, 음성, 데이터 인식 기능을 의료기기에 접목하면 환자 상태의 판독 정확성을 높이고, 질병 예측과 예방 등 새로운 가치 창출을 기여할 수 있을 것이다. 이를 'AI 기반 의료기기'라고 하며, 사물인터넷IoT 장비 또는 기존 의료기기에서 얻어진 의료 빅데이터(예를 들어, EMR과 같은 전자의무기록)를 분석하여 성능을 향상시키는 소프트웨어 또는 소프트웨어가 내장된 의료기기를 의미[••]한다.

환자들에게 AI 기반 의료기기를 적용하면, 이들의 의료 빅데이터를 분석하여 주기적인 특정한 패턴을 인식하고, 이를 분석하여 질병의 진단, 치료, 예측까지 할 수 있는 완전한 환자맞춤형 의료체계가 갖춰지는 것이다.

최근 한국보건산업진흥원에서 발간한 보고서(2018)에 따르면 AI를 활용

•• 한국보건산업진흥원Korea Health Industury Development Institute; KhIDI, 인공지능AI 기반 의료기기 현황 및 이슈(1) (2). 보건산업 브리프 의료기기 주요이슈 분석, 2018.

표 4.5 AI 관련 기술의 헬스케어 분야 적용현황

기술	형태	부문
로보틱스	수술 과정의 정밀함과 정확도를 높여 치료 제공	의료기기 헬스케어 IT
디지털 개인비서	환자 상태를 알 수 있는 지표들을 지속적으로 모니터링하고 필요 상황을 알림으로 알려 골든타임을 모색할 수 있음	
기계학습	치료 결과에 영향을 미치는 데이터를 기반으로 패턴 예측과 분석	헬스케어 IT
심층학습 (딥러닝)	자가 학습 능력을 이용한 대량 의료 영상기록 처리로 의료진의 치료 결정에서 불확실성을 낮춰줌	진단 영상 헬스케어 IT
영상처리	대규모 의료 영상을 빠르게 처리해 질환 형태와 음성·양성 판단 등에 적용	
자연어 처리	진료차트에 기록된 서술형 문자, 문장 등을 해석할 수 있도록 변환	의료기기 헬스케어 IT
음성인식	환자 음성과 언어를 수집해 중요한 정보를 EMR에 기록	
빅데이터 분석	대용량 환자 의료데이터를 빠르게 조사하고 분석하여 환자의 치료 결과를 예측 헬스케어 기관들이 보유한 방대한 환자 의료데이터를 처리하고 환자와 치료 제공자들에게 맞춤형 권고를 제공 위험 질환 예측들과 같은 진료 결과를 예측하는 통계 예측모델 적용	융합

자료: 인공지능 기반 의료기기 현황 및 이슈, 보건산업 브리프 의료기기 주요이슈 분석, KhIDI(2018)

한 기술은 헬스케어 분야까지 적용되고 있고, 더 체계적인 환자 맞춤형으로 진화하고 있다고 한다. 인공지능 관련 기술의 헬스케어 분야 적용현황을 〈표 4.5〉에 정리하였다.

로보틱스를 활용한 수술 과정의 정밀도 제고, 골든타임을 알려주는 디지털 개인비서, 질병 환자의 각종 치료 데이터를 기반으로 패턴 파악과 치료 불확실성을 낮춰주는 인공지능 기반 기계, 심층학습, 의료 비정형 데이

터 분석 처리기술 등으로 위험 질환 예측과 진료 결과 정확도를 높인다.

앞으로 빅데이터의 성장 속도와 폭은 더 빨라지고, 더 넓어질 것이다. 여러 사업 분야에 인공지능 기반 기술을 접목한다면, 데이터가 제공하는 정보와 지식을 손쉽고 빠르게 도출할 수 있을 것으로 판단된다.

인공지능을 활용한 그 외 분야

인공지능은 금융, 유통, 의료 분야 이외에도 학습, 화장품, 패션 등 다양하게 적용되고 있다. 인공지능이 추천하는 눈높이 교육, 영상에 자신의 피부를 보여주면 피부 상태를 분석하여 그에 맞는 화장품을 추천하고, 센서가 장착된 거울에 자신을 비추고 버튼을 누르면서 옷을 입어보는 장치 등 다양하다. 이외에도 다양한 분야에서 인공지능이 활약 중이다.

인터넷 검색으로 블로터BLOTER(www.bloter.net)에 방문하면 '알아두면 쓸데 있는 신기한 인공지능 50선'이라는 소개글을 접할 수 있다. 필자들도 이 글을 읽고 인공지능이 우리 삶 속에 깊이 파고들어 자리매김하고 있음을 알 수 있었다. 지면 관계상 50선 중 일부를 발췌하여 독자들에게 소개한다.

스피커

영화나 드라마를 보면, 집안에서 혼잣말하는데 어딘가에서 누군가가 대꾸하는 장면을 본 적이 있을 것이다. 사람은 없는데 대꾸를 한다? AI 스피커가 그 주인공이다. AI 스피커의 핵심은 간단한 질문을 던지면 사람의 말을 인지한 후 그에 맞는 대답을 해주는 것이다. 대표적인 아마존의 '에코', 구글의 '구글 홈', 애플의 '홈팟', 마이크로소프트의 '인보크'가 있고, 국내는

SKT의 '누구', KT의 '기가지니' 등이 있다.

쇼핑 도우미

코로나 여파로 해외여행은 어렵지만, '10일 뒤에 해외여행을 간다.'라고 상상해보자. 이때 누군가가 여행 때 준비해야 할 항목을 척척 알려주면 준비시간을 많이 단축할 수 있을 것이다. 최근 아웃도어 브랜드 노스페이스에서는 IBM 인공지능 왓슨 기술 기반으로 '플루이드 리테일Fluid Retail' 서비스를 선보였다. 고객이 '14일 동안 배낭여행을 준비하려고 하는데 뭘 가져가야 해?'라고 물으면 도움 될 수 있는 상품과 조언을 제공하는 것이다.

그림 도우미

'나는 그림을 잘 그리지 못해'라고 생각했던 그림에 자신 없는 사람은 이제 그런 걱정은 안 해도 된다. 구글의 '오토드로우Autodraw'서비스를 이용하면 멋진 그림을 그릴 수 있다. 사용 방식은 간단하다. 그림을 그리면 웹사이트 상단에 인공지능이 사용자의 의도를 짐작하여 다양한 추천 그림을 제시한다. 추천하는 그림에는 노란색 별 표시가 띄고 그것을 채택하면 멋진 그림이 완성되는 것이다.

인공지능 기자

야구경기 종료 30분 후, 혹은 지진이 일어나자마자 5분 만에 이들의 내용을 분석과 함께 담아 기사를 작성한다. 이런 현실이 지금 이루어지고 있다. LA 타임스의 퀘이크봇Quakebots은 로봇 기자이다. 이 기사는 지진이 일어나는 것을 감지해 자동으로 기사를 작성한다고 한다. 과거 데이터를 기반으로 GAN이라는 강화학습을 거처 신속한 기사를 낸다. 우리나라의 경우

19대 대선 때 나리NARe; News by Artificial intelligence Reporter라는 인공지능 로봇 기자를 소개한 적이 있다. 나리는 SBS 뉴스와 서울대학교 이준환, 서봉원 교수 연구팀이 함께 만든 인공지능 로봇 기자이다.

이외에도 파이낸셜 뉴스의 faRASSI, 매일경제의 엠로보Mrobo가 있다. 이들 로봇 기자는 24시간 365일 휴식 없이 쉬지 않고 기사를 작성한다고 한다. 최근에는 인공지능 기반 기사작성 소프트웨어가 신문기사를 작성하는 로봇 저널리즘robot journalism이란 용어가 있다. 사실 로봇 저널리즘은 예전 스타트업 내러티브사이언스narrative sciences의 미국 노스웨스턴대 지능정보연구실의 학술 프로젝트인 '스태츠몽키StatsMonkey'에서 주목받기 시작했다고 한다. 스태츠몽키는 스포츠 게임 데이터를 수집하여 자동으로 기사를 완성하는 프로그램이다.

사물 감별사

예전에 구글 렌즈가 소개되어 관심을 받은 적이 있다. 구글 렌즈는 인공지능 컴퓨팅 능력으로 이미지 기반 정보를 습득한다. 즉, 렌즈에 어떤 사물을 보이면 '이것은 무엇입니다.'라고 알려준다는 것이다. 사물을 보이면 이를 이해하고 컴퓨팅으로 분석해 결과를 제공한다. 렌즈에 꽃을 찍으면 무슨 꽃인지 알려주고, 특정 가게를 찍으면 연동된 가계의 정보가 뜬다.

명품 진품 판별

누구든 명품가방을 한 개쯤 가지고 싶어할 것이다. 그런데 내가 산 가방이 진품이 아니고 위조품이면 여간 속상하지가 않다. 하지만 이제 이런 걱정은 하지 않아도 된다. 미국 스타트업 '엔트루피Entrupy'가 개발한 애플리케이션은 명품가방을 카메라로 비추면 인공지능을 이용하여 진품을 판별해 준다. 맨눈으로 찾기 어려운 안장이나 하자를 260배 확대하여 찾는다고 한다. 3만 여종의 핸드백과 지갑 사진을 학습한 인공지능 기술이 사용되었으며, 중요한 것은 그 정확도가 무려 95%라고 한다. 우리에게 익숙한 KBS의 장수 프로그램인 진품명품에도 곧 등장하지 않을까? 하는 생각이 든다. 그러기 위해서는 여러 전문가의 자료들과 사진들을 미리 학습한 인공지능 기술을 확보해야 하는 과정이 필요하다.

음란물 필터

부적절한 이미지가 메일이나 인터넷 검색 시 불쑥 등장한다면 기분이 어떨까? 그 와중에 옆에 애인이나 심지어 부모님이라도 있으면 여간 난감하지 않다. 이런 경우를 조기에 방지하기 위해 네이버가 개발한 음란물 필터링 '엑스아이X-eye'가 등장하였다. 엑스아이는 부적절한 이미지가 자사 사이트에 올라오면 24시간 365일 실시간 감지를 통해 검색 노출을 막는다고 한다. 네이버는 엑스아이 출시 전에 10개월 동안 엄청난 양의 이미지를 형태별로 분류하고 학습시켰다고 했다. 98.1%의 높은 필터링 효과를 보이고 향후 동영상에도 적용한다고 한다.

작곡

예전 학회에서 필자는 '두 음악을 들려주고 어느 것이 인공지능으로 만든 것일까요?'를 경험한 적이 있다. 두 음원은 차이가 없을 정도로 거의 비슷하였던 것으로 기억된다. 이처럼 작곡도 인공지능을 활용하여 선보이는 시대가 도래하였다. 구글의 '마젠타magenta 프로젝트'는 인공지능을 통해 학습한 기계가 예술을 창조할 수 있는지 알아보는 것이다. 특히 새로운 소리를 창조하는 신시사이저Synthesizer(소리 합성기) 엔시스 슈퍼Nsynth Super는 음악 분야에 특화된 프로젝트로 1천여 개의 악기, 30만 개의 음이 담긴 데이터를 바탕으로 인공지능을 학습하여 새로운 음원을 만든다. 여기서 엔시스는 뇌 신경망 합성기neural synthesizer의 약어이다.

이 외에도 정말 많은 분야에서 인공지능이 적용되고 있다. 관심 있는 독자는 꼭 50선을 찾아보길 권한다. 2020년부터 시작된 코로나 사태로 인해 대면학습이 어려워지고 홈스쿨, 비대면학습 등이 대세가 되고 있다. 일례로 KT 인공지능 홈스쿨 서비스인 '기가지니 세이펜', 한솔교육의 신기한 한글나라 홈스쿨, 웅진 씽크빅 '애듀케어 홈스쿨' 등의 인공지능 스피커가 좋은 사례이다.

비대면학습에서 가장 인기를 끌고 있는 소프트웨어는 줌Zoom이다. 줌의 인기는 2020년 주가가 500% 폭등한 것으로 그 인지도를 대변한다. 줌은 1(호스트):N(회의 참여자) 방식의 화상회의 프로그램이다. 무료 설치와 최대 40분까지만 화상회의가 가능하지만, 학교academic소속 계정account인 경우에는 제한 없이 300명 입장을 허용한다. 필자는 150명까지 화상회의를 해본 경험이 있는데, 화질이나 영상, 댓글 등과 기능들이 끊김 없이 수월하게 진행되어 놀란 적이 있다.

Chapter 5

데이터 사이언스의 매력적인 분석법

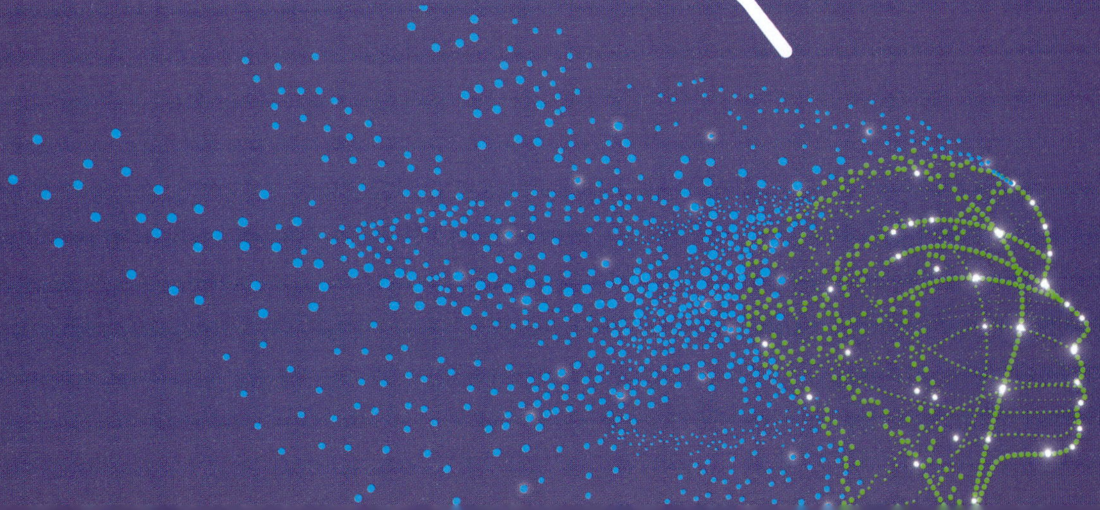

데이터 사이언스를 통해 데이터를 이해하기 위한 방대한 도구 집합을 통계학습statistical learning이라 한다. 이러한 도구들은 지도학습 또는 비지도학습으로 분류될 수 있다. 지도학습은 하나 이상의 입력input변수를 기반으로 출력output변수를 예측하거나 추정하는 통계적 모델을 만드는 것과 관련이 있다. 이것은 비즈니스, 의학, 천체 물리학, 공공 정책과 같이 다양한 분야에서 발생한다. 비지도학습에서는 출력변수 없이 입력변수만 있지만, 자료의 상관관계와 구조를 파악할 수 있다.

이런 학습을 통한 모델링이란 불필요한 성질을 과감하게 무시하고 필요한 핵심만 뽑아내는 과정을 의미한다. 핵심적인 부분으로 수식을 사용한 모델이 수리 모델이고, 확률 분포를 사용한 수리 모델이 확률 모델probability model이다. 이러한 확률 모델을 이용하여 데이터에 맞춰 현상을 이해하고 예측하는 과정이 바로 통계적 모델링statistical modeling이다. 통계적 모델링의 목적은 예측과 해석에 있고, 지도학습과 비지도학습은 복잡한 현실 문제도 쉽게 결과를 해석할 수 있으며, 예측 성능도 높다는 장점이 있다.

통계적 모델링은 데이터 분석의 기본이 되는 통계적 개념, 즉 유의확률, 신뢰구간, 표본분포 등의 이해와 정확한 해석이 요구된다. 이번 장에서는 데이터 분석을 위한 통계와 확률 개념에 대해서 먼저 살펴보고, 통계적 모델링의 지도 학습과 비지도 학습에 대한 방법론들을 보도록 하자.

01 데이터 분석을 위한 기본 통계 개념

데이터를 기반으로 하는 통계적 모델링에서 데이터의 질과 적합성이 요구되는 효과적인 데이터 추출은 무엇보다 중요하고, 편향bias을 최소화하기 위한 표본추출의 필요성도 커지고 있다. 관심 있는 전체대상인 모집단으로부터 측정 가능한 데이터인 표본을 추출하는 방법은 무작위 추출random sampling, 층화추출stratified sampling, 계층추출stratum sampling, 군집추출clustering sampling 등으로, 편향을 최소화하기 위한 방법들이 알려져 있다. 이렇게 추출된 표본 데이터를 기반으로 모집단의 특성값인 모수parameter(모집단을 정의하는 모르는 상수)를 표본의 특성값인 통계량statistics(모수를 추정하기 위해 데이터로부터 계산된 값)을 통해 추정 및 검정을 하게 된다.

추정 및 검정은 통계량을 사용해 귀무가설null hypothesis(모수에 대한 기존의 사실)을 기각하는 가설검정hypothesis testing 절차를 통해 진행된다. 여기서, 귀무가설에 대립하여 증명하고 싶은 사실을 대립가설alternative hypothesis로 정해놓고, 유의확률과 이를 허용할 최대치의 확률값인 유의수준을 통해 가설검정의 결과가 도출된다. 가설검정 절차에서 참인 귀무가설을 기각하는 사건의 확률인 타입 1 오류Type 1 error와 참이 아닌 귀무가설을 기각하지 않는 사건에 대한 확률인 타입 2 오류Type 2 error가 발생하게 된다.

검정 결과를 판단하기 위해 도출되는 유의 확률값p-value은 귀무가설이 참일 때, 표본 데이터가 보여준 극단적인 값이 관측될 확률을 말한다. 높은 p-value 값(예를 들어, p-value=0.8 (열 번에 여덟 번꼴))은 귀무가설하에서 주어진 데이터만큼 크거나 작은 것이 충분히 관측될 만하고, 즉 귀무가설에 대한 반박 증거가 부족하다(증거 불충분)고 해석할 수 있다. 반면, 낮은 p-value=0.000001(백만 번에 한 번꼴)의 경우에는 귀무가설하에서 주어진 데이터만큼 극단적인 데이터가 관측되는 것은 거의 불가능하다고 해석될 수 있다.

유의확률은 가설검정의 결과를 판단하기 위한 통계적 유의성 관점에서 필요하지만, 데이터에 대한 의미를 직접 전달하지 않으므로 신뢰구간confidence interval을 유의확률과 같이 살펴보는 것이 좋다. 신뢰구간confidence interval은 참인 모수값을 포함할 확률이 95%(신뢰수준)가 되도록 만들어진 구간을 말한다. 간혹 "모수가 주어진 신뢰구간에 포함될 확률이 95%다."로 해석한다면, 틀린 정의이니 유념해야 한다.

표본을 통해 추정 및 검정이나 모델링을 하기 위해 오류가 있을 수 있고, 표본은 뽑을 때마다 다른 결과가 나올 수 있으므로 표본 데이터들로부터 얻은 측정 지표인 표본통계량sample statistics에 대한 분포 가정을 통해, 좀 더 정확한 모델링의 결과를 도출해나갈 수 있다.

표본통계량 값의 분포인 표본분포sample distribution들 중에 대부분의 추정 및 검정 절차에서 사용되는 t-통계량, t-검정에 대해 얘기해보고자 한다. t-통계량은 1908년 기네스 맥주회사에서 일하던 화학자 윌리엄 고셋William Gosset이 맥주의 품질을 모니터하기 위한 방법으로 개발한 것으로, 표본의 크기가 작거나 모집단의 분산을 모르는 경우에 적용하게 된다. 이러한, t-통계량은 스튜던트의 t-분포를 따르는 통계절차인 t-검정t-test하에서, 가설검정을 진행하게 된다. 예를 들어, 이론적으로 일변량 t-검정은 각 관측치가 독립이고, 동일한 분포를 따르며, 그 분포는 정규분포(모평균이 μ, 모분산이 σ^2)라는 조건이 충족되어야 한다. 표본통계량들이 따르게 되는 표본분포는 "표본크기가 커질수록 정규분포를 따르는 경향이 있다."라는 중심극한정리Central Limit Theorem를 통해 정규근사 공식하에서 신뢰구간이나 가설검정을 계산할 수가 있게 된다.

02

베이즈 추론

통계의 본질은 실제 세계의 문제를 확률 분포로서 수학적으로 모델링하고, 가정한 분포의 모수parameter를 추정하는 학문이라고 말할 수 있다. 따라서 통계학에서 근간이 되는 것은 '확률'이라고 할 수 있다. 통계학에서는 이렇게 가장 기본적인 '확률'을 바라보는 두 관점을 빈도론Frequentism과 베이지안Bayesianism으로 나눈다. 이 중에서 베이즈 정리에 입각한 베이지안 추론Bayesian inference에 대해 살펴보도록 하겠다.

빈도론과 베이지안이 확률을 바라보는 관점이 어떻게 다를까? 가령 '주사위를 던져서 3이 나오는 확률은 1/6이다.'라는 명제에 대해 빈도론자는 이렇게 해석할 것이다. "1000번을 던지면 166번, 10000번을 던지면 1666번 3이 등장한다." 하지만 같은 확률이라도 베이지안은 다르게 해석한다. "주사위를 던질 때 3이 나온다고 1/6(16.66%) 확신할 수 있다." 즉, 빈도론자는 확률에 대해 '사건이 일어나는 장기적인 확률'로서 오로지 경험적 사실만을 통해 이야기할 수 있다는 객관적인 입장이고, 베이지안은 '지식이나 판단의 정도를 나타내는 수단'으로서 주관적인 견해를 보인다.

우리가 흔히 알고 있는 확률의 보편적인 정의는 빈도론에 입각한 정의라고 생각하면 된다. 그렇다면 왜 베이지안이라는 관점이 있는 걸까? 사실 우리는 경험적으로 모든 확률을 얻기에는 한계가 있다. 따라서 사전지식을 활용하여 우리가 알고 싶은, 경험적으로 얻기 힘든 사건에 대해 확률을 추정하는 것이 필요하다. 예를 들어, 우리가 한 번도 시도해보지 않은 대회에서 우승할 확률은 어떻게 알 수 있을까? 이때 우리가 이용하는 것은 여러 지식들을 동원하여 우승과 관련된 요소들을 뽑고, 이를 통해 확률을 도출하는 방법일 것이다. 이러한 과정이 바로 베이즈 정리에 입각한 베이지안 추론이다.

베이즈 정리

사건 A를 경험적으로 알고 있는 사건이라 하고, 사건 B는 관심 있는 사건이라 할 때, 베이즈 정리는 조건부 확률의 관계를 정의한 식이다.

$$P(A|B) = \frac{P(A \cap B)}{P(B)} = \frac{P(B|A)\,P(A)}{P(B)}$$

이를 일반화하면 다음과 같다.

$$P(A_i|B) = \frac{P(B|A_i)\,P(A_i)}{\sum_{i=1}^{n} P(B|A_i)\,P(A_i)}$$

일어날 수 있는 사건들이 모두 배반사건일 때 이용할 수 있고, 벤다이어그램으로 표현하면 〈그림 5.1〉과 같다.

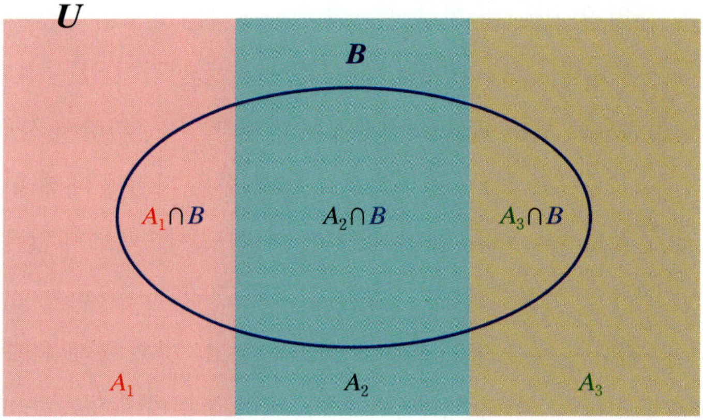

그림 5.1 벤다이어그램으로 표현한 사건

* U: 전체 표본공간, $A_1 \cdot A_2 \cdot A_3$: 경험 사건들, B: 관심 사건

〈그림 5.1〉의 벤다이어그램을 보고 관심 있는 사건 B에 대해서는 다음과 같이 표현할 수 있다.

$$\begin{aligned} P(B) &= P(A_1 \cap B) + P(A_2 \cap B) + P(A_3 \cap B) \\ &= P(B|A_1)P(A_1) + P(B|A_2)P(A_2) + P(B|A_3)P(A_3) \end{aligned}$$

위와 같이 생각함으로써 우리는 베이즈 정리가 갖는 의의에 대해 이해할 수 있다. 베이즈 정리가 갖는 의의는 알고 있는 사전지식을 활용하여 알고 싶은 확률을 추정한다는 것이다. 예를 들어, 발병률이 0.01인 어떤 질병이 있다고 가정하자. 우리가 이 질병의 발병 여부를 판별할 때, 질병 검사라는 것을 시행한다. 실제로 병에 걸린 사람이 검사하면 0.99의 비율로 양성이라는 결과가 나오고, 병에 걸리지 않은 사람이 검사하면 0.10의 비율로 양성이라는 결과가 나온다고 한다. 그렇다면 이 질병 검사에서 양성 반응이 나왔을 때 검사 대상자가 진짜 질병에 걸렸을 확률은 어떻게 구할 수 있을까?

질병 검사에서 양성 반응이 나온 사건을 +, 실제 질병에 걸린 사건을 D로 정의하면, 관심 있는 사건인 질병 검사의 양성 적중률은 $P(D|+)$로 표현할 수 있다. 발병률 $P(D)$는 0.01, 병에 걸린 사람이 양성일 확률 $P(+|D)$는 0.99, 병에 걸리지 않은 사람이 양성일 확률 $P(+|D^C)$는 0.10이 된다. 이제 베이즈 정리를 이용해서 질병 검사의 양성 적중률인 관심 있는 사건 $P(D|+)$의 확률을 구할 수 있다.

$$P(D|+) = \frac{P(D \cap +)}{P(+)} = \frac{P(+|D)P(D)}{P(+|D)P(D) + P(+|D^C)P(D^C)}$$
$$= \frac{(0.99)(0.01)}{(0.99)(0.01)+(0.1)(0.99)} \simeq 0.091$$

따라서 질병 검사의 양성 적중률은 9.1% 정도가 된다. 병에 걸린 사람을 실제로 양성 반응이 나오는 비율이 높지만, 그렇지 않은 사람들 또한 10%의 확률로 양성으로 나오기 때문에 생각보다 좋은 적중률을 나타내고 있지는 않다.

위에서 다룬 베이즈 정리의 수식 중, 관심 있는 사건 B에 대한 확률을 $P(B)=P(B|A_1)P(A_1)+P(B|A_2)P(A_2)+P(B|A_3)P(A_3)$로 표현하였다. 이를 통해 베이즈 정리의 요소에 해당하는 의미들을 살펴보도록 하자. 먼저 $P(A_1)$, $P(A_2)$, $P(A_3)$는 이미 알고 있는 정보, 즉 알고 있는 확률이라 하여 사전확률prior probability이라고 부른다. 사전확률은 현재 알고 있는 정보로 이해하면 된다.

다음으로 $P(B|A_1)$, $P(B|A_2)$, $P(B|A_3)$은 우도likelihood라고 부른다. 우도는 식에서 보이는 것처럼 조건부 확률인데, 과거의 경험에 근거하여 관심 있는 사건이 일어날 가능성이다. 참고로 조건부 확률의 의의는 표본공간sample space을 줄이는 것에 있는데, 여기서는 전체 표본공간sample space에서 '과거의

03 지도학습

선형회귀linear regression

두 연속형 변수들의 관계를 살펴보는 방법은 상관분석correlation analysis과 회귀분석regression analysis으로 나뉘는데, 상관분석은 두 변수 간의 선형관계linear relationship 정도를 알아보는 것이고, 회귀분석은 두 변수 간의 인과관계casual relationship가 있는지 알아보는 분석 방법이다.

예를 들어, 키와 몸무게의 상관관계, 부모와 자녀 간의 IQ 상관관계를 보는 경우 상관분석, "키가 큰 사람은 몸무게가 많이 나가는가?", "부모의 IQ는 자식의 IQ에 영향을 미치는가?" 등을 알아보려면 회귀분석을 시행해야 한다. 회귀분석에서 원인이 되는 변수를 독립변수 혹은 설명변수라 하고(키, 부모 IQ), 결과로 나타나는 변수를 반응변수 혹은 종속변수라 한다(몸무게, 자식 IQ).

회귀분석은 변수 간(종속변수, 설명변수)의 인과관계를 설정하여 ① 변수 간의 함수 형태, ② 영향을 미치는 변수, ③ 종속변수에 대한 예측값을 얻는 분석 방법이다.

단순선형모형simple linear model

다음 식에서 종속변수 관측치 y_i는 설명변수에 의해 설명되는 부분 $(\beta_0+\beta_1 x_i)$와 설명되지 않는 부분 (e_i)로 표현할 수 있고, 종속변수와 설명변수의 관계는 직선을 가정한다.

$$y_i = \beta_0 + \beta_1 x_i + e_i \ , \ i = 1, 2, \ldots, n \ , \ e_i \sim \ i.i.d. \ N(0, \sigma^2)$$

가정

다음 오차항에 대한 3가지 가정이 성립하는지에 대한 검토는 잔차분석 residual analysis을 통해 살펴볼 수 있다.

ⅰ. 오차항은 독립이다. → 독립성 가정

ⅱ. 정규분포를 따른다. → 정규성 가정

- 오차항이 정규분포이면, y_i도 정규분포를 따른다.
- 정규성이 성립하지 않으면 변수 변환(log 변환, exp 변환 등)인데, 정규성 문제는 추정과 검정에 큰 영향을 미치지는 않는다.

ⅲ. 분산이 같다. → 등분산 가정

- 분산이 다르면 각 관측치의 값들이 모형에서 벗어나는 것이 모형의 부적합성뿐만 아니라 다른 요인이 있는 것이므로 반드시 해결해야 한다.
- 해결 방법으로는 가중최소제곱법weight least square; WLS이 있다.

산점도scatter plot

산점도는 두 변수 간의 관계를 나타내는 이차원 그래프로 종속변수를 Y축, 설명변수는 X축으로(인과관계가 존재할 때) 하여 관측치 쌍을 그린다. 산점도는 두 변수(X, Y) 간의 함수 관계를 쉽게 파악할 수 있으므로 일변량 분석의 시작이 줄기-잎 그림과 상자 그림이라면, 다변량 분석의 시작은 산점도이다.

ⅰ. 종속변수(Y)와 설명변수(X_1, X_2, X_3…) 간의 선형관계가 존재하는지 미리 파악할 수 있다.

ⅱ. 설명변수 간의 강한 상관관계로 발생하는 다중공선성multicollinearity 문제를 미리 파악할 수 있다.

회귀계수 추론

회귀모형을 추정한다는 것은 수집된 데이터(산점도)에 가장 적절한 회귀직선을 구하는 것이다. 방법으로는 최소제곱법ordinary least square; OLS과 최대우도법maximum likelihood estimator; MLE이 있다. 각 관측치에 가장 적합한 회귀직선은 회귀직선과 관측치의 벗어난 정도(오차 e_i)가 가장 적은 직선일 것이다. 하지만 $\sum_{i=1}^{n} e_i = 0$이므로 $\sum_{i=1}^{n} e_i^2$•을 최소화하는 β들을 추정하는 방법을 최소제곱법이라 한다.

• 절댓값 대신 제곱하는 이유는 다루기 쉽고, 멀리 떨어질수록 더 큰 페널티를 부여할 수 있기 때문이다.

상관분석과의 관계

상관분석은 두 변수 간의 선형(직선)관계가 존재하는지를 알아보는 방법이다. 회귀분석과 유사하지만, 인과관계에 대한 분석은 아니다. 상관계수를 구하는 식은 다음과 같다.

$$r = \frac{\sum_{i=1}^{n}(x_i - \bar{x})(y_i - \bar{y})}{\sqrt{\sum_{i=1}^{n}(x_i - \bar{x})^2}\sqrt{\sum_{i=1}^{n}(y_i - \bar{y})^2}}$$

그러므로 $S_{xx} = \sum_{i=1}^{n}(x_i - \bar{x})^2$, $S_{yy} = \sum_{i=1}^{n}(y_i - \bar{y})^2$이라 하면, 회귀모형에서 기울기 회귀계수 추정치와 상관계수는 $\hat{\beta}_1 = \sqrt{\frac{S_{yy}}{S_{xx}}r^2}$ 또는 $\hat{\beta}_1 = r\sqrt{\frac{S_{yy}}{S_{xx}}}$ 의 관계를 갖는다. 따라서 기울기의 부호와 상관계수의 부호는 같다.

〈그림 5.2〉와 같이 상관계수가 1에 가까우면 한 변수가 증가할 때 다른 변수도 증가하고, −1에 가까우면 한 변수가 증가할 때 다른 변수는 감소한

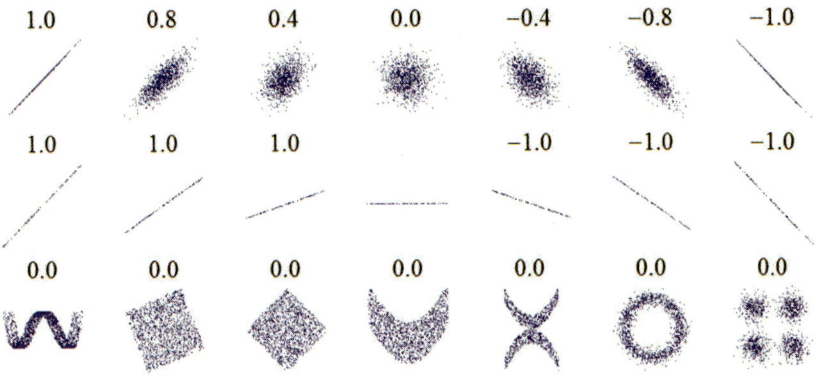

그림 5.2 데이터들의 산점도와 상관계수

자료: Wikipedia

다는 것을 의미하며, 1과 −1에 가까울수록 상관관계는 높다고 한다. 관측치에 대한 타원의 폭이 좁을수록 상관관계가 높고, 회귀모형의 직선 적합도는 높아진다.

연속적인 두 변수 간의 관계를 이용하여 알고 있는 한 변수에 대해 다른 변수의 값을 예측하고자 하는 방법을 회귀분석이라 한다. 여기서 알고 있는 한 변수가 원인이 되는 변수라 하면, 예측하고자 하는 변수는 결과변수라고 한다. 원인이 되는 변수를 설명변수 혹은 독립변수라고 하고, 결과가 되는 변수를 반응변수 또는 종속변수라고 한다.

결정계수coefficient of determinant(R^2)는 두 변수 간의 선형관계 정도가 높으면(관측치들이 직선 가까이에 모여 있다는 것을 의미) 1에 가까워진다. 특히 단순회귀모형에서는 $r = \pm\sqrt{R^2}$이 성립한다. 결정계수는 단순히 선형관계 정도를 나타내는 수치일 뿐 검정할 수 있는 검정통계량이 존재하지 않아 단지 지표로 사용될 뿐이다. 특히 설명변수가 이산형이면 매우 낮아지는 경향이 있고, 관측치가 많아지면 커지는 경향이 있어 선형관계의 정도를 나타내는 좋은 지표는 아니다. 따라서 R^2을 이용하여 회귀선의 적합성을 판단할 수 있게 되는데, 이를 결정계수coefficient of determination라고 한다.

반응변수를 예측하기 위해서 단 하나의 설명변수를 이용하는 것을 단순회귀분석simple linear regression analysis이라고 한다면, 여러 개의 설명변수를 이용하여 반응변수에 대한 예측을 하는 것을 다중회귀분석multiple linear regression analysis이라고 한다. 다중회귀분석은 여러 개의 설명변수들 사이의 관계도 고려해야 하므로 다소 복잡할 수 있다.

다중선형회귀모형multiple linear regression model

다중선형회귀모형에서는 k개의 설명변수와 반응변수 간의 선형관계를 가정하고 있고, 모형에 대한 가정은 단순선형회귀모형와 같다.

$$y_i = \beta_0 + \beta_1 x_{1i} + \beta_2 x_{2i} + \dots + \beta_k x_{ki} + e_i \ , \ i = 1, 2, \dots, n \ , \ e_i \sim \ i.i.d.\ N(0, \sigma^2)$$

다중회귀식의 적합성

단순회귀모형과 마찬가지로 총제곱합 중에서 회귀제곱합이 차지하는 비율인 결정계수를 이용하여 회귀식의 적합도를 측정할 수 있다. 결정계수 R^2값이 1에 가까울수록 추정된 회귀식이 데이터를 잘 설명한다고 볼 수 있다. 그러나 단순히 설명변수의 수가 늘어나게 되면, 추가된 설명변수가 전체 변동을 설명하는 데 많은 영향을 주지 않아도 결정계수는 증가하게 된다.

따라서 이를 보완한 방법이 수정결정계수adjusted coefficient of determination이며 다음과 같이 정의한다.

$$R^2_{adj} = 1 - \left[(1 - R^2) \frac{n-1}{n-k-1} \right]$$

여기서 k는 설명변수를, n은 관측데이터 수를 말한다. 수정결정계수를 이용하면 설명변수의 수가 다를 때, 두 회귀모형의 적합성을 비교할 수 있다.

회귀모형의 유의성검정

단순회귀에서는 설명변수가 하나이므로 β에 대한 검정이 곧 회귀모형의 유의성검정이 된다. 다중회귀에서는 개별적인 회귀계수에 대한 검정 외에 전체적으로 설명변수 x_1, ⋯, x_k가 반응변수 y를 설명하는 모형이 통계적으로 유의한지 살펴보게 된다.

지금까지는 설명변수가 모두 연속형 변수인 경우에 대해서만 설명하였다. 그런데 실제로는 성별이나 흡연 여부 등의 범주형 변수를 회귀모형에 포함시켜야 하는 경우가 발생한다. 회귀모형에 범주형 변수를 포함하기 위해서는 이를 수량화해야 하는데, 이를 위해 가변수dummy variable를 이용한다. 가변수란 변수를 양적인 의미가 없는 수치(0 또는 1)로 대치하여 범주를 구분하도록 만든 변수이다.

예를 들어, 문제 해결시간(y)을 예측하기 위해 지능지수(x_1)와 성별(x_2)을 설명변수로 하는 다중회귀모형을 가정한다고 하자. 성별의 수량화를 위해 x_2에 남자=0, 여자=1의 값을 부여하여 가변수로 만든다. 이렇게 하면 회귀모형은 $y=\alpha+\beta_1x_1+\beta_2x_2+\varepsilon$이고, 각 기대치는 남자: $E(y)=\alpha+\beta_1x_1$, 여자: $E(y)=\alpha+\beta_1x_1+\beta_2=(\alpha+\beta_2)+\beta_1x_1$이다. 즉, 남자와 여자는 상수 β_2만큼 차이가 나는 것이고, x_1에 대한 기울기는 같다. 여기서 β_2의 추정치가 0보다 크면 여자의 문제 해결시간이 더 많이 걸린다는 의미이고, 0보다 작으면 남자의 문제 해결시간이 더 많이 걸린다는 뜻이 될 것이다. 또한, 회귀계수 β_2을 검정하면, 남녀의 차이가 유의한지를 검정하는 것이 된다.

이러한 방법은 가변수로 설정된 변수가 상수만큼 차이가 날 때의 방법이며, 기울기 자체가 달라진다면 적용할 수 없음을 주의해야 한다.

변수 선택법variable selection methods

여러 설명변수 중에서 반응변수에 대한 예측을 가장 잘 해주는 최적의 변수를 선택해주는 것을 변수 선택방법이라 한다. 변수 선택법에는 변수추가법forward selection, 변수제거법backward selection, 단계적 선택법stepwise selection이 있다.

변수추가법

상수항 모형을 초기 모형으로 하여, 각 단계마다 설명변수 후보 중 가장 유의한 변수(미리 정한 유의수준보다 작을 경우)를 모형에 추가하고, 더는 추가할 변수가 없으면, 그 설명변수들을 이용하여 최종모형을 찾아낸다.

i. 고려된 설명변수 중 설명력이 가장 높고(F 통계량 값이 가장 크거나 유의확률이 가장 적은) 유의한 변수를 선택한다.

ii. 이미 선택된 설명변수의 설명 부분을 제외하고 설명력이 가장 크고 유의한 경우 설명변수를 선택한다.

iii. 유의한 설명변수가 없을 때까지 위 과정을 반복한다.

변수제거법

모형에 포함된 모든 변수 중에서 가장 설명력이 낮은 변수부터 시작하여 불필요한 변수를 하나씩 제거해 나가는 방법이다.

i. 고려된 설명변수를 모두 삽입한 후 설명변수 중 가장 유의하지 않은 설명변수를 제외한다. 가장 유의하지 않다는 것은 F 통계량 값이 가장 작은(유의확률이 가장 큰) 설명변수를 의미한다. 물론 제외되는 설명변수의 유의확률은 설정된 유의수준(0.05 또는 0.1)보다 커야 한다.

ii. 모든 설명변수가 유의할 때까지 위 과정을 반복한다.

단계적 선택법

변수추가법과 변수제거법을 절충하여 추가 및 소거 절차를 반복하여 변수를 선택하는 방법이다.

i. 고려된 설명변수 중 설명력이 가장 높고(F 통계량 값이 가장 크거나 유의확률이 가장 적은) 유의한 변수를 선택한다.

ii. 이미 선택된 설명변수의 설명 부분을 제외하고 설명력이 가장 크고 유의한 설명변수를 선택한다.

iii. 새로 선택된 변수의 설명 부분을 제외한 부분에 대해 이미 존재한 설명변수의 유의성을 검정하여 유의하지 않으면 제외한다.

iv. 위 과정을 반복한다.

다중회귀분석의 적용에 있어서 가장 중요한 문제 중의 하나는 설명변수 간의 다중공선성multicollinearity이 존재할 수 있다는 것에 있다. 다중공선성은 설명변수들이 서로 강한 상관관계를 가지고 있을 때 발생하는데, 설명변수들 사이에 선형종속관계가 있어서 한 설명변수가 다른 설명변수들의 선형결합으로 표현되는 것이다. 즉, 설명변수 x_1, ⋯, x_k가 있을 때, 변수들 사이에 $d_0+d_1x_1+ \cdots + d_kx_k \cong 0$(여기서, $d_0, d_1, \cdots, d_k$는 상수)와 같은 선형적 관계가 있을 때이다.

다중공선성이 있을 때는 관련된 설명변수 중 적어도 하나는 추가적인 정보를 주지 못하게 된다. 이 경우에는 어느 설명변수를 포함하느냐에 따라 회귀계수의 추정치가 크게 달라지게 된다.

다중공선성이 있는지 알아보기 위한 측도로 분산확대인자variance inflation factor; VIF가 있다. 설명변수 x_j에서의 분산확대인자는 $VIF_j = \frac{1}{1-R_j^2}$, $j = 1, \ldots, k$로 계산되는데, 여기서 R_j^2은 설명변수 x_j를 나머지 설명변수로 회귀시켰을 때의 다중결정계수이다. 예를 들어, 3개의 설명변수 x_1, x_2, x_3가 있을 때, R_1^2은 x_1을 반응변수 x_2와 x_3을 설명변수로 하여 다중회귀식을 적합시켰을 때의 결정계수가 된다. 설명변수들 사이에 상관이 없다면, $R_1^2=0$이 되어서 $VIF_j=1$이 된다. VIF_j가 클 때(예컨대 10 이상), x_j와 다른 설명변수 간에 매우 강한 상관이 있다고 할 수 있다. 이럴 때는 다중공선성을 가장 크게 하는 설명변수를 제거하는 등의 조치를 취해야 한다.

보스턴 주택 가격Boston Housing 데이터

1970년 중반 보스턴 외곽 지역의 506개의 관측치에 대해 범죄율, 방 개수, 지방세율 등 총 14개의 변수로 이루어진 데이터 세트로, 이를 통해 주택가격을 예측할 수 있다. 각 변수의 의미는 다음과 같고, 데이터 세트와 변수에 대한 자세한 내용은 R 프로그램 Mass package에 내장되어있다.

crim	자치시(town)별 1인당 범죄율
zn	25,000 평방피트를 초과하는 거주지역의 비율
indus	비소매 상업지역이 점유하고 있는 토지의 비율
chas	찰스강에 대한 더미변수(강의 경계에 있는 경우는 1, 아니면 0)
nox	10ppm당 농축 일산화질소
rm	주택 1가구당 평균 방의 개수
age	1940년 이전에 건축된 소유주택의 비율
dis	5개의 보스턴 직업센터까지의 접근성 지수
rad	방사형 도로까지의 접근성 지수
tax	10,000달러당 재산세율
ptratio	자치시(town)별 학생/교사 비율
black	$1000(Bk-0.63)^2$, 여기서 Bk는 자치시별 흑인의 비율을 말함.
lstat	모집단의 하위계층 비율(%)
medv	본인 소유의 주택가격(중앙값)(단위: $1,000)

보스턴 주택가격 데이터에서 13개의 변수를 이용하여, 본인 소유의 주택 가격medv 변수에 대해 예측하는 것을 다중선형회귀모형을 이용해서 살펴볼 수 있고, 분석 목적에 대해 다음의 몇 가지 중요한 질문을 해볼 수 있다.

질문 1. 반응변수와 설명변수들 사이에 상관관계가 있는가?

질문 2. 반응변수를 설명하는 데 모든 설명변수들이 도움이 되는가?

질문 3. 주어진 설명변수들에 대해 어떻게 반응변수를 예측해야 하고, 그 예측은 얼마나 정확한가?

〈그림 5.3〉의 산점도를 통해 반응변수 본인 소유의 주택가격medv과 상

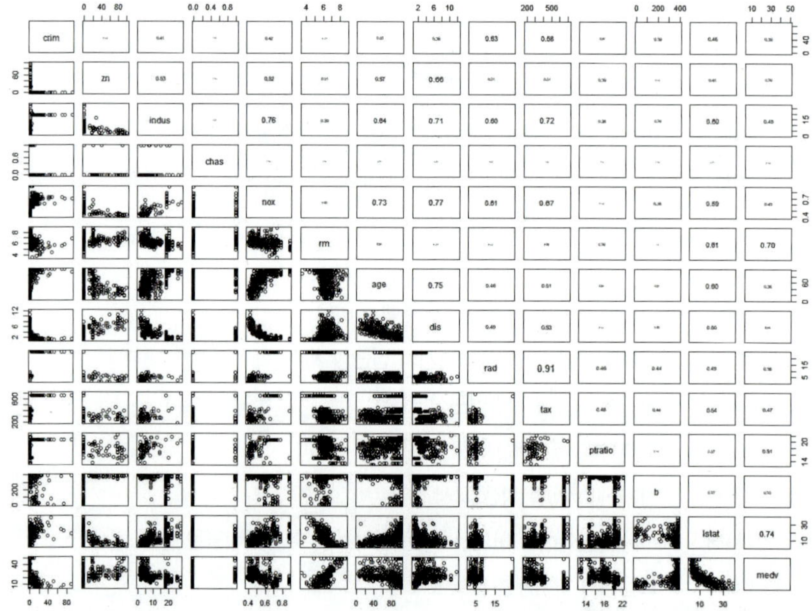

그림 5.3 보스턴 주택가격 데이터에서 모든 변수 간의 산점도

관관계가 높은 변수들이 어떤 변수인지 파악하면, 저소득 주민 비율$_{\text{lstat}}$과 주택 1가구당 평균 방의 개수$_{\text{rm}}$가 높은 상관관계가 있음을 알 수 있다.

반응변수를 잘 예측해줄 수 있는 설명변수들은 어떤 것이 있는지, 다중회귀분석을 통해 살펴보면 〈그림 5.4〉와 같은 결과를 얻을 수 있다. 〈그림 5.4〉의 결과에서 유의한 의미가 있는 변수들은 ** 또는 ***로 표시되어있고, 비소매 상업지역이 점유하고 있는 토지의 비율$_{\text{indus}}$과 1940년 이전에 건축된 소유주택의 비율$_{\text{age}}$을 제외한 나머지 설명변수들은 반응변수 본인 소

```
Call:
lm(formula = medv ~ ., data = Boston)

Residuals:
    Min      1Q  Median      3Q     Max 
-15.595  -2.730  -0.518   1.777  26.199 

Coefficients:
              Estimate Std. Error t value Pr(>|t|)    
(Intercept)  3.646e+01  5.103e+00   7.144 3.28e-12 ***
crim        -1.080e-01  3.286e-02  -3.287 0.001087 ** 
zn           4.642e-02  1.373e-02   3.382 0.000778 ***
indus        2.056e-02  6.150e-02   0.334 0.738288    
chas         2.687e+00  8.616e-01   3.118 0.001925 ** 
nox         -1.777e+01  3.820e+00  -4.651 4.25e-06 ***
rm           3.810e+00  4.179e-01   9.116  < 2e-16 ***
age          6.922e-04  1.321e-02   0.052 0.958229    
dis         -1.476e+00  1.995e-01  -7.398 6.01e-13 ***
rad          3.060e-01  6.635e-02   4.613 5.07e-06 ***
tax         -1.233e-02  3.760e-03  -3.280 0.001112 ** 
ptratio     -9.527e-01  1.308e-01  -7.283 1.31e-12 ***
b            9.312e-03  2.686e-03   3.467 0.000573 ***
lstat       -5.248e-01  5.072e-02 -10.347  < 2e-16 ***
---
Signif. codes:  0 '***' 0.001 '**' 0.01 '*' 0.05 '.' 0.1 ' ' 1

Residual standard error: 4.745 on 492 degrees of freedom
Multiple R-squared:  0.7406,	Adjusted R-squared:  0.7338 
F-statistic: 108.1 on 13 and 492 DF,  p-value: < 2.2e-16
```

그림 5.4 R을 이용한 다중회귀모형 분석 결과

유의 주택가격medv을 예측하는 데 의미가 있는 변수라고 볼 수 있다. 또한, 예측된 회귀모형은 반응변수 본인 소유의 주택가격medv을 설명변수들이 약 73%의 설명력을 가지고 있다고 해석할 수 있다.

로지스틱 회귀logistic regression

두 변수 간의 관계를 이용하여 원인이 되는 변수가 결과가 되는 변수에 얼마만큼의 영향을 미치는지 보고자 하는 회귀분석에서 종속변수가 이산형의 형태로 되어 있을 때의 회귀분석을 로지스틱 회귀분석logistic regression analysis이라고 한다. 로지스틱 회귀분석의 설명변수는 연속형과 범주형이 가능하지만, 회귀분석처럼 연속형 변수가 너무 많으면 모형이 복잡해지고 해석도 어려워진다.

로지스틱 회귀분석에서 종속변수 값은 0, 1로 입력되는데, 순서형ordinal 범주인 경우에도 사용할 수 있다. 예를 들어, 종속변수가 고객의 신용도이고, 이 변수가 '상·중·하'로 분류된 경우 사용할 수 있다.

모형

로지스틱 회귀모형의 종속변수는 0과 1, 두 값만 가지므로(정규분포를 따르지 않음), 결정계수(R^2)가 매우 낮고(이산형 변수의 문제점), F-검정이나 t-검정을 사용하여 모형, 회귀계수 유의성검정을 하는 데 문제가 있다. 가장 큰 문제는 종속변수 y_i가 이진형인 경우 최소제곱법(OLS)에 의한 계수 추정이 무의미하여 음의 값이 예측되거나 부호 자체가 달라지게 된다. 또한, 이진형 변수의 특성상 이분산일 가능성이 매우 크다.

오즈odds

오즈는 $Odds = \frac{p}{1-p}$ 로 확률 p가 주어졌을 때, 사건이 발생할 확률이 발생하지 않을 때의 확률과 비교하여 몇 배 더 높은지를 의미한다. 예를 들어, 1이 성공이고 0이 실패인 이분형 변수를 가정할 때, p가 0.8로 주어졌다면 오즈는 0.8/(1−0.8)=4가 되고, 이것은 성공일 확률이 실패일 확률보다 4배 높다는 의미로 해석할 수 있다. 하지만 이러한 오즈는 p가 1에 가까워질수록 확률이 양의 무한대로 발산해버린다는 단점이 있다. 확률과 오즈의 관계를 나타내면 〈그림 5.5〉와 같다.

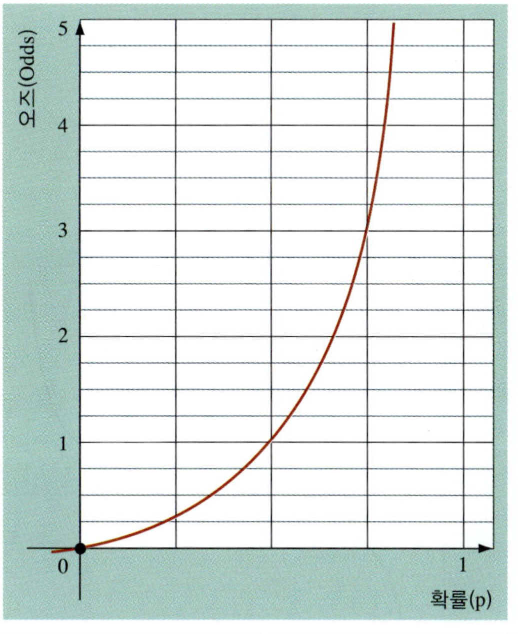

그림 5.5 확률과 오즈의 관계

오즈 변환odds transformation

종속변수를 $y_i = p_i = \Pr(Y = 1)$라고 생각하면, 종속변수는 어떤 사건이 일어날 확률이 된다. 여기에 오즈Odds 개념을 적용하여 종속변수를 오즈 변환Odds transformation하면, $p_i{}^* = \frac{p_i}{1-p_i}$와 같다. 확률 p_i가 (0, 1) 사이의 값을 가지므로, p_i^*는 $(0, \infty)$의 값을 가진다. $\ln(p_i^*)$ 변환을 하면, 이 변수는 $(-\infty, \infty)$의 값을 가지므로 다음 모형에서 오차항의 $e_i \sim N(0, \sigma^2)$에는 문제가 없을 것이다. 오즈에 자연로그를 취해서 로짓logit 함수를 만들면, 〈그림 5.6〉과 같이 그래프로 표현할 수 있다. 이러한 변환으로 생긴 모형을 로지스틱 모형이라 하고, 다음과 같이 정의할 수 있다.

$$y_i = \ln\left(\frac{p_i}{1-p_i}\right) = \beta_0 + \beta_1 x_{1i} + \beta_2 x_{2i} + \ldots + \beta_k x_{ki} + e_i \ ,$$
$$i = 1, 2, \ldots, n \ , \ e_i \sim \ i.i.d. \ N(0, \sigma^2)$$

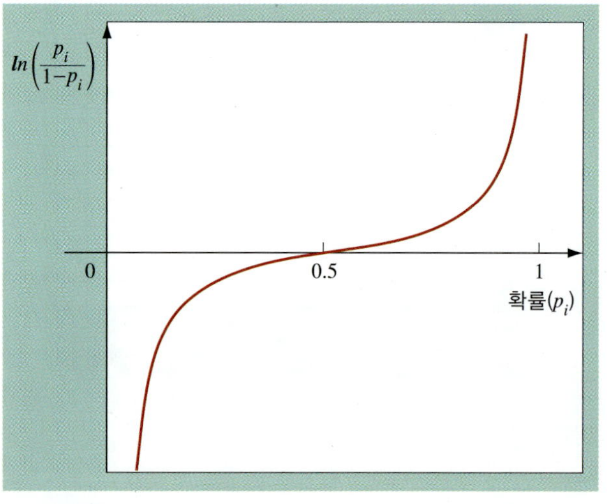

그림 5.6 오즈에 자연로그를 취한 로짓 함수

위의 모형을 정리하면 다음과 같다.

$$p_i = \Pr(Y=1 \mid x) = \frac{e^{(\beta_0 + \beta_1 x_{1i} + \dots + \beta_k x_{ki})}}{1 + e^{(\beta_0 + \beta_1 x_{1i} + \dots + \beta_k x_{ki})}} + e_i^*$$
$$= \frac{1}{1 + e^{-(\beta_0 + \beta_1 x_{1i} + \dots + \beta_k x_{ki})}} + e_i^*$$

따라서 회귀계수의 부호가 양수이고 값이 커지면 p_i(성공: Y=1) 값이 커지므로 성공확률이 높아지고, 부호가 음수이고 절댓값이 커지면 p_i 값이 작아지므로 성공확률이 낮아진다.

모형의 적합성 검정 및 회귀계수 유의성검정

모형 전체의 유의성은 −2Log(L)(여기서 L은 우도함수), 아카이케 정보기준Akaike's Information Criterion; AIC을 이용하고, 회귀계수의 유의성검정은 왈드 검정통계량Wald test statistics을 이용한다.

주식시장stock market 자료

R 프로그램의 ISLR 라이브러리에 포함된 Smarket 자료를 이용하고자 한다. 이 자료는 2001년에서 2005년까지 1,250일에 걸친 S&P 500 주가지수의 수익률(백분율로 표시)로 구성되며, 각 날짜에 그날 이전 5일의 각 거래일 Lag1에서 Lag5에 대한 수익률이 기록되어 있다. 또한, 전날에 거래된 주식 수를 10억 주 단위로 표시Volume, 당일의 수익률Today, 당일 주가지수가 상승Up 또는 하락Down인지의 여부Direction가 기록되어 있다.

여기서 로지스틱 회귀모형을 적합하여 Lag1에서 Lag5와 Volume을 이용하여 당일 주가지수의 상승 여부Direction를 예측하고자 한다. 이 분석 목적을 통해 다중선형회귀모형에서와 같은 세 가지 질문을 제시할 수 있다.

먼저 질적변수인 당일 주가지수 상승 여부Direction 변수를 제외한, 나머지 변수 간의 상관관계를 살펴보면, 〈그림 5.7〉과 같이 각 날짜에 그날 이전 5일의 각 거래일 Lag1에서 Lag5 변수들과 당일의 수익률 사이의 상관관계는 없는 것으로, 즉 당일의 수익률과 그 전날의 수익률은 관련이 없다는 것을 알 수 있다.

로지스틱 회귀분석 결과인 〈그림 5.8〉을 살펴보면, 반응변수인 당일 주가지수 상승 여부Direction 값에 영향을 미치는 설명변수는 없는 것을 확인할

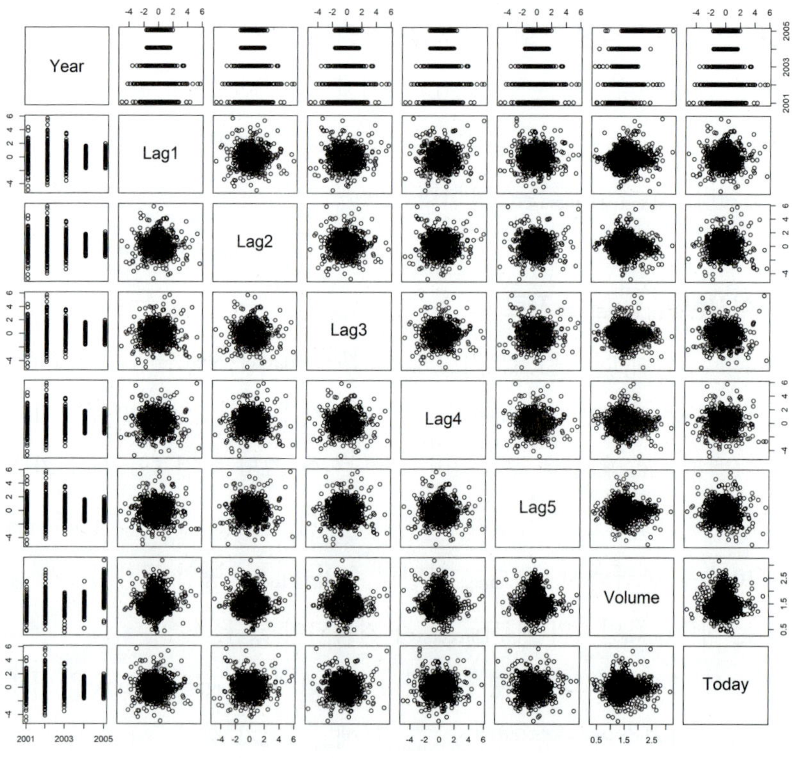

그림 5.7 주식시장자료에서 질적변수 'Direction'을 제외한 변수 간의 산점도

수 있다. 비록 각 날짜에 그날 이전 5일의 각 거래일Lag1 변수의 유의확률값p-value은 가장 작지만, 각 날짜에 그날 이전 5일의 각 거래일Lag1과 당일 주가지수 상승 여부Direction 값 사이에 실질적인 상관성이 있다는 명백한 증거를 말해줄 수는 없다.

로지스틱 회귀모형이 잘 적합되었는지에 대해서는 주식시장자료를 훈련 데이터 세트와 검정 데이터 세트로 나누어, 훈련 데이터 세트를 통해 나온 적합 모형의 결과를 검정 데이터 세트에 적용하여 정확성을 확인해 볼 수 있다.

여기서 특정한 날의 주가지수가 상승할지 혹은 하락할지 예측하기 위해서는 예측된 확률들을 상승up 또는 하락down으로 변환하여 클래스 예측 벡

```
Call:
glm(formula = Direction ~ Lag1 + Lag2 + Lag3 + Lag4 + Lag5 +
    Volume, family = binomial, data = Smarket)

Deviance Residuals:
   Min       1Q   Median       3Q      Max
-1.446   -1.203   1.065    1.145    1.326

Coefficients:
             Estimate Std. Error z value Pr(>|z|)
(Intercept) -0.126000   0.240736  -0.523    0.601
Lag1        -0.073074   0.050167  -1.457    0.145
Lag2        -0.042301   0.050086  -0.845    0.398
Lag3         0.011085   0.049939   0.222    0.824
Lag4         0.009359   0.049974   0.187    0.851
Lag5         0.010313   0.049511   0.208    0.835
Volume       0.135441   0.158360   0.855    0.392

(Dispersion parameter for binomial family taken to be 1)

    Null deviance: 1731.2  on 1249  degrees of freedom
Residual deviance: 1727.6  on 1243  degrees of freedom
AIC: 1741.6

Number of Fisher Scoring iterations: 3
```

그림 5.8 로지스틱 회귀분석 결과

```
         Direction
glm.pred Down  Up
    Down  145 141
    Up    457 507
```

그림 5.9 혼동행렬 결과

터를 생성한다. 즉, 혼동행렬confusion matrix을 통해 얼마나 많은 관측치가 올바르게 또는 잘못 분류되었는지 결정하여 판단하게 되는 것이다.

〈그림 5.9〉의 혼동행렬 결과를 보면, 대각원소들은 올바른 예측을 나타내고, 비대각원소들은 잘못된 예측을 나타낸다. 따라서 모델은 주가지수가 상승할 507일과 하락할 145일을 올바르게 예측하여 총 652일을 정확하게 예측하였다. 또한, 로지스틱 회귀모형의 예측 평균함수를 통해 주가지수의 움직임 방향을 52.2% 올바르게 예측하였음을 알 수 있다.

04

비지도학습

군집화clustering

주어진 데이터 집합을 유사한 데이터들의 그룹으로 나누는 것을 군집화clustering라 하고, 이렇게 나누어진 유사한 데이터의 그룹을 군집cluster이라 한다. 군집화는 예측 문제와 달리 특정한 독립변수와 종속변수의 구분도 없고 학습을 위한 목푯값도 필요로 하지 않는 비지도학습의 일종이다.

군집화 방법에는 목적과 방법에 따라 다양한 모형이 존재하며, 사용법과 모수 등이 서로 다르다. 예를 들어, K-평균법이나 스펙트럴 군집화 등은 군집의 개수를 미리 지정해주어야 하지만, 디비스캔DBSCAN이나 유사도 전파법 등은 군집의 개수를 지정할 필요가 없다. 다만 이 경우에는 모형에 따라 특별한 모수를 지정해주어야 하는데, 이 모수의 값에 따라 군집화 개수가 달라질 수 있다.

〈그림 5.10〉은 몇 가지 예제 데이터에 대해 앞에서 제시한 군집화 방법을 적용한 결과이다. 같은 색상의 데이터는 같은 군집으로 분류된 것이다.

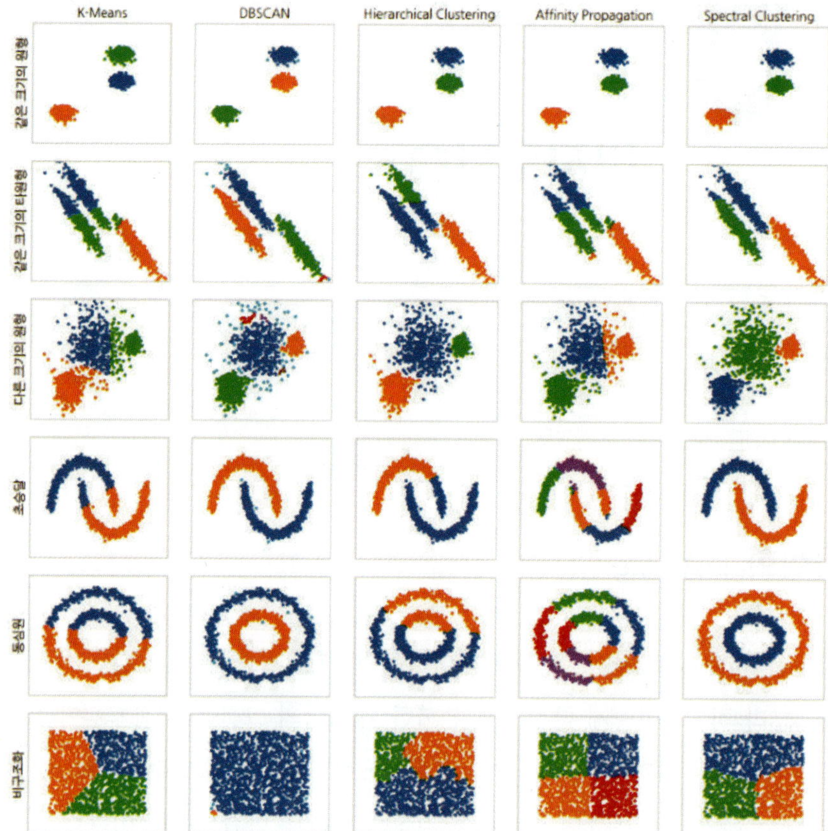

그림 5.10 군집화 방법을 적용한 예제 데이터 그림
자료: https://datascienceschool.net/intro.html

〈그림 5.10〉에서 보다시피 각 군집화 방법마다 특성이 다르므로 원하는 목적과 데이터 유형에 맞게 사용해야 한다. 또한, 지정된 모수의 값에 따라 성능이 달라질 수 있다.

K-평균 군집화K-means clustering

K-평균 군집화 방법은 가장 단순하고 빠른 군집화 방법의 하나이다. 다음과 같은 목적함수 값이 최소화될 때까지 군집의 중심위치와 각 데이터가 소속될 군집을 반복해서 찾는다. 이 값을 관성inertia이라 한다.

$J = \sum_{k=1}^{K} \sum_{i \in C_k} d(x_i, \mu_k)$에서 K는 군집의 개수이고, C_k는 k번째 군집에 속하는 데이터의 집합, μ_k는 k번째 군집의 중심위치centroid, d는 x_i, μ_k두 데이터 사이의 거리 혹은 비유사도dissimilarity로 정의한다. 만약, 유클리드 거리를 사용한다면 $d(x_i, \mu_k) = \| x_i - \mu_k \|^2$과 같이 표현할 수도 있다.

K-평균 군집화란 명칭은 각 군집의 중심위치를 구할 때 해당 군집에 속하는 데이터의 평균mean값을 사용하는 데서 유래하였다. 만약 평균 대신 중앙값median을 사용하면 K-중앙값K-Median 군집화라 한다. 세부 알고리즘은 다음과 같다.

i. 임의의 중심위치 $\mu_k(k=1, \cdots, K)$를 고른다. 보통 데이터 표본 중에서 K개를 선택한다.

ii. 모든 데이터 $x_i(i=1, \cdots, N)$에서 각각의 중심위치 μ_k까지의 거리를 계산한다.

iii. 각 데이터에서 가장 가까운 중심위치를 선택하여 각 데이터가 속하는 군집을 정한다.

iv. 각 군집에 대해 중심위치 μ_k를 다시 계산한다.

v. ii~iv의 단계를 반복한다.

디비스캔 군집화DBSCAN clustering

K-평균 군집화 방법은 단순하고 강력한 방법이지만 군집의 모양이 원형이 아닌 경우에는 잘 동작하지 않으며, 군집의 개수를 사용자가 지정해

주어야 한다는 단점이 있다. 디비스캔Density-Based Spatial Clustering of Applications with Noise; DBSCAN 군집화 방법은 데이터가 밀집한 정도, 즉 밀도를 이용한다. 디비스캔 군집화는 군집의 형태에 구애받지 않으며, 군집의 개수를 사용자가 지정할 필요가 없다. 디비스캔 군집화 방법에서는 초기 데이터로부터 근접한 데이터를 찾아 나가는 방법으로 군집을 확장한다. 이때 다음의 사용자 인수를 사용한다.

최소 거리 ε: 이웃을 정의하기 위한 거리

최소 데이터 개수: 밀집지역을 정의하는 데 필요한 이웃의 개수

만약 최소 거리 ε 안의 이웃neighborhood 영역 안에 최소 데이터 개수minimum points 이상의 데이터가 있으면, 그 데이터는 핵심core 데이터이다. 이렇게 핵심 데이터를 찾아낸 다음에는 이 핵심 데이터의 이웃 영역 안에 있는 데이터를 이 핵심 데이터와 연결된 핵심 데이터로 정의한다. 핵심 데이터의 이웃 영역 안에 있는 데이터도 마찬가지로 연결된 핵심 데이터가 된다. 만약 고밀도 데이터에 이웃이 더 없으면 이 데이터는 경계border 데이터라고 한다. 핵심 데이터도 아니고 경계 데이터도 아닌 데이터를 이상값outlier이라고 한다.

계층적 군집화hierarchical clustering

계층적 군집화hierarchical clustering는 여러 개의 군집 중에서 가장 유사도가 높은, 혹은 거리가 가까운 군집 두 개를 선택하여 하나로 합치면서 군집 개수를 줄여 가는 방법을 말한다. 합체 군집화agglomerative clustering라고도 한다. 처음에는 모든 군집이 하나의 데이터만을 가진다. 즉, 최초에는 데이터 개

수만큼 군집이 존재하지만, 군집을 합치면서 최종적으로 하나의 군집만 남게 된다.

계층적 군집화를 하려면 우선 모든 군집 간에 거리를 측정해야 한다. 군집 간의 거리를 측정하는 방법에는 계층적 방법에 의존하지 않는 비계층적 방법과 이미 이전 단계에서 계층적 방법으로 군집이 합쳐진 적이 있다는 가정을 하는 계층적 방법 두 가지가 있다. 비계층적 거리 측정법은 계층적 군집화가 아니더라도 모든 경우에 사용할 수 있는 거리 측정 방법이다. 중심거리, 단일거리, 완전거리, 평균거리 등이 있는데, 계층적 거리 측정법과 비교하여 계산량이 많다는 단점이 있다.

중심centroid거리는 두 군집의 중심점을 정의한 다음 두 중심점의 거리를 군집 간의 거리 $d(u,v) = \| c_u - c_v \|_2$로 정의한다. 여기서 $d(u,v)$는 군집 u와 군집 v 사이의 거리를 뜻한다. 또한, c_u와 c_v는 각각 두 군집 u와 v의 중심점이다. 군집의 중심점은 그 군집에 포함된 모든 데이터의 평균을 사용하며 $c_u = \frac{1}{|u|}\sum_i u_i$로 표현한다. 여기서 $|\cdot|$기호는 군집의 원소 개수를 의미한다.

단일single거리는 군집 u의 모든 데이터 u_i와 군집 v의 모든 데이터 v_j의 모든 조합에 대해 데이터 사이의 거리 $d(u_i, v_j)$를 측정해서 가장 작은 값을 구한다. 최소거리Nearest Point 방법이라고도 하며, $d(u,v)=\min(d(u_i, v_j))$와 같이 정의한다.

완전complete거리는 군집 u의 모든 데이터 u_i와 군집 v의 모든 데이터 v_j의 모든 조합에 대해 데이터 사이의 거리 $d(u_i, v_j)$를 측정해서 가장 큰 값을 구한다. 최장거리Farthest Point 방법이라고도 하며, $d(u,v)=\max(d(u_i, v_j))$와 같이 정의한다.

평균average거리는 군집 u의 모든 데이터 u_i와 군집 v의 모든 데이터 v_j의

모든 조합에 대해 데이터 사이의 거리 $d(u_i, v_j)$를 측정해서 평균을 구한다. $|u|$와 $|v|$는 각각 두 군집의 원소 개수를 말하고, $d(u,v) = \sum_{i,\, j} \frac{d(u_i, v_j)}{|u||v|}$와 같이 정의한다.

계층적 거리 측정법은 계층적 군집화에서만 사용할 수 있는 방법이다. 즉, 이전 단계에서 이미 어떤 두 개의 군집이 하나로 합쳐진 적이 있다고 가정하여 이 정보를 사용하는 측정법이다. 이는 비계층적 거리 측정법과 비교했을 때보다 계산량이 적어 효율적이다.

중앙값median거리 방법은 중심거리 방법의 변형이다. 중심거리 방법처럼 군집의 중심점의 거리를 군집 간의 거리라고 한다. 하지만 군집의 중심점을 계산하는 방법이 다르다. 만약 군집 u가 군집 s와 군집 t가 결합하여 생겼다면 $u \leftarrow s + t$로 군집 u의 중심점은 새로 계산하지 않고, 원래 군집의 두 군집의 중심점 평균 $c_u = \frac{1}{2}(c_s + s_t)$을 사용한다. 따라서 해당 군집의 모든 데이터를 평균하여 중심점을 구하는 것보다 계산이 빠르다.

가중weighted거리는 원래 어떤 두 개의 군집이 합쳐져서 하나의 군집이 만들어졌는지 알아야 사용할 수 있다. 만약, 군집 u가 군집 s와 군집 t가 결합하여 생겼다면 $u \leftarrow s + t$로 군집 u와 다른 군집 v 사이의 거리는 군집 u를 구성하는 원래 군집 s, t와 v 사이의 두 거리의 평균 $d(u, v) = \frac{1}{2}(d(s, v) + d(t, v))$을 사용한다.

와드Ward거리는 가중거리 방법의 변형이다. 만약 군집 u가 군집 s와 군집 t가 결합하여 생겼다면, $u \leftarrow s + t$로 군집 u와 다른 군집 v 사이의 거리를 구하는 데 있어서 군집 u를 구성하는 원래 군집 s, t와 v 사이의 거리를 사용하는 것은 가중거리 방법과 같지만, 원래의 두 군집 s, t가 너무 가까우면 v와의 거리가 더 먼 것으로 인식한다.

$$d(u,v)=\sqrt{\frac{|v|+|s|}{|v|+|s|+|t|}d(v,s)^2+\frac{|v|+|t|}{|v|+|s|+|t|}d(v,t)^2+\frac{|v|}{|v|+|s|+|t|}d(s,t)^2}$$

스펙트럴 군집화spectral clustering

군집화 방법은 사용법과 모수 등이 서로 다르다. 예를 들어, K-평균법이나 스펙트럴 군집화 등은 군집의 개수를 미리 지정해주어야 하지만, 디비스캔 군집화나 유사도 전파법 등은 군집의 개수를 지정할 필요가 없다. 다만 이 경우에는 모형에 따라 특별한 모수를 지정해주어야 하는데 이 모수의 값에 따라 군집화 개수가 달라질 수 있다.

USArrests 데이터 세트

USArrests 데이터는 R 프로그램에 내장되어있는 데이터 세트로 1973년 미국 50개 주에서 발생된 주민 10만 명당 폭행Assault, 살인Murder, 강간Rape의 각 범죄에 대한 체포 횟수와 도시인구UrbanPop에 대한 정보를 나타낸 것이다.

군집분석은 변수별 척도에 민감하므로 분석에 앞서 표준화를 한다. 표준화한 USArrests 데이터 세트에 대해 50개의 주별 쌍의 유사도 행렬proximity matrix로서 유클리드 거리 행렬Euclidean distance matrix을 계산한 결과 일부는 〈그림 5.11〉과 같다.

위에서 계산된 거리 행렬을 바탕으로 왈드 연결법Ward linkage method을 통한 계층적 군집분석을 수행하고, 그 결과를 덴드로그램dendrogram으로 시각화하면 〈그림 5.12〉와 같다. 시각화한 후에 왼쪽의 높이Height 축을 기준으로, 위에서 아래로 이동하면 군집의 개수가 1개, 2개, 4개, 6개, 8개, … , 50개 이런 식으로 변하게 된다. 이때 군집 간 높이의 차이가 큰 군집의 개수를 선택하면 군집 내 응집력이 높고, 군집 간 이질성이 큰 적절한 군집을 구할 수 있다. 〈그

```
              Alabama   Alaska  Arizona Arkansas California  Colorado Connecticut  Delaware   Florida
Alaska        2.7037541
Arizona       2.2935197 2.7006429
Arkansas      1.2898102 2.8260386 2.7177583
California    3.2631104 3.0125415 1.3104842 3.7636409
Colorado      2.6510673 2.3265187 1.3650307 2.8310512  1.2876185
Connecticut   3.2152975 4.7399125 3.2628575 2.6076395  4.0663898 3.3279920
Delaware      2.0192927 3.6213633 1.9093696 1.8003239  3.0737852 2.5547456   1.7568475
Florida       2.2981353 2.9967642 1.7493928 3.3721968  2.0250039 2.4458600   4.4700701 3.0614170
Georgia       1.1314351 2.8194388 2.7871963 2.2117614  3.3780585 2.8649105   3.9738227 2.9838715 2.1812958
Hawaii        3.3885300 4.5301340 3.2621208 2.9723097  3.6589083 2.8233524   1.3843291 2.4748807 4.3596338
Idaho         2.9146623 4.0580555 3.5210071 1.7687255  4.4879436 3.4767685   1.6354214 2.0382540 4.6999827
Illinois      1.8734993 3.2670626 1.0825512 2.4626424  1.9117469 1.7898322   2.7400560 1.5584719 1.7711863
Indiana       2.0761411 3.3655952 2.6407486 1.4450503  3.4061273 2.3655622   1.6147898 1.6973340 3.6150778
Iowa          3.4878952 4.7251910 4.1157513 2.4252661  4.9708591 3.9406898   1.5470089 2.6068606 5.2682765
Kansas        2.2941096 3.6808173 2.7762838 1.5718411  3.6071725 2.6272281   1.2280424 1.5510864 3.8424558
Kentucky      1.8475879 3.5440903 3.3567681 1.0598104  4.2463809 3.2274013   2.3346386 2.2514939 3.9474983
Louisiana     0.7722224 2.9631431 2.2178519 2.0254276  3.0176625 2.6546743   3.5329409 2.3266996 1.7529677
Maine         3.4851115 4.8322605 4.2961903 2.3621893  5.2699843 4.2713441   1.8792141 2.6560808 5.3946798
Maryland      1.2896460 2.2777590 1.2117356 2.0582244  2.2312581 1.9667562   3.4968269 1.9624834 1.4355204
Massachusetts 2.9874810 4.3729925 2.5162281 2.6881270  3.2156499 2.6522793   0.9468199 1.4382527 3.7753087
```

그림 5.11 유클리드 거리 행렬

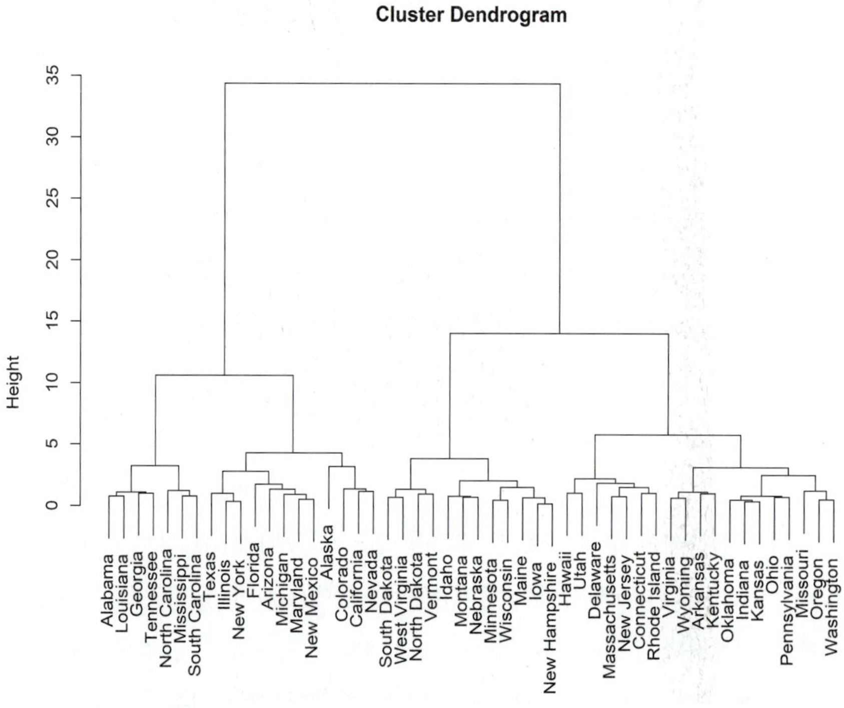

그림 5.12 덴드로그램을 적용한 군집수 결정 그림

림 5.12〉의 경우 군집의 개수가 2개 또는 4개가 적당해 보인다.

이외에도 비계층적 군집분석(nonhierarchical clustering, partitioning clustering) 중에서 k-means 군집분석(또는 k-median, k-medoids 등)의 k를 다르게 바꾸어가면서 군집화를 했을 때, 군집의 수 k별 "군집 내 개체 간 거리 제곱합의 총합(total within-cluster sum of squares: tot.withinss)"의 그래프가 팔꿈치 모양으로 꺾이는 지점의 k를 최적 군집의 개수로 선택하는 방법을 팔꿈치 방법(elbow Method)이라 한다. 이 방법을 통한 결과 〈그림 5.13〉을 보면, 군집의 개수가 4개일 때, 군집 내 개체 간 거리 제곱합의 총합이 팔꿈치 모양으

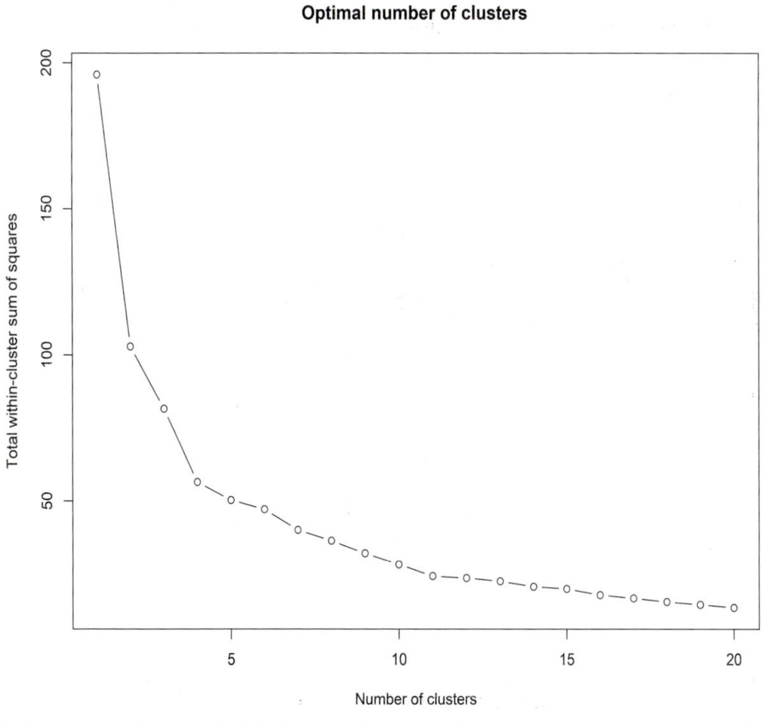

그림 5.13 팔꿈치 방법을 적용한 군집수 결정 그림

로 꺾이고, 군집 k가 5개 이상일 때부터는 군집 내 개체 간 거리 제곱합의 총합의 변화가 매우 작으므로, 군집의 개수를 4개로 하는 것이 가장 적절해 보인다.

계층적 군집분석 덴드로그램과 팔꿈치 방법을 통해 군집의 개수를 4개로 결정하면, 각 군집의 특성을 이해하고 해석하여 군집별로의 특징을 도출하여야 한다. 이를 위해 군집별 변수별 중심좌표center points by clusters, 〈그림 5.14〉와 같은 변수에 따른 군집별 평행 좌표 그림parellel coordinates plot by clusters, 〈그림 5.16〉과 같은 차원축소 후 군집별 산점도scatter plot by cluster using reduced dimension 방법을 적용해보도록 하자.

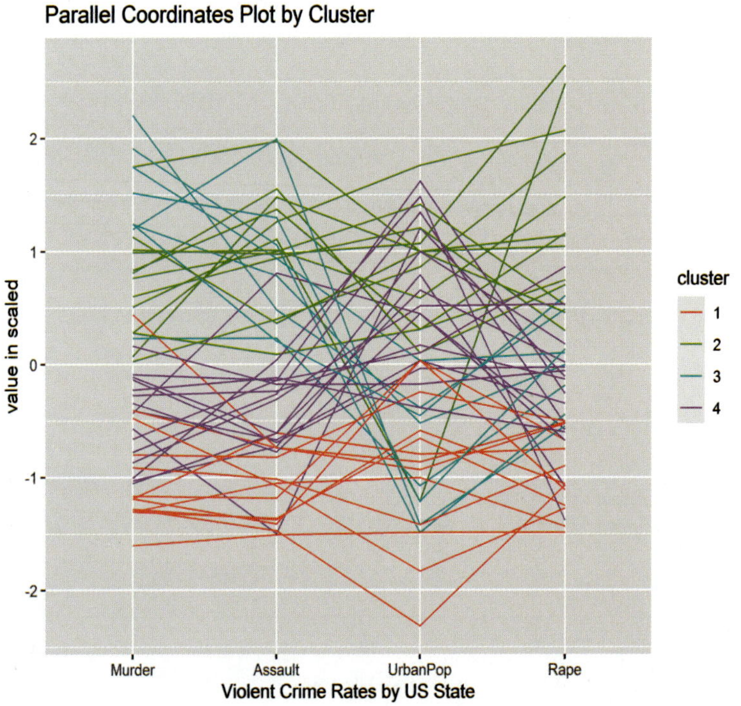

그림 5.14 군집별 평행 좌표 그림

여기서는 표준화한 USArrests 데이터 세트에 대해 군집별 변수별 평행 좌표 방법을 통해 해석해보고자 한다. 평행 좌표 그림인 〈그림 5.14〉는 다변량 데이터 세트로 군집분석을 했을 때, 다수의 변수에 대해 관측치 개개의 값들이 군집별로 어떻게 다른지를 나타내준다. 단, 관측치 개수가 너무 많으면, 하나의 평행 좌표 그림에 모든 관측치를 표현할 경우 서로 겹쳐 보여서 군집 특성을 파악하는 것이 힘들 수도 있다.

다변량 데이터 세트로 분할적 군집분석partitioning clustering한 결과를 2차원의 평면에 군집별로 색깔과 모양을 달리해서 산점도로 표현할 수 있다면 군집별 특성을 이해하는 데 도움이 될 것이다. 다변량 변수를 2차원으로 차원축소하는 데 요인분석factor analysis, 주성분 분석principal component analysis; PCA 등을 사용한다. 주성분 분석에 대해서는 다음 절에서 살펴보겠다.

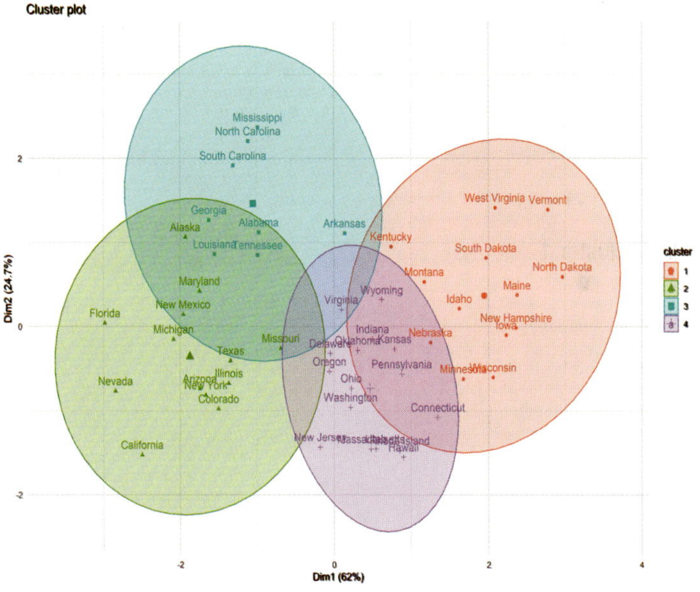

그림 5.15 다변량 변수데이터에서 차원축소 후 2차원으로 표현한 그림

여기서 k-means 군집화의 한 결과를 2차원으로 축소하고, 이를 군집별로 색깔과 모양을 달리하여 시각화하면 〈그림 5.15〉와 같은 결과가 나타난다.

〈그림 5.15〉에서 'Dim1(62%)', 'Dim2(24.7%)'라고 되어 있는데, 이는 전체 분산 중 가로축 'Dim1'이 62%를 설명하고, 세로축 'Dim2'가 24.7%를 설명한다는 뜻이다.

USArrests 데이터 세트의 경우 살인Murder, 폭행Assault, 강간Rape의 3개 변

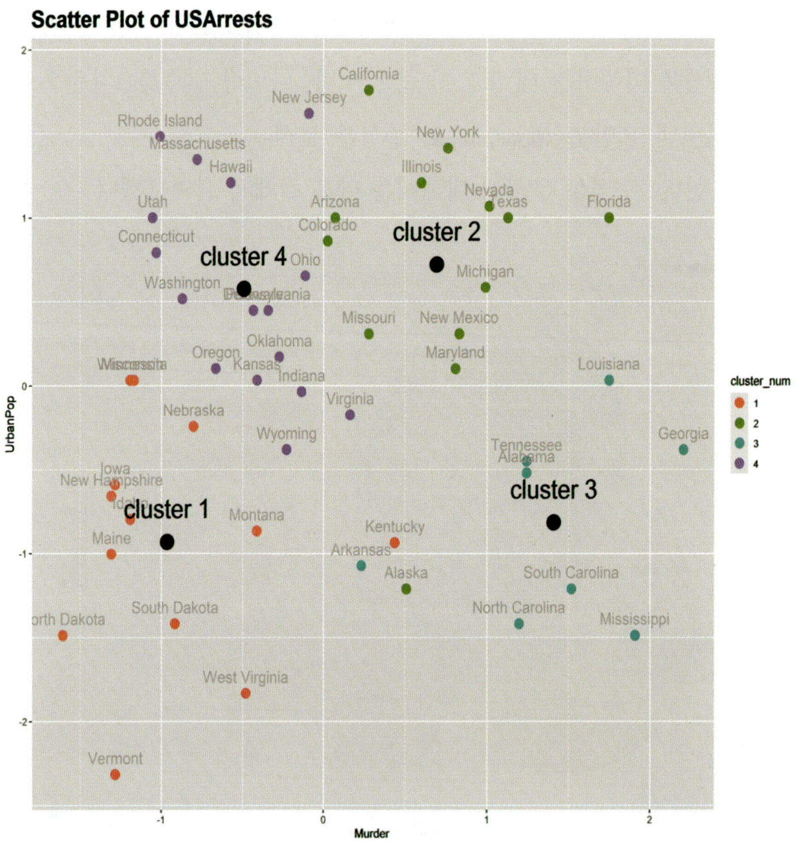

그림 5.16 2차원 산점도

수가 '범죄'와 관련이 있으므로 Dim1에 의해 많이 설명되고, 나머지 변수인 도시인구UrbanPop가 Dim2에 의해 설명이 된다는 것이다.

여기서 나온 결과로, 살인, 폭행, 강간의 3개 변수가 '범죄'와 관련이 있으므로 이 중에서 '살인' 변수를 하나 뽑고, 나머지 변수인 '도시인구'를 나머지 하나로 선택해서 2차원 산점도를 그려보면 〈그림 5.16〉과 같다.

위의 (1) 군집별 중심 좌표 (평균), (2) 군집별 다변량 변수별 평행 좌표 그림, (3) (차원 축소 후) 군집별 산점도를 통해 군집 1~4 번까지의 특성을 파악해 본 결과 다음과 같이 해석할 수 있다.

주성분 분석principal component analysis

알고리즘을 만들 때 데이터 과학자가 흔히 겪는 문제는 변수가 너무 많은 것이다. 당연히 더 많은 정보를 추가할수록 모델이 더 좋아질 것으로 생각할 수 있지만, 추가하는 모든 기능에는 또 다른 차원이 있다. 인간으로서 우리는 2차원 또는 3차원으로만 사물을 시각화할 수 있지만, 데이터의 경우에는 규칙이 적용되지 않는다. 데이터는 무한한 차원을 가질 수 있지만, 차원의 저주가 작용하기 때문이다.

차원의 저주curse of dimensionality는 데이터 과학자가 꽤 자주 직면하는 역설이다. 기계학습 모델의 정확도를 높이기 위해 더 많은 정보를 사용하고 싶지만, 더 많은 기능을 추가할수록 차원 수(n)가 증가한다. 특징 공간의 차원이 증가함에 따라 구성의 수가 기하급수적으로 증가하고 결과적으로 관찰 대상 구성의 수가 감소한다.

통계적 모델링을 통한 궁극적인 목표는 빠르게 실행할 수 있고 설명하기 쉬운 간단한 모델을 만드는 것이다. 많은 양의 기능이 있으면 모델이 더 복잡해지고 설명 가능성이 감소한다. 이러한 복잡한 데이터 세트를 처리하기 위해 주성분 분석은 데이터의 차원을 줄이는 이상적인 방법이다.

주성분 분석principal component analysis; PCA은 중요한 정보 대부분을 유지하면서 변수의 수를 줄이는 방법이다. 상관관계가 있을 수 있는 여러 변수를 주성분principal component; PC이라고 하는 더 적은 수의 상관되지 않은 변수로 변한다. 주성분은 특정 직교 차원에서 분산(또는 고윳값)에 의해 가중치가 부여된 원래 변수의 선형 조합이다. PCA의 주요 목표는 모델 기능을 더 적은 수의 구성 요소로 단순화하여 데이터의 패턴을 시각화하고 모델이 더 빠르게 실행되도록 돕는 것이다. PCA를 사용하면 상관관계가 높은 기능을 제거하여 모델 과적합 가능성도 줄일 수 있다.

PCA는 범주형이 아닌 연속형 변수에만 적용해야 한다는 점을 유의해야 한다. 기술적으로는 원-핫 인코딩(데이터에 연속성이 없다는 것을 알려주는 기법) 또는 이진 데이터에서 PCA를 사용할 수 있지만, 잘 작동하지 않는다. 이는 PCA가 이진 변수에 대해 수행할 때 그다지 의미가 없는 분산(제곱편차)을 최소화하도록 설계되었기 때문이다. 혼합 데이터가 있는 경우 다중대응일치분석multiple correspondence analysis; MCA과 같은 대체 방법이 더 잘 작동할 수 있다.

설명된 분산 비율explained variance ratio을 지표로 사용하여 주성분의 유용성을 평가하고 모델에 사용할 성분 수를 선택한다. 설명된 분산 비율은 선택한 각 구성 요소에 기인한 분산 비율이다. 이상적으로는 과적합을 피하고자 설명된 분산비율이 총 80%에 도달할 때까지 각 성분의 설명된 분산 비율을 추가하여 모델에 포함할 성분 수를 선택하는 것이다.

PCA는 고차원 데이터 집합이 주어졌을 때, 원래의 고차원 데이터와 가장 비슷하면서 더 낮은 차원 데이터를 찾아내는 방법이다. 차원축소dimension reduction라고도 한다. 더 낮은 차원의 데이터값 변화가 더 높은 차원의 데이터값 변화를 설명할 수 있다는 것은 얼핏 보기에 복잡해 보이는 고차원 데이터의 변이를 몇 가지 원인으로 설명할 수 있다는 뜻이다. PCA의 전체 과정은 다음과 같이 나눌 수 있다.

데이터 표준화

$z_i = \frac{x_i - \mu}{\sigma}$에 의해 표준화 변환을 한다. 여기서 $x_i(i=1, \cdots, n)$는 n개의 관찰된 표본, μ는 평균, σ는 표준편차를 의미한다.

공분산 행렬 계산

공분산 행렬은 데이터 세트에 있는 서로 다른 변수 간의 상관관계를 나타낸다. 모델의 전반적인 성능을 방해할 수 있는 편향되고 중복된 정보를 포함하고 있으므로 종속된 변수를 식별하는 것이 필수적이다. 공분산 계산은 $cov(x,y) = \frac{\sum_{i=1}^{n}(x_i - \overline{x})(y_i - \overline{y})}{n-1}$와 같이 수행된다. 여기서 x_i는 변수 x의 값, y_i는 변수 y의 값, $\overline{x}$는 변수 x의 평균, $\overline{y}$는 변수 y의 평균을 말한다.

고유벡터eigenvectors 및 고윳값eigenvalues 계산

고유벡터eigenvectors는 선형 변환이 수행되는 벡터이며 방향은 변경되지 않는다. 고윳값eigenvalues은 단순히 각각의 고유벡터 스칼라를 나타낸다. 표준화된 데이터행렬 X의 특잇값 분해singular value decomposition; SVD $X = USV^T = U\begin{bmatrix} S_1 \\ O \end{bmatrix} V^T = \sum_{i=1}^{p} s_i u_i v_i^T$을 구한다. 여기서 U, V는 직교행렬, O는 영행렬이고, S_1은 크기 순서대로 배열된 특이값singular value $s_1 \geq s_2 \geq \cdots \geq s_p \geq 0$을 주대각선 성분으로 하는 $p \times p$ 대각선 행렬 $S_1 = diag(s_1, \cdots, s_p)$이다.

주요 구성 요소 계산

고유벡터 및 고윳값을 계산한 후에는 가장 높은 고윳값을 가진 고유벡터가 가장 중요하므로 내림차순으로 정렬해서 첫 번째 주성분을 형성한다. 즉, V의 열벡터가 주축principal axis이고, $Z=US$의 열벡터들이 원 데이터를 주축에 정사영하여orthogonal 얻어진 주성분 점수principal component score; PC score가 된다.

데이터 세트의 차원 줄이기

마지막 단계에서 데이터 세트의 최대 및 가장 중요한 정보를 나타내는 최종 주성분으로 원래 데이터 세트를 다시 정렬한다. 위의 특잇값 s_i를 이용하여 계산한 $\frac{s_i^2}{n}$은 i번째 주성분의 분산이 되고, $\frac{s_i^2}{s_1^2 + \ldots + s_p^2}$은 i번째 주성분이 원데이터의 분포를 보존하는 비율이 된다. 각 주성분별로 원 데이터의 분포를 보존하는 비율을 계산한 후, 주어진 데이터의 차원을 얼마나 축소할지를 결정한다.

데이터를 p차원에서 $k(\ll p)$차원으로 줄이기 위해, U의 처음 k개의 열벡터(U_k)와 S의 k번째 선행 주 부분행렬leading principal submatrix(S_k)를 택하면, U_kS_k는 처음 k개의 주성분을 포함하는 $n \times k$ 행렬이 된다.

PCA는 잘 작동하지만 몇 가지 단점도 있다. 독립변수의 해석 가능성이 낮아지고, 데이터 세트에 PCA를 구현하면 원래 기능이 주 구성 요소로 바뀐다. 주성분은 원래 기능의 선형 조합이고, 주요 구성 요소는 원래 기능 만큼 읽기 및 해석이 불가능하다. 데이터 표준화는 PCA 이전에 이루어져야 한다. PCA를 구현하기 전에 데이터를 표준화해야 한다. 그렇지 않으면 PCA가 최적의 주요 구성 요소를 찾을 수 없게 된다. 주 구성 요소는 데이터 세트의 기능 간의 최대 분산을 다루려고 하지만 주 구성 요소의 수를 주의해서 선택하지 않으면 원래 기능 목록과 비교하여 일부 정보를 놓칠 수 있는 정보손실의 문제도 있다.

USArrests 데이터 세트

군집분석에서 적용해보았던 USArrests 데이터 세트를 이용하여, 주성분 분석을 시행해보자. 주성분 분석은 데이터 내에서 서로 상관성이 높은 변수들을 선형결합으로 차원축소를 하는 방법이므로, 산점도를 통한 변수 간 상관계수를 먼저 파악해보는 것이 좋다. 본 데이터의 기초통계량과 상관관계는 〈그림 5.17〉, 〈그림 5.18〉과 같다.

〈그림 5.18〉을 보면, '살인'과 '폭행'은 비교적 큰 상관관계가 있음이 보이고, '살인'과 '도시인구'와의 상관관계는 낮아 보인다.

	Murder	Assault	UrbanPop	Rape
Alabama	13.2	236	58	21.2
Alaska	10.0	263	48	44.5
Arizona	8.1	294	80	31.0
Arkansas	8.8	190	50	19.5
California	9.0	276	91	40.6
Colorado	7.9	204	78	38.7

그림 5.17 USArrests 기초통계량

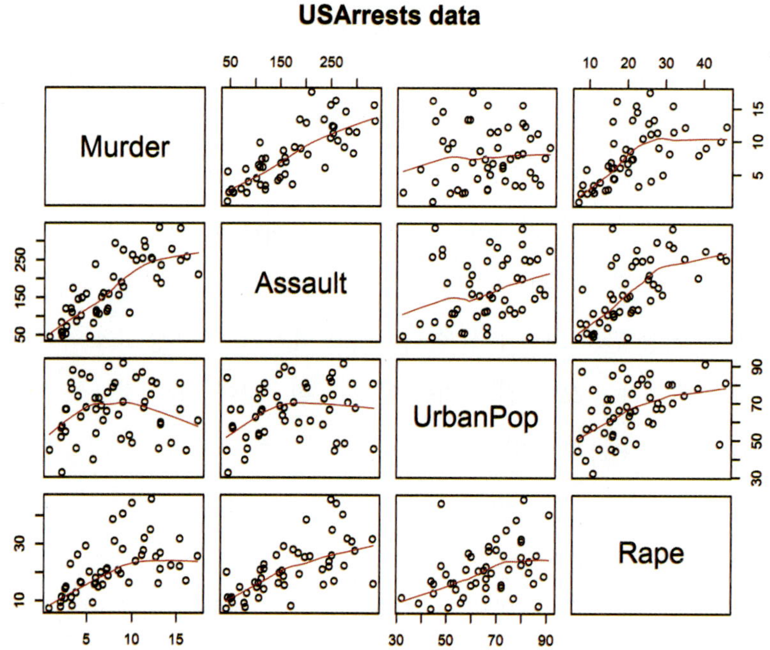

그림 5.18 변수 간의 산점도

변수 간의 상관관계가 존재함을 파악하였으니 주성분 분석을 통해 변수를 축소하여야 한다. 주성분의 설명력을 의미하는 주성분의 기여율을 계산해서 1에 가까울수록 설명력이 큰 것으로 해석해볼 수 있다. 특히 누적 기여율이 85% 이상이면 해당 지점까지 주성분의 수로 결정하게 된다.

〈그림 5.19〉를 살펴보면, 표준편차Standard deviation는 주성분의 표준편차, 분산비율proportion of variance은 주성분의 기여율, 누적비율cumulative proportion은 누적기여율을 의미한다. 주성분 2까지가 86.75% 정도의 설명률을 가지고 있으므로, 누적기여율이 85% 이상인 주성분 2까지 선택하는 게 좋다.

스크리 산점도Scree Plot는 주성분을 x축, 주성분의 고윳값을 y축에 둔 그

```
Importance of components:
                          Comp.1    Comp.2    Comp.3     Comp.4
Standard deviation     1.5748783 0.9948694 0.5971291 0.41644938
Proportion of Variance 0.6200604 0.2474413 0.0891408 0.04335752
Cumulative Proportion  0.6200604 0.8675017 0.9566425 1.00000000
```

그림 5.19 주성분 분석 결과

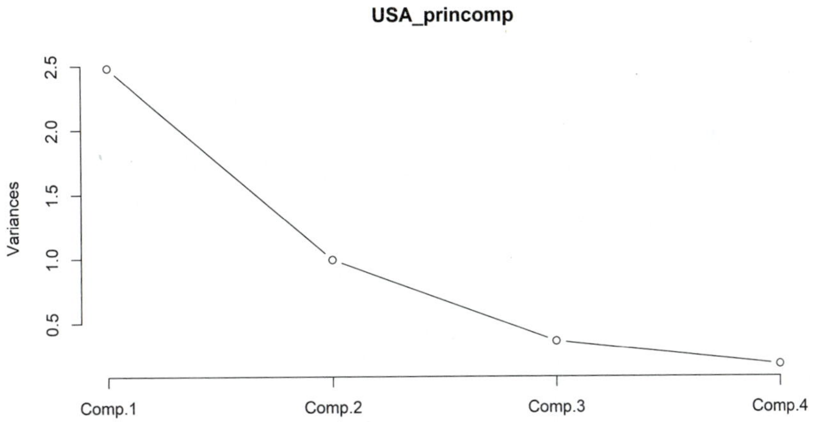

그림 5.20 스크리 산점도

래프로, 고윳값이 급격히 완만해지는 지점의 바로 전 단계가 적절한 주성분의 수가 된다. 〈그림 5.20〉에서 스크리 산점도의 기울기(분산의 변화 정도)가 주성분 3부터 급격히 감소하므로, 3에서 1을 뺀 주성분 2까지 선택하는 게 좋다.

주성분 분석 결과의 가중치loadings는 〈그림 5.21〉과 같이 나타나고, 각 주성분의 가중치를 살펴볼 수 있다. 여기서 주성분 2는 0.418×Murder +0.188×Assault−0.83×Urbanpop−0.16×Rape임을 알 수 있다.

주성분 점수는 주성분을 통해 계산된 각 행렬 좌표를 의미하는 것으로,

```
Loadings:
         Comp.1 Comp.2 Comp.3 Comp.4
Murder    0.536  0.418  0.341  0.649
Assault   0.583  0.188  0.268 -0.743
UrbanPop  0.278 -0.873  0.378  0.134
Rape      0.543 -0.167 -0.818       

               Comp.1 Comp.2 Comp.3 Comp.4
SS loadings      1.00   1.00   1.00   1.00
Proportion Var   0.25   0.25   0.25   0.25
Cumulative Var   0.25   0.50   0.75   1.00
```

그림 5.21 주성분 가중치

```
                    Comp.1      Comp.2      Comp.3       Comp.4
Alabama         0.98556588  1.13339238  0.44426879  0.156267145
Alaska          1.95013775  1.07321326 -2.04000333 -0.438583440
Arizona         1.76316354 -0.74595678 -0.05478082 -0.834652924
Arkansas       -0.14142029  1.11979678 -0.11457369 -0.182810896
California      2.52398013 -1.54293399 -0.59855680 -0.341996478
Colorado        1.51456286 -0.98755509 -1.09500699  0.001464887
Connecticut    -1.35864746 -1.08892789  0.64325757 -0.118469414
Delaware        0.04770931 -0.32535892  0.71863294 -0.881977637
Florida         3.01304227  0.03922851  0.57682949 -0.096284752
Georgia         1.63928304  1.27894240  0.34246008  1.076796812
Hawaii         -0.91265715 -1.57046001 -0.05078189  0.902806864
Idaho          -1.63979985  0.21097292 -0.25980134 -0.499104101
Illinois        1.37891072 -0.68184119  0.67749564 -0.122021292
Indiana        -0.50546136 -0.15156254 -0.22805484  0.424665700
Iowa           -2.25364607 -0.10405407 -0.16456432  0.017555916
Kansas         -0.79688112 -0.27016470 -0.02555331  0.206496428
Kentucky       -0.75085907  0.95844029  0.02836942  0.670556671
```

그림 5.22 주성분 점수

제1, 2 주성분에 의한 행렬도를 그림으로 나타내주기 위해 이용된다. 본 데이터의 주성분 점수는 〈그림 5.22〉와 같이 나타난다.

각 데이터 행의 주성분 점수를 산점도로 나타내고 각 변수에 대한 주성분 계수를 화살표로 시각화한 그래프인 biplot을 그려보면 〈그림 5.23〉과 같다.

여기서 화살표의 방향이 비슷한 변수일수록 서로 간의 상관관계가 있다고 판단할 수 있다. 또한, 상대적 가중치loadings가 높을수록 화살표의 방향이 수평에 가까우며 가중치가 낮을수록 화살표의 방향이 x축과 수직에 가

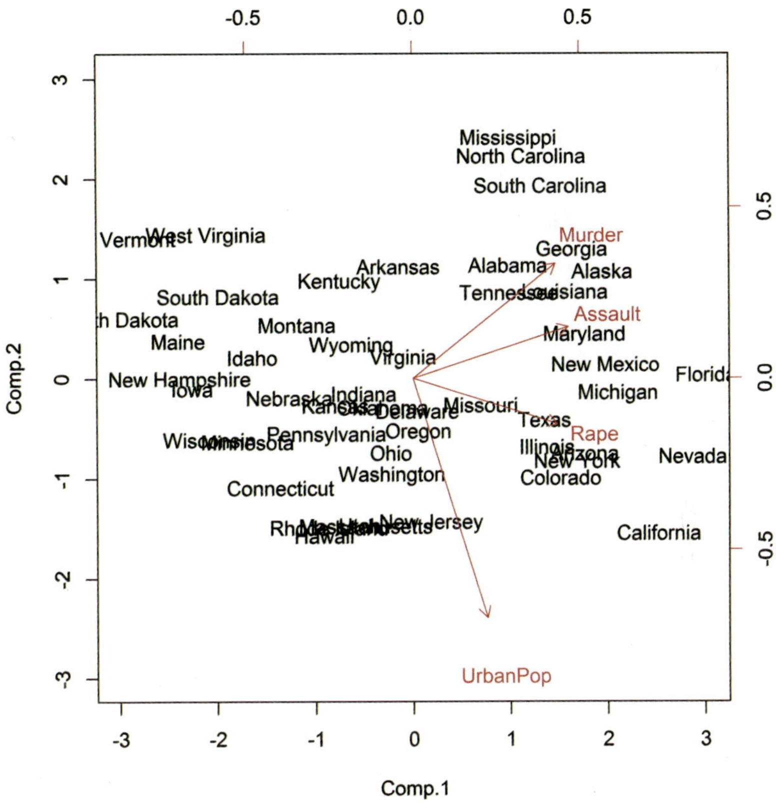

그림 5.23 biplot 함수를 이용한 주성분 행렬도

깝다고 해석할 수 있다.

Comp.1인 주성분 1 좌표를 기준으로 보면 살인, 폭행, 강간이 같은 방향으로 인접해 있는 것을 확인할 수 있다. Comp.2인 주성분 2 좌표를 기준으로 보면 도시인구 비율은 다른 3개와 방향이 다르므로 상관관계가 낮은 것을 알 수 있다. 위 범죄 데이터를 가지고 다음과 같이 해석해볼 수 있다.

- 주성분 1을 통해 범죄율 관련 상위 그룹은 Florida, Nevada, California 지역이고, 범죄율 관련 하위 그룹은 North Dakota 지역임을 알 수 있다.
- 주성분 2를 통해 인구 기준 관련 상위 그룹은 California 지역이고, 인구 기준 관련 하위 그룹은 Mississipi 지역임을 알 수 있다.
- 인구 및 범죄율 평균 그룹은 그래프의 가운데 지점에 있는 Virginia, Indiana 등의 지역임을 알 수 있다.

05 데이터 마이닝

데이터 마이닝이란?

마이닝이라고 하는 것은 광부가 광산에서 석탄과 같은 것을 캐는 과정을 말한다. 결과적으로 데이터 마이닝이라고 하는 것은 특정한 데이터들로부터 무언가를 캐내는 것을 의미한다. 그러면 여기서 무엇을 캐낼 것인가? 바로 새로운 지식에 대해 알아내는 것이다. 이렇게 기존에 있던 데이터들로 새로운 지식을 캐어내는 것을 데이터 마이닝이라고 한다.

데이터 마이닝의 예시로 추천 제도를 들 수 있다. A라는 사람이 쇼핑 사이트에서 여러 가지 제품을 구매했는데, 기업은 이에 대한 데이터를 모으게 된다. 기업은 이를 이용하여 사례 분석 기법 등을 통해 이 고객에게 추천할 상품을 메인에 홍보를 시키는 것이다. 이는 고객마다 다르게 데이터를 관리하여 서비스를 제공하는 형태이다. 크게 시스템의 형태로 보게 되면 데이터베이스 검색 시스템에서 데이터를 보관한다. 이를 분석 시스템을 통해 고객이 구매한 상품에 대해 분석을 진행한다. 이후 데이터 마이닝 시

은 부분집합으로 분류를 하는 것이다. 군집화가 끝난 후에야 그룹의 특성을 파악할 수 있다. 각 개체 간의 유사도를 측정하기 위해 거리함수를 이용하여 군집분석을 실행한다. 〈그림 5.27〉과 같이 데이터의 특성값들로 군집 간 거리함수 K-means를 적용한 계층적 군집방법이 있고, 이 외에도 비계층적 방법으로 병합적인 방법, 분할적인 방법이 있다.

분류라고 하는 분석에는 의사결정나무라는 기법이 존재한다. 의사결정 규칙을 나무구조로 도표화하여 분류 및 예측을 수행하는 분석을 의미한다. 노드와 가지로 구성되어 있고 각 노드는 변수를 의미하는데 마지막 노드는 결괏값을 의미하게 된다. 어떤 특정 분류를 구분하기 위해 어떤 기준으로 나누어 들어갈 것인가에 대해 질문이 나무의 형태로 형성되어 있는 것이

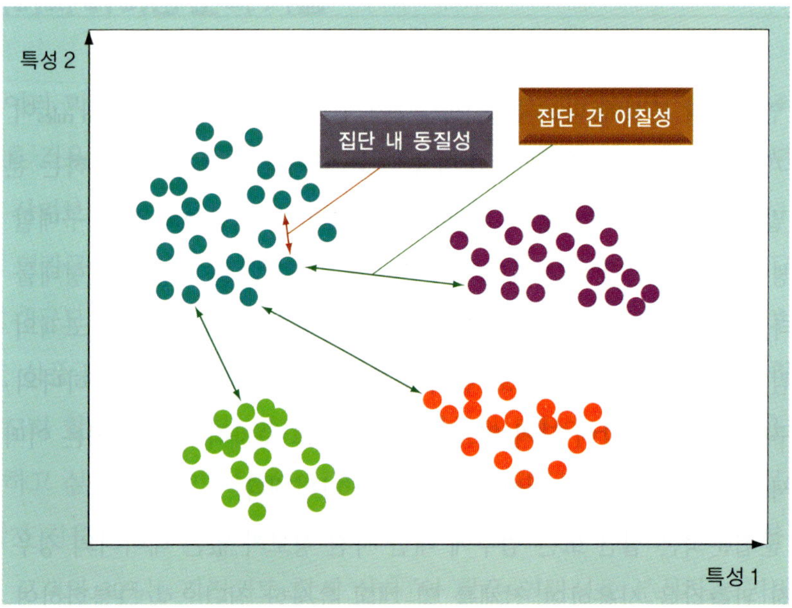

그림 5.27 군집분석을 적용한 예제 결과

다. 나무에서 내려오면 내려올수록 더 세분화되어 나누어지게 될 것이다. 마지막 노드에 도착하면 우리가 선택한 데이터가 어떤 분류에 속하는지를 알 수 있게 된다.

〈그림 5.28〉은 의사결정나무를 적용한 예로, 가슴통증(chestpain) No/Yes에 대한 분류를 나이(age), 칼슘 수치(ca), 콜레스테롤 수치(ecg) 등의 인자factor들을 통해 한눈에 보여준다.

인공신경망이라는 분석이 있다. 인간이 의사결정하기 위해 사고하는 방식을 컴퓨터에서도 구현하기 위해 개발된 방법으로 인간 두뇌구조와 유사한 지도학습 방법을 수행하는 기법을 의미한다. 뇌 신경망의 원리를 이용하여 데이터에 숨어 있는 패턴을 찾아 문제 해결을 한다. 학습을 통해 데이터 간의 패턴 혹은 관계를 습득하여 이를 통해 결과를 도출한다. 〈그림 5.29〉에서 보여주는 바와 같이 인공신경망은 크게 세 부분의 층layer인 입력층input layer, 은닉층hidden layer, 출력층output layer으로 나뉘게 된다. 각 노드node 간은 연결 강도weight로 연결되어 있으며, 학습 과정은 가중치weight를 조절하

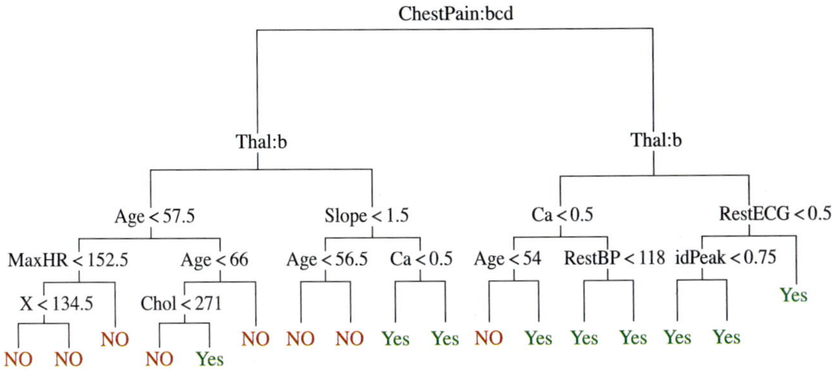

그림 5.28 의사결정나무를 적용한 예제 결과

자료: An Introduction to Statistical Learning. Springer, 2013, Heart data

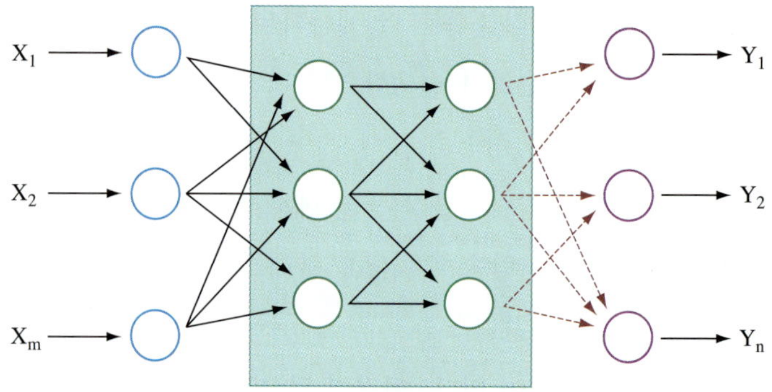

그림 5.29 인공신경망 분석의 도식화

는 과정이다.

분석 기법 중에서 사례 기반 추론 방법이 있다. 사례 기반 추론case-based reasoning; CBR은 k-NN 알고리즘을 이용하여 검색된 유사 과거 사례들을 조합하여 새로운 문제에 대한 해를 도출하는 방법이다. 대표적인 예시로 대법원에서 판례집을 이용하는 경우라고 할 수 있다. 기존의 사건들을 일정한 규칙을 통해 사례 기반case base이라는 공간에 보관한다. 만약 새로운 사건이 발생했을 때, 기존 보관된 사례 기반에 물어보고 어떻게 문제를 해결해야 할지를 결정하는 것을 말한다. 계속해서 다양한 사례들이 쌓이게 되면 더욱 유용한 정보를 많이 가지고 있게 되어 더 좋은 결과를 도출할 수 있다.

로지스틱 회귀분석은 두 개의 집단을 분류하는 기준을 찾아내는 기법이다. 두 개의 독립적인 그룹을 나타내는 종속변수와 이를 설명하기 위한 독립변수 간의 관계를 잘 표현할 수 있는 모형을 구축하는 방법을 취한다. 다양한 변수들을 기반으로 특정 사건의 유무나 결정에 대해 판단하는 것이다. 가장 통계적인 기법이라고 볼 수 있다.

위와 같은 분석 기법들을 사용하고 나면 이에 나타나는 결과에 대해 정말로 맞는지에 대한 판단을 할 수 있어야 한다. 분류 또는 예측 모형의 유용성을 판단하고 다른 모형들을 서로 비교하여 평가하는 것이 필요하다. 이런 과정이 모형 평가이다. 모형 평가는 결과변수를 알고 있는 지도학습 supervised learning의 환경에서 사용하게 된다. 분류 모형의 성과 평가는 분류 정확표(혼동행렬로 표현), 수신자 조작 특성 곡선을 통해 나타난다. 예측 모형의 성과 평가는 평균절대오차, 평균오차, 평균절대비율오차, 평균제곱오차의 제곱근, 제곱오차의 총합계로 이루어진다.

분류 정확도는 분류 결과의 정확성을 평가하여 최적의 분류 모형을 선택하는 방법이다. 정분류율, 오분류율, 민감도, 특이도에 따라 나눌 수 있다. 이익 도표는 모형의 결과를 바탕으로 분류 정확도를 측정하는 평가방법이다. 사례를 적게 선택하고 상대적으로 높은 응답자의 비율을 찾음으로써 가장 좋은 성과를 보이는 부분을 효과적으로 찾고자 할 때 유용하다.

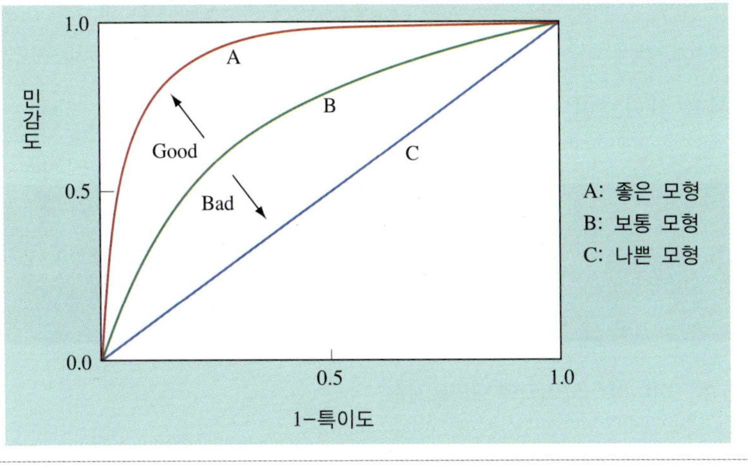

그림 5.30 로지스틱 회귀모형의 정확도 평가 ROC 곡선

〈그림 5.30〉과 같은 수신자 조작 특성 곡선receiver operating characteristic curve; ROC curve은 민감도sensitivity와 특이도specificity를 이용하여 분류의 정확성을 검증하는 방법이다. 민감도는 관심 있는 집단을 정확하게 판별할 수 있게 하는 지표이고 특이도는 중요하지 않은 집단을 정확하게 판별하기 위한 지표이다. 민감도를 높이면 특이도는 줄어들고, 특이도를 높이면 민감도는 감소한다.

아이리스(붓꽃) 데이터

서로 다른 3가지 종류의 아이리스(붓꽃) 데이터를 이용하여 각 붓꽃의 특성을 찾아보고자 한다. 아이리스는 통계학자인 피셔(Fisher)가 소개한 데이터로, 붓꽃의 3가지 종setosa, versicolor, virginica 150개에 대해 꽃받침sepal과 꽃잎petal의 너비 및 길이를 정리한 데이터다. 이러한 추출된 특성은 미래에 새로운 붓꽃들을 분류하는 데에 사용이 된다. UCI 사이트•에 접속한 후, 아래 데이터 중 iris 데이터를 다운로드받을 수 있고, R 프로그램에도 내장되어있다.

분석에 앞서 아이리스 데이터의 요약통계량과 산점도를 통해 변수 간의 관계성을 살펴보면, 〈그림 5.31〉, 〈그림 5.32〉와 같다.

```
 Sepal.Length    Sepal.Width     Petal.Length    Petal.Width          Species  
Min.   :4.300   Min.   :2.000   Min.   :1.000   Min.   :0.100   setosa    :50  
1st Qu.:5.100   1st Qu.:2.800   1st Qu.:1.600   1st Qu.:0.300   versicolor:50  
Median :5.800   Median :3.000   Median :4.350   Median :1.300   virginica :50  
Mean   :5.843   Mean   :3.057   Mean   :3.758   Mean   :1.199                  
3rd Qu.:6.400   3rd Qu.:3.300   3rd Qu.:5.100   3rd Qu.:1.800                  
Max.   :7.900   Max.   :4.400   Max.   :6.900   Max.   :2.500                  
```

그림 5.31 아이리스 데이터의 요약통계량

• http://archive.ics.uci.edu/ml/

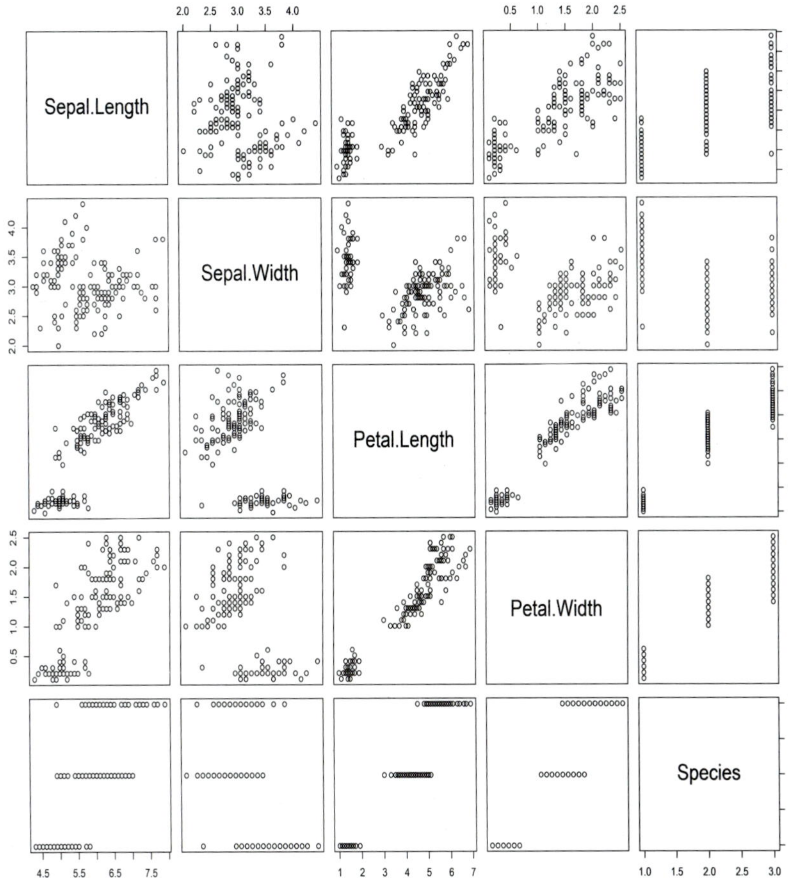

그림 5.32 아이리스 데이터의 산점도

의사결정나무를 통한 특징 도출

R 프로그램을 이용하여 얻어진 아이리스 데이터의 의사결정나무는 〈그림 5.33〉과 같고, 3개의 노드(node: 조건이 갈라지는 곳)와 4개의 리브leave(각 조건에 따른 결정)로 구성된다.

꽃잎의 길이Pental Length로만 붓꽃의 종류를 분류할 경우, 〈그림 5.33〉의

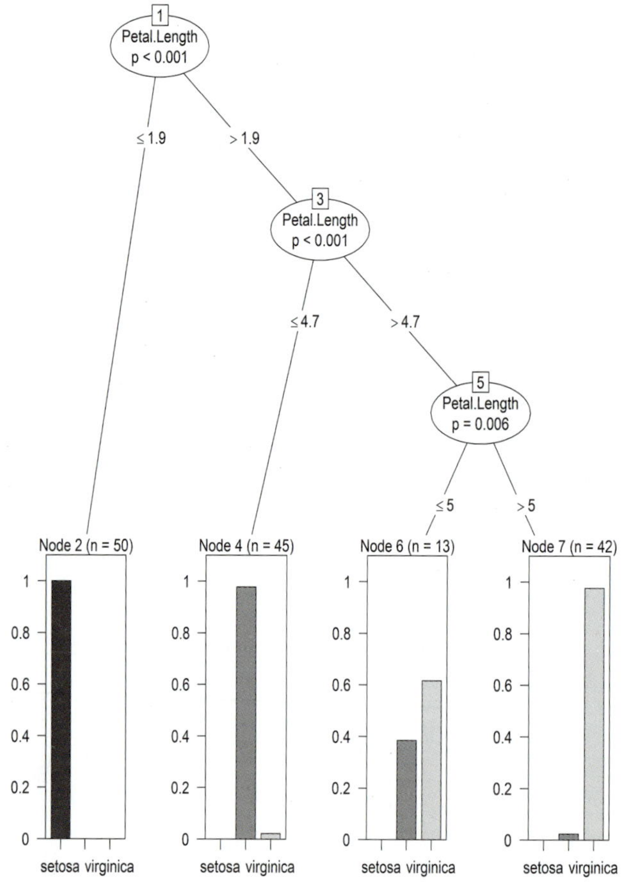

그림 5.33 아이리스 데이터의 의사결정나무 결과

결과는 꽃잎의 길이Pental Length가 1.9보다 작거나 같다면 붓꽃 종류 중 setosa 범주의 분류 빈도는 50, 5보다 크다면 virginica 범주의 분류 빈도는 42로 나타나므로, 이들 결과는 setosa, virginica로 분류될 확률이 1이라는 것을 보여준다.

위의 결과에서 볼 수 있듯이 의사결정나무는 각 붓꽃iris의 특징을 명확하게 알려주며, 차후에 붓꽃의 종류를 구분하는 데 쓰일 수 있다.

인공신경망을 통한 특징 도출

여기에서는 붓꽃에 대한 꽃잎과 꽃받침의 길이와 너비 수치를 가지고 붓꽃의 종류species를 분류하는 신경망 모델을 구축해보고자 한다.

R에서 제공하는 nnet 패키지를 이용하여 목표변수를 붓꽃의 종류species로 하고 나머지 4개의 입력변수로 하여 신경망 모델을 생성한다.

〈그림 5.34〉에서 nnet의 기본적인 activation function이 softmax를 사용한 것을 볼 수 있고, 4–2–3 구조의 층 layer와 노드 관계를 갖고 해당 노드들에서 가중치를 보여주고 있다.여기서 4–2–3은 입력층–은닉층–출력층의 개수를 의미한다

〈그림 5.36〉을 통해 목표target 변수에 따른 예측predict 변수의 분류를 비교할 수 있다. 여기서 setosa의 경우는 신경망 학습결과로 모두 범주를 분류하였지만, versicolor와 virginica는 1개의 오분류가 발생한 것을 확인할 수 있다.

```
a 4-2-3 network with 19 weights
options were - softmax modelling  decay=5e-04
 b->h1 i1->h1 i2->h1 i3->h1 i4->h1 
 -8.90  -0.50  -1.40   1.91   3.84 
 b->h2 i1->h2 i2->h2 i3->h2 i4->h2 
  0.39   0.61   1.86  -3.11  -1.52 
 b->o1 h1->o1 h2->o1 
 -2.93  -3.74   9.54 
 b->o2 h1->o2 h2->o2 
  6.02  -8.10  -8.20 
 b->o3 h1->o3 h2->o3 
 -3.10  11.82  -1.35 
```

그림 5.34 인공신경망 연결선과 방향의 가중치

※ *i* 입력 노드, *h* 은닉노드, *o* 출력노드, *b* 상수항(bias)의 가중치

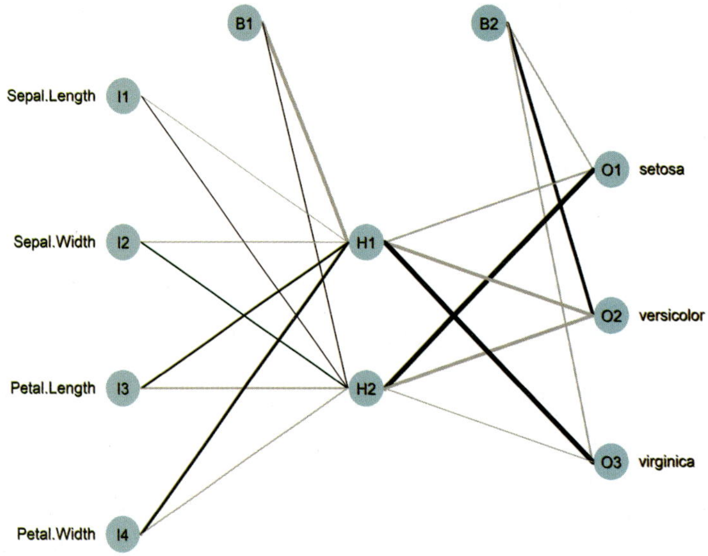

그림 5.35 nnet 신경망 시각화

※ 선의 굵기는 가중치 비례를 보여준다.

	setosa	versicolor	virginica
setosa	50	0	0
versicolor	0	49	1
virginica	0	1	49

그림 5.36 nnet 함수 예측값과 실제값의 혼동행렬

Chapter 6

데이터 사이언스의 도전

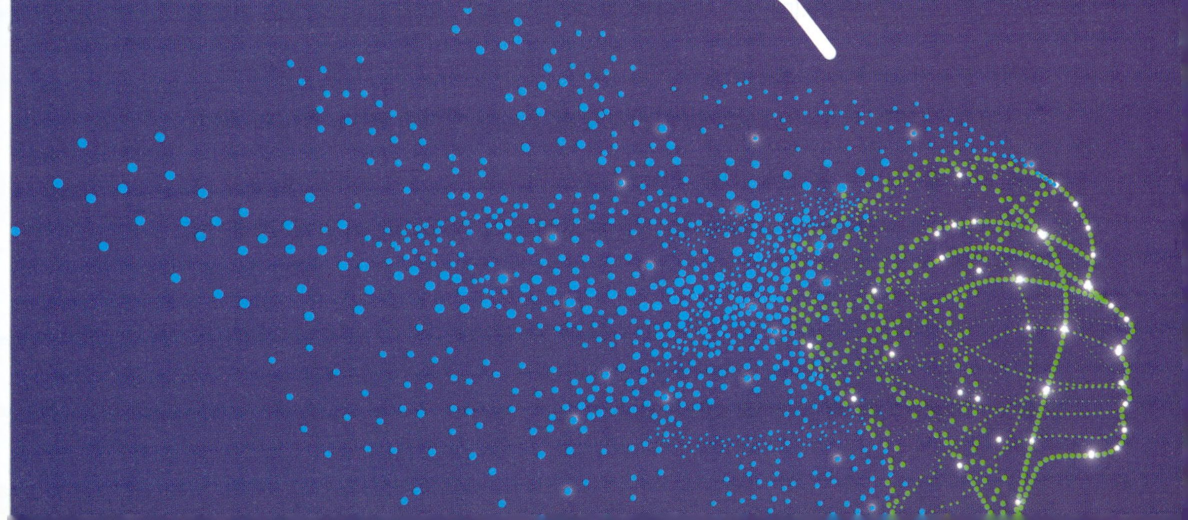

말한다. 최근에는 공적 마스크 재고 현황(심평원), 코로나바이러스 감염증 발생 및 선별진료소 현황(복지부), 해외안전 소식(외교부), 정부 지원 맞춤형 서비스(행안부) 등 코로나바이러스 감염증의 극복을 위한 공공데이터를 제공하기도 하였다.

또한, 서로 다른 데이터가 묶여있어 찾기 어려웠던 데이터를 분리 및 개별 데이터 단위로 제공하여 필요한 데이터를 놓치는 일이 줄어들 것으로 기대된다(예를 들어, (현재) 안전사고 현황 → (개선) 심정지 현황, 감전사고 현황, 자전거 교통사고 현황, 노인 교통사고 현황 등으로 개별 제공). 연도·월별 등 시점만 다른 주기성 데이터는 추세를 쉽게 볼 수 있도록 모아서 제공한다.

개방된 공공데이터의 소재지를 알려주는 '국가데이터맵'은 단순 키워드

그림 6.2 빅카인즈
자료: www.bigkinds.co.kr

검색에서 연관데이터까지 보여주는 의미기반 검색으로 탈바꿈하였다(예를 들어, 특정 단어(고령화) 검색 시 연관 정보(저출산, 노령화, 고령사회 등)까지 검색 결과 제공). 〈그림 6.2〉에서 제시하는 바와 같이 민간 검색포털 연관검색어와 빅카인즈(www.bigkinds.co.kr)의 기사, 법령정보, 검색어 등을 활용하여 연관데이터 검색의 정확도를 높였다.

기존에는 데이터 간 연관 관계를 실선으로 연결한 형태의 그래프만 제공하였으나 연관데이터까지 표현한 그래프, 데이터가 속하는 정부의 기능 분류(16개)로 표현한 트리 형태, 데이터 목록을 나열한 리스트 형태 등 총 3가지를 제공한다. 이 밖에도 반응형 웹(디스플레이 크기에 따라 화면크기 자동 최적화)을 적용하여 스마트폰에서도 공공데이터에 쉽게 접근할 수 있도록 하고, 네이버·카카오 등 아이디로 간편하게 로그인할 수 있는 기능도 제공한다. 이번 개편은 이용자가 공공데이터의 검색을 더욱 편리하게 하고, 원하는 정보를 쉽게 찾을 수 있게 하는 데 초점을 두었다. 데이터는 사방에 널려 있지만, 데이터를 특정 기준으로 나눠서 살펴보는 것은 향후 지적재산과 연관된 다양한 법적인 문제를 푸는 것에도 큰 도움이 된다.

행정안전부에서 제공하는 공공데이터포털 이외에도 통계청에서 제공하는 국가통계포털 KOSISKorean Statistical Information Service(kosis.kr)가 있다. KOSIS는 통계청에서 운영하는 통계자료 포털 서비스로 국가승인통계 전체를 데이터베이스로 구축하여 국민에게 각종 통계자료를 쉽고 편리하게 제공하고 있다. 통계청은 기획재정부 산하 부처로 정부의 각종 통계업무를 총괄하는 중앙행정기관이며, 국가 통계 활동의 전반적인 기획 및 조정, 통계 기준 설정, 각종 경제·사회통계의 작성 및 분석, 통계정보의 처리 및 관리에 관한 사무를 관장한다. 통계청은 2022년 9월 12일 기준, 433개 통계작성기관의 1,294종의 승인통계를 생산·관리하고 있으며, 국가의 기본통계(인구,

고용, 산업, 물가 등 66종)를 직접 생산하고, 국가통계포털의 빅데이터 사용자를 위한 통계데이터센터Statistical Data Center; SDC도 운영하고 있다.

국내외 공공데이터포털 소개

실제로 데이터 분석가가 되기 위해서는 좋은 정보와 데이터가 있어야 하므로, 데이터 분석에 도움이 될 수 있는 오픈데이터사이트를 소개한다. 우선, 우리 정부에서는 공공데이터포털과 국가통계포털이라는 사이트를 통해서 국가가 보유한 다양한 데이터를 제공한다. 데이터를 수집할 때, 우리 정부뿐만 아니라 자주 사용하는 다른 국가의 데이터 플랫폼도 〈표 6.1〉을 통해 확인할 수 있다.

오픈데이터포털 사이트는 세계 각지에 2,600개가 넘는 오픈데이터포털을 통합하여 지도로 검색할 수 있는 내비게이션 사이트로 〈그림 6.3〉과 같이 확인할 수 있다.

표 6.1 국내외 공공데이터포털

구분	사이트
대한민국	– 공공데이터포털(https://www.data.go.kr) – 국가통계포털(https://kosis.kr)
일본	– 일본통계국(http://www.stat.go.jp)
미국	– 미국정부공개자료(https://www.data.gov)
영국	– 영국국립데이터센터(https://data.gov.uk)
EU	– EU정보플랫폼(https://www.europeandataportal.eu)
중국	– 중국국립데이터센터(http://data.stats.gov.cn)
홍콩	– 홍콩정부데이터센터(https://data.gov.hk/ja)
대만	– 대만정부정보공개플랫폼(https://data.gov.tw)
통합	– 오픈데이터포털(https://opendatainception.io)

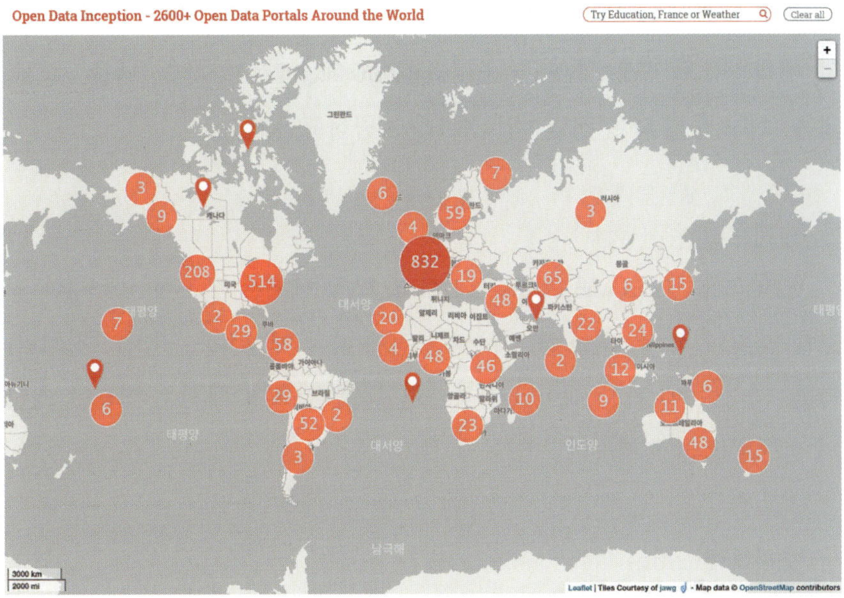

그림 6.3 오픈데이터포털

자료: opendatainception.io

국제조직의 데이터포털 소개

다음으로 국제조직의 통계 데이터베이스는 다음의 사이트를 통해서 활용할 수 있다.

경제협력개발기구(OECD) 데이터베이스

OECD 데이터베이스(https://data.oecd.org)에서는 각국의 인구, 세금, 수출입, 경제 상황, 국제 경제 상황 등의 경제데이터를 국가나 데이터별로 검색할 수 있다. 한 번에 여러 나라의 데이터를 비교하고자 할 때는 각국의 데이터 플랫폼을 일일이 검색하는 것보다 OECD에서 데이터를 검색하는 것이 더 접근성이 쉽다.

세계은행 공개정보

세계은행 공개정보(https://data.worldbank.org)에서는 기후, 대출, 경제, 교육, 인구 등의 매우 전면적인 정보를 제공하고 있다.

세계보건기구(WHO)

WHO(http://apps.who.int/gho/data/node.home)에서는 헬스케어에 대한 정보를 얻을 수 있다. 최근 AI 의료의 발전에 따라 예방접종, 질병의 전처리, 약물, 영양 등에 관한 데이터가 증가하고 있다. WHO에서는 이러한 최신의 정보를 폭넓게 제공하고 있다.

깃허브(github)

github(https://github.com/awesomedata/awesome-public-datasets)는 풍부하고 유용한 정보를 가지고 있는 플랫폼으로 유명하다. 이 플랫폼에서는 농업agriculture, 기후climate+weather, 경제economics, 교육education, 에너지energy, 금융finance 등 많은 정보들을 제공하고 있다.

Google BigQuery 공개데이터 세트

구글의 BigQuery 공개데이터 세트(https://cloud.google.com/bigquery/public-data/)를 이용하기 위해서는 소정의 데이터 사용료를 지불해야 한다. 주로 미국의 정보가 많지만, 데이터 분석의 자원으로 이용하면 유용하다.

유튜브 데이터 세트

유튜브 데이터 세트(https://research.google.com/youtube8m/)는 유튜브 데이터가 필요할 때 이용할 수 있는 데이터 세트이다.

Google 오픈 데이터 검색

구글 검색에서 모든 네트워크의 데이터를 검색할 수 있지만, 구글 오픈 데이터 검색(https://www.google.com/publicdata/directory#)에서는 데이터베이스만 검색할 수 있다. 또한, 언어를 바꾸면 해당 언어에 대응하는 데이터베이스의 결과가 나온다.

Google 검색어 동향

트렌드에 관심이 많거나 마케팅·영업을 할 때는 Google Trend Search(https://trends.google.com/trends/)를 이용할 수 있다. 국가별로 트렌드를 확인할 수 있으며, 구글에서의 키워드 인기도를 다운로드하여 분석할 수 있다.

아마존 aws

aws(https://aws.amazon.com/cn/datasets/)는 아마존 크로스 사이언스의 데이터 플랫폼으로 화학, 생물학, 경제 등 여러 분야의 데이터 세트가 포함되어 있다. 전 인류의 유전정보 데이터베이스를 구축하려는 1,000개의 게놈 프로젝트와 NASA의 위성영상에 대한 데이터도 있다.

MNIST 수기 숫자 데이터베이스

MNIST 수기 데이터베이스(http://yann.lecun.com/exdb/mnist/)는 수기로 되어있는 숫자, 화상 인식의 데이터 세트로서 6만여 건의 트레이닝 세트와 1만여 건의 테스트 세트가 있다.

UCI 머신러닝 데이터베이스

UCI 머신러닝 라이브러리(https://archive.ics.uci.edu/ml/index.php)는 머신

러닝 알고리즘의 실증연구를 위해 영역이론과 데이터 제너레이터를 결합한 데이터베이스이다. 머신러닝 데이터 세트의 주요한 소스로서 전 세계의 학생, 교육자, 연구자를 통해 넓게 사용되고 있다.

데이터분석 창업

IT 및 통신 부문 세계 최고의 시장 분석 및 컨설팅 기관인 IDCInternational Data Corporation는 전 세계의 기술 및 산업, 트렌드에 대한 분석 정보를 제공해주고 있고, 빅데이터 시장이 2022년까지 연평균 11.1% 성장할 것으로 예측하였다. 전 세계 빅데이터 스타트업 1만 개에 약 94조 원이 투자•되었고, 그 중 한국은 세계 5위의 데이터 생산국이지만, 빅데이터 활용도는 31위에 그쳤다. 세계 100대 데이터 기업 중에도 빅데이터 산업 분야의 글로벌 유니콘 기업 10개 중에도 한국 기업은 없었다. 시장은 무한정 커지고 비즈니스 모델 창출 기회도 확대되고 있다.

빅데이터는 일반적으로 기업의 마케팅 등에 활용되지만, 앞으로는 스타트업의 비즈니스 모델로 더 주목받을 것으로 보인다. 미국의 팔란티어Palantir사가 대표적이다. 설립자 중 한 명인 피터 틸Peter Thiel은 페이팔Paypal에서의 경험을 토대로 신용카드 사기에 대응할 수 있는 시스템을 고안하다가 2003년 미국 중앙정보국CIA과 국방부로부터 200만 달러를 투자받아 팔란티어를 설립하였다. 팔란티어는 다양한 분야에 빅데이터 분석을 위한 플랫폼

• "빅데이터 기업 美 5000개 vs 韓 100개", 매일경제, 2019.11.22., https://www.mk.co.kr/news/it/view/2019/11/911311/.

을 제공하여 금융 리스크를 예방하고, 이를 바탕으로 범죄자를 검거하기 위해 CIA나 FBI와 협력하기도 한다.

국내에서도 빅데이터를 활용한 스타트업이 꾸준히 늘어나고 있다. 기존 산업에서 빅데이터 및 인공지능을 활용하는 사례가 아니라 핵심 기술을 기반으로 사업을 영위하는 곳을 살펴보면, 의료, 헬스케어, 교육, 금융 분야가 유망 성장 분야로 보인다. 대형 병원이 발달하여 환자 데이터가 풍부하고 우수한 인력을 비롯해 한국의 의료 환경 덕에 '한국의 의료'는 시너지 효과가 높은 분야로 꼽히고 있다. 쓰리빌리언3billion은 인공지능 기반 희귀 질환 유전자 진단 스타트업이다. 한 번의 유전자 검사로 7,000여 종의 희귀 질환을 빠르게 진단하는 유전자 분석 회사로, 한국의 대형 병원 등 15곳을 포함하여 전 세계 24개국 71곳에 서비스하고 있다.

딥러닝 기반의 의료 영상 진단 서비스를 제공하는 루닛Lunit은 흉부 X선 영상 진단 보조시스템인 '루닛 인사이트 CXR'과 유방암 진단 보조시스템 '루닛 인사이트 MMG' 등을 내놓았다. 코어라인소프트Coreline Soft는 3D 의료 영상 기술에 기반한 폐 질환 진단으로 차별화하고 있는 의료 인공지능 기업으로 클라우드 서비스가 가능한 웹 기반의 폐암 검진 솔루션을 가지고 있다. 인공지능 기반 의료 솔루션과 보안 솔루션 개발 업체인 JLK인스펙션JKL Inspection은 인공지능과 영상처리 기술을 바탕으로 의료용 영상분석 및 진단 보조시스템, X선 보안 솔루션을 개발하며 세계 시장 진출을 확대하고 있다.

헬스케어 분야에선 휴이노Huinno가 대표 주자로서 원격의료 시장을 비대면 심전도 모니터링 웨어러블wearable 기기로 개척해 나가고 있는 기업이다. 휴이노는 혈압·맥박·심전도를 체크하는 웨어러블 스마트 시계를 선보였다. 손목시계 형태 휴이노 메모워치는 한국 최초 웨어러블 의료기기로 식품의약품안전처의 허가를 받았다.

교육 분야의 뤼이드Riiid는 인공지능 기반 에듀테크 기업이다. '산타'로 잘 알려진 뤼이드는 토익으로 시작하여 공인중개사·대학원입학자격시험GRE·경영대학원입학시험GMAT 등 여러 분야로 확장하고 있다. 또한, 한국·베트남·일본·미국·아프리카 등 글로벌로 확장하며 이 분야의 선두주자로 자리매김하고 있다. 뤼이드의 인공지능 기술은 딥러닝에서 강화학습, 협업 필터링 등으로 발전했다. 학습자가 최소 6문항의 진단 테스트를 거치면, AI는 학습자가 어떤 문제를 맞히고 어떤 보기를 선택하여 틀리는지 90% 이상 적중률로 분석하고 학습자의 점수를 실시간으로 예측한 뒤, 연습문제와 관련 강의를 추천한다.

금융 분야에선 인공지능으로 자산 관리 서비스를 제공하는 파운트Fount 기업이 있다. 고액 자산가들의 개인자산관리PB 서비스를 사회 초년생들을 비롯하여 누구나 받을 수 있도록 디지털 자산관리 플랫폼 파운트 앱을 선보이며, 인공지능 기반의 펀드 추천과 자산 배분, 투자 리포트 발간 등을 서비스한다. 개인 고객뿐만 아니라 은행·보험사·증권사·자산운용사 등 대형 금융사에 로보어드바이저 솔루션을 제공하고 있다.

크래프트테크놀로지스Qraft Technologies는 로보어드바이저 인공지능 주문집행 시스템, 인공지능 상장지수펀드ETF, 딥러닝을 활용한 금융 솔루션을 선보인다. 딥러닝을 적용하기 힘든 금융 영역에서 금융 데이터 특성에 맞는 투자 전략에 접목해 응용하고 있다. 한국보다 주로 해외에서 비즈니스를 하고 있으며, 최근 뉴욕증권거래소에 AI 기반의 미국 대형주 ETF 상품을 상장한 뒤 높은 수익률을 보였다.

스타트업 앤톡Antock은 대중이 접근 및 이해하기 어려운 금융, 재무 데이터를 기술적으로 수집하고 자동화 형태로 분석하여 소비자에게 제공한다.

국내 개인투자자에게 친화적인 증권 정보가 적다고 판단해서 개인투자자의 눈높이에 맞춘 정보제공을 비즈니스 모델로 창업한 것이다.

이처럼 빅데이터를 활용한 스타트업 비즈니스 모델은 다음의 몇 가지로 생각해볼 수 있다. 첫째, 개인 맞춤 오퍼링Offering 서비스다. 글자 그대로 개인에게 맞춤형 정보를 제공하는 것으로 고객의 행동을 분석한 뒤, 고객의 선호상품을 식별·비교하여 최적의 소비정보를 제공하는 서비스다. 유통과 온라인 커머스 사업에 적용될 수 있다. 둘째, 데이터 분석기반 응용application이다. 빅데이터의 패턴과 행동 양식을 해석해 새로운 제안을 하는 비즈니스 모델이다. 헬스케어, 보험, 제조, 보안 등에서 활용할 수 있다. 셋째, 중소기업 대상 클라우드 서비스다. 우리나라는 중소기업 비중이 전체 사업자 중 99%에 달할 정도로 크다. 그러나 중소기업은 대량의 데이터를 저장·분석하는 능력이 미흡하고 예산상의 제약이 많다. 이들에게 저예산, 고효율의 클라우드 서비스를 제공하는 것도 적절한 비즈니스 모델이 될 수 있다.

이런 빅데이터 기반 스타트업의 창업과 성공을 위해서는 정부의 더 많은 정책적 지원이 필요하다. 먼저 데이터 기반 스타트업의 성공을 위해 데이터 관리·분석 기술을 갖춘 자격 있는 인력풀을 양성해야 한다. 다음으로는 청년들이 이 분야에서 대학과 협업해 창업하기 쉽도록 제도를 개선하고, 공공기관의 데이터도 개방하여 누구나 이를 이용해 창업할 수 있어야 한다. 최근 개정된 개인정보보호법과 정보통신망법, 신용정보법들은 데이터 분석 관련 스타트업에게는 큰 기회로 작용할 수 있을 것이다.

'지식'은 새로운 기술을 이해·발견·확장할 수 있는 역량을 측정하는 분야로, 우리나라의 경제력 규모(대략 10위)보다 좀 떨어진 16위이다. 특히 '인재' 부문에서 뒤처지는데, 이는 주로 디지털 기술 능력(46위)이 아직도 불충분하고, 외국인 숙련직 직원(49위)이 모자라며, 국제 학생 순 유입(38위)이 떨어지기 때문이다. 따라서 인재 부문에서 더 적극적인 국제화가 필요하다고 볼 수 있다. 또한 '교육 훈련' 부문에서 대학에서의 학생 대 교수 비율(30위)이 낮은 수준이고, 여성 학위 소지자(20위)가 충분하지 못하기 때문이다. '과학기술' 부문이 3위로 우수한데, 이는 R&D 총액(2위)과 1인당 총 연구개발 인력(3위)이 많기 때문이다.

'기술'은 디지털 혁신을 발전시킬 수 있는 역량을 나타내는 분야로, 기술의 규제 여건(23위)과 자본 여건(15위)이 안 좋은 편이다. 그러나 고도기술 수출 비중(6위)이 높아 기술 여건(7위)은 좋다. '미래준비도'는 디지털 변화에 대한 준비 정도를 측정하는 분야로, 전자 참여 지수(1위)와 인터넷 소매업 매출액(1위)이 높이 평가되어 신기술 적응도(1위)가 높다. 그러나 부족한 점은 '빅데이터 및 분석 기술 활용(34위)'은 부족하고, '소프트웨어 불법복제(20위)'가 아직도 소프트웨어 산업 발전에 장애 요소가 되고 있다.

우리나라가 디지털 경쟁력을 강화하기 위해서는 결국 규제 여건, 자본 여건, 인재 부문 등에서의 경쟁력을 높이는 것이 우선적인 과제이다. 한국(8위)보다 디지털 경쟁력이 높은 국가들은 1위에서 7위까지 덴마크, 미국, 스웨덴, 싱가포르, 스위스, 네덜란드, 핀란드의 순이며, 기타 주요 국가들은 영국(16위), 중국(17위), 독일(19위), 일본(29위) 등이다.

주요국의 데이터 사이언스 발전전략

우리나라와 밀접한 관계에 있는 미국, 일본, 중국 등의 인공지능을 포함한 데이터 사이언스의 발전전략에 대해 알아보자. 우선 미국이 선두주자이므로 미국에 대해 상세히 살펴보기로 한다.

미국

미국은 세계적으로 데이터 사이언스의 진흥정책, 연구개발, 교육, 산업 적용 등 모든 분야에서 가장 앞서가는 나라이다. 미국은 이미 2013년부터 10년간 총 30억 달러를 투자해 AI와 관련이 깊은 뇌과학 분야의 기초 연구 지원인 'Brain Initiative' 전략을 발표(2013.4.)하여 연구를 진행하고 있다. 2016년에 미국은 '국가 인공지능 연구개발 전략계획The National AI R&D Strategic Plan'을 발표(2016.10.)하고, 정부의 인공지능 분야 장기 투자를 강화하기 위한 연구개발 전략 방향을 제시하였다. 이 계획에 담겨 있는 7대 전략은 다음과 같으며, 이들은 인공지능 발전전략에 중요한 지침이 되고 있다.

전략 1. 미국이 차세대에 AI의 세계적 리더를 유지하기 위해 발견과 통찰력을 가져올 AI에 우선으로 투자한다.
전략 2. 인간과 AI 간의 협업을 위한 효과적 방법을 개발한다.
전략 3. AI의 윤리적, 법적, 사회적 의미를 이해한다.
전략 4. AI 시스템의 안전과 보안을 보장한다.
전략 5. AI 훈련과 시험을 위해 공유할 공공의 데이터 집합과 환경을 개발한다.
전략 6. 표준과 벤치마크에 의해 AI 기술을 측정하고 평가한다.
전략 7. 국가 AI R&D 인력을 확보한다.

미국은 AI와 데이터 사이언스 관련 산업 발전의 원동력이 곧 인재양성이라 믿고, AI 교육은 대학의 컴퓨터과학(공학)과를 중심으로 인재양성에 힘쓰도록 권장하고, 데이터 사이언스 교육은 대학에 데이터 사이언스 관련 학과를 신설하여 인재를 양성하도록 권장하고 있다. 이들 학과 교육을 위해 미국국립과학재단National Science Foundation; NSF과 미국 과학·공학·의학 한림원The National Academies of Science·Engineering·Medicine은 재정 지원 및 커리큘럼 표준화를 위해 전면에 나서고 있다.

미국은 정부 차원에서 AI 발전에 깊은 관심을 가지고 'The White House Summit on AI'를 개최(2018.5.)하면서 혁신을 위한 규제 장벽 제거와 'AI 위원회' 설치 등을 의결하였다. 또한, 트럼프 전임 대통령은 AI 발전계획 행정명령으로 '미국 AI 주도전략American AI Initiative'에 서명(2019.2.)하였고, 정부의 자원을 AI 발전에 집중할 것을 천명하였다. 미국은 정부 차원의 발 빠른 대응과 더불어 구글, 마이크로소프트, 애플, 아마존 등과 같은 세계적인 IT 민간 기업들 1,400여 개의 AI 스타트업 그리고 대학, 연구소, 공공기관, 기업 간의 협력생태계를 조성하여 AI 강대국의 길을 가고 있다. 데이터 사이언스 분야에서의 미국의 힘은 실제로 IT 민간 기업들의 자발적인 활발한 연구 참여에서 나오는 것으로 보인다.

미국은 빅데이터 기술의 발전을 위해 NSF가 지원하여 2017년 전국에 4개 빅데이터 지역혁신 허브Big Data Regional Innovation Hubs를 구축하였다. 이들 허브는 50개 주의 산업계, 학계, 비영리법인, 지방 및 연방 정부 기관 등 250개 참여 기관으로 구성되어 있다. 미국은 이러한 빅데이터 허브 사업을 통해서 빠르게 증가하고 있는 데이터를 효율적으로 관리하고 활용함으로써 과학기술발전과 사회·경제적 문제해결 및 국가안보 문제 등을 해결하고 있다.

NSF 외에 또 하나의 큰 연구지원기관인 국립보건원National Institutes of Health; NIH은 2013년부터 'Big Data to Knowledge(BD2K) 프로그램'을 시작하였다. 이 프로그램은 NIH가 혁신적 기법의 연구개발을 위하여 빅데이터와 데이터 사이언스를 생의학 연구와 결합시키는 프로그램으로, BD2K 센터를 설립하여 운영한다. BD2K 센터는 새로운 접근법, 소프트웨어, 도구, 교육 프로그램 개발 등의 지원을 하고, 생의학 분야의 데이터 사이언스를 발전시키기 위해 13개 우수센터를 지원하고 있다.

일본

일본은 미국에 뒤져있는 AI 기술 경쟁력 확보를 위해 산업경제 관점의 혁신성장 정책으로 '초스마트사회(Society 5.0) 건설(2016.1.)', '일본재흥전략(2016.6.)', 'AI 산업화 로드맵(2017.2.)', '신산업구조비전(2017.5.)', 'AI 산업화 로드맵(2017.2.)', 'AI 전략 2019' 등을 발표하며, 단계적으로 치밀한 전략을 세우고 추진하고 있다. 'Society 5.0'은 과학기술 관점의 기술정책인 '제5기 과학기술 기본계획(2016.1.)'에 근거한 정책으로, 최근에 기술적 변화가 촉발한 새로운 사회상을 초스마트사회(Society 5.0)라고 정의하였다. 스마트사회 1.0~4.0은 차례로 수렵사회, 농경사회, 공업사회, 정보사회를 의미하는 것이다.

특히 '일본재흥전략'에서는 생산성 혁명 차원에서 AI 경쟁력 확보와 적극적인 투자를 강조하였다. 또한, 일본이 보유한 강점인 로봇, 제조업 등과의 융합을 통한 차세대 인공지능 R&D을 추진하면서 자율주행, 스마트공장, 소형 로봇 등의 신기술 도입을 통한 고부가가치 창출을 위해 2020년까지 30조 엔의 투자 계획을 밝혔다. 그리고 새로운 대학과 대학원의 창설과 실리콘밸리-일본의 연계 프로젝트 등 인재양성에 관한 시책에서 AI 분야의 기술 및 법·제도에 대한 교육을 강조하였다. 'AI 전략 2019'에서는 일본이 미래 지향적으로 선언한 Society 5.0을 통해 글로벌 과제해결에 기여하고 동시에 일본 사회의 과제극복을 위해 앞으로 AI 활용 환경정비 및 대책을 마련하기로 했다. 이를 위한 교육개혁, 연구개발, 사회응용을 포함하는 종합적 정책을 여기서 제시하였다.

특히 일본은 고령화 문제가 국가적 과제라고 진단하고, 고령화 사회에 대비하여 노인 돌봄 AI 로봇 개발 등에 집중적으로 투자하기로 하였다. 실제로 AI 로봇 분야에서는 일본이 가장 앞서가고 있다. 일본은 Society 5.0 사회를 구축하기 위해 '수리數理·데이터 사이언스·AI 교육'을 대학 전 학년(50만 명/년 규모)에 기초 교양 교육으로 정하는 등 국가적 차원에서 시대적 모델로 정하기로 했다. 이러한 사실을 종합하면, 일본이 발 빠르게 시대적 요구에 대응하고 있음을 알 수 있다.

중국

중국은 빅데이터, 인공지능, 사물인터넷 등의 4차 산업혁명 기술을 중심으로 과학기술혁신 강국 건설을 목표로 잡고, 2050년까지 3단계 발전전략을 2016년에 '혁신주도형 발전전략 규획 강요'에서 발표하였다. 제1단계는 2020년까지 '혁신형 국가 대열 진입'이 목표이며, 이를 위해 과학기술의 경제사회발전 기여도를 60%로 확대하고, 지식집약형 서비스산업 부가가치의 GDP 비중을 20%로 올리며, GDP 대비 R&D 투자를 2.5%(2016년에는 2.11%)로 높이는 것이다. 또한, 동아시아에서 일본이나 한국과 대등한 과학기술력을 갖는 것이다.

제2단계는 2030년까지 '혁신형 국가 선두 진입'이 목표이며, GDP 대비 R&D 투자를 2.8%로 늘리고, 추격 주도의 기술혁신 패러다임을 병행·선도로 전환하는 것이 중국의 목표이다. 이때 과학기술력에서 미국과 대등한 수준까지 발전하는 것이다. 그리고 마지막 단계인 제3단계에서는 2050년까지 '과학기술혁신 강국으로 변신'하는 것이 목표이며, 미국을 추월하는 과학기술력을 확보하여 세계 일류 수준의 연구소와 대학을 확보하는 것이다. 또한, 국제경쟁력을 갖춘 산업을 육성하고, 혁신 친화적 제도 및 환경을 형성하는 것이다. 매우 야심 찬 전략이라고 볼 수 있다. 중국의 3단계 발전전략에 대해서는 '윤대상(2017)', '이충희 외(2019, 2020)' 등에 상세히 설명되어 있다.

또한 중국은 '인터넷 플러스 3년 액션플랜(2016)', '차세대 AI 발전 규획(2017)'을 발표하면서, 2030년까지 인공지능 핵심 산업에 1조 위안(약 180조 원)을 투자하고 관련 산업 규모를 10조 위안까지 확대하겠다고 발표하였다. 인공지능 발전을 위해서는 6대 중점 임무(개방·협력형 인공지능 과학기술 혁신체계 구축, 최첨단·고효율의 스마트 경제 육성, 차세대 인공지능 프로젝트의 선도적 추진 등)를 핵심적으로 제시하였으며, 이와 같은 장기적인 정책 집행을 위한 컨트롤 타워로 2017년에 '차세대 인공지능 발전계획 위원회'를 설립하였다.

중국은 국가 차원의 대규모 선행 투자로 인공지능 R&D와 산업육성은 물론 인재양성을 종합적으로 추진하고 있다. 중국은 국가 교육 전략을 통해 '전 국민 스마트 교육 프로젝트'를 실시하고, 초·중·고등학교에 인공지능 관련 과목을 개설하여 AI 교육을 확산할 것이라고 밝혔다. 또한, 중국 교육부는 2018년에 중국 최초로 '대학의 인공지능 인재 국제양성계획'을 베이징대학에서 시행한다고 발표하였다. 이 프로그램에서 2022년까지 세계적 수준의 인공지능 교수 500명, 대학원생 5,000명을 양성할 계획임을 밝혔다. 중국은 전략적 주요 정책으로 '중국 제조 2025', '인터넷 플러스' 등을 통한

(디지털 뉴딜, 그린 뉴딜, 안전망 강화) 국민보고대회에서 발표

11) '민·관 협력 기반 데이터 플랫폼 발전전략', 제23회 4차산업혁명위원회 전체회의, 2021년 6월 11일

12) '디지털 뉴딜 2.0' 발표, 2021년 7월 22일

13) '데이터산업 진흥 및 이용촉진에 관한 기본법' 2021년 10월 19일 제정, 2022년 4월 20일부터 시행

14) '대한민국 디지털 전략', 2022년 9월 28일, 광주 김대중컨벤션센터에서 제8차 비상경제민생회의를 윤석열 대통령 주재로 발표

이들 전략은 상호 연관성이 깊으나, 강조하는 초점에 약간의 차이점이 있다. 이들 중에서 대표적인 전략은 6번과 9번이나 이미 1장에서 설명하였고, 여기서는 문재인정부의 대표적인 전략인 10번과 윤석열 정부의 최근 전략인 14번을 자세히 살펴보기로 한다.

'한국판 뉴딜' 전략

2020년 2월에 시작된 코로나바이러스 감염증 사태로 전 세계적으로 경제가 침체하고, 특히 우리나라는 무역을 통한 경제성장이 있는 나라이므로 이번 코로나 사태로 받은 경제적 타격이 컸다. 국내 경제를 활성화시키기 위해 문재인 정부는 '한국판 뉴딜' 계획을 발표하였다. 문 대통령은 2020년 7월 14일 청와대에서 '한국판 뉴딜 국민보고대회'를 열고 "한국판 뉴딜은 선도국가로 도약하는 대한민국 '대전환 선언'이자 '새로운 100년의 설계'"라며 "2025년까지 국고 114조 원을 직접 투자하고, 민간과 지자체가 46조 원을

투자하여 총 160조 원을 투입할 것"이라고 밝혔다. 이를 통해 190만여 개의 일자리를 창출하겠다는 의지도 밝혔다. '한국판 뉴딜'이 성공할지는 미지수이나, 우리나라가 나아가야 할 방향을 제시했다는 점에서는 가치 있는 정책이라고 볼 수 있다.

이 뉴딜 정책의 추진 배경은 세 가지로 첫째, 저성장·양극화 심화에 대응하고 경제 패러다임 전환을 추진 중이고, 둘째, 예기치 못한 코로나바이러스 감염증의 충격이 대공황 이후 전례 없는 경기침체를 초래하고 있으며, 셋째, 미국의 뉴딜정책에 버금가는 '한국판 뉴딜'을 추진해 위기 극복과 코로나 이후 세계 경제 선도를 위한 국가발전전략을 추진하기 위함이라고 밝히고 있다.

또한, 우리 사회가 구조적으로 변화하고 있는데, 그 특징은 다음과 같다. 첫째로 비대면 수요가 급증하면서 디지털 경제로의 전환이 가속화되고 있고, 둘째로는 저탄소·친환경 경제에 대한 요구가 증대하여 그린 경제로 전환을 촉진하고 있으며, 셋째로 경제·사회구조 대전환과 노동시장을 재편해 양극화 심화 요인을 줄일 필요가 있다는 것이다. 이러한 구조적 특징으로 '한국판 뉴딜' 정책이 절실히 필요하다는 것이다.

이 계획의 비전과 주요 2+1 정책 방향, 그리고 10대 대표과제 등은 〈그림 6.4〉와 같다. 그 비전으로는 '선도 국가로 도약하는 대한민국으로 대전환'이고, 2+1 정책 방향은 디지털 뉴딜, 그린 뉴딜, 안전망 강화이다. 이를 추진하기 위해서 10대 대표과제가 있고, 이들을 구체적으로 수행할 28개 과제가 있다. 10대 대표과제들은 디지털 뉴딜을 위해 ① 데이터 댐, ② 지능형 정부, ③ 스마트 의료 인프라가 있고, 디지털·그린 융복합을 추진하기 위해 ④ 그린 스마트 스쿨, ⑤ 디지털 트윈, ⑥ 국민안전 SOC 디지털화, ⑦ 스마트 그린 산단이 있으며, 그린 뉴딜을 위해 ⑧ 그린 리모델링, ⑨ 그

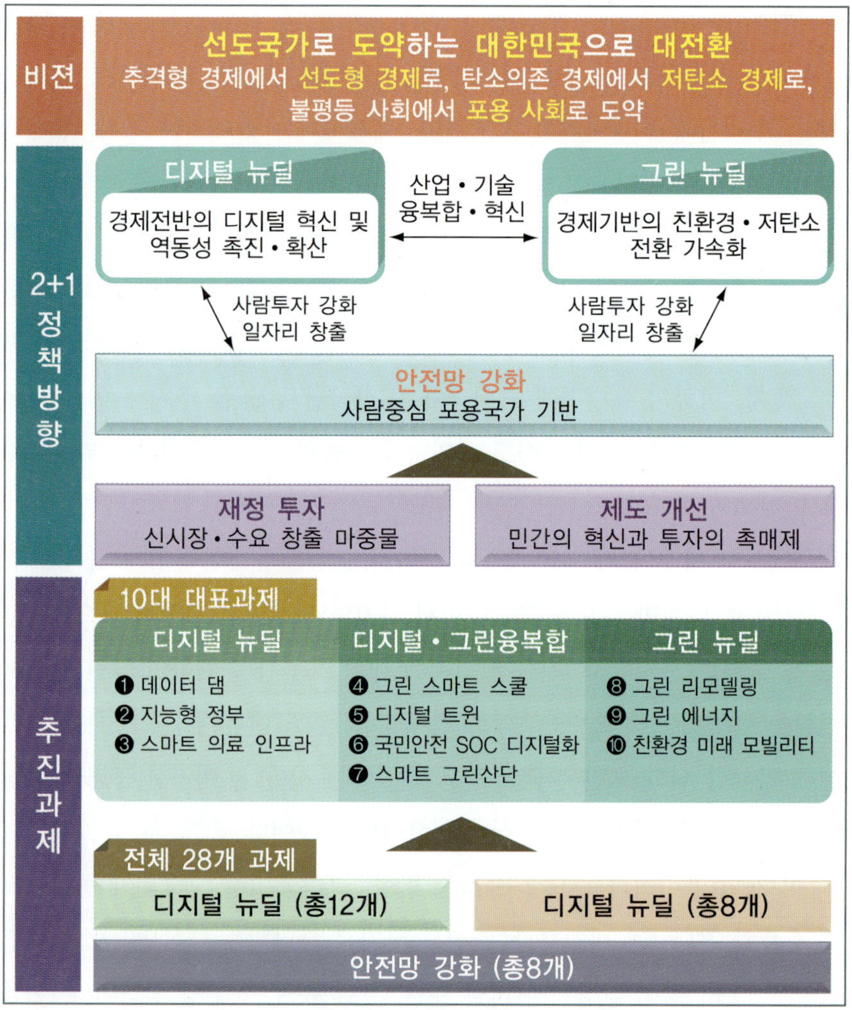

그림 6.4 한국판 뉴딜의 비전, 정책 방향과 추진과제

린 에너지, ⑩ 친환경 미래 모빌리티가 있다. 전체 28개 과제 중에서 구체적인 목표를 가진 사업들은 다음과 같은 것들이 있다.

디지털 뉴딜

- 2022년까지 전국 초중고 38만 교실에 와이파이 100% 구축
- 노후학교 2,890동에 태양광 발전 시설 설치
- AI 학습용 데이터 1,300종 구축
- 공공데이터 14.2만 개 전면 개방
- 분야별 빅데이터 플랫폼 구축(10개에서 30개로 확대)

그린 뉴딜

- 전국 500만 가구에 지능형 전력 계량기 보급
- 전기차 113만대 보급, 수소차 20만대 보급, 보급·충전 인프라 450대 설치

안전망 강화

- AI·SW 핵심인재 10만 명 양성, SW 중심대학교 40개 운영
- 녹색 융합기술 인재 2만 명 양성
- 한국형 디지털 직업훈련K-Digital Training을 통해 미래형 핵심 실무인재 18만 명 양성

'한국판 뉴딜' 정책은 코로나 사태로 어려운 경제국면에서 돌파구를 찾으려는 국가적 혁신성장 정책임은 확실하다. 그러나 이 정책이 성공하려면 넘어야 할 산이 많다. 지속 가능한 재정확보가 필요하고, 혁신성장의 발목을 잡는 각종 규제의 완화가 필요하다. 무엇보다도 기업들이 '한국판 뉴딜'에 자발적으로 참여하도록 하는 기업의 의지가 필요하고, 국민이 이런 거시적인 국가 혁신정책을 이해하고 동참해주는 것이 필요하다.

'대한민국 디지털 전략'

정부는 지난 2022년 9월 28일에 광주 김대중 컨벤션센터에서 제8차 비상경제민생회의를 열고, 윤석열 대통령은 "디지털을 기반으로 다시 도약하는 대한민국을 만들겠다"라며 '대한민국 디지털 전략'을 발표했다. 이 전략은 국가 디지털 정책을 이끌 핵심 방안을 제시한 것이다. 2022년에 우리나라의 글로벌 디지털 경쟁력은 세계 8위(2022년 IMD 세계디지털 경쟁력 평가 결과)이고, 한국의 글로벌 AI 경쟁력은 세계 7위(영국의 토터스인텔리전스가 발표한 2022년 글로벌 AI 경쟁력지수)이다. 정부는 이 전략 발표에서 핵심적인 내용으로, Δ 세계 최고의 디지털 역량, Δ 확장하는 디지털 경제, Δ 포용하는 디지털 사회, Δ 함께하는 디지털 플랫폼 정부, Δ 혁신하는 디지털 문화 등 5대 추진 전략과 19개 세부 과제를 발표했다. 이 전략의 구체적인 목표를 중요한 것만 제시하면 다음과 같다.

① 2027년까지 IMD 디지털 경쟁력지수를 3위로 끌어 올림

② 2027년까지 글로벌 AI 경쟁력지수를 3위로 끌어 올림

③ 2023년부터 AI, AI 반도체, 5·6세대(5·6G) 이동통신, 양자, 메타버스, 사이버보안 등 6대 핵심 기술 분야에 대한 연구개발R&D비를 집중적으로 투자할 것임. 예를 들면, 차세대 AI 원천기술에 2026년까지 3,018억 원을 투자하고, AI 반도체 핵심 기술에 1조 200억 원을 투입함. 또한 소프트웨어 시장을 서비스형 소프트웨어SaaS 중심으로 전면 개편하고, 2027년까지 2,000개 이상의 SaaS 기업을 육성하는 등 소프트웨어 산업 체질 개선을 함. 또한 6세대(6G) 이동통신 표준특허를 선점해 2026년 세계 최초로 시범 서비스를 시작함

④ 디지털 인재를 양성하기 위해 정보·컴퓨터 교육 수업시수를 현재보다 두 배가량 늘려 초등학교 34시간(현재 17시간), 중학교 68시간 이상(현재 34시간 이상) 교육을 받을 수 있도록 함

⑤ 디지털 6대 분야(AI, AI 반도체, 데이터, 사이버보안, 메타버스, 개인정보보호 등)에 대한 소프트웨어 중심대학과 대학원을 확대해 디지털 인재 100만 명을 양성함. 2027년까지 데이터 시장(2021년 23조 원)을 두 배 이상인 50조 원 이상으로 확대 발전시킴

⑥ 2022년 기준 향후 23개의 유니콘 기업(기업가치 10억 달러 이상인 비상장 기업)이 100개까지 늘어날 것으로 전망

⑦ 광주광역시를 디지털·인공지능 혁신도시로 육성하여 광주를 한국의 실리콘밸리가 될 수 있도록 정부가 재정적·제도적 지원을 함

선진국을 중심으로 요즘 전 세계 학생들은 AI와 SW를 '열공'하고 있다고 볼 수 있다. 미국, 영국뿐 아니라 중국, 인도 등 신흥국 학생도 국어, 영어, 수학에 맞먹을 만큼 AI·SW 교육을 받는다. 디지털 전환 속도가 빨라지면서 미래 인재 확보를 위해 각국이 앞다퉈 교육 시간을 대폭 늘렸기 때문이다. 반면 한국 초등학생의 AI·SW 교육은 한 달 1시간 남짓에 불과하고, 정보교육 교사도 충분하지 않다. 일부 학부모와 학생들이 코딩학원을 찾지만, 그나마도 고등학교에 진학하면 대부분 그만둔다. 수학능력시험에 나오지 않기 때문이다.

이처럼 '디지털 선진국'으로 가는 우리나라의 AI·SW 교육 현실이다. 열악한 현실은 통계(〈그림 6.5〉 참조)에서 뚜렷하게 나타난다. 소프트정책연구소SPRi에 따르면, 한국 초등학교 정보교육 시간은 17시간에 불과하지만 미국(캘리포니아 기준)은 100시간, 영국은 204시간, 호주는 256시간에 달한

업혁명 핵심 기술들은 모두 데이터 기반 기술이므로, 데이터산업의 중요성과 역할은 아무리 강조하여도 부족함이 없다.

한국데이터산업진흥원의 '2020 데이터산업 현황조사' 결과에 따르면, 국내 데이터산업 시장 규모는 2019년에 16조 8,582억 원으로, 1년 전과 비교하여 8.3% 성장했고, 2020년은 19조 2,736억 원(추정치)으로, 전년보다 14.3%의 고속성장을 하였다. 이 조사는 2020년 11~12월에 데이터 관련 사업체 8,014개 중에서 1,364개를 표본으로 하여 이루어진 조사이다. 데이터산업 시장이 2018~2020년 3년 동안에 연평균성장률CAGR; Compound Annual Growth Rate이 11.3%로 매우 빠른 성장률을 보였다. 〈표 6.3〉은 2016~2020년 사이의 데이터산업 시장 규모를 보여주고 있다.

2020년 데이터산업 시장에서 가장 큰 비중은 데이터 판매 및 제공 서비스업(48.6%)이 차지하고, 데이터 구축 및 컨설팅 서비스업(38.6%), 데이터

표 6.3 국내 데이터산업 시장 규모, 2016~2020(E) (단위: 억 원, E: 추정치)

구분	데이터 처리 및 관리 솔루션 개발·공급업	데이터 구축 및 컨설팅 서비스업	데이터 판매 및 제공 서비스업	합계
2016년	15,720	55,850	65,977	137,547
2017년	16,457	58,894	68,179	143,530
2018년	18,617	61,290	75,778	155,684
2019년	20,805	65,412	82,364	168,582
2020년 (E)	24,623	74,361	93,752	192,736
증감률 '18~'19	11.8%	6.7%	8.7%	8.3%
CAGR '18~'20(E)	15.0%	10.1%	11.2%	11.3%

처리 및 관리 솔루션 개발·공급업(12.8%) 순이다. 한국데이터산업진흥원에서 발간한 '2020 데이터산업백서'에서 데이터산업은 2019~2025년까지 연평균 11.3%의 높은 지속성장을 할 것으로 예측하였고, 이 경우에 2025년에는 32조 원을 넘어서는 시장이 형성될 것으로 보았다. 어떤 산업보다도 가장 성장이 빠른 산업이라고 할 수 있고, 확실히 데이터 경제 시대가 도래한 것을 증명해 주고 있다. 이 백서에서는 세계 데이터산업 시장의 규모를 2018년에 1조 9,000억 달러로 보고 있다. 엄청나게 큰 규모이다. 국내 데이터산업이 더욱 성장하면 우리나라의 데이터 기업들도 세계 시장에 도전할 수 있을 것이다.

데이터산업 인력

'2020년 데이터산업 현황조사'에서 데이터산업에 종사하는 인력은 총 366,021명으로, 2019년 대비 6.2% 증가하였으며, 이 중 데이터 직무 관련 인력은 101,967명으로 2019년 대비 14.5% 증가하였다. 코로나 사태로 인력 증원이 전반적으로 어려웠으나 데이터산업에서는 높은 인력 증원을 볼 수 있다. 〈표 6.4〉는 2016년 이후 데이터산업 종사자 현황 추이를 보여주고 있다. 이 표에서 '데이터직무 외' 인력은 데이터산업에 종사하지만 '데이터직무' 일을 하지 않는 인력을 말한다.

데이터산업의 데이터직무 인력과 일반산업을 포함하는 전산업의 2020년 데이터직무 인력수는 총 15만 177명으로, 2019년 대비 14.8%의 증가세를 보인다. 〈표 6.5〉는 일반산업을 포함한 데이터직무 인력 현황을 보여주고 있다.

표 6.4 데이터산업 종사자 현황(2016~2020) (단위: 명)

구분	2016년	2017년	2018년	2019년	2020년	증감률 ('19~'20)
데이터 직무	73,256	77,105	82,623	89,058	101,967	14.5%
데이터 직무 외	215,365	217,648	235,439	255,614	264,054	3.3%
합계	288,621	294,753	318,062	344,672	366,021	6.2%

※ 데이터 직무 관련 인력은 데이터 설계자, 데이터 개발자, 데이터 분석가, 데이터베이스 관리자, 데이터 과학자, 데이터 기획자 등 데이터 관련 업무를 수행하는 인력을 의미한다.

표 6.5 전 산업의 데이터직무 인력 현황(2016~2020) (단위: 명)

<table>
<tr><th colspan="2">구분</th><th>2016년</th><th>2017년</th><th>2018년</th><th>2019년</th><th>2020년</th><th>증감률 ('19~'20)</th></tr>
<tr><td rowspan="4">데이터 산업</td><td>데이터 처리 및 관리 솔루션 개발·공급업</td><td>9,272</td><td>10,291</td><td>11,541</td><td>13,467</td><td>17,273</td><td>28.3%</td></tr>
<tr><td>데이터 구축 및 컨설팅 서비스업</td><td>35,404</td><td>37,516</td><td>40,197</td><td>42,979</td><td>48,644</td><td>13.2%</td></tr>
<tr><td>데이터 판매 및 제공 서비스업</td><td>28,580</td><td>29,298</td><td>30,885</td><td>32,611</td><td>36,050</td><td>10.5%</td></tr>
<tr><td>소계</td><td>73,256</td><td>77,105</td><td>82,623</td><td>89,058</td><td>101,967</td><td>14.5%</td></tr>
<tr><td colspan="2">일반산업</td><td>29,119</td><td>32,215</td><td>35,104</td><td>41,775</td><td>48,210</td><td>15.4%</td></tr>
<tr><td colspan="2">전 산업</td><td>102,375</td><td>109,320</td><td>117,727</td><td>130,833</td><td>150,177</td><td>14.8%</td></tr>
</table>

※ 일반산업 대상 조사: 금융, 제조, 유통 · 서비스, 교육, 동동, 통신 · 미디어, 의료, 건설, 물류, 농림축산 · 광업, 숙박 · 음식점, 유틸리티(전기 · 가스 · 수도 등) 등 12개 분야 100인 이상의 사업체 13,868개 중 1,200개 표본 조사

소프트웨어정책연구소SPRI는 '유망 소프트웨어 분야의 미래 일자리 전망(2018)'이라는 이슈 리포트에서 인공지능·빅데이터 분야는 인력의 수요 증가 대비 공급능력이 크게 부족하다는 문제를 제기하였다. 즉, 인공지능

표 6.6 인공지능 및 빅데이터 고급 인력의 수급전망 (단위: 명)

구분		2018년	2019년	2020년	2021년	2022년	합계
인공지능	수요	1,085	1,574	1,752	2,143	2,496	9,049
	공급	383	370	358	340	329	1,781
빅데이터	수요	631	737	866	1,039	1,166	4,439
	공급	259	250	242	230	222	1,202

※ 고급 인력: 대학원 석·박사취득자 기준, 인공지능 및 빅데이터 부분을 대상으로 재정리

과 빅데이터 분야의 고급 인력 수급전망을 보면 〈표 6.6〉과 같이 향후 인력 수급의 양적·질적 불균형 현상이 두드러질 것으로 예상한다는 것이다.

〈표 6.6〉을 보면 인공지능 분야의 고급 인력의 경우, 2018~2022년 5년간 수요는 계속 증가하는 데 비해 공급은 답보 상태인 것으로 나타나며, 수요 9,049명에 비해 공급은 19.7%인 1,781명에 불과하다. 빅데이터 분야 고급 인력(고급 데이터 과학자)의 경우도 같은 5년간 인력 수요는 꾸준히 증가하는 데 비해 공급은 오히려 감소 추이를 보이며, 기간 중 수요 4,439명에 비해 공급은 27.1%인 1,202명으로 역시 심한 수급 불균형 구조를 보인다. 인공지능과 빅데이터 분야의 고급 인력을 포함하여 데이터직무 인력을 체계적으로 양성하는 것이 데이터산업을 키우고, 데이터 사이언스의 국가 경쟁력을 확보하는 지름길이 될 것이다.

데이터 과학자, 가장 좋은 직업에 들어가는 새로운 직종

미국의 U.S. News는 매년 초에 그해의 가장 좋은 직업 100가지100 Best Jobs를 발표한다. 이는 물론 미국을 기준으로 한 것이지만 다른 나라에서도 향후

추세를 볼 수 있는 정보이므로 여기에 소개한다. 여기서 가장 좋은 직업의 의미는 임금이 상대적으로 높고, 미래 도전적이고, 재능활용도가 높고, 스트레스가 적으며, 경력 개발이 쉽고, 직장과 삶의 균형work-life balance도 좋으며, 직장 선택의 기회가 많은 것을 뜻한다. 가장 좋은 직업 100가지 중에서 순서대로 top 10을 열거[•]하면 다음과 같다.

Physician assistant(준의사)

의사를 대신하여 환자 진단도 하고 처방전도 쓴다. 미국의 준의사는 보통 대학교 학부 4년을 마치고 석사 준의사 과정 2년을 거친 후에 준의사 시험 PANCEPhysician Assistant National Certifying Exam를 통과해야 한다. 이는 한국에는 없는 제도이다. 중위 소득은 연봉으로 약 11만 2천 불 정도이다.

Software developer(소프트웨어 개발자)

소프트웨어 개발자는 창의적이고 혁신적이며 소프트웨어 개발 전문가이다. 중위 소득은 약 10만 8천 불이며 학사 학위도 가능하다.

Nurse practitioner(전문간호사)

석사학위와 같은 과정을 마치고 기술을 습득하여 일반적인 물리검사를 포함한 완전한 의료 경력을 갖춰야 한다. 또한, 독자적인 심리요법을 제공하며, 전통적으로 내과 의사들만이 하던 임무를 수행하는 전문간호사를 말한다. 이들은 간호사 중 대학원 교육과 특수 훈련을 받은 간호사를 말하고, 중위 소득은 약 11만 1천 불이다.

• 해당 자료는 미국 기준 자료이다.

Medical and health services manager(의료 건강 서비스 관리자)

건강관리시스템health care system이 발전하면서 의료와 건강 서비스에 관한 일에 종사하는 인력이 증가하고 있다. 이들은 효율적인 건강 관련 서비스를 하거나 의료 기관을 운영한다. 학사 자격이 요구되며 중위 소득은 약 10만 1천 불이다.

Physician(의사)

의사는 박사 학위 수준의 교육을 요구하며 업무량이 많으나 중위 소득(약 20만 7천 불)이 높은 직업 중 하나이다.

Statistician(통계 분석 전문가)

모든 분야에서 데이터로부터 의사결정을 돕는 정보를 제공하는 직업으로 석사학위 정도가 요구되며 중위 소득은 9만 1천 불 정도이다.

Speech-language pathologist(언어 재활사)

언어 재활사는 의사소통 장애인의 언어능력을 평가하고, 이를 바탕으로 치료하거나 교육하며 연구하는 직업이다. 관련 학과를 졸업한 뒤 실습을 거쳐 국가고시에 합격해야 한다. 석사 수준의 교육이 요구되며 중위 소득은 약 7만 9천 불이다.

Data scientist(데이터 과학자)

데이터 과학자는 데이터 사이언스를 공부하고 데이터 분석을 통하여 유용한 정보를 추출하는 전문가로, 통계 분석은 물론 IT 활용 능력, 실무 적용 능력도 갖춘 인재이다. 석사 수준의 교육이 필요하며 중위 소득은 약 9

만 4천 불이다.

Dentist(치과 의사)

치과 의사는 박사 학위 수준의 교육이 요구되며, 일반적으로 업무량이 많고, 중위 소득(약 15만 6천 불)이 높은 직업이다.

Veterinarian(수의사)

동물을 보살피는 의사로 박사위 수준의 교육을 받아야 하며 중위 소득은 약 9만 5천 불이다.

위의 10가지 직업을 보면 의료 계통이 제일 많고, 그다음이 데이터 사이언스와 관련이 깊은 소프트웨어 개발자, 통계 분석 전문가, 데이터 과학자 등이 있다. 따라서 가장 좋은 직업군으로는 의료 계통과 데이터 사이언스 계통이라고 볼 수 있다. 이런 추세는 미국만이 아니라 전 세계적으로도 같은 추세이다.

지금은 4차 산업혁명 시대이다. 이 시대에는 기술의 발전이 가장 중요하며, 기술과 관련된 직업들이 향후 더욱 중요한 자리를 차지할 것이다. 2021년 현시점에서 U.S. News에서 발표한 가장 좋은 기술 분야 직업best technology jobs 중 top 10을 열거하면 다음과 같다. 대부분이 IT와 컴퓨터 관련 직업이고, 유일하게 데이터 과학자가 2위에 올라 있다. 기술 분야에서는 확실히 IT와 데이터 관련 분야가 가장 좋은 기술 분야임이 입증되는 것이다.

1) Software developer (소프트웨어 개발자)

2) Data scientist (데이터 과학자)

3) IT manager (정보통신 관리자)

4) Information security analyst (정보 보안 분석가)

5) Computer systems analyst (컴퓨터 시스템 분석가)

6) Computer network architect (컴퓨터 네트워크 설계자)

7) Database administrator (데이터베이스 관리책임자)

8) Web developer (웹 개발자)

9) Computer systems administrator (컴퓨터 시스템 관리책임자)

10) Computer support specialist (컴퓨터 지원 전문가)

데이터산업의 경제적 효과

데이터산업의 경제적 효과는 데이터 시장이 국가 경제 생태계 전체에 미치는 영향이 어느 정도인가를 평가하는 것이다. 디지털 기술이 발달함에 따라 데이터의 수집, 저장, 처리, 배포, 분석, 정교화, 전달 및 활용이 쉬워졌다. 그 결과 데이터산업 관련 시장이 형성됐고, 이 시장은 직접 또는 간접적으로 국가 경제 전체에 영향을 미쳤다.

데이터의 경제적 효과는 직접 효과와 간접 효과로 나뉜다. 직접 효과는 데이터산업 그 자체에 의해 형성된 경제적 효과를 말한다. 즉, 데이터 생산과 서비스와 관련한 모든 비즈니스 활동으로 데이터산업 내에서 형성된 매출, 수익, 인력 고용 등의 효과를 말한다. 반면에 간접 효과는 데이터산업이 타 산업이나 타 조직에 미치는 여러 가지 영향을 말한다. 예를 들어, 타 산업이 데이터에 기반을 둔 프로세스를 통해 생산을 효율화하거나 데이터를 활용하여 표적 광고 및 개인 맞춤형 광고를 제공함으로써 마케팅 기술을 향상시키는 것이다. 또는 데이터를 활용하여 기존 조직의 관리 방식을 개선함으로써 불필요한 자원 소모를 최소화해 조직의 생산성을 높이는 것 등이다.

데이터산업이 활성화되면 사회에도 긍정적인 영향을 준다. 예를 들어, 정치에도 데이터에 근거한 정치를 함으로써 국민이 원하는 바람직한 정치를 할 수 있고, 데이터에 의한 합리적인 미래 예측이 가능해 각종 사회문제(인구, 교육, 교통, 범죄 등)에 대해 현명하게 사회가 대처할 수 있는 길을 제시할 것이다. 또한, 유능한 데이터 인력이 필요해짐에 따라 대학에서의 데이터 사이언스 교육도 수요가 많아질 것이며, 대학에서 교육받은 데이터 과학자들이 데이터산업 현장에서 직접 일할 수 있음에 따라 상호 선순환의 데이터 경제 시대를 열 수 있을 것이다.

데이터 전문 인력 10만 명 양성 전략

소프트웨어정책연구소SPRI에서 발표한 '유망 소프트웨어 분야의 미래 일자리 전망(2018)'에 보면 〈표 6.6〉에서 보인 바와 같이 2021~2022년에 인공지능과 빅데이터 분야에서 고급 인력이 매년 각각 1,000명 정도 수요가 공급보다 많은 것으로 나타났다. 과학기술정보통신부는 2018년 12월 혁신성장에 필요한 인재를 체계적으로 양성하기 위한 '4차 산업혁명 선도 인재 집중 양성 계획(2019~2023년)'을 발표하면서 이 5년의 기간 동안 4차 산업혁명 선도 인재(주로 인공지능, 빅데이터 분야)가 1만 명 정도 필요하다고 밝혔다. 2019년 12월에 정부는 관계부처 합동(2019)으로 '인공지능(AI) 국가전략'을 발표하면서 2030년까지 필요한 고급 및 전문 AI 인력을 예측하였다.

AI 인재를 얘기할 때 전문학사, 학사, 석·박사를 포함한 AI 인재를 '전문 AI 인재'라 말하고, 석·박사급 인재들은 '고급 AI 인재'라고 칭한다. 필요한 인재 규모는 〈그림 6.6〉에서 보는 바와 같이 2022년 근처에서는 연간 고급인재 1,000명, 전문 인재 4,000명 정도이고, 2030년에 가면 연간 고급 인재는 2,000명, 전문 인재는 8,000명으로 보고 있다.

앞의 〈표 6.6〉과 〈그림 6.6〉로부터 유추해 볼 때, AI 고급 인재양성은 2030년까지 2만 명 정도가 필요해 보인다. 또한, 빅데이터 관련 고급 인력은 3만 명 정도가 필요하다고 볼 수 있다. AI와 빅데이터를 동시에 다룰 수 있는 인력 수요가 급증할 것으로 예상됨에 따라 AI와 빅데이터를 둘 다 다룰 수 있는 고급 데이터 과학자는 2030년까지 5만 명 정도 필요할 것으로 예측된다. 결국, AI를 포함한 데이터 관련 전문인력은 2030년까지 총 10만 명 정도가 필요할 것으로 판단된다. 정부는 이러한 규모의 10만 명 양성계획을 세워서 강력히 추진해 나가야 할 것이다.

다행스럽게도 2020년 말 현재 AI 대학원이 8개 대학(KAIST, GIST, UNIST, POSTECH, 성균관대, 고려대, 연세대, 한양대)에 세워져 있고, 서울대학교에는 데이터 사이언스 대학원이 설립되어 있다. 이들은 모두 AI와 빅데이터를 포함한 데이터 사이언스를 교육하고 있으므로, 고급 데이터 과

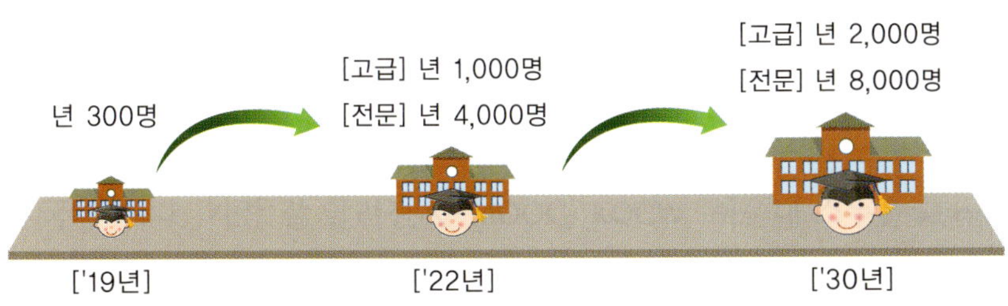

그림 6.6 '인공지능 국가전략'에서 예측한 연간 필요한 AI 인재양성 규모

세바시sebasi 등이 잘 알려져 있다. 이들은 대부분 무료로 공개되는 서비스이며, 실시간으로 PC 또는 스마트폰으로 시청할 수 있다.

K-MOOC

K-MOOC(http://www.kmooc.kr)는 온라인을 통해서 누구나, 어디서나 원하는 강좌를 무료로 들을 수 있는 공개강좌 서비스로 2015년에 시작된 한국형 무크이다. 먼저, 이 사이트에 들어가면 방대한 동영상 자료가 있는데, 무료교육도 많고 유료도 존재한다. 대부분 무료교육이고 학과 수업처럼 체계적인 진도와 성적 관리를 자랑하고 있다. 최근 코로나로 인한 비대면 강좌가 보편화 되고 있다. 비대면 강좌 대부분은 Zoom을 활용한 실시간 강의와 강의자료를 녹화하여 파일을 업로드하는 두 가지 방식으로 진행되는데, 대학의 교수들이 학생들의 학습 성취와 이해도를 높이기 위해 다양한 자료를 선보일 때는 K-MOOC의 자료를 참고하는 경우가 많다.

KOCWKorea OpenCourseWare

KOCW(http://www.kocw.net)는 국내·외 대학 및 기관에서 자발적으로 공개한 강의 동영상, 강의자료를 무료로 제공하는 서비스로, 대학생이나 교수는 물론 배움을 필요로 하는 누구든지 언제 어디서나 이용할 수 있다. 여기서 OCW란 OpenCourseWare의 약어로 학습자들이 교육과 학습에 활용될 수 있도록 공개적으로 제공되는 무료 교수학습 자료를 의미한다. 대표적인 OEROpen Educational Resources(교육자원공개)기관으로는 MIT, UNESCO, GLOBE 등이 있으며, 취지는 CCLCreative Commons Licence에 의한 정보에 따라 무료 개방조건으로 사용할 수 있다. 한국형 KOCW는 OER 운동의 하나로 만들어진 국내 고등 교육 이러닝 강의 최다 보유서비스이다.

서울대 스누온SNUON

Seoul National University Open Education을 의미하는 SNUON(스누온, https://ctl.snu.ac.kr/ko/elearning/snuon)은 K-MOOC처럼 서울대학교의 전공별 강의 동영상, 강의자료를 무료로 제공하는 서비스이다. 서울대학교 교직원, 학생 및 졸업생, 일반인 모두 간단한 회원가입을 거쳐 본 사이트 서비스를 이용할 수 있다. 최근에는 교수학습개발센터(Center for Teaching and Learning)에 편입되어 관리되고 있다.

자기 전공 분야의 우리나라 최고 석학의 명강의를 접하고 싶다면, 이 사이트를 추천한다. 전공 분야별로 난이도는 있지만, 교수들의 친절한 강의와 명쾌한 설명으로 서울대학교 본교 학생뿐만 아니라 일반인이나 다른 학교의 학생들에게도 인기가 높다.

세상을 바꾸는 시간 15분(세바시)

K-MOOC, KOCW, SNUON은 전공과목별, 이용자별 강의 동영상 무료 서비스이다. 물론 제공되는 강의자료나 영상을 훌륭하지만, 해당 분야에 전공자가 아니라면 방문 가능성이 낮다. 반면 이번에 소개하는 세바시(sebasi, https://www.sebasi.co.kr/support/introduction)는 전공별 강의 영상과는 다르게 콘텐츠나 이야기별로 영상을 제공한다. '행복한 사람들의 공통점', '나이 들수록 아는 게 없어진다면 꼭 해봐야 하는 일', '일이 안 풀려서 남을 원망하고 싶을 때 이렇게 해 보세요.', '우울함에 맞서는 방법' 등과 같이 호소력 있는 주제를 선정하여 저명인사, 연예인, 교수 등 각계각층의 강의 연사가 출연해 약 15분 정도 이야기하듯이 강연한다.

이처럼 세바시는 '내일을 바꾸는 배움'을 목표로 하고 있다. 또한, 비대면 수업의 가장 큰 단점은 꾸준히 화면에 집중하기가 어렵다는 것이다. 학생 환경과 학습자의 개인차는 있겠지만, 20분이 지나면 집중도가 떨어지게 된다. 이런 한계점을 극복하기 위해 세바시는 20분이 넘는 영상은 거의 제공하지 않는다.

유튜브로 제공되는 세바시 강연 Sebasi Talk 정보란에는 '더 좋은 세상을 위한 지식과 경험, 그리고 아이디어를 15분 스토리로 구분한다. 세상에서 가장 소중하고 보람 있는 15분', '세상을 바꾸는 시간, 15분'의 모든 강연을 볼 수 있는 유튜브 채널이다. 이 채널은 2011년 5월부터 시작한 지금까지 조회수가 2억 3천만을 상회하고 있으며, 다양한 콘텐츠를 추가하여 인기를 유지하고 있다.

국외 공개강좌 사이트

다음으로 국외이다. Forbes(2020)에서 '9개의 온라인 데이터 사이언스 무료 교육(The 9 Best Free Online Data Science Courses In 2020)'*을 소개하였다. 여기서 제공하는 사이트는 공식적인 인증서나 교육 이수증을 제외하면, 교재나 내용이 거의 무료이고 알찬 정보가 가득하다. 이 외에 대표적인 국외 사이트들은 다음과 같다.

John Hopkins University Data Science Crash Course**

이 사이트는 데이터 사이언스란 무엇이며, 어떻게 작동하는지 그리고

* https://www.forbes.com/sites/bernardmarr/2020/02/24/the-9-best-free-online-data-science-courses-in-2020/
** https://www.classcentral.com/course/data-science-crash-course-4392

무엇을 위해 사용될 수 있는지에 대한 '유연한' 개요를 제공하도록 설계되었다. 이 과정은 데이터 사이언스의 기술적 측면에 대한 소개를 제공하지만, 특히 데이터 사이언스 작업을 관리해야 하는 사람들을 위한 '큰 그림'을 이해하는 것을 목표로 하고 있다.

Alison의 Introduction to Data Science(Revised)*

이 사이트는 단계별 학습으로 설계된 과정이다. 데이터 사이언스 프로세스의 핵심 주제와 기계학습에 대한 소개를 3개의 모듈로 나누는 완전 무료 과정이다. 각각의 단계를 완료하는 데 약 3시간이 걸리며, 각 단계를 마칠 때마다 평가를 하도록 설계되었다.

Microsoft의 Data Science and Machine Learning Essentials**

이 사이트는 회사원 경력 개발을 위한 과정이 주류이다. 실무적 지식과 이론적 지식을 혼합하여 진로 전망을 개선하고자 하는 사람들을 대상으로 한 본 코스는 핵심 개념과 용어, 회귀, 클러스터링, 분류 등의 통계 기법, 모델 구축 및 평가에 필요한 실무 단계 등을 안내한다.

Dataquest의 Learn Data Science***

이 사이트는 100% 무료과정은 아니지만, 데이터 사이언스 관련 무료 정보만이라도 상당히 유용하다. 주로 독점 콘텐츠를 제공하는 유료 플랫폼이지만, Dataquest에 가입하는 모든 사람에게 데이터 작업, 데이터 시각화, 데

* https://alison.com/course/introduction-to-data-science-revised
** https://www.classcentral.com/course/edx-data-science-and-machine-learning-essentials-3954
*** https://www.dataquest.io/?utm_source=learndatasci

이터 마이닝, Python, R에서 알고리즘 구성과 같은 필수 주제를 다루는 많은 무료 입문 모듈을 제공한다.

Harvard의 Data Science[•]와 기타 대학 사이트들

이 사이트에서는 Harvard의 데이터 과학 과정에 대한 모든 수업 자료와 강의를 온라인에서 무료로 제공한다. 학위 인증 과정은 아니지만, 이 과정은 데이터 과학자가 될 만큼 충분히 상세하고 기술적이다. 또한, 데이터 사이언스 학위의 일부이며 프로그래밍, 수학 및 통계와 같은 핵심 분야에 대한 사전 지식이 있거나 연구 중인 학생들을 위해 구성되었다.

이외에도 University of Michigan의 Introduction to Data Science in Python[••]이 있고, Ram Reddy의 Learn Data Science with R[•••]이 있다. 또한 Rakesh Gopalakrishnan의 Introduction to Data Science Using Python[••••]이 있고, University of Notre Dame의 I Heart Stats: Learning to Love Statistics[•••••] 등이 있다.

Coursera

이 사이트(https://www.coursera.org/)를 마지막으로 국외 공개강좌 사이트의 소개를 마치고자 한다. Coursera는 스탠퍼드, 듀크, 구글, IBM 등 200개 이상의 주요 대학 및 회사와 협업하고 다양한 분야별 무료교육을 제공

• http://cs109.github.io/2015/pages/videos.html
•• https://www.coursera.org/learn/python-data-analysis?ranMID=40328&ranEAID=SAyYsTvLiGQ&ranSiteID=SAyYsTvLiGQ-Bfo4LFjaYn4mTYUpc2eISQ&siteID=SAyYsTvLiGQ-Bfo4LFjaYn4mTYUpc2eISQ&utm_content=10&utm_medium=partners&utm_source=linkshare&utm_campaign=SAyYsTvLiGQ
••• https://www.udemy.com/course/datascience_with_r/
•••• https://www.udemy.com/course/introduction-to-data-science-using-python/
••••• https://www.classcentral.com/course/edx-i-heart-stats-learning-to-love-statistics-3048

한다. 이 사이트는 Coursera에서 제공하는 예술·인문학, 데이터 사이언스, 정보기술, 수학 및 논리, 언어학습까지 방대한 분야의 교육과정을 보여주고 있다.

예전의 학습은 학교를 통한 오프라인이 주류였지만, 요즘은 코로나로 인해 비대면수업과 강좌가 대세가 되었다. 2020년도 대학 수업은 일부 실습을 제외하고는 거의 비대면 수업으로 진행되었다. 2021년도 1학기 수업 또한 비대면 수업 지침으로 진행되고 있다. 이처럼 비대면 수업은 코로나 사태와 함께 우리에게 생활화가 되었다.

필자들은 비대면 교육방식인 Zoom 실시간 화상회의와 PPT 화면녹화 후 스트리밍 기법을 적용한 강의 동영상 제작의 이원화 수업 방식으로 학부 학생들에게 통계학 관련 과목을 가르치고 있다. 2020년 1학기 때는 교수나 학생들이 비대면 수업 방식에 익숙하지 않아 불편함이 컸으나, 한 학기의 비대면 학습효과로 2학기 때는 수월하게 진행할 수 있었다. 그리고 대면과 비대면에 대한 설문 조사를 시행한 결과 대면보다는 비대면을 선호하였고, 비대면 중 Zoom 실시간 방식보다는 24시간 언제든지 볼 수 있는 강의 동영상 스트리밍을 선호하였다. 이것은 비대면 수업이 체질화되었다는 증거로 볼 수 있다.

최근 코로나 사태가 진정되고 대면 수업으로 전환되고 있다. 하지만 완전한 비대면 수업의 배제는 힘들 것이다. 이런 세태를 비유라도 하듯이 어떤 유명한 교육학자가 학교의 경계가 없어지고, 대학이 사라지는 세상이 올 것이라고 말하였다. 이는 먼 미래가 아니라 곧 다가올 내일의 일이 될 수도 있다고 생각된다.

대학에서의 데이터 사이언스 교육 현황

우리나라는 2012년 3월에 전국 최초로 미래창조과학부(현재는 과학기술정보통신부) 사업의 지원으로 충북대학교에 빅데이터 전문가 석사과정(계약학과의 형태)으로 비즈니스데이터융합학과를 개설하였다. 그 후 2013년 국민대학교에 대학원 석사과정과 학부과정의 데이터 사이언스 교육이 시작되어 최근에 많은 대학에서 데이터 사이언스 학사, 석사, 박사 과정을 운영하고 있다.

넓은 의미에서 보면 데이터 사이언스는 인공지능AI을 포함하고 있으므로, 지난 몇 년 안에 개설된 AI란 이름을 가진 학과도 같이 정리하였다. 종래에 AI는 컴퓨터공학(혹은 과학)과에서 교육되고 있으나, 우리나라 대학 대부분이 컴퓨터공학과를 가지고 있으므로, 컴퓨터공학과는 리스트에서 제외하였다. 또한, 데이터 사이언스는 통계학과에서도 일부 교육되고 있으므로 통계학과도 리스트에서 제외하였다. 2021년 1월 현재 우리나라에서 데이터 사이언스와 AI 관련 학사, 석사, 박사 학위 과정을 운영하는 대학은 모두 66개교이며, 온라인이나 사이버 교육 프로그램은 제외하였다. 이 정보는 '대입정보포털어디가(http://adiga.kr/)', '대학알리미(https://www.academyinfo.go.kr/)' 그리고 대한민국 학술원 논문집의 논문 정보인 '박성현(2019)'에서 종합하여 정리한 것이다.

표 6.7 우리나라의 데이터 사이언스와 인공지능 학위 프로그램 (2021년 1월 기준 자료)

번호	대학 이름	소속	학위 이름	소속과(전공) 이름	분류계열
1	가천대학교	공과대학	공학사	AI·소프트웨어학부 인공지능 전공	공학
		일반대학원	공학 석사	인공지능학과	공학

번호	대학 이름	소속	학위 이름	소속과(전공) 이름	분류계열
2	가톨릭대학교	일반대학원	공학 석사	의료인공지능학과	공학
3	강남대학교	공과대학	공학 학사	산업데이터 사이언스학부	공학
		융복합대학원	데이터사이언스 석사	데이터사이언스 융합학과	인문사회
4	강원대학교	일반대학원	공학 석사	데이터사이언스학과	공학
5	광운대학교	공과대학	공학 학사	데이터사이언스 전공	공학
		일반대학원	공학 석사	인공지능융합학과	공학
6	건국대학교	일반대학원 (학과 간 협동과정)	데이터사이언스 석사	데이터사이언스 학과	자연과학
		일반대학원	인공지능 석사	인공지능 학과	공학
7	경남대학교	교육대학원	공학 석사	AI창의융합교육전공	공학
		공과 대학	공학사	빅데이터AI학 전공	공학
8	경상대학교	일반대학원	공학 석사	AI 융합공학과	공학
9	경북대학교	컴퓨터학부	공학사	데이터과학 전공	공학
		일반 대학원	인공지능 석사	인공지능학과	공학
10	경희대학교	경영대학원 경영학과	경영 석사	빅데이터 전공, AI 비즈니스 전공	경영
11	고려대학교	정보보호대학원	공학 석사	빅데이터 응용 및 정보보안 학과	공학
		컴퓨터정보 통신대학원	공학 석사	빅데이터 융합학과	공학
		일반대학원	석박사 통합 및 공학 박사	인공지능학과	공학
		빅데이터사이언스 학부(세종캠퍼스)	이학사	빅데이터사이언스 전공	자연과학
12	광주과학 기술원(GIST)	일반대학원	공학 석사, 공학 박사	AI 대학원	공학
13	국민대학교	일반대학원	일반 석사 일반 박사	데이터사이언스 학과	인문사회
		경영대학 경영학부	경영 학사	빅데이터 경영 통계 전공	경영
		경영대학원	경영 석사	AI빅데이터 경영 MBA 과정	경영
14	나사렛 대학교	공과대학	공학사	IT · 방송영상융합학부 인공지능 전공	공학

번호	대학 이름	소속	학위 이름	소속과(전공) 이름	분류계열
15	남서울대학교	일반대학원	공학 석사	빅데이터 · 인공지능 학과	공학
16	단국대학교	일반대학원	공학 석사	데이터 사이언스 학과	공학
		정보지식재산 대학원	공학 석사	인공지능공학과	공학
17	대구대학교	자연과학대학	이학사	수리빅데이터학부 통계 빅데이터 전공	자연과학
		공과대학	공학사	ICT융합학부 인공지능 전공	공학
18	대구카톨릭 대학교	공과대학	공학사	인공지능 · 빅데이터 공학과	공학
		일반대학원	의학 석사	인공지능 융합의학과 (학과간 융합과정)	의학
19	대구 한의대학교	의과학대학	이학사	IT의료 데이터 과학 전공	의학
20	대전대학교	자연과학대학	이학사	빅데이터사이언스 전공	자연과학
21	대진대학교	공과대학	공학사	데이터사이언스 전공	공학
22	동국대학교	과학기술대학	이학사	ICT빅데이터학부	자연과학
		일반대학원	공학 석사	인공지능학과	공학
		일반대학원	이학 석사	통계데이터사이언스 학과	자연과학
23	동명대학교	자연과학대학	이학사	데이터사이언스학과	자연과학
24	배재대학교	공과 대학	공학사	AI · 전기공학부	공학
25	부경대학교	공과 대학	공학사	데이터사이언스 전공	공학
		일반대학원	공학 석사	인공지능융합학과	공학
26	부산대학교	일반대학원	공학사	빅데이터협동과정	공학
27	상명대학교	일반대학원 (공학전공)	데이터사이언스 석사	데이터사이언스 학과	공학
28	상지대학교	이공과대학	응용통계학사	컴퓨터데이터정보학과	자연과학
29	서강대학교	정보통신대학원	석사	데이터 사이언스 전공, AI 전공	정보통신
		공과 대학	공학사	빅데이터사이언스 연계전공 인공지능 연계전공	공학
30	서울과학 기술대학교	일반대학원	공학 석사	데이터 사이언스 학과	공학
		IT정책전문대학원	석사	AI공공정책 전공	인문사회

번호	대학 이름	소속	학위 이름	소속과(전공) 이름	분류계열
31	서울대학교	인문대학 언어학과	인문 학사	연계전공 인문데이터 과학	인문사회
		데이터 사이언스 대학원	공학 석사, 박사	데이터 사이언스 학과	공학
32	서울시립 대학교	융합전공학부	학사	빅데이터 분석학	자연과학
33	서울여자 대학교	연계융합전공	공학사	데이터 사이언스 전공	공학
34	성신여자 대학교	자연과학 대학	이학사	수리통계데이터사이언스학부	자연과학
35	성균관대학교	일반대학원 지능정보융합원	공학석사	데이터사이언스 융합학과	공학
		일반대학원 지능정보융합원	공학 석사 공학 박사	AI · 로봇학과	공학
		정보통신대학원	공학석사	빅데이터 학과	공학
		인문사회대학	학사	일반지능융합전공	인문사회
		경영대학원	인문사회계열 석사	AI MBA	경영
		일반대학원	공학 석사, 박사	인공지능학과	공학
36	세명대학교	연계전공	공학사	데이터과학과	공학
37	세종대학교	소프트웨어 융합대학	공학사	데이터 사이언스 학과	공학
		경영전문대학원	빅데이터 경영학 석사(BD MBA)	빅데이터 경영학과	경영
		일반대학원	공학 석사	인공지능언어학과	공학
38	수원대학교	ICT 융합학부	공학사	데이터과학부	공학
39	순천향대학교	SCH미디어랩스	공학사	빅데이터공학과	공학
40	신라대학교	융합공과대학 컴퓨터 소프트웨어학부	공학사	클라우드/빅데이터 전공	공학
41	아주대학교	일반대학원 (공과대학)	공학 석사	인공지능 · 데이터 사이언스 학과, AI 융합네트워크학과	공학
		공과대학	공학 학사	인공지능융합학과	공학
42	안양대학교	ICT융합공학부	공학사	통계데이터과학전공	공학

번호	대학 이름	소속	학위 이름	소속과(전공) 이름	분류계열
43	연세대학교	정보대학원	정보시스템 석사	빅데이터 석사 과정 (기업연계 계약학과 형태)	정보
		일반대학원	공학 석사	반도체데이터사이언스 협동과정	공학
		일반대학원	석사, 박사	통계데이터사이언스 학과	인문사회
		일반대학원	공학 석사, 박사	인공지능학과	공학
		미래분교	공학사	데이터사이언스 학과	공학
44	원광대학교	자연과학대학	이학사	빅데이터금융통계학부	자연과학
45	울산과학 기술원	인공지능대학원	공학 석사	인공지능 전공	공학
46	이화여자 대학교	빅데이터분석학 협동과정	데이터분석학 석사	빅데이터분석학	자연과학
		경영전문대학원	경영 석사	빅데이터 MBA 과정	경영
		일반대학교	공학 석사	인공지능 · 소프트웨어 학부	공학
47	인하대학교	공과대학	공학사	데이터사이언스 학과	공학
48	전남대학교	공과대학	공학사	빅데이터금융공학전공, IoT · 인공지능 융합전공	공학
		일반대학원	공학 석사	인공지능융합학과	공학
49	전북대학교	일반대학원	공학 석사	태양에너지 AI융합학과	공학
50	전주대학교	일반대학원	공학 석사	인공지능학과	공학
51	중앙대학교	일반대학원	공학석사	AI학과	공학
52	청주대학교	공과대학	공학사	빅데이터통계학 전공, 인공지능소프트웨어 전공	공학
53	충북대학교	일반대학원 계약학과	빅데이터 전문가 석사	비즈니스 데이터 융합학과	자연과학
		경영정보학과	데이터 융합학사	빅데이터 학과	경영
54	한국교통 대학교	융합교육창업학부	학사	인공지능 · 빅데이터 전공	인문사회
		공과대학	공학사	데이터사이언스 전공	공학
55	한국해양 대학교	자연과학대학	이학사	데이터사이언스 전공	자연과학
56	한국산업기술 대학교	특수대학원	공학 석사	AI제조융합공학과	공학
57	한라대학교	공과대학	공학사	빅데이터사이언스 학과	공학

번호	대학 이름	소속	학위 이름	소속과(전공) 이름	분류계열
58	한림대학교	데이터과학 융합스쿨	이학사	데이터테크 전공	자연과학
		공과대학	공학사	AI융합 전공	공학
59	한양대학교	창의융합교육원	이학사	빅데이터 융합전공	자연과학
		공과 대학	공학사	데이터사이언스 학과	공학
		일반대학원	공학 석사, 박사	인공지능학과	공학
		ERICA 캠퍼스	공학 석사	인공지능융합학과	공학
60	한밭대학교	정보기술대학	공학사	인공지능소프트웨어학과, 지능미디어공학과	공학
		일반대학원	공학 석사	빅데이터융합학과	경영
61	호서대학교	과학기술융합대학	공학사	빅데이터 경영공학부, AI융합학부	공학
		일반대학원	이학 석사	AI컨텐츠융합학과	자연과학
62	홍익대학교	공과대학	공학사	데이터사이언스 전공	공학
63	KAIST	일반대학원	공학 석사, 박사	AI 대학원	공학
64	KC대학교	경영대학	경영 학사	빅데이터경영학과	경영
65	POSTECH	일반대학원	공학 석사, 박사	AI대학원	공학
66	UST (과학기술연합 대학원대학교)	IT 분야	공학 석사	빅데이터 과학과	공학

05

데이터 사이언스의 글로벌 경쟁력 강화 전략

우리나라에서 넓은 의미의 데이터 사이언스(인공지능, 빅데이터 기술 포함 등) 글로벌 경쟁력을 강화하기 위한 발전전략으로 다음과 같이 제안하고자 한다. 이 경쟁력 강화 전략은 대한민국의 미래 명운을 위해 매우 중요한 과제이므로 정부와 국민은 무엇보다도 우선으로 이를 달성하기 위해 노력해야 할 것으로 저자들은 믿는다.

데이터 컨트롤 타워의 구축

데이터 홍수 시대를 맞이하여 공공데이터, 민간데이터, 개인정보 등 수많은 데이터를 표준화시키고 효율적으로 관리하고 활용하기 위해서는 국가 차원에서 모든 데이터를 통합적이고 효율적으로 관리하고 수집할 수 있는 컨트롤 타워의 설립이 필요하다. 현재는 기획재정부 산하에 있는 통계청, 공공데이터포털을 운영하는 행정안전부, 공공데이터 전략위원회 등이 컨트롤 타워의 기능을 나누어서 수행하고 있다. 하나의 독립된 데이터 컨트롤 타워를 설립하기 위해서는 다음의 방안을 생각할 수 있다. 첫 번째로, 통계청의 업무를 확장하여 공공데이터, 민간데이터, 개인정보 등을 모두 취급하도록 통계법을 개정하여 통계청을 강화하는 방안이다. 이렇게 모든 데이터를 다루는 부서는 '통계'라는 말보다는 '데이터'란 말이 더 어울리므로, 강화된 통계청을 '데이터청'이라고 부르는 것이 좋을 것이다.

두 번째로, 통계청을 '통계처(부)' 혹은 '데이터처(부)'로 승격시키는 방안이다. 이 경우에 이미 조직되어 있는 개인정보보호위원회와 공공데이터 전략위원회도 여기에 속하게 하면 조직 운영 효율성에 도움이 될 것이다. 세 번째 방안은 데이터청 혹은 데이터부 대신 독립기구로 '(가칭)국가데이터위원회'를 두고 위원장을 장관급으로 하는 독립적인 행정기구를 만들어 그 위원장을 국무회의에 참석시키는 방안이다. 이 경우에 개인정보보호위원회나 공공데이터 전략위원회도 여기에 합병시킬 수 있을 것이다.

시대가 데이터 경제 시대로 접어들면서 우리나라도 발 빠르게 데이터청, 데이터부 혹은 국가데이터위원회의 설립을 심각하게 고려할 때가 되었다. 이를 통해 데이터산업이 발전하고 4차 산업혁명 기술에서 앞서간다면, 국가경쟁력 제고에도 큰 도움이 될 것이다. 정부에서 수집한 데이터는 원칙적으로 일반에게 공개하는 '오픈 데이터' 정책을 펼쳐, 데이터를 활용하는 많은 벤처 기업이 탄생할 수 있게 하고, 대학에서 빅데이터·인공지능 교육에도 유용하게 사용하도록 해야 할 것이다. 데이터청(데이터부 또는 국가데이터위원회)이 설립되어 학습용 빅데이터를 민간인들에게 무료로 개방한다면, 빅데이터·인공지능 교육 등에 큰 발전이 있을 것이다.

인공지능·데이터 사이언스 전문가 10만 명 양성

데이터 사이언스의 저변 확산과 데이터산업을 제대로 키우기 위해서는 무엇보다도 이를 다루는 인재가 필수적이다. 2019년 1월에 정부에서 발표한 '데이터·AI 경제 활성화 계획'에 의하면, 데이터·AI 융합 인재를 2023년까지 1만 명 양성하겠다고 하였다. 필자들은 2030년까지 '데이터 강국'이 되기 위해서는 빅데이터 전문가는 최소 2만 명, AI 전문가는 최소 3만 명 그리고 빅데이터와 AI 융합 전문가는 최소 5만 명이 필요하며, 지금부터 이런 수준의 인재양성 계획을 짜고 실천해야 한다고 본다. 따라서 넓은 의미의 데이터 과학자를 결국 2030년까지 10만 명 양성이 필요하다는 뜻이다.

데이터 사이언스 국제협력 허브 구축

AI나 빅데이터 분야의 국제적인 저명한 전문가들이 한국에 단기간이라도 체류하면서 국내의 전문가들과 교류가 이루어지려면, 국가에서 파격적으로 지원하는 가칭 '데이터 사이언스 국제협력 허브Data Science International Cooperation Hub'를 구축할 필요가 있다. 이 허브에서 전문가들 간에 국제교류가 이루어지도록 하고, 저명 외국인 전문가들이 국내 대학, 연구소, 기업들과 협력 교류를 할 수 있게 되면, 국내 데이터 사이언스의 발전을 위해 큰 도움이 될 것이다.

또한, 이 허브에서 국제적으로 유용한 데이터를 수집하여 국내 기관들이 사용할 수 있도록 해주면, 우리 데이터산업의 국제화에도 도움이 될 것이다. 2019년에 정부에서 발표한 '데이터·AI 경제 활성화 계획'을 보면,

2023년까지 전국에 빅데이터 센터 100개 구축, 빅데이터 플랫폼 10개 구축, 유니콘 기업 10개 육성 등이 있는데, 이런 야심 찬 계획들은 이 허브로부터 얻어지는 정보와 지식이 바탕이 될 것이다.

데이터산업의 육성

한국데이터산업진흥원이 2020년 12월 말에 발표한 '2020년 데이터산업 현황조사' 결과에 따르면 2020년 데이터산업 시장 규모는 19조 2,736억 원(추정)으로, 2019년의 16조 8,582억 원에 비교하여 14.3%의 고속성장을 하였다. 엄중한 코로나바이러스 감염증의 상황 속에서도 이런 놀라운 성장은 경이적인 발전이다. 데이터산업 시장을 구성하는 주요 부문은 데이터 서비스, 데이터 구축·컨설팅, 데이터솔루션 등이다. 이 조사는 18년부터 20년까지 시장 규모는 연평균증가율CAGR 11.3%를 기록할 것으로 추정하였다. 즉, 산업 분야 중에서 가장 성장세가 빠른 산업군에 속한다는 뜻이다. 데이터산업의 육성은 우리나라의 경제를 일으키는 원동력이 될 뿐만 아니라 데이터 사이언스를 육성하는 인프라 역할을 할 것이다.

이 데이터산업 현황조사는 매년 시행되고 있는 조사로, '2019년 데이터산업 현황조사'에서는 데이터 기업들이 밝힌 사업 애로사항으로는 순서대로 '동종업계 내 가격 경쟁 심화(1위)', '데이터 전문 인력 부족(2위)', '법·제도적 규제(3위)', '신규 기술개발 역량 미흡(4위)', '유료화 인식 부족(5위)' 등으로 나타났다.

이런 데이터 기업의 애로사항을 타개해 주는 것이 데이터산업의 육성 정책이라고 볼 수 있다. 동종업계 가격 경쟁은 자본주의 사회에서는 불가

피한 일이고, 데이터 전문 인력 부족은 국가가 정책적으로 인력 양성에 나서야 할 과제이며, 특히 법·제도적 규제 완화가 필수적인 육성 정책이라고 볼 수 있다. 예를 들어, 그동안 '데이터 3법(개인정보보호법, 정보통신망법, 신용정보법)'에 막혀 개인정보를 활용하는 각종의 신규 데이터산업에 전혀 발전이 없었지만, 다행스럽게도 이제는 데이터 3법 개정안이 통과되었으므로 가명 정보만이라도 자유롭게 사용할 수 있는 환경이 조성되었다. 이제 데이터산업 육성을 위해 기업들은 스스로 신규 기술개발 역량 제고에 노력해야 할 것이고, 정부는 법·제도적 규제 완화로 생태계를 조성하면서 친기업적인 정책을 펼쳐 기업들이 성장할 수 있도록 도와주며, 국민은 데이터 정보의 유료화에 긍정적인 자세로 임할 필요가 있다.

데이터 사이언스의 R&D 전략

정부는 2018년 이후 데이터 사이언스 관련 R&D 전략으로 여러 가지 대안을 제시하였다. 예를 들어, 2018년 5월에 발표한 'I-Korea 4.0 실현을 위한 인공지능 R&D 전략', 2019년 1월에 발표한 '데이터·AI 경제 활성화 계획, 혁신성장 전략투자', 2019년 12월에 발표한 '인공지능 국가전략', 2020년 7월에 발표한 '한국판 뉴딜' 전략 등이 있다. 데이터 사이언스와 관련하여 정부의 주요 육성 전략의 특징을 보면, 학습 가능한 양질의 데이터와 고성능 컴퓨터 및 차별화된 알고리즘 확보, AI 서비스 경쟁력 강화 등이며, 이를 달성하기 위해 각종의 구체적인 제안들이 담겨 있다. 이들은 좋은 전략이라고 평가되지만, 지속 가능한 데이터 사이언스의 진흥을 위해서는 다음과 같은 전략도 추가로 고려되어야 할 것이다.

민간 기업 R&D를 더욱 활성화

우리나라는 총연구개발비 중에서 민간이 차지하는 비율이 75~77% 수준으로, 정부에서 투자하는 연구개발비만으로는 급변하는 빅데이터·인공지능 기술의 발전에 따라가기 어렵다. 따라서 민간 기업들이 R&D에 더 투자할 수 있는 여건을 조성해주는 것이 정부의 중요한 역할이다. 민간 기업에 데이터·AI 연구소 설립을 장려할 필요가 있다. 이를 위해 R&D 투자비에 대한 과감한 세금 감면과 연구소 활동을 통해 R&D를 열심히 하는 기업에는 법인세 인하 등 다른 세제 혜택을 주는 방안도 고려해야 한다.

데이터 사이언스 연구 융합 클러스터 조성

기업, 대학, 연구소, 정부 기관 등이 한곳에 모여 데이터·AI 관련 연구개발, 인력 양성, 창업 등을 지원할 수 있는 데이터·AI 융합 클러스터를 조성하여 데이터의 수집, 연구, 활용 등이 활발히 일어나도록 하는 방안이 바람직하다.

미국의 경우에는 국립과학재단NSF의 지원으로 2017년부터 4개 빅데이터 지역혁신 허브Big Data Hub를 만들어 산업계, 학계, 지방정부 등이 적극적으로 협업하고 있다. 이를 벤치마킹하여 우리나라도 대략 4개 권(수도·강원권, 충청권, 경상권, 전라·제주권)으로 나누어 빅데이터·AI 지역혁신 허브를 구축하는 것이 바람직하다.

2019년에 정부에서 발표한 '데이터·AI 경제 활성화 계획'을 보면, 2023년까지 전국에 빅데이터 센터 100개 구축을 목표로 하고 있다. 전국에 4개 빅데이터 지역혁신 허브를 두고, 이들 허브 안에 다수의 빅데이터 센터를 두는 방향으로 구축하는 것이 좋을 것이다.

중·고등학교 교사에 창의적 데이터·AI 교육 자료 개발 연구 지원

중·고등 교육에서 데이터·AI 교육을 활성화하는 방안으로, 한국연구재단에서 중·고등학교 교사들에게 연구비를 지원하여 데이터·AI 교육 교재 개발을 위한 창의적인 연구를 장려하는 것이 바람직하다. 이 제도는 미국의 국립과학재단NSF에서 중·고등학교 교사들에게 STEM(과학, 기술, 공학, 수학) 교육 교재 개발을 위한 창의적 연구에 연구비를 지원하는 제도를 벤치마킹하면 좋을 것이다.

한국형 AI 발전전략 구사

각 국가는 해당 국가의 산업적, 사회적 특성에 맞는 AI 발전전략을 수립하여 추진한다. 미국은 과거 국방 분야DARPA에서 정부 주도의 연구개발을 추진하여 민간으로 이전하는 전략을 취하였으나, 현재는 이미 민간 기업의 AI 경쟁력이 모든 분야에서 세계 최고 수준에 도달하였으므로 정부 차원에서의 지원은 별로 없고, 각 민간 기업들이 열심히 뛰도록 환경만 조성하고 있다. 독일은 AI 분야를 제조업에 적용하는 'Industry 4.0'에 집중하면서 제조업 혁신을 AI로 주도하도록 하고 있다. 일본은 고령화 사회를 대비한 로봇 기술에 AI 연구를 집중하고 있어서 노인을 돕는 인공지능 로봇 등에는 최첨단을 달리고 있다. 중국은 국가 주도로 기술개발, 산업육성 전반에 대해 강력하게 드라이브하는 정책을 추진하고 있으며, 안면 인식 AI 분야에서는 세계 최고 수준을 달리고 있다.

우리나라의 경우 'AI 분야의 주특기'가 딱히 없는 상황이다. 우리나라가 반도체 제조기술, 5G 통신기술, 자동차·조선·석유화학 등과 같은 제조업 분야에서 AI를 융합한 주특기를 발전시킨다면, 이 분야에서 세계적으로 선두주자로 부상할 수 있을 것이다. 즉, AI 적용기술 측면에서 '산업 친화적 AI 개발 전략'을 적용하면 좋을 것이다.

데이터 사이언스의 창의적 교육 방안과 인식의 저변 확대

중고등학교 시절부터 젊은이들이 데이터·AI는 물론 모든 과학 분야에 대한 창의력을 높이기 위해서는 현재의 수능 위주의 준비를 위한 중고등학교 교육 형태가 혁신되어야 한다. 이를 위해서는 오지선다형 방식으로 되어있는 수능시험을 혁신하는 것이 필요하다. 오지선다형 문제를 푸는 것은 창의 개발에 전혀 도움이 안 된다.

데이터 사이언스의 창의적 교육 방안을 위해서는 국민적 지지가 필요하다. 이러한 지지는 국민이 데이터 사이언스의 중요성과 그 역할에 대한 이해에서부터 시작된다. 따라서 중·고등 교육에서부터 데이터 사이언스(빅데이터·인공지능 중심)에 기본적인 소양을 키우는 교육이 이루어져야 한다. 그동안 점진적으로 데이터 사이언스의 기본이 되는 컴퓨팅 사고, 통계적 사고, 소프트웨어 교육 등의 프로그램이 중·고등 교육에 도입되고 있으나 아직도 미흡하다.

대학에서도 데이터 사이언스 교육이 확산되어야 한다. 대학교육을 받는 21세기 지식인은 대학에서 전공에 불문하고 데이터 사이언스 소양 교육을 받아야 한다. 그 이유는 21세기가 '데이터·AI 경제 시대'이기 때문이다. 따라서 대학에서 '데이터 사이언스 입문'을 필수교양 과목으로 지정하여 모든 학생이 수강하게 하는 것이 바람직하다.

미국, 독일 등과의 글로벌 협력 강화

2019년 G7 정상회의에서 창설하기로 한 'AI 글로벌 파트너십Global Partnership on AI; GPAI' 협의체가 지난 2020년 6월 15일 정식으로 출범되었다. 한국도 미국, 프랑스, 캐나다, 일본, 독일, 호주, EU, 뉴질랜드 등과 함께 14개 창립 회원으로 이 협의체에 참여하였다. GPAI는 AI 이해관계자 전문가 그룹이나 주제별 작업반을 통해 AI 관련 이슈 및 우수사례 등에 대한 이해를 높이고 협력하며, 국제적 AI 주도를 공유한다고 하였다.

우리나라가 GPAI에 참여한 것은 잘된 일이며, 이를 통해 미국과 AI 분야에서 기술협력의 길이 열린 것이다. 한국은 미국과 이미 원자력 협정, 우주협력 협정 등을 맺고 있으며, 이런 분야에서 우리의 과학기술을 발전시키는 데 기여하였다. 4차 산업혁명 기술에서 앞서가는 미국과 기술협력을 넘어 '기술동맹'으로 발전시키는 것이 우리의 데이터·AI 분야가 첨단으로 나아가는 좋은 방법이 될 것이다.

부록

1. 데이터 분석 사례

보스턴 데이터 예제(선형회귀분석)

```
library(dplyr)
library(ggplot2)
library(MASS)
library(glmnet)

data(Boston)
names(Boston)<-c('crim','zn','indus','chas','nox','rm','age','dis','rad','tax','ptratio','b',
'lstat','medv')
glimpse(Boston)
summary(Boston)

# 그림 5.3 #
panel.cor <- function(x, y, digits = 2, prefix = "", cex.cor, ...)
{
 usr <- par("usr"); on.exit(par(usr))
 par(usr = c(0, 1, 0, 1))
```

```
  r <- abs(cor(x, y))
  txt <- format(c(r, 0.123456789), digits = digits)[1]
  txt <- paste0(prefix, txt)
  if(missing(cex.cor)) cex.cor <- 0.8/strwidth(txt)
  text(0.5, 0.5, txt, cex = cex.cor * r)
}

pairs(Boston%>%sample_n(min(1000,nrow(Boston))),
    upper.panel=panel.cor)

# 그림 5.4 #
bos<-lm(medv~.,data=Boston)
summary(bos)
```

주식시장 데이터 예제(로지스틱 회귀분석)

```
install.packages("ISLR")
library(ISLR)
names(Smarket)
dim(Smarket)
summary(Smarket)

# 그림 5.7 #
pairs(Smarket[,-9])
cor(Smarket)
cor(Smarket[,-9])

# 그림 5.8 #
attach(Smarket)
```

```
glm.fits<-glm(Direction~Lag1+Lag2+Lag3+Lag4+Lag5+Volume,data=Sm
arket,family=binomial)
summary(glm.fits)

# 그림 5.9 #
glm.pred<-rep("Down",1250)
glm.probs<-predict(glm.fits,type="response")
glm.pred[glm.probs>.5]<-"Up"
table(glm.pred,Direction)
```

USArrests 데이터 예제(군집분석)

```
data(USArrests)
dim(USArrests)
head(USArrests)
USArrests_scaled <- data.frame(scale(USArrests))
head(USArrests_scaled)

# 그림 5.11 #
dist_eucl <- dist(USArrests_scaled, method = "euclidean")
dist_eucl

# 그림 5.12 #
set.seed(1004) # for reproducibility
hc_ward <- hclust(dist_eucl, method="ward.D")
plot(hc_ward)

# 그림 5.13 #
tot_withinss <- c()
```

```
for (i in 1:20){
 set.seed(1004) # for reproducibility
 kmeans_cluster <- kmeans(USArrests_scaled, centers = i, iter.max = 1000)
 tot_withinss[i] <- kmeans_cluster$tot.withinss
}

plot(c(1:20), tot_withinss, type="b",
    main="Optimal number of clusters",
    xlab="Number of clusters",
    ylab="Total within-cluster sum of squares")

# 그림 5.14 #
## K-means clustering
set.seed(1004)
kmeans_k4 <- kmeans(USArrests_scaled, centers = 4)
## attributes of k-means clustering results
names(kmeans_k4)
## center points per variables
kmeans_k4$centers
## add 'cluster' to the original dataset
USArrests$cluster <- kmeans_k4$cluster
head(USArrests)
install.packages("GGally")
library(GGally)
USArrests$cluster <- as.factor(USArrests$cluster)
p <- ggparcoord(data = USArrests,
            columns = c(1:4),
            groupColumn = "cluster",
            scale = "std") +
  labs(x = "Violent Crime Rates by US State",
      y = "value in scaled",
```

```
    title = "Parallel Coordinates Plot by Cluster")
p

# 그림 5.15 #
## fviz_silhouette:Visualize Silhouette Information from Clustering
install.packages("factoextra")
library(factoextra)
# Visualize kmeans clustering
fviz_cluster(kmeans_k4, USArrests_scaled, ellipse.type = "norm")+theme_
minimal()
## Scatter plot by Murder and UrbanPop by clusters
library(ggplot2)
library(repr)
options(repr.plot.width=12, repr.plot.height=12)

# 그림 5.16 #
set.seed(1004)
km_4 <- kmeans(USArrests_scaled, centers = 4)
cluster_num <- as.factor(km_4$cluster)
city_name <- rownames(USArrests_scaled)
ggplot(data=USArrests_scaled, aes(x=Murder, y=UrbanPop, colour=cluster_
num)) +
  geom_point(shape=19, size=4) +
  ggtitle("Scatter Plot of USArrests") +
  theme(plot.title = element_text(size = 20, face = "bold")) +
  annotate("text", x = USArrests_scaled$Murder, y =
USArrests_scaled$UrbanPop+0.1,
        label=city_name, size = 5, color="gray") +
  annotate("point", x = km_4$centers[1,1], y = km_4$centers[1,3], size = 6,
color = "black") +
  annotate("point", x = km_4$centers[2,1], y = km_4$centers[2,3], size = 6,
```

```
color = "black") +
  annotate("point", x = km_4$centers[3,1], y = km_4$centers[3,3], size = 6,
color = "black") +
  annotate("point", x = km_4$centers[4,1], y = km_4$centers[4,3], size = 6,
color = "black") +
  annotate("text", x = km_4$centers[1,1], y = km_4$centers[1,3]+0.2,
label="cluster 1", size = 8) +
  annotate("text", x = km_4$centers[2,1], y = km_4$centers[2,3]+0.2,
label="cluster 2", size = 8) +
  annotate("text", x = km_4$centers[3,1], y = km_4$centers[3,3]+0.2,
label="cluster 3", size = 8) +
  annotate("text", x = km_4$centers[4,1], y = km_4$centers[4,3]+0.2,
label="cluster 4", size = 8)
```

USArrests 데이터 예제(주성분 분석)

```
library(datasets)
data(USArrests)

# 그림 5.17 #
head(USArrests)

# 그림 5.18 #
pairs(USArrests,panel=panel.smooth,main="USArrests data")

# 그림 5.19 #
USA_princomp<-princomp(USArrests,cor=TRUE)
summary(USA_princomp)
```

```
# 그림 5.20 #
plot(USA_princomp,type="l")

# 그림 5.21 #
USA_princomp$loadings

# 그림 5.22 #
USA_princomp$scores

# 그림 5.23 #
biplot(USA_princomp,scale=0)
```

아이리스 데이터 예제(인공신경망)

```
install.packages("party")
library(party)
data(iris)
head(iris)

# 그림 5.31 #
summary(iris)

# 그림 5.32 #
pairs(iris)

# 그림 5.33 #
tree3<-ctree(Species~Petal.Length, data=iris)
plot(tree3)
```

```
# 그림 5.34 #
install.packages("nnet")
library(nnet)
nn.iris<-nnet(Species~.,data=iris,size=2,range=0.1,decay=5e-4,maxit=200)
summary(nn.iris)

# 그림 5.35 #
install.packages("devtools")
library(devtools)
source('https://gist.githubusercontent.com/fawda123/7471137/raw/466c1474d0
a505ff044412703516c34f1a4684a5/nnet_plot_update.r')
plot.nnet(nn.iris)

#그림 5.36 #
table(iris$Species, predict(nn.iris, iris, type="class"))
```

④ ㉠ 합계출산율 ㉡ 고령화사회 ㉢ 고령사회 ㉣ 초고령사회

21. 인구 산출은 전년도 인구에서 출생, 사망, 국제 이동을 연령별로 고려하여 해당 연도 인구를 도출한다. 이들을 고려하여 하나의 방정식으로 나타낸 것은 인구균형방정식이라고한다. 이에 대한 올바른 식은?

① 당해연도인구=전년도 인구−출생−사망+순이동
② 당해연도인구=전년도 인구+출생+사망+순이동
③ 당해연도인구=전년도 인구+출생−사망+순이동
④ 당해연도인구=전년도 인구+출생−사망−순이동

※ 순이동은 국제 이동의 전입과 전출의 차를 의미

22. 최근 인공지능은 이미지 영역에서도 뛰어난 성능을 보인다. 이미지 생성과 변환은 위조지폐를 만드는 생성자와 위조지폐 감별사(판별사)의 적대성을 활용한 이 방법이 주목받고 있다. 이것은 무엇인가?

① 심층신경망(DNN)
② 합성곱 신경망(CNN)
③ 순환신경망(RNN)
④ GAN

23. 인공지능 프로그램의 발전 순서로 올바르게 짝지어진 것은?

① 딥블루(Deep blue) − 알파고(AlphaGo) − 알파고제로(AlphaGo Zero) − 알파제로(AlphaZreo)
② 딥블루(Deep blue) − 알파고제로(AlphaGo Zero) − 알파고(AlphaGo) − 알파제로(AlphaZreo)
③ 딥블루(Deep blue) − 알파고제로(AlphaGo Zero) − 알파제로(AlphaZreo) − 알파고(AlphaGo)
④ 딥블루(Deep blue) − 알파제로(AlphaZreo) − 알파고(AlphaGo) − 알파고제로(AlphaGo Zero)

24. 다음 보기는 무엇을 설명하고 있는가?

> 4차 산업 혁명 시대의 산업 분야 초아라고 할 수 있으며, 데이터 사이언스에 기반을 둔 첨단의 스마트한 시스템을 말하며, 제품의 위치와 재고량 등을 자동 감지하여 인적, 물적 자원 절감 등의 공장 효율성을 향상하는 것을 말한다.

① 인공지능 ② 심층학습
③ 스마트 공장 ④ 빅데이터

25. (　　)은 금융사에 흩어진 자신의 정보를 원하는 곳에 모아 조회 관리하는 것을 의미하고, 개인 신용정보를 모바일 앱 App 형태로 한곳에 모아 관리하는 제도이며 사적 정보뱅킹이라고 불린다. (　　)에 적합한 용어는?

① 데이터 댐　　② 마이데이터
③ 데이터빅뱅　　④ 데이터라벨링

26. 다음은 데이터를 수집하는 방법 중 어느 것에 해당하는가?

> SNS, 뉴스, 웹 정도 등 인터넷상에서 제공되는 정보를 수집하는 방법으로 자동화 봇이 정해진 규칙에 따라 여러 개의 웹페이지를 브라우징하는 행위

① RSS　　② Open API
③ 스트리밍　　④ 웹크롤링

27. AI는 사람이 사용하는 문서나 사진들의 데이터를 식별할 수 없으며, AI가 스스로 학습할 수 있는 형태로 데이터를 가공해야 하는데 이런 작업을 무엇이라고 하는가?

① 데이터 클리닝(cleaning)
② 데이터 핸들링(Handling)
③ 데이터 라벨링(Labelling)
④ 데이터 머징(merging)

28. 반정형데이터의 대표적인 것으로 (　　)은 문서와 문서가 연결되고 정보를 정의하는 하나의 형식인 태그로 이루어진 언어이다. 괄호 속에 알맞은 용어는 무엇인가?

① QR코드　② 바코드　③ FTP　④ HTML

29. 정형데이터는 수치화와 양적 비교가 가능한 자료 형태를 의미한다. 정형데이터는 측정 수준에 따라 비율, 등간, 서열, 명목척도로 구분한다. 다음 보기는 이들 4가지 항목 중 어느 것에 해당하는가?

> 전화 통화 횟수, 교통사고 건수, 불량 건수

① 비율척도　　② 등간척도
③ 서열척도　　④ 명목척도

30. 정형데이터는 양적 데이터와 질적 데이터로 구분된다. 특히 양적 데이터는 질적 데이터로 변환이 가능하다. 이는 데이터가 지니는 정보량의 차이에서 발생한다. 다음 보기 중 이와 같은 변환이 가능한 데이터는?

① 취업률　　② 성별
③ 학년　　④ 상품선호도

31. 정형데이터를 정리하는 방법 중 한 가지로 데이터 구조인 행과 열로 정리하는 것을 의미한다. 이런 자료 형태는 데이터에 대한

부분 검색과 선택, 수정, 삭제 등의 연산을 손쉽게 수행할 수 있다. 이것은 무엇인가?

① 관계형데이터베이스 ② 계층형
③ 네트워크 ④ 나무(tree)

32. 다음은 데이터를 수집하는 방법을 소개하고 있다. 괄호에 적합한 수집방법은?

> 인터넷이나 온라인상에서 음성, 오디오, 비디오 등을 실시간으로 재생하고 수집하는 기술을 (㉠)이라고 한다. 이것은 대표적인 OTT 방식의 하나라고 할 수 있다.
> 흔히 사용하는 www는 문자, 사진, 음원, 동영상 자료까지 간편하게 사용할 수 있지만, 대용량의 파일을 송수신하기에는 어려운 점이 많다. 이런 경우 대량의 파일을 약속된 통로처럼, 네트워크를 통해 주고받을 때 파일 전용 서비스인(㉡)을 사용하면 편리하다.

① ㉠ 웹 브라우징 ㉡ RSS
② ㉠ Open API ㉡ FTP
③ ㉠ 스트리밍 ㉡ FTP
④ ㉠ Open API ㉡ 스트리밍

33. 다음에 설명하는 것은 빅데이터 특징 중 어느 것인가?

> 데이터의 특징이 정형데이터(고객 신상 데이터, 매출데이터, 재고데이터, 회계데이터 등)로부터 반정형데이터(웹페이지, 로그, 센서, 이메일 등), 비정형데이터(게시물, 동영상, 카카오톡 메시지, 소셜미디어, 위치정보, 음악 등)으로 많아졌다

① Volume ② Velocity
③ Variety ④ Veracity

34. 다음 괄호 안에 들어갈 알맞은 용어를 차례대로 나열한 것은?

> 빅데이터는 기존 데이터베이스 관리 도구의 자료수집, 저장 관리, 분석의 (　　)을 넘어서는 대량의 정형 또는 비정형 데이터세트 및 이러한 데이터로부터(　　)를 추출하고 결과를 분석하는 기술이다

① 역량, 가치 ② 역량, 의미
③ 수준, 인사이트 ④ 수준, 의미

35. 지난 2019년 과학기술정보통신부는 제1차 혁신성장 전략회의에서 5년간(2019–2023)의 "데이터 AI 경제 활성화 계획"을 발표하였다. 이 계획의 내용에 해당하지 않는 것은?

① 데이터 시장의 규모를 2018년의 14조 원에서 2023년에는 30조 원으로 키운다.
② AI 유니콘 기업의 수를 이제까지는 하나도 없었으나 2023년까지 100개로 육성한다.
③ 이 계획의 비전은 "데이터와 AI를 가장 안전하게 잘 쓰는 나라로 설정한다.
④ 정책과제로는 "데이터 가치사슬 전주기

활성화", " 세계적 수준의 AI 혁신 생태계 조성", " 데이터 AI 융합 촉진"이 있다

36. 정부는 2020년 7월에 침체한 경제를 활성화하기 위하여 한국판 뉴딜로 디지털 뉴딜, 녹색 뉴딜, 안전망 강화를 들었다. 이 중 디지털 뉴딜에 속하지 않는 것은?

① 데이터 댐 ② 친환경 미래 모빌리티
③ 지능형 정부 ④ 스마트 의료 인프라

37. 기존의 데이터를 학습시켜 새로운 데이터 입력 시 이를 예측하는 방법으로 분류와 회귀 문제에 적합한 것은?

① 강화학습 ② 지도학습
③ 비지도 학습 ④ 준지도 학습

38. 인구변동의 3 요인이 아닌 것은?

① 출산 ② 사망
③ 고령화 ④ 이사(이민)

39. 다음 중 빅데이터 분석 방법론의 개발 절차로 올바른 것은?

① 데이터 준비 – 분석 기획 – 데이터 분석 – 평가 및 전개 – 시스템 구현
② 분석 기획 – 데이터 준비 – 데이터 분석 – 평가 및 전개 – 시스템 구현
③ 분석 기획 – 데이터 준비 – 데이터 분석 – 시스템 구현 – 평가 및 전개
④ 데이터 준비 – 분석 기획 – 데이터 분석 – 시스템 구현 – 평가 및 전개

40. 데이터를 수집하는 방법으로 옳지 않은 것은?

① 웹크롤링 ② FTP
③ RSS ④ 하둡

41. 우리나라 인구구조 특징으로 맞지 않는 것은?

① 초저출산 ② 학령인구감소
③ 급격한 속도의 초고령화
④ 경제활동인구증가
⑤ 팽이구조형의 인구피라미드

42. 다음은 GAN에 대한 설명이다. 맞지 않는 것은?

① 생성 모델과 판별모델이 경쟁하면서 실제와 가까운 이미지, 동영상, 음성 등을 자동으로 만들어내는 기계학습
② CycleGAN이 이미지의 스타일에 집중한다면, DiscoGAN은 형태의 변화에 특화된 알고리즘이다
③ GAN 알고리즘 원리는 완벽히 쌍 pair를 이루는 데이터세트가 반드시 있어야 이미지를 변환할 수 있는 특징이 있다.

④ 현실에 존재하지 않는 사람의 이미지를 새로 만들기도 하며, 손으로 그린 그림에 색을 입혀주기도 하고, 또한, 고흐나 피카소와 같은 유명 미술가의 화풍을 학습하여 취향에 맞춘 다른 그림으로 변환하고, 낮은 화질의 사진을 고화질로 만들어 주기도 한다.

43. 인공신경망 알고리즘 중 이미지 분석과 생성에 특화된 신경망으로 적절히 묶인 것은?

① 퍼셉트론-심층신경망(DNN)

② 심층신경망(DNN)-적대적 신경망(GAN)

③ 합성곱 신경망(CNN)-적대적 신경망(GAN)

④ 순환신경망(RNN)-합성곱 신경망(CNN)

44. 다음 기계학습 방법에 대한 설명으로 올바르지 않은 것은?

① 비지도학습 - 방대한 빅데이터를 기반으로 컴퓨터가 스스로 분석하고 학습하여 결과를 도출

② 지도학습 - 방대한 빅데이터를 기반으로 데이터 레이블이 포함된 데이터를 사용한 학습

③ 강화학습 - 인과관계를 학습시켜 컴퓨터가 스스로 결과를 도출하는 방법

④ 준지도학습 - 지도학습과 비지도학습의 혼합으로 데이터 중 일부에만 레이블이 포함된 데이터를 학습

45. 최근 인공지능의 연구 분야 중 학습에 관한 분야의 발전단계로 올바른 것은?

① 인지-학습-행동-추론

② 학습-추론-인지-행동

③ 인지-학습-추론-행동

④ 학습-추론-인지-행동

46. 3차 산업혁명과 4차 산업혁명의 분류로 올바른 것은?

> 자동화, 테일러 생산시스템, ICT, IoT, 자율주행, 스마트공장, 정보기술(IT), AI

① 3차 산업혁명-IT, ICT, 스마트공장

② 4차 산업혁명-ICT, IoT, 자율주행, 스마트공장, AI

③ 4차 산업혁명-IoT, 자율주행, 스마트공장, AI

④ 3차 산업혁명-IT, 자동화, 테일러생산시스템

47. 정형, 반정형, 비정형에 따른 데이터 수집 기술에서 공통으로 사용하는 방법은 무엇인가?

① FTP　　② open API

③ RSS　　④ 웹-크롤링

48. 빅데이터의 5V 정의에 해당하지 않는 것은?

① Volume ② Variety
③ Variability ④ value

49. 데이터 마이닝과 유사하게 정형, 비정형 형태를 포함한 다양한 데이터로부터 지식과 인사이트를 추출하려는 과학적 방법론을 무엇이라 하는가?

① 데이터경제 ② 데이터마이닝
③ 데이터과학 ④ 텍스트마이닝

50. 비정형자료 중 텍스트데이터를 분석하여 정보를 얻는 방법에 해당하지 않는 것은?

① 감성분석 ② 워드클라우드
③ opinion mining ④ data mining

51. 다음 중 자료를 분류할 때 잘못 분류한 것은?

> 매출액, 바코드, 연령, 버스노선도,
> 이메일, 자기소개서

① 정형자료 – 매출액, 연령
② 비정형자료 – 이메일, 자기소개서
③ 반정형자료 – 바코드, 이메일
④ 비정형자료 – 버스노선도, 자기소개서

52. 데이터 사이언스를 분류할 때 데이터 관리(data–management)에 해당하지 않는 것은?

① 맵리듀스 ② GPS
③ 하둡 ④ GPU

53. 빅데이터의 발전역사의 순서로 알맞은 것은?

① data mining – digital book – 아파치 하둡 – 웹 2.0
② digital book – data mining – 아파치 하둡 – 웹 2.0
③ data mining – 아파치 하둡 – digital book – 웹 2.0
④ digital book – data mining – 웹 2.0 – 아파치 하둡

54. AI 기술을 분류할 때 지식추론, 시각지능, 언어지능으로 나누는데 시각지능에 해당하는 것은?

① NLP ② GAN
③ Word embedding ④ Relational network

55. 인공신경망 모델에서 뉴런의 역할은?

① 데이터를 저장한다.
② 복잡한 논리적 연산 기능을 갖는다.
③ 시스템에 이상이 생겼을 때 이를 진단한다.
④ 연결가중치에 따라 전달된 신호들의 합에 활성함수를 취한 출력을 내보낸다.

56. 합성곱 신경망에서 맨 마지막 층(layer)에 해당하는 것은?

① input layer ② convolution layer
③ pooling layer ④ soft-max layer

57. 전통적인 생산방식과 스마트공장의 차이점을 올바로 설명하지 않은 것은?

① 스마트공장은 다품종 대량 생산방식이다.
② 스마트공장의 제어시스템은 중앙집중제어 방식이다.
③ 스마트공장의 설비는 가변유연 설비이다.
④ 스마트공장의 공정은 모듈 공정이다.

58. 다음 중 지식을 축적하고, 추론규칙을 자가 형성하여 지식의 구조가 어떤 의미에서 유사한지 검출하고 지식을 통합해 나가는 방법으로, 지식의 사용에 관한 지식을 나타내는 것은?

① 문제영역 지식 ② 경험적 지식
③ 메타지식 ④ 절차적 지식

59. 다음 인공신경망의 활성화 함수 중 로지스틱함수의 형태는 무엇인가?

①
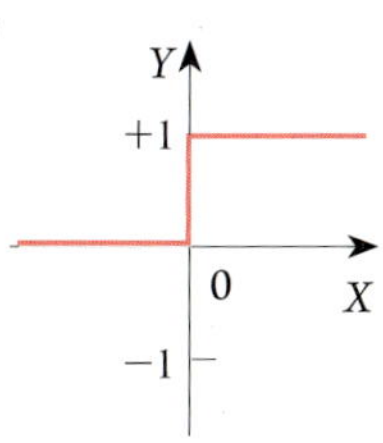

②
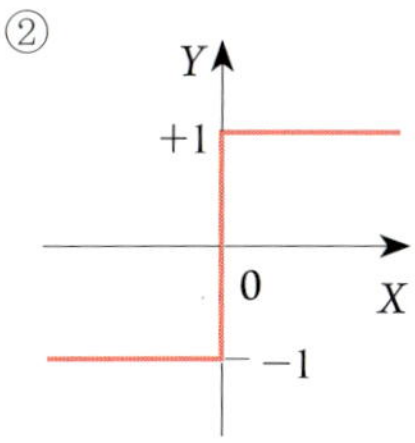

③
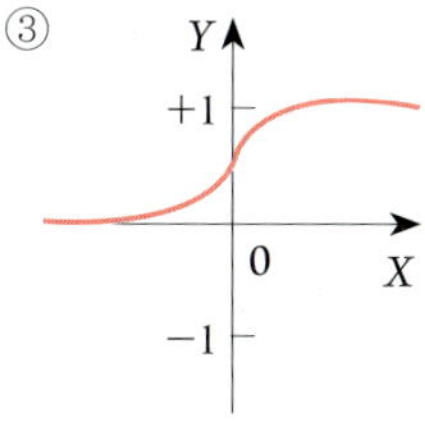

④
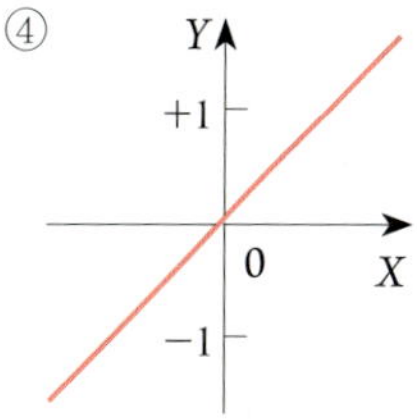

60. 의료 진료에 인공지능이 적용되는 대표적 5가지 분야에 해당하지 않는 것은?

① AI 로봇 수술시스템
② 의료 진단시스템
③ 의료시설 관리시스템
④ 간호 보조시스템

61. 지도학습에 대한 올바른 설명은?

① 학습데이터는 입력데이터의 집합으로 구성된다.
② 숫자 형태의 데이터만 학습할 수 있다.
③ 심볼 형태의 데이터만 학습할 수 있다.
④ 학습데이터는 입력과 이에 대해 기대되는 출력의 쌍이다.

62. 로그, 신호, 센서 등의 데이터 종류를 수집하는 방법이 아닌 것은?

① open API ② web crawling
③ FTP ④ RSS

63. 스마트공장과 관련이 깊은 것은 디지털 뉴딜로, 중소벤처기업부는 디지털 뉴딜을 구체화하기 위해 제조업 디지털화 후속 조치로 'AI · 데이터 기반 고도화 전략'을 아래와 같이 발표하였다, 포함되지 않는 것은?

① 마이제조데이터 체계 구축

② AI · 데이터 기반 제조혁신 고도화

③ 공급기업 육성을 선도하는 시대

④ 한국형 디지털 직업훈련 K-Digital Training 을 통해 미래형 핵심 실무인재 1만 명 양성

64. 'AI · 데이터 기반 중소기업 제조혁신 고도화 전략'을 구체화하기 위해서 스마트공장의 보급 · 확산 · 사후관리 등 정책 전반을 다룬 '스마트제조 2.0 전략'에 대한 내용이 아닌 것은?

① 스마트공장의 양적 보급과 저변확대

② AI 중심의 제조데이터 활용 확산

③ 사후관리 강화를 통한 지속적인 성과 창출

④ 보급체계 개편을 통한 질적 고도화 촉진-①은 스마트제조 1.0전략

65. 스마트공장의 목적이 아닌 것은?

① 생산성 향상

② 중앙 집중 제어시스템 확장

③ 품질 향상

④ 에너지 효율 향상

66. 다음 그림은 데이터 형식을 보여주고 있다. 괄호 안에 적합한 데이터 형식은 무엇인가?

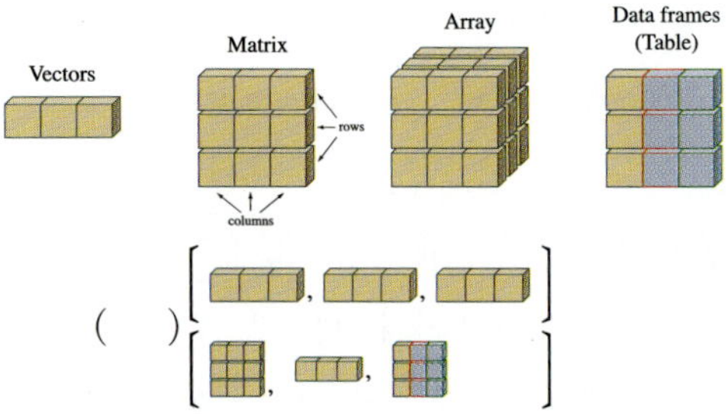

① 튜플(tuple) ② 스택(stack)

③ 그래프(graph) ④ 리스트(list)

67. 데이터 구조에서 배열은 배열의 크기가 크면, 기억장치의 공간을 너무 많이 요구하게 되므로 자료의 삽입과 삭제가 번거롭게 된다. 이런 경우를 보완한 것이 ( )인데, 데이터와 노드라는 독특한 형태를 가지고 있다. 괄호 안에 적합한 데이터 구조는?

① 리스트(list) ② 연결리스트(Linked list)

③ 튜플(tuple) ④ 딕셔너리(dictionary)

68. 김한발 학생은 숫자 벡터, 문자 벡터, 관계형 데이터베이스 형태, 배열 형태 등 여러 종류의 데이터를 가지고 있다. 이를 컴퓨터에 적합한 데이터의 형식에 맞춰 저장하려고 한다. 이에 알맞은 데이터 형식은 무엇인가?

① 벡터 ② 배열

③ 데이터프레임　　④ 리스트

69. 다음은 텍스트 데이터 전처리 과정의 중요한 가설 2가지를 설명하고 있다. ㉠과 ㉡에 적합한 용어는?

> 텍스트 데이터 전처리 과정은 쉬운 과정은 아니지만, 작성자가 문장을 통해 표현하고자 하는 바가 같은 경우 사용하는 단어들에 유사성이 존재한다는 (㉠)가설과 사용된 단어들의 빈도가 텍스트데이터를 의미를 결정하는 중요한 단서가 된다는 (㉡)가설이 있다.

① ㉠ 토큰　㉡ 불용어
② ㉠ 통계적 의미론 ㉡ 기능어
③ ㉠ n 그램　㉡ 정규표현식
④ ㉠ 통계적의미론 ㉡ 단어 주머니

70. 김한밭 학생은 평소에 A 제목의 영문소설에 관심이 많다. 이 영문소설 일부를 text 파일로 내려받아 텍스트마이닝을 하고 싶어 한다. 특히 영어문장은 정관사(the), 부정관사(a, an) 전치사(in, out 등), 접속사(and, but, therefore 등)의 출현이 많다. 이들은 문장에서 의미를 결정한다고 보다는 문법적인 기능을 담당하여 (㉠)라고 정의하고, 텍스트마이닝 시 제외하고 분석해야 한다. 이때 고려해야 할 텍스트마이닝 처리 과정은 (㉡)라고 한다. ㉠, ㉡에 알맞은 용어는?

① ㉠ 내용어 ㉡ 토큰화
② ㉠ 기능어 ㉡ 불용어 처리
③ ㉠ 내용어 ㉡ 정규표현식 활용
④ ㉠ 기능어 ㉡ 어간추출

71. 다음은 텍스트데이터 분석 때 2개의 가설에 근거하여 4개의 전처리 과정으로 처리한다. 괄호에 적합한 단계 과정은 무엇인가?

가설	전처리 과정			
	1	2	3	4
통계적 의미론 가설, 단어 주머니 가설	(㉠)	대소문자 변환, 문장부호삭제	어간 추출, 원형복원	(㉡) 삭제

① ㉠ 토큰　㉡ 불용어
② ㉠ 축약　㉡ n 그램
③ ㉠ 기능어　㉡ 불용어
④ ㉠ 내용어　㉡ 불용어

72. 자연어처리(NLP)에는 자연어 분석, 이해, 생성 등의 기술이 사용된다. 자연어 분석은 그 정도에 따라 형태소분석, (㉠)분석, 의미분석(시멘틱분석), 화용분석(실용분석)으로 분류한다. (㉠)은 생각이나 감정을 말과 글로 표현할 때 완결된 내용은 나타내는 최소의 단위를 의미한다. ㉠에 적합한 용어는 무엇인가?

① 기능어　　② 불용어
③ 내용어　　④ 통사

73. 마이크로소프트 GPT-3, 구글 IBRNet, 국립국어원의 10억 어절 말뭉치, 한국전자통신연구원의 코보트, 네이버의 HyperCLOVA, 카카오의 카이(Khaiii) 등은 어떤 처리를 하기 위한 것인가?

① 데이터마이닝 ② 통계분석
③ 텍스트마이닝 ④ 자연어처리

74. 홍한밭 학생은 중학생 몸무게와 대학생 몸무게에 대해 어느 정도 차이가 나는지에 관심이 생겨 중학생 50명과 대학생 50명에 모집하여 몸무게를 측정한 후, 이들의 분포를 살펴보았다. 다음 그림 중 이들의 분포에 적합한 곡선 형태는?

①
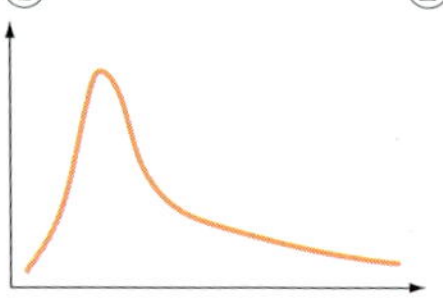

②
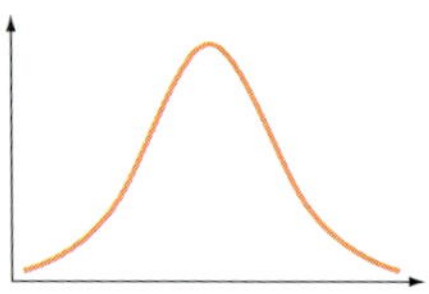

③
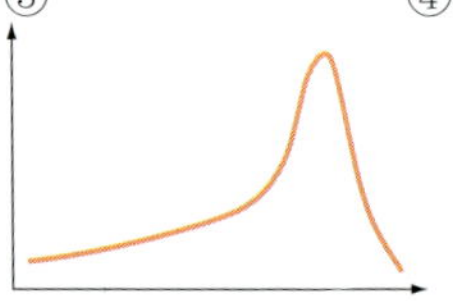

④
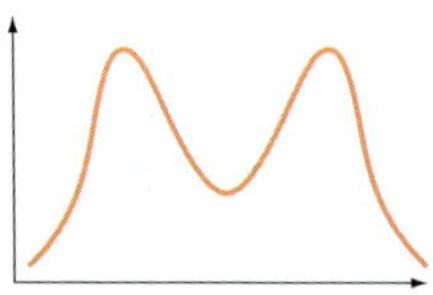

75. 영어 공부 시간(x)과 그에 상응하는 TOEIC 점수(y)의 자료 10,000개를 수집한 김한밭 학생은 인공지능을 구현할 수 있는 통계프로그램인 R을 활용하여 영어 공부 시간과 TOEIC 점수의 관계를 도출하기 위해 데이터 모델링을 하기로 했다. 이때 인공지능은 10,000개의 데이터를 한꺼번에 활용하지 않고 3단계로 나누어 사용한다. 이 3단계에 대한 설명으로 틀린 것은?

① 여러 모형을 적합해 보고, 모형의 모수를 추정하는 데 사용되는 데이터를 훈련(train) 데이터라고 한다.
② 모형 추정값과 실측값을 비교하여 모형을 선택하는 데 활용되는 데이터를 평가(Validation)데이터라고 한다.
③ 모형오류 확률을 계산하거나, 선택될 후보 모형에 데이터를 대입하여 점검하는 데에 사용되는 데이터를 test데이터라고 한다.
④ 3단계로 나누어 사용되는 데이터 비중은 3:4:3이 일반적이다.

76. 지도학습의 대표적인 것으로 회귀(regression)와 분류(classification)가 있다. 이에 반해 비지도학습의 대표적인 것으로 군집화, 연상(장바구니분석), 이상탐지가 있다. 다음은 세 가지 중 어느 것에 해당하는가?

> 동물 사진 1,000장을 AI에 대입하여 귀의 모양, 다리 모양, 얼굴 형태 등과 같은 단서를 통해 개체를 구분하는 것으로 데이터의 특성을 자율학습으로 파악하는 것이다.

① 연상 ② 군집화
③ 이상탐지 ④ 분류

77. 다음 괄호에 적합한 심층학습은 무엇인가?

> ( )은 생성자와 판별자를 적대적 프로세스를 통해 발전시키는 과정으로 실제 예제(그림, 이미지 등)와 매우 유사한 결과물을 생성한다. 즉, 생성자와 판별자가 서로 경쟁하여 데이터를 생성하는 모델을 의미하는 것으로 이미지 복원이나 생성에 주로 활용된다.

① 인공심층망 ② 강화학습
③ GANs ④ 하이브리드 학습

78. 대학병원의 전문의는 환자의 CT, MRI를 살펴 질병이나 종양을 판정하고 예측한다. 그런데 환자 수는 많고 전문의 수는 한정되어 모든 환자의 CT, MRI를 일일이 분류하는 것은 시간과 노동이 많이 소요된다. 이런 경우 데이터 라벨링 된 환자의 데이터로 지도학습을 한 후, 그 외 환자의 CT, MRI 자료를 분류하는 비지도 학습을 수행한다면 시간과 노동적인 측면에서 효율적일 것이다. 이런 상황을 설명하는 심층학습 방법은?

① GANs ② 강화학습
③ ANN ④ 하이브리드 학습

79. 다음은 인공지능 학습 중 어느 것에 대한 설명인가?

> 게임과 유사하게 게임 유저agent가 게임 환경 environment의 현재 상태 state에서 높은 점수 reward를 얻는 방법을 찾아가며 행동 action이라는 학습 방법이다. 그리고 높은 점수의 획득 결정을 내리기 위해 에이전트는 과거 피드백으로부터 배운 것과 더 큰 보상을 가져올 새로운 전략의 탐색에 의존한다.

① GANs ② 강화학습
③ ANN ④ 하이브리드 학습

80. 대량의 데이터 집합에서 유용한 정보를 추출하는 것을 의미하는 것으로, 기존에 있던 정형데이터로 새로운 지식을 캐어내는 것을 말한다. 이것은 무엇인가?

① 데이터 마이닝 ② 데이터 모델링
③ 텍스트 마이닝 ④ 데이터 시각화

81. 다음에 적합한 용어의 순서로 짝지어진 것은 무엇인가?

> 지도학습과 비지도 학습을 통한 모형화란 불필요한 성질을 과감하게 무시하고 필요한 핵심만을 뽑아내는 과정을 의미한다. 핵심적인 부분으로 수식을 사용한 모델이 (㉠) 모델이고, 확률 분포를 사용한 (㉠)이 (㉡)이다. 이런 (㉡)을 이용하여 데이터에 맞춰 현상을 이해하고 예측하는 과정이 바로 (㉢)이다. (㉢)의 목적은 해석과 예측에 있고, 지도학습과 비지도 학습은 복잡한 현실 문제도 쉽게 결과를 해석할 수 있다.

① ㉠ 통계적모델링 ㉡ 확률모델 ㉢ 수리모델
② ㉠ 확률모델 ㉡ 통계적 모델링 ㉢ 수리모델
③ ㉠ 수리모델 ㉡ 확률모델 ㉢ 통계적 모델링
④ ㉠ 수리모델 ㉡ 통계적 모델링 ㉢ 확률모델

82. 다음은 베이지안에 대한 설명이다. 이에 적합하지 않은 설명은?

① 확률에 대해 지식이나 판단의 정도를 나타내는 수단으로써 주관적이라고 간주한다.
② 경험적으로 얻기 힘든 사건에 대해 사전 정보를 활용하여 확률을 추정하는 과정이다.
③ 과거의 경험과 정보로부터 관심 있는 사건의 확률에 대해 추정한다.
④ 경험적으로 모든 확률은 얻기에는 한계가 없으나 필요에 따라 베이지안을 활용한다.

83. 다음 두 가지 확률을 베이지안 관점에서 계산한 것은?

> 세 개의 상자에 반도체들이 들어 있다. (과거 정보) 첫 번째 상자에 있는 30개 반도체 가운데 10개가 불량품. 두 번째 상자는 20개 반도체 가운데 2개가 불량품. 세 번째 상자에 있는 50개 반도체 가운데 15개가 불량품이다. 상자 중 임으로 하나의 반도체를 택하였을 때, (관심사건 확률 추정) 검사한 결과 불량품일 확률은? 그리고 검사한 반도체가 불량품일 때, 첫 번째 상자에서 나왔을 확률은?

① 0.25, 0.30 ② 0.27, 0.31
③ 0.27, 0.37 ④ 0.3, 0.39

84. 두 연속형 변수들의 관계를 살펴보는 방법은 상관분석과 회귀분석이 있다. (㉠)은 두 변수 간의 선형관계 정도를 알아보는 것이고, (㉡)은 두 변수 간의 인과관계 또는 한 변수가 다른 변수에 어느 정도의 영향력을 보이는가를 알아보는 것이다. ㉠, ㉡에 적합한 용어로 짝지어진 것은?

① 군집화–분류화 ② 회귀분석–상관분석
③ 상관분석–군집화 ④ 상관분석–회귀분석

85. 회귀분석은 단순선형회귀모형($y_i = \beta_0 + \beta_1 x_i + e_i$)을 가정하고, 수집된 데이터를 활용하여 각 관측치(y_i)에 가장 적합한 회귀직선($\hat{y_i} = \hat{\beta_0} + \hat{\beta_1} x_i$)을 도출하는 것이다. 이런 과정에서 사용되는 지표로 적합한 것은 무엇인가?

① $y_i - \hat{y_i}$ ② $|y_i - \hat{y_i}|$
③ $\sum(y_i - \hat{y_i})$ ④ $\min\sum(y_i - \hat{y_i})^2$

86. 상관분석은 두 변수(x_i, y_i) 간의 선형(직선)관계가 존재하는지를 알아보는 방법이다. 이는 상관계수(r)을 통하여 구하는데, 이 식은 다음과 같다. 만약 r이 1에 근접할 때, x_i와 y_i의 관계를 올바르게 표현한 것은 어느 것인가?

$$r = \frac{\sum_{i=1}^{n}(x_i - \bar{x})(y_i - \bar{y})}{\sqrt{\sum_{i=1}^{n}(x_i - \bar{x})^2}\sqrt{\sum_{i=1}^{n}(y_i - \bar{y})^2}}$$

① $x_i > y_i$ ② $x_i < y_i$
③ $x_i \fallingdotseq y_i$ ④ $x_i \neq y_i$

87. 상관분석은 두 변수(x_i, y_i)의 간의 선형(직선)관계가 존재하는지를 알아보는 방법이다. 이는 상관계수(r)을 통하여 구하는데, 이 식은 다음과 같다. 만약 r이 −1에 근접할 때, x_i와 y_i의 관계를 올바르게 표현한 것은 어느 것인가?

$$r = \frac{\sum_{i=1}^{n}(x_i-\overline{x})(y_i-\overline{y})}{\sqrt{\sum_{i=1}^{n}(x_i-\overline{x})^2}\sqrt{\sum_{i=1}^{n}(y_i-\overline{y})^2}}$$

① $x_i > y_i$ ② $x_i < y_i$

③ $x_i \fallingdotseq -y_i$ ④ $x_i \neq y_i$

88. 두 변수 간의 선형관계가 존재하는지를 알아보는 통계적 분석 방법으로 상관분석이 있다. 이 분석에 활용되는 지표는 상관계수인데, −1과 1 사이를 보이면서 두 변수의 선형도를 나타낸다. 만약 0이라면 두 변수는 선형관계가 없음을 나타낸다. 다음 그림 중 이에 해당하는 것을 모두 고르시오.

①  ②  ③  ④ 

89. 다음 괄호에 적합한 용어는 무엇인가?

> (　　)개방이란 중앙정부, 지방자치단체나 공공기관이 보유 관리하는 (　　)을 누구나 사용할 수 있도록 다양한 형태로 제공하는 것을 말한다. 미국, 영국, 일본 등 선진국의 정부에서는 데이터의 민주화 민간과의 투명한 관계 구축 및 재활용을 도모할 수 있다는 점에서 오픈 데이터 정책을 적극적으로 추진하고 있으며 지방자치단체 역시 (　　)개방에 활발한 움직임을 보인다.

① 빅데이터 ② 인공지능

③ 공공데이터 ④ 공개포털

90. 다음 괄호에 적합한 용어는 무엇인가?

> 4차 산업의 핵심은 데이터에 있고 (㉠)은 4차 산업혁명 진흥을 위한 기간산업의 하나라고 볼 수 있다. 여기서 (㉠)이란 데이터의 생산, 수집, 처리, 유통, 활용 등을 통해 가치를 창출하는 상품 및 서비스 생산, 제공 산업을 말한다. 데이터가 새로운 형태의 자산으로 주목받으면서 데이터 유통에 기반을 둔 (㉡)라는 개념이 새로이 대두되었다. (㉡)란 개념은 데이터의 활용이 모든 산업의 발전과 새로운 가치 창출에 촉매 역할을 담당하는 시대라는 뜻이다.

① ㉠ 데이터 라벨링 ㉡ 데이터분석

② ㉠ 데이터 경제 ㉡ 데이터 산업

③ ㉠ 데이터 산업 ㉡ 데이터경제

④ ㉠ 데이터 경제 ㉡ 데이터 분석

91. 베이즈 추정으로 '쇼핑족' 과 '아이쇼핑족' 을 판별하고자 한다. 두 분류의 경험에 따르면 손님 중 '쇼핑족' 의 비율이 다섯 명 중에 두 명꼴이며, 두 분류는 점원에게 말 걸

기 행동이 다르다. '쇼핑족'은 10명 중 8명, '아이쇼핑족'은 10명 중 2명이 말을 건다. 말을 건 손님이 쇼핑족일 확률은 약 얼마인가?

① 0.43 ② 0.53 ③ 0.63 ④ 0.73

92~94. 다음은 자료 분포모양을 그린 것이다. 각 문제에 해당하는 자료 분포를 고르시오.

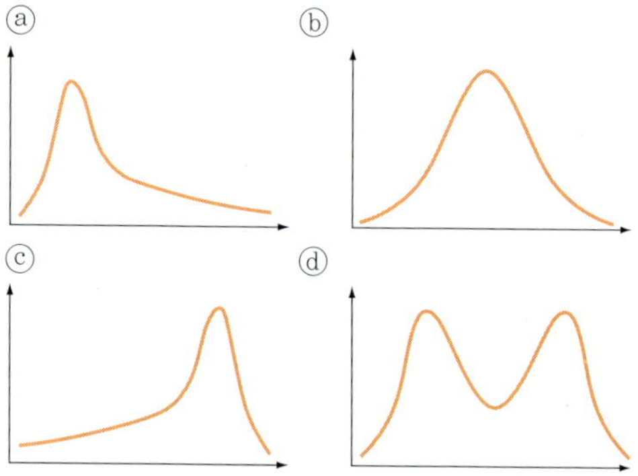

92. 모 대학 A 교과목 중간고사는 시험 대비를 위해 문제은행식으로 선수 학습한 후, 이와 유사한 문제로 중간고사를 치렀다. 이럴 때 중간고사 성적의 분포는 어떤 형태인가?

① ⓐ ② ⓑ ③ ⓒ ④ ⓓ

93. 시간이 흘러 기말고사를 문제은행식이 아닌 시험 범위에 자가 학습 후 시험을 치렀다. 문제의 난이도가 높아 고득점 학생보다 저득점 학생이 많았다. 이럴 때 중간고사 성적의 분포는 어떤 형태인가?

① ⓐ ② ⓑ ③ ⓒ ④ ⓓ

94. 학점을 위해 중간, 기말고사를 합친 후 이들 점수의 분포를 그려본다면 ( )곡선의 형태를 보일 것으로 예상할 수 있다.

① ⓐ ② ⓑ ③ ⓒ ④ ⓓ

※ 다음은 AI 모형평가에 자주 활용되는 교차표이다.

구분		AI가 추론 예측한 결과	
		참(Positive)	거짓(Negative)
실제 결과	참	True Positive(TP)	False Negative(FN)
	거짓	False Positive(FP)	True Negative(TN)

이 표를 활용하여 다음의 상황에 맞는 평가지표를 순서대로 다음 문제를 푸시오.

정밀도=TP/(TP+FP),

재현율(리콜)=민감도=TP/(TP+FN)

특이성=TN/(FP+TN),

정확도=(TP+TN)/N, N:전체 예측 수

95. 도서관에서 도서검색을 할 때 내가 원하는 도서가 정확하게 상단에 출력되기를 기대한다고 했을 때, 이런 검색을 100번 했을 때 어느 지표를 고려하면 좋은가?

① 정밀도 ② 특이성

③ 재현율 ④ 정확성

96. 건강체크를 위해 정기적인 검사를 2년 단위로 실시한다고 했을 때, 과잉진료보다는 정기적인 내원을 권장해야 할 경우 병이 없는 경우와 병이 있다고 오진하는 상황을 고려해야 한다. 이런 상황일 때 어떤 지표를 고려하면 좋은가?

① 정밀도　　② 특이성
③ 재현율　　④ 정확성

97. 위암 판정을 기다리는 환자는 정확한 병 판정이 중요하다. 만약 위암 4기인데 정상으로 판정되는 오진이 발생한다면 그 환자는 치명적일 것이다. 이 경우 적용할 수 있는 지표는?

① 정밀도　　② 특이성
③ 재현율　　④ 정확성

98. 두 변수 간의 선형관계가 존재하는지를 알아보는 상관계수는 양의 상관관계, 음의 상관관계 그리고 선형관계가 없음을 보여주는 −1에서 1 사이의 여러 값을 나타낸다. 다음 보기 중 상관계수가 1, 0, −1을 표현하는 그림으로 짝지어진 것을 모두 고르면?

①

②
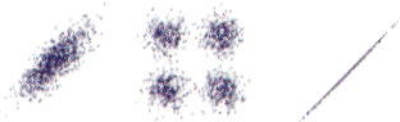

③

④

99. 두 변수 간의 상관관계가 0일 경우, 다음 보기 중에서 올바른 것을 모두 고르시오.

① 두 변수 간의 관계는 양의 상관관계이다.
② 두 변수 간의 관계는 음의 상관관계이다.
③ 두 변수 간의 관계는 직선 관계로 나타낼 수 없다.
④ 두 변수 간의 관계는 곡선 관계로 나타낼 수 있다.

100. 다음은 단순선형회귀분석이 가능한 사례이다. 이 사례에서 설명변수로 적합한 것을 고르시오.

> 학부모의 자산이 자녀의 학력에 영향을 미치는가?
> 키가 큰 사람은 몸무게가 많이 나가는가?
> 흡연을 많이 하면 폐암 가능성이 높아지는가?
> 부모의 IQ는 자식의 IQ에 영향을 미치는가?

① 학부모 자산, 몸무게, 흡연 가능성, 자식의 IQ
② 자녀의 학력, 키, 흡연, 부모의 IQ
③ 학부모 자산, 키, 흡연 가능성, 부모의 IQ
④ 자녀의 학력, 몸무게, 폐암 가능성, 자신의 IQ

주관식 문제

1. 다음 그림은 소셜 네트워크 한 예이다. 만약 김한발 학생이 이 소셜 네트워크에서 전반적인 모두를 알고 싶다면, 어떤 중심성 지표를 고려하여 제일 먼저 누구에게 접근하여야 하는가?

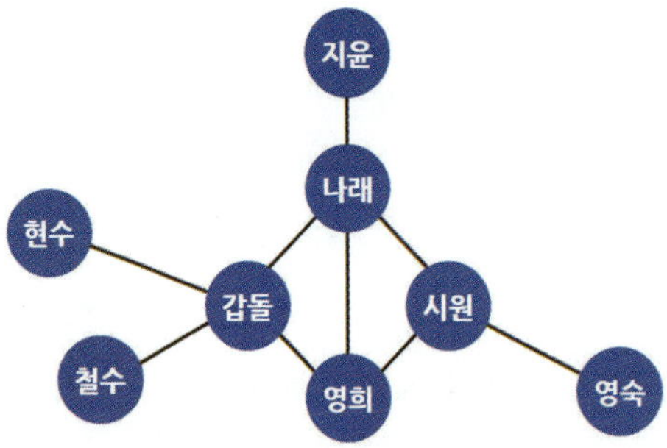

2. 4차 산업혁명의 본질은 물리적 세계와 사이버 세계의 디지털 세계이다. 이 세계의 한 종류인 가공, 초월을 의미하는 메타(Meta)와 세계를 의미하는 유니버설(Universe)의 합성어로 가상과 현실이 융복합된 디지털 세계를 무엇이라고 하는가?

3. 빅데이터 시대 도래에 따라 다양한 데이터가 생산되고 있다. 데이터는 생산방식과 속성에 따라 흔히 3가지 구분한다. 이들 3가지를 정의와 해당하는 데이터의 종류를 3가지씩 제시하시오.

4. 다음 데이터 중에서 평균에 개념을 적용할 수 있는 데이터와 없는 것으로 구분하면?

> 전화번호 몸무게 성별 학번 가격 우선순위
> 칼로리 치명률

5. 인공지능 기술을 기계학습 분야별 적용에 따라 지식추론, 시각지능, 언어지능으로 구분한다. 이들 중 개별적 정보를 이해하는 단계를 넘어 정보 간의 복잡한 관계를 파악하여 표현하는 기술과 질문과 연관성이 있는 정보를 유추하거나 데이터에 존재하지 않더라도 부분 정보들의 종합을 통해 답을 찾아가는 기술은 어느 기술 분야에 해당하는가?

6. 인터넷 사용자 증가와 범용화에 따라 빠르게 성장하는 데이터가 있다. 이들 종류로는 웹로그, 센서데이터, 바코드, QR 등이 있다. 이것은 무엇인가?

7. 인구 규모화는 독립적으로 연령별 인구구조를 비교할 수 있는 장점이 있는 이것은, 성별과 연령별을 연도에 따라 나타내어 이들의 도수를 살펴보는 것으로, 시간 변화에 따른 인구구조 변화를 잘 나타내는 것이 특징이다. 이것은 무엇인가?

8. 4차 산역혁명 도래와 빅데이터 시대에 주목받는 기술 분야는 가상현실, 증강현실, 디지털세계, 인공지능, 정보통신기술, 사물인터넷, 기계학습, 심층학습 등이 있다. 다음 괄호 안에서 이들의 용어를 찾아 각각 짝지어 보시오.

machine Learning, deep Learning,
AR, VR, AI, ICT, IoT, Digital planet

9. 다음 괄호에 적합한 용어를 제시하시오.

(㉠)은 자동화 봇(bots)이 정해진 규칙에 따라 여러 개의 웹페이지를 브라우징(browsing)하는 행위이며, 웹 스파이더링이라고도 한다. 이와 유사한 (㉡)은 웹 사이트상에서 원하는 정보를 추출하는 기술을 말한다.
즉 정해진 규칙인 링크를 따라 연결된 페이지를 브라우징해서 가지고 오는 것이 (㉠)이고, 자동화 봇이 수집하는 페이지가 있을 때 추출하기를 원하는 위치 데이터를 가져오는 것은 (㉡)이다.

10. 인터넷에 게시되는 홈페이지와 여러 연결 링크 등과 같은 사이트는 HTML 언어를 사용하여 구성할 수 있다. 여기서 HTML은 무엇의 약어이고 이를 간단히 설명하시오.

12. 다음 표는 1, 2, 3, 4차 산업혁명의 분류와 주요 기술들을 보여준다. 4차 산업혁명에서 주로 활용되는 주요 특징과 기술을 1, 2, 3차 산업혁명을 참고하여 3가지만 제시하시오.

산업혁명 분류	시기	주요 기술과 특징
1차	18세기 후반	증기기관, 도시공장, 소품종 대량생산
2차	20세기 초반	전기, 자동화, 소품종 대량생산
3차	20세기 중후반	컴퓨터, ICT 발전, 인터넷 지식정보혁명
4차	21세기 초반	(㉠, ㉡, ㉢), 다품종 대량생산 2차 정보혁명

12. 다음은 데이터 형태에 따라 수집기술을 표로 정리한 것이다. 비정형 데이터인 경우 빈칸에 들어갈 대표적인 데이터 수집기술을 3가지 이상 제시하시오.

데이터 형태	데이터 수집기술	데이터 종류
정형	Census, Survey Open API 등	전화번호, 학번, 몸무게, 취업률, 사고 건수, 이름, 우선순위, 성적, 등급, 치명률, 확진자수
비정형		소리, 영상, 텍스트, 자연어

13. 인공신경을 뜻하는 퍼셉트론(perceptron)은 입력 값(input data)들을 가중치(weight)와 결합해 그 합이 일정 기준 이상일 때 다음 퍼셉트론으로 넘기는 역할을 한다. 이때 가중치를 부여해 입력값이 얼마나 중요한지 결정하는 것을 담당하는 함수를 무엇이라고 하는가?

14~18. 다음 보기의 글이 설명하는 것은 무엇인가?

14.

설계, 개발, 제조, 물류, 유통 등 생산의 전 과정에 데이터 기반의 디지털 솔루션이 결합된 정보통신기술을 적용하여 생산성, 품질, 에너지 효율, 고객만족도 등을 향상시키는 공장

15.

데이터의 수집, 가공, 거래 활용기반을 강화하여 데이터 경제를 가속화하고 5G 전국 망을 통한 전 산업의 5세대 이동 등 분야별 빅데이터 플랫폼 확대와 공동데이터를 신속 개방한다는 것

16.

유럽연합 집행위원회가 발표한 "유럽 데이터 경제 육성책"에서 제시한 것으로 데이터의 활용이 모든 산업의 발전과 새로운 가치 창출에 촉매 역할을 담당하는 시대의 경제라는 뜻

17.

영국의 수학자 앨런 튜링(Alan Turing)이 제안한 인공지능 판별법으로 기계(컴퓨터)가 인공지능을 갖추었는지를 판별하는 테스트로 이 테스트는 현재 로봇 등 인공지능 연구에서 기계의 독자적 사고 여부를 판별하는 주요 기준으로 널리 인정받고 있다.

18.

기업가치가 10억 달러(약 1.2조 원) 이상의 비상장 스타트업 기업

19. 다음은 인공신경에 대한 설명이다. 괄호 안에 적절한 용어는 무엇인가?

사람의 뇌는 250억 개의 신경세포로 구성된다. 뇌는 신경세포로 이루어지며, 각각의 신경세포(뉴런, Neuron)는 신경망을 구성하는 신경세포 1개를 지칭한다. 신경세포는 1개의 세포체(cell body)와 세포체의 돌기인 1개의 축삭(Axon or nurite) 및 보통 여러 개의 (㉠ , dendrite or protoplasmic process)를 포함한다. 이들 신경세포 간의 정보 교환은 (㉡)라고 부르는 신경세포 간의 접합부를 통하여 전달한다. 전달 체계는 신호 강도가 일정한 값(임계치, Threshold) 이상이 되어야 신호를 전달한다. 각 (㉡)마다 연결강도가 다르고 신호의 전달 여부를 결정한다.

(㉢)은 초기의 인공신경망의 한 종류로 뇌신경계의 정보 처리 구조를 모방하여 만든 컴퓨터 계산 알고리즘이다. 이는 뇌신경은 많은 신경세포(뉴런)들이 연결되어 정보를 처리하고 전달하고, 신경세포는 신호를 입력받아 다음 신경세포에 출력 형태로 연결(입력과 출력 함수)한다.

20. 다음 보기의 글이 설명하는 인공신경망의 종류는 무엇인가?

초기 인공신경망의 학습 과정은 한 개의 층의 레이어로 시작하여 지금은 여러 층의 레이어가

존재할 수 있도록 구현하고 있다. 이는 입력 레이어와 출력 레이어가 신경망 앞, 뒤에 위치하고 그 사이에 은닉 레이어가 배치한다. 레이어는 여러 유닛으로 구성되며, 각 유닛은 하나의 퍼셉트론으로 구성된다.

21. 다음은 무엇에 관한 설명인가?

결혼한 부부가 2.1명(영유아 사망이나 각종 사고로 사망하는 것을 고려하여 0.1명 가산)의 합계출산율을 유지해야만 인구 지속가능성이 보장된다는 의미이다
우리나라의 경우 2020년에는 0.84명, 2021년도에는 0.81로 심각한 수준이다

22. 2012년 인공지능 머신러닝 분야에서 이미지 인식 경진대회인 ILSVRCImageNet Large Scale Visual Recognition Challenge)에서 토론토대학 연구진이 어떤 새로운 기법을 활용하여 기존의 이미지 인식률을 10% 이상 향상시킨 혁신적인 연구 결과를 발표하였는가?

23. 다음은 무엇에 대한 설명인가?

신뢰성 확보를 위한 접근 방법으로, 인공지능의 동작 또는 판단을 사람이 이해할 수 있는 형태로 설명하는 기술로 AI 기반 영상판독 보조시스템인 루닛 인사이트(Lunit INSIGHT for Chest Radiography Nodule Detection)가 예이다. 이는 흉부 엑스선 영상 분석을 통해 폐암 혹은 폐 전이암으로 의심되는 부분(붉은색으로 표시된 부분)을 97%의 정확도로 검출하여 의사의 판독을 보조할 수 있는 기술이다. 이 기술은 특히, 의료 영상 분석과 같이 엄밀한 규정 준수가 요구되는 분야에서 인공지능을 도입할 경우 필요한 부분이다.

24. 다음 인공지능의 발전단계에 대해 간략히 설명하시오.

1) 약 인공지능(weak AI)이란?

2) 강 인공지능(strong AI)이란?

3) 초 인공지능(super AI)이란?

25. 홍길동의 아침 출근에 접하는 다양한 데이터에서 자료의 유형을 정형, 반정형, 비정형 3가지 자료로 분류하고 정형의 경우(명목, 순서, 등간, 비율)로 세분하여 정리하시오.

홍길동은 아침에 (① 스마트폰 알람 소리)에 기상하여 스마트폰으로 (② 카톡 문자)을 확인하고 간단한 아침 식사를 하고 출근한다. 시계의 시간을 보면서 지하철 (③ 도착 시각)에 맞춰 지하철에 탑승한 뒤, 스마트폰으로 인터넷 사이트(④ 인터넷 사이트 구성하는 HTML 언어)들을 방문하면서 최신 뉴스를 보고, 무의식중에 지하철이 어디쯤을 달리고 있는지 (⑤ 지하철 노선도)를 확인한다. 목적지에 도착하여 회사 출입을 위해 (⑥ scan 코드)를 찍고 회사 내부에 있는 카페에서 커피 가격으로 (⑦ 4,600원)을 내고 테이크아웃하여 (⑧ 7층)에 있는 회사 사무실에 도착하여 일을 시작한다.

26. 인간의 감각, 지능, 수명 같은 인간의 생물학적 한계를 넘어서려는 과학기술 운동을 무엇이라 하는가?

27. 튜링-테스트에 대해 간략히 설명하시오.

28. SNS상의 연예인 간의 네트워크 구조를 나타내고 있다.
연결 중심성이 가장 높은 사람을 선택하시오.

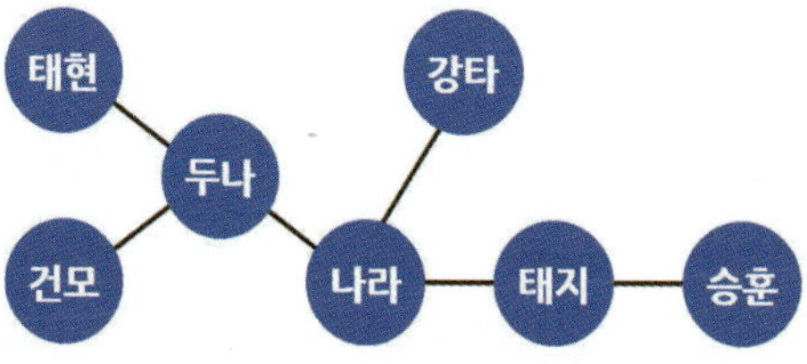

29. 딥러닝에 사용되는 인공신경망 학습(예측목적) 과정에 대해 간략히 설명하시오.

30. 데이터 사이언스를 적용하여 실무에 활용하는 프로세스를 간략히 설명하시오.

31. 다음은 무엇을 설명한 것인가?

> 기업가치가 10억 달러(약 1.4조 원) 이상의 비상장 스타트업 기업으로 2018년도에는 하나도 없었으나 2022년도 7월 기준으로 위메프, 컬리, 직방, 버킷플레이스, 당근마켓 등 23개 정도가 있다

32. 다음 AI 기술을 분류할 때 지식추론, 시각지능, 언어지능으로 분류할 때 언어지능과 지식추론의 기술들을 선택하여 쓰시오.

> NLP, Relational network, Word embedding, GAN, Google DeepMind

1) 언어지능 (   )

2) 지식추론 (   )

33. 다음 다층신경망 구조에 해당하는 ①~④의 이름을 쓰시오.

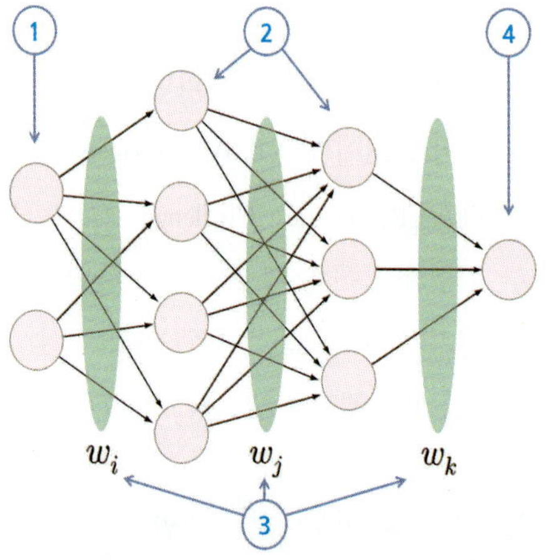

34. 인간의 뇌를 기반으로 한 인공신경망 모델에서 생물학적인 신경망에 해당하는 인공신경망의 구성 이름을 쓰시오.

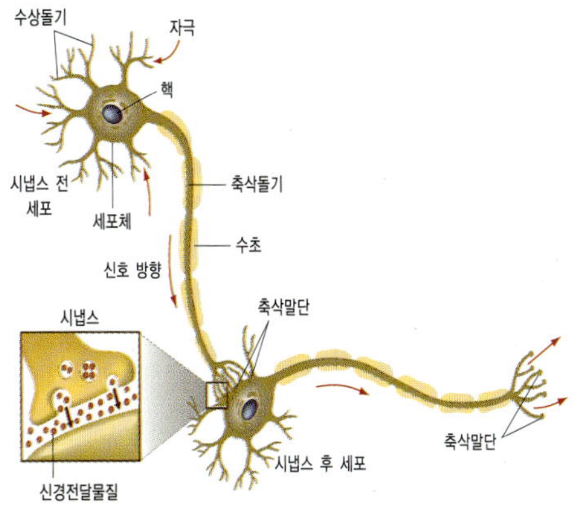

생물학적 신경망	인공 신경만
세포체	①
수상돌기	②
축삭돌기	③
시냅스	④

35. 다음 괄호 안에 알맞은 용어를 쓰시오.

(①)은(는) 인간보다 훨씬 뛰어난 지능을 가진 인공지능으로 효율성, 창의성 등을 기반으로 끊임없는 자가발전이 가능한 단계로 (②)의 시대가 도래하면 기계의 지능이 인간의 지능을 넘어서고 인간은 생물학적 몸과 뇌의 한계를 극복할 수 있다는 (③) 운동이 펼쳐지고 있다.

36. 다음 괄호 안에 알맞은 용어를 쓰시오.

인공신경망은 뇌 신경계의 정보처리 구조를 모방하여 만든 알고리즘으로 초기 인공신경망인 (①)은(는) 신경세포(neuron)와 유사하며, 이를 확장하여 입력층, 2개 이상의 은닉층, 출력층으로 구성된 (②)은(는) 복잡한 함수식의 가중치를 찾는 과정이며 입력값을 가중치에 곱해 (③)을(를) 거쳐 결과를 출력하는 방식이다.

37. 딥러닝에 사용되는 인공신경망 학습 과정에 대한 설명이다. 괄호 안의 알맞은 것을 쓰시오.

인공신경망의 학습 과정은 입력자료가 들어오면 자료와 가중치를 곱하여 활성화함수를 거쳐 출력이 이루어지며 출력값과 실제값을 비교하여 (①)을(를) 계산하고 이를 줄이는 방향으로 가중치를 갱신하며 학습한다. 출력값과 실제값의 차이인 오차를 이용한 함수식 ($\sum_{i=1}^{n}(\text{출력값}-\text{실제값})^2/n$)을 (②)라 한다.

38. 다음은 의료 관련 인공지능에 대한 적용 분야에 대한 설명이다. 괄호 안에 들어갈 알맞은 것을 쓰시오.

의료 진료에 인공지능이 적용될 5가지 분야 중에 인공지능 분야의 (①)은(는) 의료 진료 측면에서 가장 핵심적인 기능을 수행하고 있고, 여러 국내 대형종합병원에서 (②)을(를) 도입하여 활용하고 있다.

39. 인공지능의 학습 프로세스에 대한 설명이다. 괄호 안에 알맞은 것을 쓰시오.

인공지능이 동물의 이미지를 분류할 때 동물마다 이미지의 특징을 추출해서 (①)에 있는 동물들과 닮은 이미지를 생성하는 학습을 하거나, 주어진 이미지에 대한 (②)을(를) 가깝게 만드는 학습을 한다.

40. 다음은 인공지능이 비정형 자료를 학습하기 위해 사전 데이터 처리 방법에 대한 설명이다. 괄호 안에 알맞은 것을 쓰시오.

> AI는 사람이 사용하는 문서나 사진들의 데이터를 식별할 수 없으며, AI가 스스로 학습할 수 있는 형태로 데이터를 가공해야 이런 작업을 (①)(이)라 한다. 학습용 데이터 처리 방법으로 사진 내에서 픽셀 단위로 객체를 분류하는 방법을 (②)(이)라 한다.

41. 컴퓨터에서 사용하는 프로그래밍 언어와 같이 사람이 의도적으로 만든 인공어에 대비되는 개념으로, 일반사회에서 자연히 발생하여 사람이 의사소통에 사용하는 언어와 이를 처리한다는 의미를 붙여 무엇이라고 정의하는가?

42. 데이터 형식인 이 두 개는 다음과 같은 점에서 다르다. (㉠)는 자료를 연속된 형태의 미리 정해진 크기의 공간에 저장하므로 (㉠)의 크기가 크면, 기억장치의 공간을 너무 많이 차지하고, 자료의 삽입 및 삭제가 번거롭다. 이에 반해 (㉡)는 데이터와 노드라는 형태를 가지고 있어 (㉠)의 단점을 보완한다. 노드는 다음 노드에 대한 포인터가 포함되어 자료의 삽입과 삭제가 용이하다. ㉠과 ㉡에 적합한 데이터 형식은 무엇인가?

43. 다음은 정형데이터에 적합한 그래프를 살펴보는 표이다. 질적 자료는 다음과 같이 3종류 주로 활용되고 있다. 양적자료에 적합한 그래프의 종류를 3가지를 제시해 보시오.

양적자료	질적자료
	막대그래프, 원그래프, 꺾은선그래프

44. 다음은 여학생과 남학생의 체중을 측정한 결과이다. 이들 두 집단의 분포를 비교하기 위해 줄기-잎-그림을 작성하고 분포의 특징을 설명하시오.

남학생	64 54 49 76 55 67 58 69 65 62 67 73 64 68 72
여학생	48 42 63 52 53 50 45 47 49 49 47 43 54 58 42

남학생		여학생
9	4	825799732
854	5	23048
84725974	6	3
236	7	

45. 다음 빈칸에 적합한 단어를 제시하시오.

> (㉠)학습은 데이터 라벨링 자료를 이용하고, (㉡)학습은 정답이 없는 라벨링 자료를 이용한다. (㉠)학습은 정답이 있는 자료를 보여주면서 예측과 분류를 하는 방법이고, (㉡)학습은 정답이 없는 입력 데이터를 살펴 자율학습을 통해 군집화 하는 것을 의미한다.

46. 다음은 100점 만점에 대한 6개 반(1반~6반)의 통계학 점수를 상자그림으로 그려본 것이다. 다음의 질문에 답하시오.

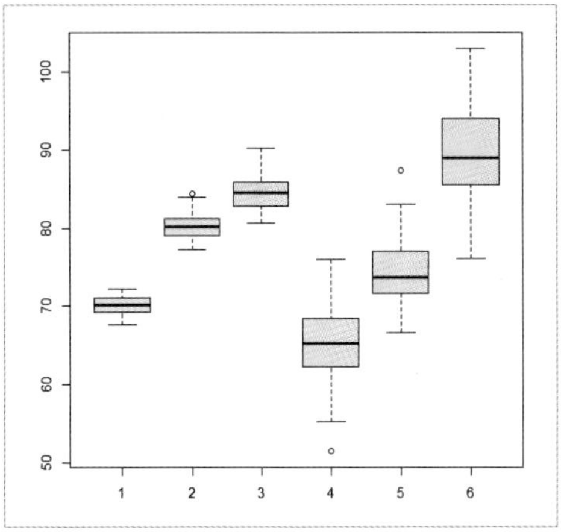

1) 6개 반 중 통계학 점수의 분포가 상대적으로 비대칭 분포인 2개 반을 고른다면?
2) 6개 반 중 성적의 편차가 가장 큰 반은 몇 반인가?
3) 6개 반 중 평균 또는 중앙값 주변에 성적이 모여 있는 2개 반을 선별한다면 몇 반일까?
4) 인접값을 기준으로 상자그림의 수염을 작성한다. 위쪽 수염의 길이가 가장 짧은 반은 어느 반인가? 아래쪽 수염의 길이가 가장 긴 반은 어느 반인가?
5) 6개 반의 통계학 점수의 중앙값 순서로 반의 순서를 제시하시오.

47. 다음은 50점 만점의 A과목에 대한 두 반의 기초통계량이다. 이를 참고하여 상자그림을 그리고, 두 반의 분포를 서로 비교하시오.

A반	B반
$Q_1=15,\ Q_2=20,\ Q_3=25$ 위쪽 인접값: 35 아래쪽 인접값: 10 최저점: 3, 최고점:49	$Q_1=25,\ Q_2=27,\ Q_3=30$ 위쪽 인접값: 35 아래쪽 인접값: 19 최저점: 10, 최고점: 49

48. AI 분류를 통해 그 결과를 평가한다고 했을 때 우리는 실제 결과의 참과 거짓에 따라 AI의 추론하여 예측의 결과가 올바르면 Positive, 그렇지 않으면 Negative로 정의하며, 이런 상황에 대해 결과를 조합하면 총 4가지를 경우를 얻는다. 이는 인공지능이 이미지 분류를 정확히 한 것에 대한 평가지표로 많이 활용되는 교차표이다. 이를 무엇이라고 하는가?

49. 황한밭 학생은 인터넷에서 500명 초등학생과 500명 대학생의 A 소설에 대한 감상문을 텍스트 자료를 수집할 수 있었다. 이들에 대한 자료를 컴퓨터에 입력하여 인공지능으로 감상문을 분류한다고 한다. 만약, 새로운 감상문 10개 문서를 대입하여 초등학생의 감상문이 아닌지를 판단한다고 할 때, 이것은 지도학습, 비지도 학습 중 어느 것이 해당하는가? 그리고 이유를 설명하시오.

50. 다음 그림은 지도학습의 입력데이터와 비지도학습의 입력데이터를 그려본 것이다. 이들 중 어느 것이 지도학습용 입력데이터인가? 그리고 그 이유를 설명하시오.

①

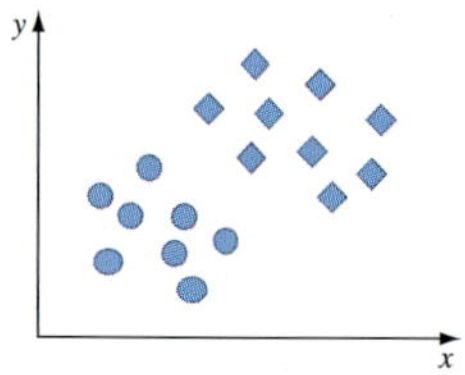

②

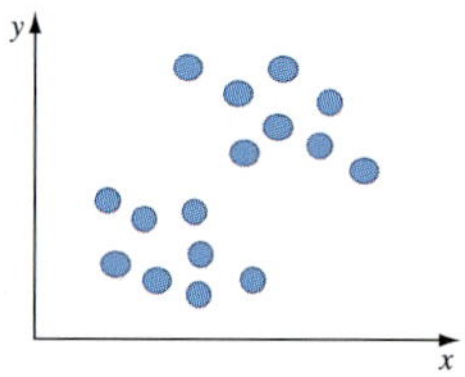

51. 설명변수와 결과(반응)변수가 제공되는 경우, 지도학습으로 결과변수의 분류와 예측을 도출할 수 있다. 이런 분류와 예측은 대표적인 지도학습의 분석 예이다. 이에 반해 비지도 학습 결과변수가 제공되지 않지만 주어진 데이터를 통해 분석결과를 제공한다. 비지도학습의 대표적인 분석 3가지 이상을 제시하시오.

52. 통계학에서 확률을 바라보는 두 관점은 빈도론과 베이지안으로 나눈다. 만약'주사위를 던져 3이 나오는 확률은 1/6이다'에 대해 빈도론자와 베이지안은 다르게 해석한다. 이에 대해 설명하시오.

53. 베이지안은 과거 정보를 활용하여 관심있는 사건에 대한 확률을 계산하는데 유용한 방법이다. 다음은 바이러스에 대한 문제를 베이지안을 활용하여 계산하고자 한다. 다음에 답하시오.

54. 어느 학생이 거짓말을 하는지 알아보기 위해 거짓말 탐지기를 사용하기로 했다. 이 학생이 거짓말을 할 확률이 0.3이고, 진실을 말할 확률은 0.7이다. 그리고 경험적으로 거짓말 탐지기의 작동이 맞을 확률은 0.8이고 틀릴 확률은 0.2이다. 거짓말 탐지기가 거짓말이라고 응답했을 때, 실제로 이 학생이 거짓말을 했을 확률과 진실을 말했을 확률은 각각 얼마인가?

55. A바이러스 유행 시기에 고열로 병원에 온 환자 중 A바이러스에 걸린 환자의 비율이 0.7, 감기에 걸린 환자의 비율이 0.3 이라고 하자. A바이러스 진단기로 검사했더니 양성, 음성의 비율은 다음과 같다.

타입	양성일 확률	음성일 확률
A 바이러스	0.8	0.2
A 바이러스 아님	0.1	0.9

1) A 바이러스 진단기 검사에서 양성이 나온 경우 A 바이러스일 확률과 음성으로 나온 경우 A 바이러스가 아닐 확률은?

2) 이 둘의 확률 차이는 어느 정도인가?

56. 질병 A의 발병률은 0.1%로 알려져 있다. 이 질병이 실제로 있을 때 질병이 있다고 검진할 확률(민감도)은 99%, 질병이 없을 때 없다고 검진할 확률(특이도)은 98%라고 하자. 만약 어떤 사람이 질병에 걸렸다고 검진 받았을 때 이 사람이 정말로 질병에 걸렸을 확률은? (단, 풀이 과정을 명시한 경우만 점수 인정)

57. 55번 문제에서 한 번 양성 판정을 받았던 사람이 두 번째 검진을 받고 또 양성을 받았을 때 이 사람이 실제로 병에 걸렸을 확률은 얼마인가?

58. 상관분석은 두 변수(x_i, y_i)의 간의 선형(직선)관계가 존재하는지를 알아보는 방법이다. 이는 상관계수(r)를 통하여 구하는데, 이 식은 다음과 같다. 만약 이 1 또는 −1에 근접할 때, x_i와 y_i의 관계를 표기해 보시오. 참고로 상관계수(r)는 다음과 같다.

$$r = \frac{\sum_{i=1}^{n}(x_i - \bar{x})(y_i - \bar{y})}{\sqrt{\sum_{i=1}^{n}(x_i - \bar{x})^2}\sqrt{\sum_{i=1}^{n}(y_i - \bar{y})^2}}$$

59. A 병원은 10년간 위암 환자로부터 수집된 위암 1, 2, 3기, 말기에 대한 이미지 파일 1만 장을 지도학습으로 인공지능을 학습시켰다. A 병원은 2020년부터 위암 환자의 빠른 진단과 처치를 위해 위암 MRI 사진을 비지도학습으로 변경하였다. 2020년에 위암 2기 환자 이미지를 인공지능으로 판단한 결과는 다음과 같다.

추론예측 / 실제 결과	위암 2기	위암 2기 아님 (정상, 위암 1, 3기, 말기)
위암 2기	8500	400
위암 2기 아님 (정상, 위암 1, 3기, 말기)	600	500

위의 인공지능 판단 결과를 정확도와 민감도 지표관점에서 평가하고자 한다. 정확도와 민감도를 계산하시오.

60. 김한발 학생은 지도학습으로 두 변수의 관계를 모색하고 예측을 하고자 한다. 이를 위해 후보 인공지능 모형 3개에 대해 1,000개 데이터를 600:200:200개로 분할한 뒤, 각각 훈련데이터, 평가데이터, Test데이터로 적용하여 각 후보의 정확도(Accuracy)를 조사하였더니 다음과 같았다.

	훈련	평가	Test
모형1	100%	60%	50%
모형2	85%	88%	90%
모형3	50%	40%	30%

1) 모형 1과 3은 어떤 현상이 발생한 경우인지 설명하시오.

2) 모형 1, 2, 3 중 최적모형으로 선택해야 할

모형은 무엇인가?

61. 홍길동은 인공신경망 DNN, CNN을 활용하여 400장의 알파벳 A, B, C, D 구성된 이미지를 문자인식을 하려고 한다. 다음과 같은 DNN, CNN 혼동행렬 결과가 도출되었다. DNN, CNN 결과를 비교하기 위해 정확성, 정밀도, 재현성을 기준으로 비교하시오.

(DNN 문자인식 혼동행렬)

실제＼예측	A	B	C	D
A	100	0	0	0
B	0	50	30	20
C	0	10	80	10
D	0	10	0	90

(CNN 문자인식 혼동행렬)

실제＼예측	A	B	C	D
A	80	20	0	0
B	10	70	0	20
C	0	0	90	10
D	20	30	0	50

62. 김한밭 학생은 인공신경망 DNN을 활용하여 230장의 숫자로 구성(1, 2, 3, 4)된 이미지에 대해 숫자를 인식하려고 한다. DNN의 히든레이어(hidden layer)를 다르게 적용한 두 개의 모형으로 숫자(1, 2, 3, 4)를 인식한 혼동행렬 결과는 다음과 같다. 정확성, 정밀도, 재현성(리콜) 지표를 사용하여 두 개의 결과를 비교하시오.

(DNN, hidden layer 4개, 혼동행렬)

실제＼예측	1	2	3	4
1	198	2	0	0
2	7	1	0	2
3	0	8	1	1
4	2	3	4	1

(DNN, hidden layer 3개, 혼동행렬)

실제＼예측	1	2	3	4
1	100	80	10	10
2	0	9	0	1
3	0	1	8	1
4	0	1	0	9

63. 데이터 구조는 데이터의 특성과 데이터 간의 관계를 논리적 관점에 서 나타낸 틀이다. 여기서 논리적 관점으로 나타낸 구조는 계층, 나무, 네트워크, 큐, 스택, 연결리스트, 그래프 등이 있고, 형식으로는 벡터, 배열, 행렬, 리스트, 데이터프레임, 튜플, 딕셔너리 등이 있다. 다음 그림 (1), (2), (3)은 이들 중 어느 것을 표현한 것인가?

① ② ③

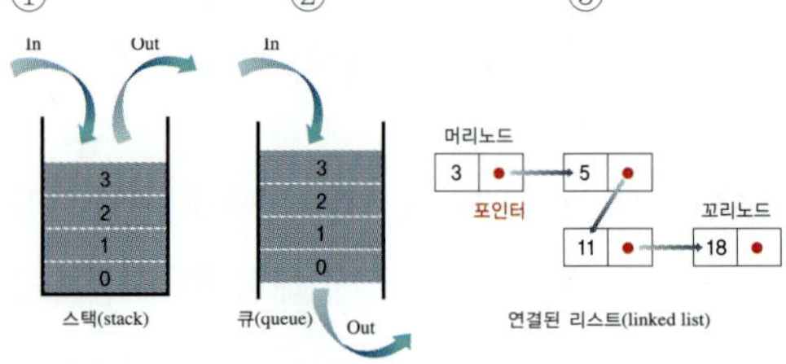

64. 일반사회에서 자연히 발생하여 사람이

의사소통에 사용하는 언어와 이를 처리한다는 의미를 붙여 자연어처리(NLP)라고 정의한다. NLP의 대표적인 언어모델을 4개 이상 제시하시오.

65. 다음은 텍스트 데이터 전처리 과정을 보여주는 표이다. 구분에 적절한 의미와 작업내용을 서술해 보시오.

구분	의미와 작업내용
가설	통계적의미론 가설, 단어주머니 가설
토큰화	(㉠)
대소문자변환, 문장부호삭제	(㉡)
어간추출, 원형복원	어간 추출 알고리즘, 단어별 특성추출
불용어 삭제	(㉢)

66. 데이터 사이언스 학습은 지도학습과 비지도학습으로 분류한다. 다음 사례는 각각 무엇에 해당하는지 분류하시오.

1) 사자, 기린, 고양이 세 개체에 대해 미리 학습한 AI가 사자 이미지를 보여주면 이것을 사자라고 분류하는 과정이다.
2) 동물학자가 아니더라고 동물 사진을 보고 다리구조, 피부 색깔, 이빨 모양, 크기 등과 같은 단서를 통해 동물을 구분한다.
3) 평소 월평균 쇼핑 결제금액이 10만 원 내외였던 고객이 이번 달은 1,000만 원 이상 결제되었다면, 이상 징후를 판단해야 한다.
4) 온라인 쇼핑 시 상품을 장바구니에 넣으면 이를 구매한 고객이 다른 상품을 어떤 것을 쇼핑하고 구매했는지를 알려주는 서비스가 요즘 온라인에서 쉽게 접할 수 있다.
5) 10년간의 중학교 2학년의 키와 몸무게의 10년간의 데이터 추이를 살펴보고 대략적인 선형관계를 파악하여 중학생 2학년의 키가 150일 때 이에 상응하는 몸무게를 추정해 본다.

66. 자동차를 출하하는 H 자동차는 2021년 새로운 디자인으로 A 차를 야심차게 선보였다. 출하 때 중요한 것은 품질인데 출하 차종 전부가 최고의 품질 상태로 출품된다는 가정으로 소비자에게 판매한다. 그런데 이 차에 브레이크 부분에 결함이 발생하여 소비자에게 대규모의 배상을 해주는 상황이 되었다. 이런 상황에 적용할 수 있는 지표는 무엇일까? 그리고 이유를 설명하시오. 참고로 활용할 수 있는 평가지표 표는 다음과 같다.

구분		AI가 추론 예측한 결과	
		참(Positive)	거짓(Negative)
실제 결과	참	True Positive(TP)	False Negative(FN)
	거짓	False Positive(FP)	True Negative(TN)

정확도=TP+TN/N, 에러율= 1−정확도

정밀도=TP/(TP+FP),

재현율(리콜)=민감도=TP/(TP+FN)

특이성=TN/(FP+TN)

67. H 병원은 환자를 어떤 실험을 위해 암 환자, 심장병환자, 뇌질환환자의 3가지 유형으로 분류하였다. 환자 중 50% 암 환자, 25% 심장병환자, 25%가 뇌질환환자이다. 어떤 환자가 1년에 적어도 한번 수술을 받을 확률이 암 환자는 0.25, 심장병환자는 0.15, 뇌질환환자는 0.1이라고 하자. 다음 질문에 대한 확률값을 구하시오.

1) 병원의 환자 중 임의로 환자를 선택하였을 때, 그 환자가 1년에 적어도 한번 수술을 받을 확률은 얼마인가?
2) 어떤 한 사람이 1년에 적어도 한번 수술을 받은 환자라면, 그 환자가 심장병 환자일 경우와 뇌질환환자의 경우를 각각 얼마인가?
3) 1)에서 구한 수술 받을 확률과 2)에서 구한 심장병, 뇌질환환자에 따른 수술 확률은 어느 정도 변화(확률갱신)가 되었는가?

객관식 정답

문제1	④	문제26	④	문제51	②	문제76	②
문제2	④	문제27	③	문제52	②	문제77	③
문제3	③	문제28	④	문제53	①	문제78	④
문제4	④	문제29	①	문제54	②	문제79	②
문제5	③	문제30	①	문제55	④	문제80	①
문제6	④	문제31	①	문제56	④	문제81	③
문제7	①	문제32	③	문제57	②	문제82	④
문제8	③	문제33	③	문제58	③	문제83	③
문제9	②	문제34	①	문제59	③	문제84	④
문제10	④	문제35	②	문제60	③	문제85	④
문제11	④	문제36	②	문제61	④	문제86	③
문제12	③	문제37	②	문제62	②	문제87	③
문제13	③	문제38	③	문제63	④	문제88	①
문제14	④	문제39	③	문제64	①	문제89	③
문제15	④	문제40	④	문제65	②	문제90	③
문제16	③	문제41	④	문제66	④	문제91	④
문제17	④	문제42	③	문제67	②	문제92	③
문제18	③	문제43	③	문제68	④	문제93	①
문제19	④	문제44	③	문제69	④	문제94	④
문제20	②	문제45	③	문제70	②	문제95	①
문제21	③	문제46	③	문제71	①	문제96	②
문제22	④	문제47	②	문제72	④	문제97	③
문제23	①	문제48	③	문제73	④	문제98	①, ④
문제24	③	문제49	③	문제74	④	문제99	③, ④
문제25	②	문제50	④	문제75	④	문제100	③

1. 매개중심성(중계자 혹은 매개자로서의 역할 정도 그 노드를 통과하는 최단경로들의 개수), 갑돌 매개중심성 11

2. 메타버스

3.

구분	예
1. 정형데이터	학년, 키, 몸무게, 취업률, 사고 건수
2. 반정형데이터	HTML, QR코드, 바코드
3. 비정형데이터	음성, 자연어, 이미지

4. 평균 개념 적용 가능 데이터: 몸무게, 가격, 칼로리, 치명률
평균 개념 적용 불가능 데이터: 전화번호, 성별, 학번, 우선순위

5. 지식추론

6. 반정형데이터

7. 인구피라미드

8. 가상현실(Virtual Reality, VR), 증강현실(Augmented Reality, AR), 디지털세계(Digital planet), 인공지능(artificial intelligence, AI), 기계학습(Machine Learning), 심층학습(Deep Learning), 정보통신기술(Information and Communication Technologies, ICT), 사물인터넷(Internet of Things, IoT)

9. ㉠ 웹 크롤링(Web crawler), ㉡ 웹 스크래핑(web scraping)

10. HTML(HyperText Markup Language): HTML은 데이터 정보가 태그(tag) 형태로 기술되어 있으며, 문서들 간의 연결키인 tag로 문서와 문서가 연결된 언어이다. 또는 문서와 문서가 연결되고 정보를 정의하는 하나의 형식인 태그로 이루어진 언어이다.

11. ㉠ 인공지능, ㉡ 기계학습, ㉢ 정보통신기술, ㉣ 빅데이터, ㉤ 데이터과학

12. Open API, 웹 크롤링, 스트리밍, RSS, FTP 등

13. 활성화 함수
(해설) 예를 들어 일정 값 이상이 되면 1을 출력하여 다음으로 넘겨주고, 일정 값을 만족하지 못하면 0이 출력되어 다음으로 넘어갈 수 없게 된다. 그럼 다음 퍼셉트론으로 넘길지 결정하는, 일정 이상의 기준은 활성화 함수가 담당한다. 입력값을 활성화시켜 다음으로 넘길지, 비활성화시켜 넘길지 말지 그 기준이 되는 함수이다.

14. 스마트 공장

15. 데이터 댐

16. 데이터 경제

17. 튜링테스트

18. 유니콘 기업

19. ㉠ 수상돌기, ㉡ 시냅스, ㉢ 퍼셉트론

20. 다층신경망

21. 인구 대체율

22. 답러닝(심층학습)

23. 설명 가능 인공지능(XAI)

24. 1) 특정 분야에 대해서는 지능을 갖추고 있지만 스스로 사고하며 문제를 해결할 수 있는 일반화 능력이 없는 컴퓨터 기반 인공지능이다.

2) 스스로 사고하며 문제를 해결할 수 있는 컴퓨터 기반의 인공지능으로 자각 능력과 독립성을 갖추고 있다.

3) 인간보다 훨씬 뛰어난 지능을 가진 인공지능이다.

25. ① 비정형, ② 비정형, ③ 정형-비율, ④ 반정형, ⑤ 비정형, ⑥ 반정형, ⑦ 정형-순서, ⑧ 정형-비율

26. 트랜스휴머니즘

27. 대화하는 사람이 인공지능 컴퓨터와 사람과의 반응 사이에서 그 차이를 구별할 수 없다면, 그 컴퓨터는 지능을 가진 인공지능 기계라고 생각할 수 있다는 테스트 방법을 튜링-테스트라 한다.

28. 연결중심성: 태현=1/6, 건모=1/6, 두나=3/6, 강타=1/6, 나라=3/6, 태지=2/6, 승훈=1/6 → 두나, 나라

29. 입력-가중치-활성화 함수-예측값-"실제값과 예측값 비교"-손실함수 계산-가중치 갱신(손실함수 최소화)-최종 출력

30. 원시 데이터-데이터 정제-데이터 처리-탐색적 데이터 분석(EDA)-기계학습-UI, 시각화

31. 유니콘 기업

32. 1) NLP, Word embedding, 2) Google DeepMind, Relational network

33. ① 입력층, ② 은닉층, ③ 가중치, ④ 출력층

34. ① 뉴런 , ② 입력, ③ 출력, ④ 가중치

35. ① 초인공지능, ② 특이점, ③ 트랜스휴머니즘

36. ① 퍼셉트론, ② 딥러닝(또는 심층신경망), ③ 활성화 함수

37. ① 손실함수, ② 평균제곱오차

38. ① 영상해석, ② IBM 왓슨

39. ① 데이터 라벨링, ② 데이터 분포(또는 모형분포)

40. ① 데이터 라벨링, ② 시멘틱 분할

41. 자연어(natural language(NL)), 자연어처리(NL processing(NLP))

42. 배열, 연결리스트

43. 히스토그램, 줄기-잎-그림, 상자그림

44. 남학생은 60kg대, 여학생은 40kg대에 데이터가 밀집되어 있다. 남학생은 여학생에 비해 상대적으로 20kg이 높은 체중 쪽으로 쏠려있다. 따라서 남학생과 여학생의 체중분포는 비대칭이다.

45. ㉠ 지도, ㉡ 비지도

46. 1) 5반, 6반, 2) 6반, 3) 1반, 2반, 4) 1반, 6반, 5) 6반, 3반, 2반, 5반, 1반, 4반

47.

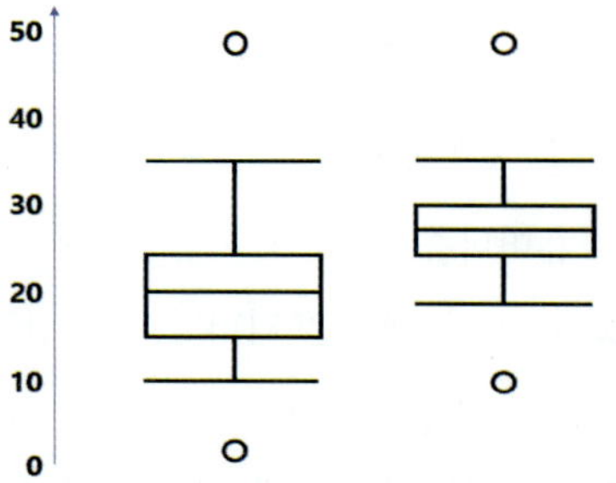

(해설) A반이 B반보다 A과목 점수 변동이 크고 평균 중심에서 상대적으로 벗어나 있음을 알 수 있다. 그리고 A, B반 모두 이상치가 존재하며, 특히 아래쪽 이상치는 A반이 매우 낮은 점수 3점이 있다.

48. 혼동행렬(confusion matrix)

49. 지도학습, 데이터 라벨링 유무, 정답이 있는(구분이 되어 있는) 자료를 선행학습으로 한 다음 새로운 원고를 판별하는 경우

50. ① 정답이 있는 데이터(동그라미와 네모로 특성화된 데이터 분류)를 가지고 분류한 후, 새로운 데이터인 동그라미나 네모를 입력하면 이를 분류하는 지도학습을 의미한다.

51. 군집화, 연상(연관)규칙발견, 이상탐지

52. 빈도론(1,000번 주사위를 던지면 166번, 10,000번을 던져도 1,666번 3의 눈이 도출된다). 베이지안(주사위를 던질 때 3이 나온다고 1/6(16.66%) 확신할 수 있다.

53.

거짓말(0.3)		진실(0.7)	
0.8	0.2	0.2	0.8

- 거짓말 비율: 0.3
- 거짓말 정확도를 감안한 거짓말 확률: 0.6316
- 거짓말 정확도를 감안한 진실 확률: 0.3684

※ 빨간 글자는 거짓말 탐지기가 거짓으로 판단할 확률

1. 거짓말과 진실 확률: 사전확률

A_i, $i = A$거짓말1, 진실2, $P(A_1) = 0.3$, $P(A_2) = 0.7$

2. 거짓말 탐지기가 거짓일 확률 $P(B)$

$P(B) = \sum_{i=1}^{2} P(A_i)P(B|A_i)$, 전확률공식

$0.3*(0.8) + 0.7*(0.2) = 0.38$

3. 거짓말 중(B), 거짓을 말했을 확률 $P(A_1|B)$

$P(A_1|B) = P(B|A_1) * P(A_1) / P(B) = 0.3*(0.8)/0.38 = 0.6316$

거짓말 중(B), 진실을 말했을 확률 $P(A_2|B)$

$P(A_2|B) = P(B|A_2) * P(A_2) / P(B) = 0.7*(0.2)/0.38 = 0.3684$

54. 1)

A 바이러스(0.7)		A 바이러스 아님(0.3)	
0.8	0.2	0.1	0.9

– A 바이러스 환자 비율: 0.7
– 진단이 양성일 경우 A 바이러스 확률: 0.95

※ 빨간(파란) 글자는 양성(음성)일 확률

1. 환자를 진단할 확률: 사전확률

A_i, $i = A$ 바이러스1, 단순감기2, $P(A_1) = 0.7$, $P(A_2) = 0.3$

2. 환자 중 진단 결과가 양성일 확률 $P(B)$, 음성일 확률 $P(C)$

$P(B) = \sum_{i=1}^{2} P(A_i)P(B|A_i)$, 전확률공식

$P(B) = 0.7*(0.8) + 0.3*(0.1) = 0.59$,

$P(C) = 0.7*(0.2) + 0.3*(0.9) = 0.41$

3. 양성인 환자 중(B), 그 환자가 A 바이러스일 확률 $P(A_1|B)$

$P(A_1|B) = P(B|A_1) * P(A_1) / P(B) = 0.8*(0.7)/0.59 = 0.9492$

음성인 환자 중(C), 그 환자가 A 바이러스가 아닌 확률 $P(A_2|C)$

$P(A_2|C) = P(C|A_2) * P(A_2) / P(C) = 0.3*(0.9)/0.41 = 0.6585$

2) 0.9492−0.6585=0.2907

55. 민감도는 참 양성 비율 따라서 0.99, 0.01; 특이도는 참 음성비율이므로 0.02, 0.98로 2*2의 분할표가 만들어진다.

A 발병률(0.001)		A 미발병률(0.999)	
0.99	0.01	0.02	0.98
- A 발병률: 0.001 - 진단이 양성일 때 검사 대상자가 질병일 확률: 0.0471			

※ 빨간(파란) 글자는 양성(음성)일 확률

1. A 질병 발별률 유무 확률: 사전확률
   A_i, $i = A$ 발병률1, 미발병률2, $P(A_1) = 0.001$, $P(A_2) = 0.999$

2. 환자 중 진단 결과가 양성일 확률 $P(B)$
   $P(B) = \sum_{i=1}^{2} P(A_i)P(B|A_i)$, 전확률공식
   $0.001*(0.99) + 0.999*(0.02) = 0.021$

3. 양성인 환자 중(B), 그 환자가 진짜 질병일 확률 $P(A_1|B)$
   $P(A_1|B) = P(B|A_1)*P(A_1)/P(B) = 0.001*(0.99)/0.021 = 0.0471$

56. 이 문제는 순차적 정보를 활용하는 문제이다. 즉, 발병률 0.001과 미발병률 0.999의 양분된 확률에서 민감도와 특이도를 두 번 연속적(순차적)으로 사용하는 문제이므로 분할표는 다음과 같다.

A 발병률(0.001)		A 미발병률(0.999)	
0.99*0.99	0.01* 0.01	0.02*0.02	0.98*0.98
- 한번 양성일 확률: 0.0471 - 한번 양성일 때 재검사 대상자가 질병일 확률: 0.7001			

※ 빨간(파란) 글자는 양성(음성)일 확률

1. A 질병 발별률 유무 확률: 사전확률
   A_i, $i = A$ 발병률1, 미발병률2, $P(A_1) = 0.001$, $P(A_2) = 0.999$

2. 양성인 환자 중 진단 결과가 또 양성일 확률 $P(B)$
   $P(B) = \sum_{i=1}^{2} P(A_i)P(B|A_i)$, 전확률공식
   $0.001*(0.99)*(0.99) + 0.999*(0.02)*(0.02) = 0.0014$

3. 한번 양성인 환자 중(B), 또다시 그 환자가 진짜 질병일 확률 $P(A_1|B)$
   $P(A_1|B) = P(B|A_1)*P(A_1)/P(B) = 0.001*(0.99)*(0.99)/0.0014 = 0.7001$

57. r이 1인 경우($x_i \fallingdotseq y_i$), r이 −1인 경우 ($x_i \fallingdotseq -y_i$)

58. 정확도 = (TP+TN)/총예측수 = (8,500+500)/10,000 = 0.90

민감도 = 참 양성비율 = TP/(TP+FN) = 8500/(8500+400) = 0.9551

59. 답안) 1) 인공지능 모형은 데이터를 한꺼번에 사용하지 않고 훈련, 평가, test로 나누어서 최적의 일반화 모형을 도출한다. 모형1은 훈련(train) 단계에서는 가장 좋으나 평가, test에서는 모형2에 비해 현저히 정확성이 떨어지므로 과적합(overfit)되었음을 짐작할 수 있다. 모형 3은 훈련, 평가, Test 단계 모두 정확성이 떨어지므로 과소적합(underfit)임을 알 수 있다.

2) 인공지능 모형은 과적합(모형 1)과 과소적합(모형3)에 빠지지 않고 일반화 모형으로 나타낼 수 있는'모형 2'가 최종 최적모형임을 알 수 있다.

60. (DNN 문자인식 혼동행렬)

예측 / 실제	A	B	C	D	TP	FN
A	100	0	0	0	100	0
B	0	50	30	20	50	50
C	0	10	80	10	80	20
D	0	10	0	90	90	10
TP	100	50	80	90		
FP	0	20	30	30		

정확도(Accuracy): TP/N=(100+50+80+90)/400=0.80

정밀도(Precision): TP/(TP+FP),

P(A)=100/(100+0), P(B)=50/(50+20), P(C)=80/(80+30), P(D)=90/(90+30)

Average Precision=(P(A)+P(B)+P(C)+P(D))/4=3.1916/4=0.798

재현성(리콜, Recall): TP/(TP+FN)

R(A)=100/(100+0), R(B)=50/(50+50), R(C)=80/(80+20), R(D)=90/(90+10)

Average Recall=(R(A)+R(B)+R(C)+R(D))/4=0.320/4=0.800

(CNN 문자인식 혼동행렬)

예측 / 실제	A	B	C	D	TP	FN
A	80	20	0	0	80	20
B	10	70	0	20	70	30
C	0	0	90	10	90	10
D	20	30	90	50	50	50
TP	80	70	90	50		
FP	30	50	0	30		

정확도(Accuracy)=0.725, 정밀도(Precision)=0.734

재현성(리콜, Recall)=0.725

(비교) 문자인식의 경우 DNN이 CNN 알고리즘보다 정확성, 정밀도, 재현성 지표 모두에서 우수한 것으로 판정되었다.

61. (DNN, hidden layer 4개, 혼동행렬)

실제＼예측	1	2	3	4	TP	FN
1	80	20	0	0	80	20
2	10	70	0	20	70	30
3	0	0	90	10	90	10
4	20	30	0	50	50	50
TP	80	70	90	50		
FP	30	50	0	30		

정확도(Accuracy): TP/N=(198+1+1+1)/230=0.8739

정밀도(Precision): TP/(TP+FP),

P(1)=198/(198+9), P(2)=1/(1+13), P(3)=1/(1+4), P(4)=1/(1+3)

Average Precision=(P(1)+P(1)+P(1)+P(1))/4=1.4779/4=0.3695

재현성(리콜, Recall): TP/(TP+FN)

R(1)=198/(198+2), R(2)=1/(1+9), R(3)=1/(1+9), R(4)=1/(1+10)

Average Recall=(R(1)+R(2)+R(3)+R(4))/4=1.2809/4=0.3202

(DNN, hidden layer 3개, 혼동행렬)

실제＼예측	1	2	3	4	TP	FN
1	198	2	0	0	198	2
2	7	1	0	2	1	9
3	0	8	1	1	1	9
4	2	3	4	1	1	10
TP	198	1	1	1		
FP	9	13	4	3		

정확도(Accuracy): TP/N=(100+9+8+9)/230=126/230=0.5478

정밀도(Precision): TP/(TP+FP),

P(1)=100/(100+0), P(2)=9/(9+82), P(3)=8/(8+10), P(4)=9/(9+12)

Average Precision=(P(1)+P(1)+P(1)+P(1))/4=1.9719/4=0.4930

재현성(리콜, Recall): TP/(TP+FN)

R(1)=100/(100+100), R(2)=9/(9+1), R(3)=8/(8+2), R(4)=9/(9+1)

Average Recall=(R(1)+R(2)+R(3)+R(4))/4=/=0.7750

(비교) 숫자인식의 경우,

(DNN, hidden layer 4개, 혼동행렬)

0.8739 0.3695 0.3202

(DNN, hidden layer 3개, 혼동행렬)

0.5478, 0.4930, 0.7750

정확성지표 기준으로는 hidden layer 4개의 DNN이 3개의 DNN보다 좋은 모형이지만, 정밀도와 재현성 관점에서는 반대로 나타난다. 이처럼 60번 문제는 balanced data에서 지표비교로 지표간의 일치성과 유사성을 보이지만, 61번 문제는 unbalanced data이므로 지표간의 일치성을 보이지 않는다. 이 경우 이들 지표값들의 조화평균으로 제시하는 F1-Score를 사용한다.

$$F1-Score = 2 \times \frac{Precision \times Recall}{Precision + Recall}$$

62. ① 스택, ② 큐, ③ 연결리스트

63. GPT-3, BERT, KorBERT, HYPERCLOVA, Khaiii, KoGPT 등

64. ㉠ 공백에 따른 단어 분해, 하나의 의미 단위, ㉡ 정규 표현식 활용, ㉢ 기능어 삭제로 내용어 빈도 향상

65. 1) 지도학습(분류), 2) 비지도학습(군집화), 3) 비지도학습(이상탐지) 4) 비지도학습(연상, 연관성 규칙), 5) 지도학습(회귀, 예측)

66. 재현율(리콜). 결함이 있는 차종을 출하할 경우 대규모의 리콜 사태로 막대한 비용이 발생되며, 회사에는 재정적으로 치명적인 리스크가 발생하게 된다. 따라서 이런 비용을 최소화하기 위해 결함 없는 차종을 출하하는 것을 목표로 한다.

67.

암 환자 0.5		심장병환자 0.25		뇌질환환자 0.25	
0.25	0.25	0.15	0.10	0.1	0.15

(좌) 적어도 한번 수술을 받을 확률
(우) 수술을 받지 않은 확률

$P(A_{암}) = 0.5,\ P(A_{심장병}) = 0.25,$
$P(A_{뇌질환}) = 0.25$

1) $P(B) = \sum P(A_i)P(B|A_i)$

B: 환자가 1년에 적어도 한번 수술을 받을 확률

$0.5 \times 0.25 + 0.25 \times 0.15 + 0.25 \times 0.1 = 0.1875$

2)

$P(A_{심장병}|B) = P(B|A_{심장병}) \times P(A_{심장병})/P(B)$
$= 0.25 \times 0.15/0.1875 = 0.20$

$P(A_{뇌질환}|B) = P(B|A_{뇌질환}) \times P(A_{뇌질환})/P(B)$
$= 0.25 \times 0.1/0.1875 = 0.133$

3) 심장병환자(0.2): 0.1875에서 0.0125 확률 갱신(증가)

뇌질환환자(0.133): 0.1875에서 0.0545 확률갱신(감소)

참고문헌

1장 21세기 주인공 데이터 사이언스의 매력

1 박성현, 오진호, 권순선 (2016); 통계로 풀어가는 빅데이터, 한국표준협회미디어 발행, 2016년 9월 1일 초판 발행.

2 박성현, 박태성, 이영조 (2018); 빅데이터와 데이터 과학, 한국과학기술한림원 「석학, 과학기술을 말하다」 시리즈 30, 자유아카데미 발행, 2018년 11월 10일 초판 발행.

3 한국과학기술한림원 (2019); 빅데이터·인공지능 산업 진흥을 위한 데이터 과학의 발전 전략 연구, 한림연구보고서 130, 이영조 외 6인 공동 집필, 2019년 12월 발행.

4 Bryson, S., Kenwright, D., Cox, M., Ellsworth, D. & Haimes, R. (1999); Visually Exploring Gigabyte Data Sets in Real Time, Communications of the ACM, Vol. 42, No. 8, pp. 82–90.

5 Cisco (2016); Internet of Things at a Glance, White Paper, Cisco, https://www.cisco.com/c/dam/en/us/producs/collateral/se/internet-of-things/at-a-glance-c45-731471.pdf.

6 Kurzweil, Ray (2005); The singularity is near: When humans transcend biology, Penguin Books, One of amazon.com's Best Science Books of 2005.

7 McKinsey Global Institute (2011); Big data: The next frontier for innovation, competition, and productivity, McKinsey & Company.

8 Naur, P. (1974); Concise Survey of Computer Methods, Studentlitteratur, Lund, p.397, Sweden.

9 O'Neil, Cathy and Schutt, Rachel (2013); Doing Data Science, O'Reilly Media, Inc., USA.

10 O'Reilly, Tim. (2007); What Is Web 2.0? Design Patterns and Business Models for the Next Generation of Software, Communications & Strategies, No. 1, p. 17–37, First Quarter 2007, O'Reilly Media.

11 Tukey, John W. (1962); The future of data analysis, The Annals of Mathematical Statistics, Vol. 33, No. 1, p. 1–67, published by the Institute of Mathematical Statistics.

12 Tukey, John W. (1977); Exploratory Data Analysis, Addison-Wesley, Reading, Pennsylvania, USA.

13 Turing, A.M. (1950); Computing machinery and intelligence, Mind 49, No. 236, pp. 433–460, Oxford University Press.

2장 데이터 사이언스로 보여주는 세상

1 교육부 (2019); 인구구조 변화, 4차 산업혁명 대응 대학혁신 지원 방안.

2 김주한 (2015); 빅데이터 기반 개인 맞춤의료 서비스, BioINpro.

3 삼성디스플레이 뉴스룸 (2020a); 전염병 확산을 예측하는 수학적 모델링, 2020년 10월 15일 발행.

4 삼성디스틀레이 뉴스룸 (2020b); 원하는 정보만 수집한다. 크롤링과 빅데이터 분석활용, 2020년 4월 22일 발행.

5 이주열 (2020); 인공지능 이미지 인식 기술 동향, TTA Journal, Vol.187.

6 인공지능신문 (2020); 자연어처리(NLP) 기술의 상용화와 그에 따르는 과제, 2020년 12월 1일자.

7 조재신 (2018); 4차 산업혁명을 선도하는 유럽의 인공지능(AI) 특허기술, 한국디지털콘텐츠학회 논문지, 19(10).

8 주택산업연구원 (2018); 2018년 하반기 주택시장 전망.

9 중소벤처기업부 (2019a); AI·데이터 기반 중소기업 제조혁신 고도화 전략, 2019년 7월 23일에 발표한 스마트공장 고도화 전략으로 발표.

10 중소벤처기업부 (2019b); 스마트 제조혁신 실행 전략, 2019년 11월 12일에 스마트공장 고도화 실행 전략으로 발표.

11 유대열 (2018); 나는 오늘도 경제적 자유를 꿈꾼다, 알에이치코리아, 청울림.

12 한국판 뉴딜 (2019); 2020년 7월 14일 청와대에서 있었던 '한국판 뉴딜 국민보고대회'에서 발표한 전략.

13 통계개발원 (2018); 통계플러스(2018) 여름호.

14 통계청 (2019); 장래인구특별추계: 2017~2067년.

15 BNP파리바 카디프생명 공식블로그, https://blog.naver.com/cardifkorea.

16 BRIC View 질병진단 인공지능 개발 동향, 동향리포트, 2020-T06.

17 ETRI Insight 개인 맞춤형 의료; AI 적용과 당면과제, Insight Report 2019-59.

18 Goodfellow, Ian J. et al. (2015); Explaining and Garnessing Adversarial Examples, ICLR.

19 IPDaily (2020); 재촬영 없이 MRI 강조영상 얻는 인공지능 기술 개발, 2020년 2월 3일자.

20 KEvin Eykhoit, et al. (2018); Robust Physical-World Attacks on Deep Learning Models, CVPR.

21 LG CNS IT Insight (2020); 어디까지 가능할까? 인공지능이 만들어가는 이미지 세계, 2020년 9월 3일자.

22 OECD Health Statistics 2019.

23 Silver, D., Schrittwieser, J., Simonyan, K., Antonoglou, I, Huang, A., Guez, A., Hubert, T., Baker, L., Lai, M., Bolton, A., Chen, Y., Lillicrap, T., Hui, F., Sifre, L., Driessche, G., Graepel, T. an Hassabis, D. (2017); Mastering the game of Go without human knowledge, Nature

550, p. 354–359, October 19 2017.

24 Silver, D., Hubert, T., Schrittwieser, J., Antonoglou, I., Lai, M., Guez, A., Lanctot, M., Sifre, L., Kumaran, D., Graepel, T., Lillicrap, T., Simonyan, K. and Hassabis, D. (2018); A general reinforcement learning algorithm that masters chess, shogi, and Go through self–play, Science, Vol. 362, Issue 6419, pp. 1140–1144, December 7 2018.

25 The Science Times (2020a); 자연어처리 기술, 사람 수준 뛰어넘었다, 2020년 10월 27일자.

26 The Science Times (2020b); AI로 전염병 예측...확산도 막는다, 2020년 3월 19일자.

27 UN (1956); population bulletin of the United Nations, No. 5.

28 UNPD (2019); World Population Prospects.

3장 다양한 데이터의 세계

1 금융위원회 (2021); 본인신용정보관리업(마이데이터) 운용 가이드 발간 및 마이데이터 지원센터 개소.

2 라찌엔(李覡), 하이언(海恩) (2020); 통계의 아름다움, 제이펍.

3 미래창조과학부 (2014); 빅데이터 활용 단계별 업무절차 및 기술 활용 매뉴얼(Version1.0).

4 우재남 (2019); 파이썬 for Beginner, 한빛아카데미.

5 장영재, 손원, 황의진 (2020); 비정형데이터 분석, KNOU Press.

6 최성철 (2019); 데이터과학을 위한 파이썬 프로그래밍, 한빛아카데미.

7 Eisenstein, J. (2019); Introduction to Natural Language Processing, MIT Press.

8 Kabacoff (2015); R in Action–Data analysis and graphics with R, Manning publications.

9 Elder, John, Miner, Gary and Nisber, Bob (2012); Practical text mining and statistical analysis for non–structured text data applications, Elsevier Press.

10 Silge, Julia and Robinson, David (2017); Text Mining with R, O'Reilly.

11 Webster and Kit (1992); Tokenization as the initial phase in NLP, in COLING 1992 vol. 4: The 15th International Conference on Computational Linguistics, USA.

12 Weiss, S. M., Indurkhya, N., Zhang, T., & Damerau, F. (2010); Text mining: predictive method for analyzing unstructured information, Springer Science & Business Media.

13 Wichham, Hadley and Grolemund, Garrett (2017); R for data Science, O'Reilly.

4장 데이터 사이언스 학습과 인공지능 분석 소프트웨어

1 라찌엔(李覡), 하이언(海恩) (2020); 통계의 아름다움, 제이펍.

2 박진수 (2019); R로 배우는 텍스트 마이닝, 제이펍.

3 우재남 (2019); 파이썬 for Beginner, 한빛아카데미.

4 재레드 다이아몬드(Jared M. Diamond, 2005); 총·균·쇠(GUN, GREMS, and STEEL), 문학사

상사.
5 최성철 (2019); 데이터과학을 위한 파이썬 프로그래밍, 한빛아카데미.
6 한스로스링(Hans Rosling, 2019); 팩트풀리스(factfulness), 김영사.
7 한국보건산업진흥원 (2018); 인공지능(AI) 기반 의료기기 현황 및 이슈 (1), (2). 보건산업 브리프 의료기기 주요이슈분석.
8 Wichham, Hadley and Grolelmund, Garrett (2017); R for data Science, O'Reilly.
9 Wichham, Hadley (2014); Tidy data, Journal of Statistical Software, 59(10), p.1~23.
10 Silge, Julia and Robinson, David (2017); Text Mining with R, O'Reilly.

5장 데이터 사이언스의 매력적인 분석법

1 다다 사토시(2017); 처음 배우는 인공지능, 송교석 옮김, 한빛미디어.
2 권순선, 정진엽, 박문석(2013); 논문 작성을 위한 실전 의학 통계, 영창출판사.
3 박창이, 김용대, 김진석, 송종우, 최호식(2011); R을 이용한 데이터마이닝, 교우사.
4 권재명(2017); 따라하며 배우는 데이터 과학, 제이펍.
5 Gareth James (2013); An Introduction to Statistical Learning. Springer.

6장 데이터 사이언스의 도전

1 과학기술정보통신부 (2018); "4차 산업혁명 선도인재 집중양성 계획['19~'23]" 발표, 2018년 12월 26일.
2 관계부처 합동 (2019); "인공지능 국가전략", 2019년 12월 17일 문재인 대통령 주재 국무회의에서 과학기술정보통신부 등 전 부처가 참여해 발표한 전략.
3 매거진한경 (2020.10.22.); '인공지능이 미래다'...대한민국 AI 스타트업 25.
4 박성현 (2019); "4차 산업혁명 시대를 대비하는 데이터 과학자 양성 정책 연구", 대한민국 학술원 논문집 제58집 2호 자연과학편, 2019년 12월 31일 발행.
5 소프트웨어정책연구소 (SPRI, 2018); "유망 소프트웨어 분야의 미래 일자리 전망", SPRI 이슈리포트 제2018-001호, 2018. 4.
6 윤대상 (2017); 「[이슈분석] 중국의 과학기술정책」, 『중국산업경제브리프』, 산업연구원 2017년 발행.
7 이충희, 박성현, 이영백, 강신성, 박장선 (2019); 4차 산업혁명 시대의 인력양성 방안 - 인공지능과 빅데이터를 중심으로, 한국시니어과학기술인협회 연구보고서, 2019년 11월.
8 이충희, 박성현, 이영백, 강신성, 박장선 (2020); 인공지능과 데이터과학의 세계적 경쟁력 강화 전략, 한국시니어과학기술인협회 연구보고서, 2020년 11월.
9 조재인 (2018); 공공데이터 포털을 통해 개방된 도서관 관련 데이터 분석. 한국비블리아 학회지 제29권 제2호.

10 한국데이터산업진흥원 (2020); '2020 데이터산업현황조사', 과학기술정보통신부 발표, 2020년 12월 31일.

11 한국데이터산업진흥원 (2020); '2020 데이터산업 백서', 통권 32호, 한국데이터산업진흥원 발표, 2020년 12월 30일.

12 한림연구보고서 (2019); 빅데이터 · 인공지능 산업 진흥을 위한 데이터 과학의 발전 전략 연구, 한림연구보고서 130편, 한국과학기술한림원 발행, 2019년 12월.

13 FineReport (2021); 데이터 분석에 필요한 오픈 공공데이터 포털.

14 Yoo, J. Y. (2015); International Open Data Status and Open Data Development Direction." Proceedings of Symposium of the Korean Institute of Communications and Information Sciences, 529–530.

데이터 사이언스의 매력 제2판

저 자 박성현·오진호·권순선
발 행 인 김지영
발 행 처 자유아카데미
주 소 경기도 파주시 회동길 37-42
파주출판도시
전 화 031-955-1321
팩 스 031-955-1322
홈페이지 www.freeaca.com
전자우편 main@freeaca.com(대표)
editor@freeaca.com(편집)
crm@freeaca.com(영업)
등 록 제406-2003-017호, 1980. 7. 12
제2판1쇄 2023년 1월 31일 발행

ISBN 979-11-5808-413-4 93310

목차

제2판

데이터 사이언스의 매력

데이터의 폭발적인 증가에 따른 정보의 홍수 속에서 진주를 찾아내는 데이터 사이언스의 매력적인 분석법은 적용 범위의 한계가 없고, 그 활용도가 급속도로 확대되고 있다. 빅데이터, 인공지능, 사물인터넷, 자율주행 자동차 등의 데이터 기반 기술들(통계학, 데이터 마이닝, 기계학습 및 심층학습 등)은 '데이터·AI 경제 시대'에 국가와 기업의 미래경쟁력을 좌우할 것이다.

ISBN 979-11-5808-413-4

값 27,000원